ABHANDLUNGEN ZUR PHILOSOPHIE, PSYCHOLOGIE
UND PÄDAGOGIK, BAND 92

Die Rezeption der Hegelschen Ästhetik im 20. Jahrhundert

VON WERNER KOEPSEL

1975

BOUVIER VERLAG HERBERT GRUNDMANN · BONN

CIP-Kurztitelaufnahme der Deutschen Bibliothek
KOEPSEL, WERNER
Die Rezeption der Hegelschen Ästhetik im 20. (zwanzigsten) Jahrhundert.
(Abhandlungen zur Philosophie, Psychologie und Pädagogik; Bd. 92)

ISBN 3 416 01004 3

Alle Rechte vorbehalten. Ohne ausdrückliche Genehmigung des Verlages ist es nicht gestattet, das Buch oder Teile daraus zu vervielfältigen. © Bouvier Verlag Herbert Grundmann, Bonn 1975. Printed in Germany. —D 188—
Gesamtherstellung: wico grafik, St. Augustin 1/Bonn

INHALTSVERZEICHNIS

	Einleitung: Problem und Methode	1
I	Werckmeisters Angriff auf die philosophische Ästhetik	11
II	Der „lebendige" und der „tote" Hegel in der bürgerlichen Anatomie	23

    1. Ästhetik und Ästhetizismus
       a) Benedetto Croce   29
       b) Hermann Glockner   37
       c) Nicolai Hartmann   47

    2. Rettungsversuche   52
       a) Neohegelianismus   53
       b) Positivismus   69
       c) Philosophiegeschichte   71

III	Hegels Lehre vom Vergangenheitscharakter der Kunst in der Moderne und ihre Bedeutung in der Rezeption der Hegelschen Ästhetik im XX. Jahrhundert	85

    1. Die Vergangenheitslehre — absurde Konsequenz des Gesamtsystems?   89

    2. Die Vergangenheitslehre — absurdes Mißverständnis der Hegel Rezeption?   98

    3. Die Vergangenheitslehre — antizipierte historische Erfahrung der Dekadenz?   114

    4. Die Vergangenheitslehre — Antizipation der herrschaftsfreien Gesellschaft?   133

IV	Der „lebendige" und der „tote" Hegel in der traditionell-marxistischen Anatomie (Lukács und Hegel)	145

    1. Kunst und Arbeit   160

2. Kunst und Gesellschaft
      a) Hegel 198
      b) Lukács 218
   3. Kunst und Natur 229
   4. Kunst und Tradition 237

Exkurs: Goldmanns „genetische strukturalistische Literatursoziologie" 251

V Hegels Dialektik beim Wort genommen (Adornos Ästhetische Theorie)

   1. Ernst Blochs Konzeption des „offenen Systems" 257
   2. Adornos Theorie der „Rettung" Hegels 269
   3. Ratio und zweite Reflexion 272
   4. Autonomie und Heteronomie 291
   5. Kunst und Praxis. Zur Metakritik der linken Adornokritik 315

VI Die Dialektik des Ästhetischen im tschechischen Strukturalismus 337

   1. Der Neuansatz der Sechziger Jahre 337
   2. Teige und Mukarovský 349

Literaturverzeichnis 377

EINLEITUNG: PROBLEM UND METHODE

Hegels Ästhetik, wie sie uns heute in Buchform vorliegt, scheint im Vergleich zu den großen von Hegel selbst edierten Texten der Phänomenologie, der Großen Logik und auch der Enzyklopädie vermöge der gedanklichen Konsequenz, der runden Geschlossenheit und des anschaulichen inhaltlichen Reichtums einer der am leichtesten zugänglichen Hegel-Texte zu sein. Doch man täusche sich nicht: Jene Eigenschaften, die dem auf handfeste Klarheit erpichten Denken als Vorzüge der Ästhetik erscheinen, gehen zuvörderst aufs Konto des ersten Herausgebers Hotho, der seine editorische Tätigkeit auf eigenhändige Aufzeichnungen Hegels, zum überwiegenden Teil aber auf eine Reihe von Nachschriften — darunter auch eigene — der Vorlesungen stützte, die Hegel viermal in Berlin über Ästhetik gehalten hat (WS 1820/21, SS 1823, SS 1826, WS 1828/29). In seinem Rechenschaftsbericht zur ersten Auflage der Ästhetik von 1835 nennt Hotho, der sich selbst in Analogie zu einem „treugesinnten Restaurator alter Gemälde" versteht, als sein Editionsprinzip, „die verschiedenartigsten oft widerstrebenden Materialien zu einem wo möglich abgerundeten Ganzen mit größter Vorsicht und Scheu der Nachbesserung zu verschmelzen"[1]. Das Prinzip der „Ineinanderarbeitung und Verschmelzung dieser mannigfaltigen Materialien"[2] mit dem Ziel, „eine übersichtlichere und klarere Ordnung aufzufinden"[3], setzt sowohl voraus, daß Hegels Konzeption des Ästhetischen seit der ersten Berliner Vorlesung — das Heidelberger Material ignoriert Hotho — im wesentlichen feststeht wie daß Akzentverschiebungen und Schwerpunktverlagerungen in den einzelnen Vorlesungen, auch Widersprüchliches im Einzelnen ihren Grund in eher subjektiven, für die Textredaktion kaum relevanten Bedingungen wie „Jugendeindrücke(n), subjektive(r) Vorliebe und Abneigung"[4] finden. Indem es Hotho als seine Aufgabe bezeichnet,

---

[1] Heinrich Gustav Hotho: Vorrede zur ersten Auflage. — Abgedruckt bei Wolfhart Henckmann (Hg.): G. W. F. Hegel. Einleitung in die Ästhetik. — München 1967. S. 7—15. Zit. S. 8
[2] a. a. O., S. 12
[3] a. a. O., S. 15

1

„aus den verschiedenartigsten Einteilungen und deren immer erneuten Änderung, gleichsam im stummen Einverständnis des Hegelschen Geistes selber, die echte und wahre herauszufinden und als gültig hinzustellen"[5], wendet er ironischerweise die Dialektik auf Hegel selbst an, als seien die Vorlesungen Entäußerungen der an sich schon im Anfang der Berliner Zeit vollendeten Hegelschen Ästhetik, die aber erst durch ihre Widersprüche hindurch in der Hothoschen Kompilation zu sich selbst komme, zu der „Vollendung", die ihr bei Hegel kraft jener subjektiven Einflüsse versagt geblieben sei. Wie weit die Glättung und Rundung, die die Vorlesungen in der Buchform erfahren, wirklich im Sinne des Meisters sind, in dessen Vortrag, wie Hotho vermerkt, „Leichtigkeit, Glätte und Eleganz" nur störend gewirkt hätten[6], bleibt zumindest zweifelhaft und wird eines der Hauptprobleme der noch ausstehenden historisch-kritischen Ausgabe sein.

Das allgemeine Konstruktionsprinzip der Hegelschen Ästhetik ist durch die logische Trias von Allgemeinheit, Besonderheit und Einzelheit vorgegeben, die nicht nur die große Einteilung in die drei Hauptteile, sondern auch deren Explikation bestimmt. Dem liegt die schon von Marx angemerkte Illusion zugrunde, als sei das Resultat der theoretischen Beschäftigung mit dem Gegenstand, sein Begriff, die Voraussetzung seines gesamten Entfaltungsprozesses: Die a posteriori festgestellte Gesetzmäßigkeit des Prozesses, die immanente dialektische Entwicklungslogik, wird als eigenes Subjekt hypostasiert, so daß die gesamte Entwicklung als Selbstbewegung des Begriffs erscheint. Selbst wenn man aber diese logischen Bestimmungen einmal zugrunde legt, ist ihre Anordnung der Hauptteile in sich problematisch. Schon Hegels Schüler und Freund Hotho bemerkt kritisch, Hegel gebrauche wie Schelling und Solger „die historische Erscheinung der *einzelnen Kunstwerke (...)* nur *erläuterungsweise* im Werte von *Beispielen*"[7]. Er stellt damit kaum verhohlen fest, daß Hegel seinem eigenen dialektischen Wissenschaftsanspruch nicht gerecht geworden sei, wie er ihn selbst in der Einleitung zur Ästhetik methodisch formuliert hatte: die Wissenschaft der Kunst erfordere die dialektische Vermittlung der gleichermaßen abstrakten Standpunkte der von dem Empirischen ausgehenden Induktion und der von einer allgemeinen Idee des Schönen ausgehenden Deduktion in der

4 a. a. O., S. 10
5 ibid.
6 a. a. O., S. 13
7 mitgeteilt von Henckmann, a. a. O., S. 142

Form fortschreitender Konkretisierung des im Ansich noch abstrakten Begriffs[8]. Von seiner eigenen Kritik her erscheint jedoch Hothos Einteilung der Hegelschen Ästhetik als inkonsequent, da in ihr das Subsystem der einzelnen Künste den logischen Ort der Einzelheit okkupiert. Lasson in seiner Ausgabe hat ihm denn auch Selbstherrlichkeit vorgeworfen[9] und stattdessen die ganze Masse des vorliegenden Materials auf zwei Hauptteile, einen „allgemeinen" und einen „besonderen" Teil, verteilen wollen. Henckmanns scheinbar salomonischer Schiedsspruch, auch Hothos Ausgabe lasse die Zweiteilung noch „deutlich genug" werden, „so daß man Lassons Vorwurf für ebenso pedantisch halten muß wie Hothos Gliederungswesen"[10], verwischt jedoch das in dieser Auseinandersetzung enthaltene Problem: daß Hotho seine eigene kritische Erkenntnis, Hegel denke im Widerspruch zu seiner Forderung, durch Versenkung in die Sache diese philosophisch zu begreifen, in der Ästhetik eben doch von oben her, durch die von ihm vorgenommene Einteilung zu verschleiern sucht, um so dem als inadäquat erfahrenen Kunstbegriff, dem sein Gegenstand unter der Hand verschwunden ist, doch noch den Schein des Adäquaten, Gelungenen zu verleihen. Die formale Frage der Anordnung impliziert die inhaltliche nach der Möglichkeit einer auf konkrete Allgemeinheit gehenden Ästhetik, die der Erfahrung ihrer Gegenstände wie der des Nominalismus sich stellt, ohne ihre Begrifflichkeit preiszugeben wie ohne diese über das unter ihr Befaßte triumphieren zu lassen.

Solange man auf die Benutzung der Hothoschen Ausgabe angewiesen ist, hat man sich der Problematik eines in Hotho angeblich zu sich selbst gekommenen Hegel bewußt zu sein. Freilich dürfte der treue Schüler seinem Meister auch hier kaum ganz untreu geworden sein. Dem widerspricht schon, daß die schöne Kunst einschließlich ihrer historischen Entwicklungsphasen ihren festen Ort längst im Gesamtsystem der Enzyklopädie gefunden hat und daß auch hier die Eule der Minerva ihren Flug erst in der Dämmerung beginnt. Das Bewußtsein, vermöge einer kenntnisreichen, begrifflich vermittelten Kunstphilosophie das

---

[8] Ästh. I, 13, S. 29 ff. Wir zitieren Hegel nach der von Eva Moldenhauer und Karl Markus Michel besorgten Theorie-Werkausgabe: G. W. F. Hegel. Werke in zwanzig Bänden. — Frankfurt/M 1969 ff., und zwar jeweils mit abgekürztem Werktitel, Bandnummer (arab. Ziffer) und Seitenzahl.
[9] mitgeteilt von Henckmann, a. a. O., S. 141
[10] a. a. O., S. 142

Erbe von Jahrtausenden in die Scheuer einzufahren, durchherrscht, nicht ohne die Banausie bürgerlichen Besitz- und Bildungsstolzes, die Hegelsche Ästhetik — um sich übrigens in nicht unähnlichem Habitus in der Einschätzung durch Engels zu reproduzieren, der Konrad Schmidt in einem Brief vom 1. November 1898 die Lektüre der „Ästhetik" „zur Erholung" von der Anstrengung des Studiums der Philosophiegeschichte wärmstens empfiehlt[11]. Die Warnung vor solcher Zurichtung der „Ästhetik" zur Gute-Nacht-Lektüre, überraschend bei Engels, der es besser hätte wissen müssen: daß Dialektik, wo sie der Anstrengung des sich in die Sache versenkenden, sich an sie entäußernden Begriffs sich entschlägt, Schaden nimmt, kann nicht scharf genug ausgesprochen werden. Als Warnung vor der systematischen Glätte hat sie Th. W. Adorno aus Hegels dialektischem Denken selbst begründet. Bei Gelegenheit von Hothos Beschreibung des schwerfälligen Hegelschen Vorlesungsstils interpretiert er, damit zugleich erklärend, daß Hegel „nur den kleineren Teil seiner Werke edierte", auch Hegels Texte als „Anti-Texte", als sein „Darstellungsideal" die „Negation von Darstellung"[12]:

> „Ist der Gehalt seiner Philosophie Prozeß, so möchte sie sich selbst als Prozeß aussprechen, in permanentem status nascendi, Negation von Darstellung als einem Geronnenen, das nur dann dem Dargestellten entspräche, wenn jenes selber ein Geronnenes wäre."[13]

Nun wäre es sicherlich voreilig, das Faktum, daß Hegel keine umfassende Ästhetik selbst veröffentlicht hat, ausschließlich auf den Widerstand methodischer und erkenntnistheoretischer Bedenken zurückzuführen. Dem widerspricht schon das affirmative Moment des Hegelschen Denkens selbst, in dessen entfaltetem System es stellenweise doch, einen Blochschen Ausdruck zu gebrauchen, bedenklich „klappert", „wo eine Maschine weiterläuft, die keine sein will und nicht weiterlaufen dürfte"[14]. Wohl aber heißt es — und in diesem Sinne: mit Blick auf die

---

11 mitgeteilt von Ernst Bloch: Über Methode und System bei Hegel. — Frankfurt/M 1970. S. 54
12 Th. W. Adorno: Skoteinos oder Wie zu lesen sei. — In: Adorno: Drei Studien zu Hegel. — Frankfurt/M 1969 (3. Aufl.). S. 105—165. Zit. S. 136
13 a. a. O., S. 138
14 a. a. O., S. 112

Frage, „wie Hegel zu lesen sei", will auch Adorno verstanden werden –, sich nicht vom glatt-gleichförmigen Triadentakt einlullen zu lassen, vielmehr: die von Hotho noch tiefer versteckten Widersprüche, die Bruchstellen aufzuspüren, die dem System nur widerwillig sich einfügen. Das heißt nicht, Hegel, wie Bloch ironisch wider den mißverstandenen Engels der Trennung von Methode und System bei Hegel bemerkt, wiederum zu „tranchieren"[15], sondern im Geglätteten selbst noch den ihm immanenten Widerspruch, den dem Abgleiten ins Affirmative sich widersetzenden kritischen Impuls aufzudecken.

Damit ist ein wesentliches Interesse dieser Arbeit bezeichnet: In Auseinandersetzung mit der Hegel-Rezeption dieses Jahrhunderts will sie Beiträge zu einem kritischen Verständnis der Hegelschen Ästhetik liefern. Ihren beiden untrennbar miteinander verbundenen Polen, der Auseinandersetzung mit Hegel und der Kritik einer Phase seiner Rezeptionsgeschichte, mißt sie gleiche Bedeutung zu. Ihren Ausgang nimmt sie von der methodenkritischen Frage – deren unmittelbar inhaltliche Bedeutung der kurze Blick auf Hothos Editionstätigkeit gezeigt hat –, wie Hegel zu lesen sei. Wer heute mit der Hegel-Rezeption des XX. Jahrhunderts sich beschäftigen will, sei es auch nur mit einem ihrer Teilbereiche, muß bei der überreichen Materialfülle, wie sie zuletzt Henckmanns Bibliographie dokumentiert hat[16], eine Auswahl treffen, die vom Charakter der Zufälligkeit und Willkür nie völlig sich freimachen zu können scheint. Dennoch darf seine Analyse auf die Forderung der in der Sache selbst begründeten Objektivität nicht verzichten; daß sie es nicht zu tun braucht, lehrt die folgende Überlegung, zu deren Beweis jedoch auf die ausgeführte Arbeit selbst zu verweisen ist: Die beiden Grunderfahrungen, die die Hegelsche Ästhetik nicht wahrhaft dialektisch zu vermitteln vermag, Autonomie und Heteronomie des Kunstwerks im historisch-gesellschaftlichen Kontext, bilden auch noch in der Diskussion des XX. Jahrhunderts die in ihrer Einseitigkeit abstrakten Pole und begründen, jede für sich genommen, komplementäre Formen der Hegel-Rezeption und der Ästhetik, die aufgrund ihres jeweiligen parti pris die Dialektik sistieren und in ihr eigenes Gegenteil bewußtlos umschlagen. Nennen wir hier in der

---

15 Bloch, a. a. O., S. 51
16 W. Henckmann: Bibliographie zur Ästhetik Hegels. Ein Versuch. – In: Hegel-Studien 5 (1969). S. 379–427

Einleitung noch quasi lemmatisch als Extremformen Ästhetizismus und Soziologismus, so wird von ihnen nicht nur zu zeigen sein, daß sie den jeweiligen Gegenpart ausschließen, sondern damit zugleich auch ihre eigene Intention nicht zu erreichen vermögen. Für diese formale Ausschließungstechnik — denn natürlich kehrt Ausgeschlossenes inhaltlich wieder, soweit es für die Sache konstitutiv ist — wählen wir Croces Formel von der Unterscheidung von „Lebendigem" und „Totem" in Hegels Philosophie, deren verschiedene Anwendungsformen jeweils auf ihre Interessen und Konsequenzen zu befragen sind. Der nachweisbare Umschlag von Soziologismus in Ästhetizismus und vice versa führt die Analyse auf eine tiefliegende Identität der nur an der Oberfläche extrem gegensätzlichen Positionen, eine Identität, deren Voraussetzungen schon bei Hegel aufweisbar sind. Charakterisiert demnach der Mangel an dialektischer Vermittlung den überwiegenden Teil der Hegel-Rezeption im XX. Jahrhundert als Moment der Geschichte des unreflektierten Hegelianismus, so wird ihm gegenüber die Frage nach gegenläufigen Tendenzen virulent: Gibt es Ansätze zu einer Hegel-Kritik, die Hegel selbst beim Wort nimmt, um die von ihm versprochene, jedoch nicht eingelöste Vermittlung als gesellschaftspolitisch entscheidendes Problem zu lösen? Die Grundzüge einer solchen Hegel-Kritik aufzuzeigen, die Hegel selbst, gerade weil sie ihn ernstnimmt, ihre Prinzipien abgewinnt und damit zugleich die Revision jener klischeehaften Hegelbilder leistet, deren böse Eintracht sie hinter der Fassade ihrer unversöhnlichen Feindschaft entdeckt, ist das Hauptinteresse dieser Arbeit.

Mit diesen Überlegungen ist in groben Zügen der Aufbau der vorliegenden Untersuchung bezeichnet. Ihre Beschränkung auf die Hegel-Rezeption des XX. Jahrhunderts hat über ihre arbeitstechnischen Gründe hinaus ein fundamentum in re; das Wiedererwachen des Interesses an Hegel nach den langen Jahrzehnten, in denen er als „toter Hund" gegolten hatte, fällt ziemlich genau mit der Jahrhundertwende zusammen und hat seinen Stellenwert von Anfang an in der weltanschaulichen Auseinandersetzung zwischen dem bürgerlichen und marxistischen Denken. Nun sind die Begriffe des Bürgerlichen und des Marxistischen längst zu Spitzmarken verkommen, unter die unterschiedlichste Konzeptionen mehr oder minder reflektiert subsumiert werden. Dennoch sind sie unverzichtbar für jede Analyse gesellschaftlicher Phänomene, sofern sie sich als konkrete Entfaltung des Sachverhalts legitimieren, den sie auf den Begriff bringen wollen. Da dies im einzelnen der Untersuchung selbst überlassen sein muß, kann die Einleitung nur allgemeine Vorüberlegungen anzustellen versuchen, die mehr die Aufgabe haben, Mißverständnissen vorzubeugen.

Die Rede von bürgerlicher Hegel-Rezeption oder bürgerlicher Ästhetik meint ein Bewußtsein, das den gesellschaftlichen status quo nicht zu transzendieren vermag, weil sich ihm die herrschenden gesellschaftlichen Bezüge zu quasi naturalen, in ihrer Eigengesetzlichkeit unumstößlichen Sachbezügen verfestigt haben, und das daher allen Versuchen, das Verfestigte zu verflüssigen und andere Möglichkeiten als die Perpetuierung des Gegebenen aufzuweisen, mit Unverständnis, Mißtrauen und Feindschaft begegnet. Die Interdependenz von Sein und Bewußtsein lehrt aber auch, daß selbst jene Transzendierungsversuche, seien sie künstlerischer oder philosophischer Art, eingebunden bleiben in den jeweiligen status quo, den sie real nicht verändern. Vor diesem Konflikt gibt es keinen Ausweg, erst recht nicht den des Nonkonformismus der abstrakten Unbürgerlichkeit; offen bleibt nur die Selbstreflexion auf ihn, die allererst kritisches Bewußtsein ermöglicht[17]. Um dieser wesentlichen Differenz willen nennen wir nur diejenigen Formen der Hegel-Kritik und der ästhetischen Theorie „bürgerlich", die jene Selbstreflexion sich versagen. Das, was die Verflüssigung der zu nicht mehr hinterfragten normierten Vorstellungen und Denkkategorien verfestigten Begriffe leistet, ist einzig die Dialektik, deren Prinzip des sich in die Sache Versenkens die Hegelsche Philosophie ihren Erfahrungsgehalt verdankt. Die bürgerliche Hegel-Rezeption des XX. Jahrhunderts, hinter deren Hegelbild naturgemäß immer der Schatten des Marxismus mindestens ahnbar ist, erweist sich weitgehend als Kampf gegen den Kerngehalt der Hegelschen Philosophie, die an der historisch-gesellschaftlichen Entwicklung erfahrene Dialektik. Aus diesem Grund — und er ist zugleich bestimmend dafür, daß die bürgerliche Hegel-Rezeption gerade mit den Ästhetik-Vorlesungen wenig anzufangen weiß — werden in der Auseinandersetzung mit ihr die verschiedenen Strategien des Kampfes gegen die Dialektik zum Angelpunkt der Analyse. In diesem Zusammenhang erscheint es symptomatisch, daß

---

17 Dies ist die Dialektik von Distanz und Verstricktheit in den Betrieb, die Adornos Wort über die Intellektuellen als „die letzten Feinde der Bürger (...) und die letzten Bürger zugleich" meint (Minima Moralia. — Frankfurt/M 1970. S. 24)

nur eine von der Hegelschen Ästhetik aufgeworfene Frage, die sogenannte Lehre von der Vergangenheit der Kunst, in der bürgerlichen Hegel-Rezeption mehr als nur vorübergehende Beachtung gefunden hat. Sie verlangt schon deshalb eine eingehende Untersuchung, die sich jedoch um ihrer tatsächlichen Bedeutung willen nicht auf die Antworten der bürgerlichen Philosophie beschränken darf. Insofern bildet das Kapitel, in dem sie behandelt wird, zugleich die Gelenkstelle, an der die Analyse sich der traditionell-marxistischen Hegel-Rezeption zuwendet.

Der Begriff des Traditionell-Marxistischen begegnet ähnlichen Schwierigkeiten wie der des Bürgerlichen. Der Zusatz des Traditionellen soll zunächst auf die innere Widersprüchlichkeit eines Marxismus verweisen, der im Gegensatz zu seinem eigenen Begriff, das zu fixierter Tradition Geronnene — denn die bürgerliche Gesellschaft hat Tradition faktisch längst obsolet gemacht und konserviert sie nur noch um der Herstellung eines anderweitig fehlenden Sinnbezugs willen — aufzulösen, sich selbst auf Tradition beruft, um dadurch der Erfahrung des Neuen sich zu verschließen. Darüberhinaus erhält der Begriff des Traditionellen auf dem Gebiet der ästhetischen Theorie seinen spezifischen Stellenwert daher, daß die traditionell-marxistische Ästhetik ihren kategorialen Apparat und das in ihm inhaltlich Sedimentierte unmittelbar der Hegelschen Ästhetik entnimmt. Die Analyse hat sich daher auf zwei eng zusammengehörige Pole auszurichten. Einerseits versucht sie nachzuweisen, daß auch und gerade die Gralshüter der Dialektik, die die Hegelsche Philosophie ihrem klassischen Erbe zuschlagen, die Dialektik nicht beim Wort nehmen, sondern sistieren, andererseits untersucht sie die Konsequenzen der sistierten Dialektik anhand einiger grundlegender Fragen des Ästhetischen. Das Resultat, daß sich die traditionell-marxistische Ästhetik weitgehend als unreflektierter Hegelianismus darstellt, schließt ein, daß sie die der Sistierung der Dialektik sich kritisch widersetzenden Züge bei Hegel selbst ignoriert und dadurch unverhofft in die Nähe der bürgerlichen Ästhetik gerät. Es wäre jedoch ein Mißverständnis der Absicht unserer Analyse, wenn der Eindruck entstünde, sie wolle, wo sie von bedrohlicher Nähe spreche, die beliebte Formel aller Reaktionäre: die des „Rot = Braun", auch in der Ästhetik zur Anwendung bringen. Der Schärfe, mit der gegen die traditionell-marxistische Hegel-Rezeption argumentiert wird, liegt der Gedanke zugrunde, daß sie virtuell von anderer Qualität sei als die bürgerliche, wenn sie sich entschließt, ihrem traditionellen Dogmatismus zugunsten unreglementierter Dialektik den Abschied zu geben, d. h. die Kraft der Negation in ihre zu positiven Bestimmungen verfestigten Kategorien hineinzutragen; dann, allerdings nur dann, entgeht sie ihrer Zurichtung zum Herrschaftsinstrument, als das sich etwa die „Grundlagen der marxistisch-leninistischen Ästhetik" offen bekennen.

Die Frage der Hegel-Rezeption läßt sich nicht auf die Texte beschränken, die sich explizit mit Hegel beschäftigen. Die Besonderheit der Position von Georg Lukács, den wir mit Grund als Repräsentanten der traditionell-marxistischen Ästhetik und Hegel-Rezeption betrachten, läßt sich erst ermessen, wenn seine Hegel-Kritik mit seiner eigenen deren Prinzipien aufnehmenden und explizierenden Ästhetik konfrontiert wird. Ja, allgemein ließe sich behaupten, daß die Auseinandersetzung mit Hegel mittelbar oder unmittelbar alle wesentlichen Ansätze unseres Jahrhunderts, das Phänomen des Ästhetischen zu begreifen, mitbestimmt. Darum ist die Antwort auf die aus der Analyse der bürgerlichen und der traditionell-marxistischen Hegel-Rezeption entstandene Frage nach einer Form der Hegel-Kritik, die Hegel selbst beim Wort nimmt, nicht auf die Arbeiten Theodor W. Adornos zu beschränken, denen die vorliegende Untersuchung Entscheidendes verdankt, sondern auf einige Texte des tschechischen Strukturalismus auszudehnen, die unmittelbar kaum auf Hegel Bezug nehmen. Für den versuchten Nachweis, daß sie in ihren grundlegenden Bestimmungen auf Adornos „Ästhetische Theorie" vorweisen, in der sie durch ihre volle dialektische Entfaltung zu sich selbst kommen, ist die Frage nach möglichen Filiationen geschichtsphilosophisch sekundär gegenüber der nach gemeinsamen Erfahrungsgehalten. Das widerlegt zugleich den Eindruck, als nehme Adorno, konfrontiert mit den als gleichermaßen regressiv ausgewiesenen Positionen bürgerlicher und traditionell-marxistischer Ästhetik, eine einsame Spitzenstellung ein, weit voraus seiner Zeit, der er — wahrlich radikal — auf den dialektischen Grund gegangen sei. Solch stilisiertes Bild vom breiten Strom, gegen den nur wenige zu schwimmen vermögen, ist freilich nur bedingt richtig und überdies kraft seiner elitären Färbung dem Mann wahrhaft inadäquat, der die Dialektik von Schuld und Unschuld der Philosophie und Kunst und ihres spezifischen Theorie-Praxis-Verhältnisses stets reflektiert und — durchlitten hat. Es widerspricht aber auch aller vorgängigen historischen Erfahrung, wonach — mit Marx — die Stellung einer Aufgabe deren Lösung immer schon impliziert: Auch der tschechische Strukturalismus, alles andere als der Tradition verhaftet, wäre nicht ohne Marxsche Theorie.

I WERCKMEISTERS ANGRIFF AUF DIE PHILOSOPHISCHE ÄSTHETIK

Nekrologe auf die philosophische Ästhetik pflegen mit der gleichen Beharrlichkeit wie solche auf deren Gegenstand immer wieder vorgebracht zu werden. Schon Hegel hatte sich mit Einwänden gegen eine Philosophie der Kunst auseinanderzusetzen, die doch als philosophische Disziplin zu seiner Zeit kaum älter als ein gutes halbes Jahrhundert war. Zweifeln an ihrer Wissenschaftlichkeit korrespondieren fast regelmäßig solche an der Kompatibilität von Kunst und Wissenschaft, die, im Namen der Forderungen nach Gegenstandsadäquatheit vorgetragen, den Vorwurf der Unwissenschaftlichkeit variieren. Philosophische Ästhetik hat sie so ernstzunehmen wie den Ideologieverdacht, der sie nicht weniger als ihre Gegenstände bedroht.

O. K. Werckmeister hat den programmatischen Titel „Ende der Ästhetik", den er seinen „Essays über Adorno, Bloch, das gelbe Unterseeboot und der eindimensionale Mensch" gegeben hat[1], mit der „ungedeckte(n) Prätention" aller philosophischen Ästhetik begründet, anhand notwendig partieller Erfahrungen generelle Aussagen über ihren Gegenstand zu machen. Jene Prätention, die dem Leser freilich als bloßes statement aufgenötigt wird, das der Verfasser selbst wenig später bei Gelegenheit seiner Kritik von Adornos Ästhetischer Theorie relativieren muß, soll die Unwissenschaftlichkeit philosophischer Ästhetik begründen, die für Werckmeister daran ablesbar wird, daß sie sich der geläufigen Form des Wissenschaftsbetriebes entzieht, die dem naturwissenschaftlichen Modell der Akkumulation gesicherter Einzelerkenntnisse über gegebene Objekte verpflichtet ist. Daß ihre Geschichte sich als eine Reihe „rivalisierende(r) Gesamtentwürfe" darstellt, „die auf ihre Vorgänger nur gelegentlich Bezug nehmen", daß sie tatsächlich die „Vorstellung eines kontinuierlichen Erkenntnisfortschritts auf Grund eines anwachsenden Residuums von objektiviertem Wissen" negiert[2], spricht nun freilich nicht philosophischer Ästhetik en bloc das

---

1 Frankfurt/M 1971   2 a. a. O., S. 59

Urteil noch einmal, das die bürgerliche Gesellschaft allen gegenteiligen Beteuerungen zum Trotz längst schon für sich vollstreckt hat und dessen Male die gleichnamige akademische Disziplin auf der Stirn trägt. Die Kritik an Werckmeisters Verdikt über die Ästhetik hat wider seinen parti pris für den positivistischen Wissenschaftsbegriff allererst das zu leisten, was er verabsäumt: die Interpretation der Fakten. Jenes „Fehlen eines hermeneutischen Bewußtseins", das Szondi in seinem glänzenden Traktat „Über philologische Erkenntnis" an der deutschen Literaturwissenschaft bemerkt hat[3], bedingt auch bei Werckmeister, daß er gerade aufgrund seiner Forderung nach — einer spezifisch vorverstandenen — Wissenschaftlichkeit deren ureigenes Postulat verletzt, daß „ihr Vorgehen ihrem Gegenstand angemessen, das heißt wissenschaftlich sein soll"[4]. Nur um den Preis der Abstraktion von seinen spezifischen Qualitäten läßt sich das Kunstwerk kraft seiner historischen Faktizität auf das statische Objekt reduzieren, das sich in seinem Quellenwert in nichts von anderen Produkten seiner historischen Umgebung unterscheidet. Der Dialektik des Positivismus, daß die intendierte Historizität in ihr Gegenteil umschlägt, entgeht auch Werckmeister nicht: Seine objektivistische These, „daß nur die vergangene Bedeutung (eines Kunstwerks, W. K.) wahr, die gegenwärtige dagegen deren Verunklärung sei"[5], ist um ihres im Grunde Plechanowschen Apriori willen auf die Fiktion eines einheitlichen Bewußtseins angewiesen, das am Ort der Genesis des Kunstwerks sowohl die Intention des Autors wie die Weise seiner Rezeption bestimmte. Abgesehen davon, daß Wahrheit in diesem Zusammenhang nicht mehr als bloße Richtigkeit meint, entlarvt sich nicht nur deren Objektivitätsanspruch durch den Illusionismus, dessen er zu seiner Realisierung bedarf, als scheinhaft : Die Insistenz auf der Einmaligkeit der Historizität abstrahiert von deren notwendigem dialektischen Gegenpol, der Prozessualität. Die Ignoranz gegenüber der Rezeptionsgeschichte eines Kunstwerks, immerhin einem Moment seiner Lebensgeschichte, resultiert aus jener Verdinglichung, die das Werk vorab als totes deklarierte. Wird Geschichte der Rezeption in Bausch und Bogen einer von ideologisch bestimmten Irrtümern und Fehleinschätzungen zuge-

---

3 In: Peter Szondi: Hölderlin-Studien. Mit einem Traktat über philologische Erkenntnis. — Frankfurt/M 1970. S. 9—34. Zit. S. 13

4 a. a. O., S. 23   5 Werckmeister, a. a. O., S. 81   6 a. a. O., S. 68

schlagen, erhält die Kunstgeschichte, die Werckmeister zufolge die „kritische Alternative zur philosophischen Ästhetik begründen"[6] und deren „progressive Aufhebung" leisten soll[7], die als ideologiekritisch verstandene Funktion, „die historische Realität unverzerrt durch gegenwärtige Interessen der Erfahrung (zu) vermitteln"[8], so darf das nicht hindern, das geleugnete Interesse solcher Kunstgeschichte beim Namen zu nennen. Gibt sie sich selbst auch den Anschein der Rettung der Kunstwerke vor ihrer willkürlich-ideologischen Zurichtung, ließe sich ihr allenfalls noch die Intention auf deren Befreiung von sie zerstörender Intentionalität echohaft nachhören in der Formel von der „Aufhebung der Ideologisierung selbst"[9], so führt doch der Weg, den sie einschlägt, zur Zerstörung dessen, was zu retten sie vorgibt: Um der ideologiekritischen Absicht willen, der Verklärung der gegenwärtigen gesellschaftlichen Misere durch eine philosophische Ästhetik, welche Kunst als Mentalreservat der Revolution und „Surrogat für eine humane Zivilisation der Gegenwart" ausgibt[10], Widerstand zu leisten, wird die Kunst selbst als Ideologie preisgegeben. Der totale Ideologieverdacht, der seinen Gegenstand nur durch dessen Verdinglichung zu bewahren vermag und aus dem der Ersatz des Wahrheitsbegriffs durch den der Richtigkeit resultiert, führt jedoch zu einer Reideologisierung. Kaum dürfte der zum Antiquar regredierte Ideologiekritiker der Affinität sich freuen, in die er zum Rankeschen Historismus geraten ist, gleich dem er um Objektivität durch die Frage bemüht ist, „wie es eigentlich gewesen"[11]. Werckmeisters Aversion gegen die Philosophie, die er wie der Historismus der ideologisch motivierten Spekulation verdächtigt, läßt ihn die besonderen Zeugnisse zu einer Einheitsfront *der* philosophischen Ästhetik nivellieren, für die in den Aufsätzen des vorliegenden Sammelbandes Adorno, Bloch und Marcuse einstehen. Solche Nivellierung aber folgt der Technik der Projektion: Die Preisgabe der historischen Distanz, die Werckmeister an der philosophischen Ästhetik aufgrund der sie von Kant bis Adorno beherrschenden Rivalität zu

7 a. a. O., S. 70
8 a. a. O., S. 76
9 ibid.
10 a. a. O., S. 85
11 cf. H. R. Jauß: Geschichte der Kunst und Historie. — In: H. R. J.: Literaturgeschichte als Provokation. — Frankfurt/M 1970. S. 208—251, bes. S. 222 ff.

bemerken glaubt¹², vollzieht er selbst, da er als seine Alternative nur den kontinuierlichen Fortschritt des Positivismus weiß.

Philosophische Ästhetik muß sich ihrer radikalen In-Frage-Stellung stellen; kaum auch ist sie ihrer eigenen Reflexivität so fremd, wie Werckmeister vermeint. Nicht um ihre Apologie kann es sich handeln, sondern nur darum, daß sie die von Werckmeister notierten Momente aus dem alternativen Denken befreit und als konstitutiv für ihren eigenen Wahrheitsgehalt nachweist. Die historische Erfahrung, daß der Totalitätsanspruch, wo ihn philosophische Ästhetik für sich reklamiert, von der Geschichte selbst widerlegt wird¹³, stellt darum keineswegs schon den Wahrheitsgehalt der Theorie selbst in Frage. Hegels Ästhetik, paradigmatisch für solchen Anspruch, gibt dann erst den Blick auf das Mehr als das, was in ihr der Fall ist und einen bestimmten Stand der Reflexion festschreibt, frei, wenn ihr Anspruch, en bloc akzeptiert zu werden, an der Historie selbst zuschanden geworden ist. Verfällt der Totalitätsanspruch heute dem Verdikt, so darum, weil er nicht aus der Sache, sondern aus der affirmativen Wendung der Geschichtsphilosophie begründet war — das gilt auch für alle bewußten oder unbewußten Hegelianer wie Lukács. Damit nicht zu verwechseln ist aber jener Absolutheitsanspruch, der das von Werckmeister beobachtete Phänomen der Rivalität der Entwürfe zur philosophischen Ästhetik begreifbar macht und den diese mit ihrem Gegenstand teilen¹⁴. Mit ihm hängt die Dialektik von Kontinuität und Diskontinuität der Geschichte der Ästhetik zusammen, die Werckmeister nicht Wort haben will. Rivalität setzt ein Identisches ebenso voraus wie das Bewußtsein der jedem Vergleich sich entziehenden Nichtidentität. Daß neue Kunstformen mit den gesellschaftlichen Veränderungen und gegen sie entstehen, wirft rückwirkend Licht auf die ihnen zeitlich vorausgegangenen, die nur in jenem imaginären Museum, dem Werckmeister sie entreißen will, scheinbar friedlich neben ihnen stehen. Das zwingt philosophische Ästhetik zu immer neuer Reflexion der Schichten, die an ihren Gegenständen im historischen Prozeß hervortreten; so stellt das Unverständliche moderner Kunst die scheinbar unproblematische Ver-

---

12 Werckmeister, a. a. O., S. 59
13 ibid.
14 cf. Szondi, a. a. O., S. 22, der diese Erfahrung von Valéry mitteilt, auf den im gleichen Zusammenhang auch Adorno wiederholt rekurriert.

stehbarkeit vergangener rückwirkend in Frage. Insofern trägt die Rivalität ästhetischer Theorien Rechnung sowohl ihrer Insistenz, mit der sie ihrem Gegenstand gerecht zu werden versuchen, wie dem kritischen Bewußtsein ihrer eigenen Geschichtlichkeit. Setzt philosophische Ästhetik heute sich mit Hegel auseinander, so nicht, als wollte sie die historische Distanz auslöschen — dann freilich verfällt sie dem Verdikt der Unwissenschaftlichkeit und Blindheit —, sondern weil sie davon ausgeht, daß dort, wo ein Bewußtsein der dialektischen Historizität an der Arbeit ist, die notwendigen Grenzen, die ihm gesetzt sind, stets auch virtuell überschritten sind, mag es sich auch gegen sich selbst verhärten. Der kontinuierliche Erkenntnisfortschritt, den Werckmeister an der philosophischen Ästhetik vermißt, ist also keineswegs abstrakt zu negieren, vielmehr ist in ihm sein dialektischer Gegenpol, die Diskontinuität, einzubringen, um seiner positivistischen Ahistorizität zu entgehen. Deren Ideal einer „bibliographische(n) Methodik", das Werckmeister an der Kunstgeschichte rühmt[15], dient der Reduktion von Erkenntnissen, die aus ihrem Kontext, der sie doch allein legitimieren könnte, gerissen werden, auf facts; das Ziel ihrer Ablösung von den Texten: „daß die früheren (Texte, W. K.) ersetzbar werden"[16], markiert die bewußtlose Selbstpreisgabe ans universale Tauschprinzip, dem doch Ideologiekritik allererst Widerstand leisten müßte. Daß philosophische Ästhetik sich solcher noch einmal vollzogenen Verdinglichung entzieht, sich nicht „bibliographisch vermitteln"[17] läßt, sondern emphatisch den Anspruch der Unersetzbarkeit, der unaustauschbaren Unvergleichlichkeit — das meint das Wort von ihrem Absolutheitsanspruch — erhebt, daß sie die Arbeit des Begriffs verlangt, macht wider Werckmeister gerade ihre Stärke aus.

Die Auseinandersetzung mit Werckmeisters grundsätzlichem Angriff auf philosophische Ästhetik überhaupt, soweit sie als Kritik an deren Unwissenschaftlichkeit vorgetragen ist, ist hier nicht weiter zu verfolgen. Verweist deren Metakritik auf die Notwendigkeit, den Begriff der Wissenschaftlichkeit ästhetischer Theorie mit Rücksicht auf ihren Gegenstand erneut zu reflektieren, um den Rückfall in positivistische Standpunkte mit all seinen Konsequenzen zu verhindern, so beharrt sie gleichermaßen auf der Differenzierung dessen, was Werckmeister global philosophische Ästhetik nennt. Sucht dieser einerseits die Auseinander-

---

15 Werckmeister, a. a. O., S. 66   16 a. a. O., S. 67   17 a. a. O., S. 61

setzung mit den Theorien Adornos, Blochs und Marcuses en detail, um andererseits alle Differenzierung in der Verdammung philosophischer Ästhetik en bloc aufzugeben, so läßt sich solche Rancune nur aus seiner petitio principii herleiten. Ihr kommt man erst näher, wenn man das zweite wesentlichere Motiv seiner Kritik, den Ideologieverdacht, analysiert. Zuvor jedoch ist anzumerken, daß die Reflexion der philosophischen Ästhetik auf ihre Problematik, die sie mit ihrem Gegenstand teilt, Werckmeister keineswegs unbekannt ist. Ist seine Adorno-Kritik an ihrem Ort zu behandeln, so bedarf doch die Modifikation des Unwissenschaftlichkeitsvorwurfs an dieser Stelle kurzer Replik. (Überhaupt sollte diese Einleitung nach der Einleitung als Reflexion auf die Bedingung der Möglichkeit ebenso wie auf die Notwendigkeit von Ästhetik heute gelesen werden.) Gegen eine Theorie, die das von ihm erkannte Prekäre philosophischer Theorie überhaupt einbekennt und als konstitutiv noch in ihren eigenen Begründungszusammenhang aufnimmt[18], kann auch Werckmeister den Vorwurf der Unwissenschaftlichkeit kaum guten Gewissens erheben; er ersetzt ihn durch den des Subjektivismus[19]. Dürfte ihm bei seinem Mangel an hermeneutischem Bewußtsein auch kaum die Möglichkeit von der „subjektiven Erkenntnis" als „Kontrollinstanz" gegen die Auslieferung an die blinde Empirie einleuchten[20], so ist doch seine identifikatorische Gleichsetzung von Objektivität und „objektive(r) Geltung"[21] nach ihrem Recht zu befragen. Daß Ästhetik als subjektfreie nicht möglich ist, negiert keineswegs ihre Objektivität. Bezieht das Diktum von der objektiven Geltung Objektivität auf einen normativen Anspruch, so trifft es nur eine längst obsolet gewordene Spielart von Ästhetik, der es tatsächlich um die ihre Aporien überspielende „ästhetische Definition"[22] geht. Statt daß die „historische Relativierung" philosophischer Theorie[23] progressiv deren Subjektivität offenbare, steht die dem Historiker geläufige Erkenntnis zu behaupten, daß wachsende historische Distanz prospektiv ihre objektive historische Bedeutung entfalte. Hegels Ästhetik ist nicht dadurch schon widerlegt, daß ihr normativer Anspruch zu

---

18 Kaum wäre es boshaft zu nennen, wollte man von den gewichtigen Momenten, die Werckmeister vorträgt, behaupten, er habe sie dem Kritisierten selbst entlehnt.
19 Werckmeister, a. a. O., S. 64 ff
20 Szondi, a. a. O., S. 15   22 a. a. O., S. 62
21 Werckmeister, a. a. O., S. 66   23 a. a. O., S. 63

Recht zu Protest ging und daß sie sich notwendig auf eine partikuläre Auswahl ihrer Gegenstände stützt. Läßt sich gegen das plane Kausalitätsverhältnis, das Werckmeister zwischen beiden Einwänden herstellt, philosophisch auf der Dialektik des Besonderen und Allgemeinen insistieren, so muß doch die Problematik der begrifflichem Denken eigenen Verallgemeinerung, die nicht zum generalisierenden Duktus erstarren darf, konstitutiv in den Begründungszusammenhang philosophischer Ästhetik als ihre ständige Selbstreflexion eingebracht werden. Das wirft ein Licht nicht nur auf die Hegelsche Methode der Verflüssigung der Begriffe, die das Modell für seine immanente Kritik dort abgibt, wo sie sich selbst aus anderen Gründen denn aus Gründen der Sache untreu wird, sondern auch auf jene überraschenden formalen Züge, die Werckmeister an Adornos Ästhetischer Theorie bemerkt und die sich ihrem wachsenden Methodenbewußtsein verdanken: Die „Hunderte von definitorischen Sätzen nach der Formel ‚Kunst ist...'"[24] sind auch als Replik auf die Unzulänglichkeit der Hegelschen Begriffsbestimmung der Kunst als des sinnlichen Scheinens der Idee zu verstehen. So wenig diese schon als Definition mißverstanden werden darf — bedarf sie doch ihrer Entwicklung in den drei Bänden der Ästhetik, weil das Resultat ohne den Weg zu ihm notwendig abstrakt bliebe —, so sehr verhärtet sie sich gleichwohl aufgrund ihres geschichtsphilosophisch begründeten normativen Charakters. Der Versuch, deren Unrecht abzubüßen, führt zu jenen Hunderten von Sätzen, die schon durch ihre Zahl und ihre Konstellation den Charakter der Definition zugunsten dessen von Momenten negieren.

Schärfer jedoch als die an der vermeintlichen Unwissenschaftlichkeit ist die Kritik an der Ideologieverfallenheit, deren Werckmeister die philosophische Ästhetik ebenso wie die von ihm als ihre sister in mind dargestellte traditionelle bürgerliche Kunstgeschichte bezichtigt, deren Verkommenheit er mit Malraux' Wort vom „imaginären Museum" bezeichnet. Der offen ideologischen Funktion einer noch immer von Ewigkeitswerten schwafelnden Kunstgeschichte soll eine gleichsam versteckte der philosophischen Ästhetik korrespondieren, die ihrem eigenen ideologiekritischen Selbstverständnis zuwider durch ihren Begriff von Kunst als Mentalreservat der nicht vollzogenen Revolution die Affirmation der bürgerlichen Gesellschaft und des von ihr assimilierten

---

24 a. a. O., S. 66

Kunstbetriebs betreibe und ihre adäquate ästhetische Realisation zuletzt im Beatles-Film „Yellow Submarine" finde:

> „Die Funktion moderner Kunst als Reservat der Revolution, die Adorno und Marcuse theoretisch formulierten, wird in der Populärkunst zu einer unmittelbar gesellschaftlichen aktiviert. Darin zeigt sich, daß diese Funktion keine dynamisch-progressive ist, wie beide glaubten, sondern im Gegenteil eine statisch-illusionäre bleibt."[25]

Diese Kritik der philosophischen Ästhetik, die als deren eigenes Bewegungsgesetz den Umschlag von radikaler Negation in Affirmation und Apologetik beschreibt, ist allerdings fundamental, doch sollte schon die Gleichsetzung von Adorno und Marcuse skeptisch stimmen. Vollzieht die Handlung des Films „Yellow Submarine" tatsächlich, wie Werckmeister überzeugend nachweist, die Transposition der gesellschaftlichen Revolution in die stark mit archaisierend-eschatologischen Zügen besetzte ästhetische Dimension, so ist damit keineswegs auch eine notwendige Tendenz der philosophischen Ästhetik bezeichnet. Nur dort behält Werckmeister recht, wo Kunst unmittelbar als Gegenbild einer besseren als der gegenwärtigen Ordnung oder gar als Alternative zum Gegebenen erfahren wird. Abzulehnen aber ist die Übertragbarkeit seiner Marcuse-Kritik auf philosophische Ästhetik insgesamt. Diese entgeht der unvermittelten, regressiven Alternative von „historischer repressiver Gesellschaft und naturhaftem befreitem Leben"[26], wo sie ihre noch in der Negation unaufhebbare Verstricktheit ins Gegebene wie ihren Verzicht auf Praxis als ihren Schuldzusammenhang mitreflektiert. Dann wird sie kaum in „Sergeant Pepper's Lonely Hearts Club Band" den Archetyp ihres Erfahrungsgehalts wiederfinden, weil sie weiß, daß die humane Ordnung, die selbst keine ästhetische sein kann, sich der Darstellbarkeit entzieht, nur durch ihr Gegenbild hindurch, im selber Gebrochenen zitiert werden kann. In der Tat geht Werckmeisters Auseinandersetzung mit der Ideologie philosophischer Ästhetik primär auch gar nicht auf die detaillierte Kritik der von ihren verschiedenen Autoren entwickelten Begriffe, sondern auf die konstitutive ideologische Rolle, die Philosophie und Kunst im universalen Verwertungszusammenhang zu spielen gezwungen seien: daß sich die „ästhetische

---

25 a. a. O., S. 118   26 a. a. O., S. 96

Distanz", die Kunst „um ihre gesellschaftliche Wirkung bringt", in der Theorie reproduziert, welche die „Aufhebung der Kunst durch Realisierung ihrer utopischen Intention" noch einmal verhindert[27]. Die Alternative verschweigt, daß, was sich der Praxis enthält, diese darum keineswegs ersetzen will; sie erläßt es sich überdies, nach den Gründen für solche Enthaltsamkeit zu fragen, und versperrt sich damit den Zugang zu dem von ihr Kritisierten. Es wird später zu explizieren sein, daß Kunst und Philosophie gerade aus dem, was Werckmeister ihnen als ihre ideologische Schwäche anrechnet: daß sie ihre kritische, emanzipatorische Intention im intentionslosen ästhetischen Raum entwickeln, ihre Notwendigkeit ableiten.

Weil er den dialektischen Zusammenhang von Kunst und Philosophie mit gesellschaftsverändernder Praxis partout ignoriert, andererseits aber seinem abstrakten Ideologieverdacht offentsichtlich selbst mißtraut, rekurriert Werckmeister auf das Faktum der schier unbegrenzten Fähigkeit der bürgerlichen Gesellschaft, ihr gegenläufige Tendenzen durch Assimilation zu neutralisieren[28]. Wieso sollte, was sich selbst assimiliert hätte, noch einmal neutralisierender Assimilation bedürfen? Diesen Widerspruch, der bei Werckmeister aufbricht und den er durch sein Diktum von den „ursprünglich gegen die bürgerliche Gesellschaft gerichteten Intentionen der modernen Kunst"[29] mühsam genug verdeckt, hat philosophische Ästhetik fruchtbar zu machen. Die gesellschaftliche Approbation moderner Kunst durch den Kunstmarkt stempelt diese so wenig vorab zur Ideologie, wie Hegels Philosophie durch den Hinweis auf den preußischen Staatsphilosophen und seine Usurpation durch die Rechten erledigt wäre. Der Einblick in die tendenziell totale Verdinglichung, die Einstimmung aller ins Unisono selbstvergessener Funktionäre des Markts zwingt die Kunst zum Eingeständnis, daß auch sie teilhat an dem, wogegen sie opponiert, und nötigt sie, durch ständig neue, noch nicht assimilierte Formen die Kraft ihrer Resistenz zu wahren. Ihr Interesse am Neuen ist nicht identisch mit dem des Marktes am preistreibenden Veralten des jeweils Vorletzten. Auch im Schlagwort vom Veralten kann sich die Rancune gegen das Neue verbergen, indem es suggeriert, daß die Probleme und Widersprüche von einst längst versöhnt seien. Gerade die Einsicht in die Verschränktheit von Kunst und gesellschaftlicher Realität hindert

---

27 a. a. O., S. 118 f   28 a. a. O., S. 31 f   29 a. a. O., S. 31

philosophische Ästhetik, Kunst als „Surrogat für Realität", gar einer „unerreichbaren Utopie" auszugeben[30]. Ihr Sinn ist nicht Rechtfertigung der Kunst, die nur durch ihr Fürsichsein vermittelt Füranderessein wird, sondern der Gedanke des besseren Lebens, an dessen Erreichbarkeit Kunst erinnert.

Ihre Notwendigkeit aber wird einsichtig an der Konfrontation mit Werckmeisters eigenem Modell einer ideologiekritischen Kunstgeschichte. Bestimmt als „historische Erfahrungswissenschaft"[31], zielt diese auf den „Quellenwert"[32] der Kunstwerke, deren Aura sie in den beiden Richtungen der „immanenten Kritik von deren Selbstverständnis"[33] und der Kritik „ihre(r) kulturelle(n) Prätention als Reservat der Erfahrung von etwas anderem als der gegenwärtigen Realität"[34] tilgen will. Bleibt es angesichts der These von der universalen Assimilationsfähigkeit der bürgerlichen Gesellschaft uneinsichtig, warum einer ideologiekritischen Kunstgeschichte das philosophischer Ästhetik vorenthaltene Privileg zugesprochen werden kann, „zur Kritik ihrer selbst als Bestandteil der spätkapitalistischen Kultur" zu gelangen[35], so ist zumindest die Frage möglich, ob nicht dieselbe spätkapitalistische Kultur auch des kulturkonservativen Geschwafels über ästhetische Ewigkeitswerte überdrüssig ist, deren sie zur Aufrechterhaltung ihrer Herrschaft längst nicht mehr bedarf, und stattdessen auch von der Kunstgeschichte handfeste Ergebnisse erwartet, die das Eingehen auf die Gegenstände überflüssig machen. Die Kulturindustrie ließe den Wegfall der Kunst, die anderem Anspruch sich stellt, leicht verschmerzen; mit der am Quellenbegriff orientierten Sprengung des imaginären Museums, das die eigene Tendenz der Kulturindustrie, nicht revolutionäre Tat wäre, macht sich Werckmeister lediglich zum Vollstrecker dessen, wogegen er opponiert. Die soziologistische Reduktion des Kunstwerks auf ein Überbauphänomen, die den berechtigten Kampf gegen den Mißbrauch der Kunstwerke „zu Verklärungsmedien gegenwärtiger gesellschaftlicher Lebenswerte" zugleich als Kampf gegen philosophische Ästhetik versteht, die derselben Abdichtung „gegen die Erfahrung der gegenwärtigen Geschichte" qua Reservatideologie bezichtigt wird[36], arbeitet der Kulturindustrie in die Hand, deren universaler Anspruch bestätigt wird, und verweist die Vergangenheitswissenschaft

---

30 a. a. O., S. 30
31 a. a. O., S. 82
32 a. a. O., S. 71
33 a. a. O., S. 78
34 a. a. O., S. 84
35 a. a. O., S. 82
36 a. a. O., S. 83

Kunstgeschichte paradox in das Reservat, in dem sie ungestört positivistischer Tatsachenerforschung pflegen kann. Das gute Gewissen, mit dem sie sich ausspricht, verrät sich in der Rohheit, mit der sie dem, was dem allgemeinen Unrecht standzuhalten versucht, ohne es je ganz zu vermögen: Kunst und Philosophie, den Kampf ansagt. Objektivität erwartet sie davon, daß sie ihre Gegenstände zu Objekten macht; dem Verdinglichungsprozeß verfallen und abgestorben, wird ihnen noch einmal der Prozeß gemacht. Wer verhindern will, daß „die großen romanischen Pilgerkirchen" zu Ewigkeitswerten und damit zu Herrschaftsmitteln im Dienste unmittelbarer Interessen verklärt werden[37], darf sie nicht auf ihre Rolle im mittelalterlichen Wirtschaftsprozeß reduzieren, in der ihre Eigenart nicht aufgeht. Das hieße jene historisch-dialektische Erfahrung der Hegelschen Philosphie, die entgegen dem Hegelschen Determinismus[38] als Kritik der Historie muß verstanden werden, überspringen, „daß in der Weltgeschichte durch die Handlungen der Menschen noch etwas anderes überhaupt herauskomme, als sie bezwecken und erreichen, als sie unmittelbar wissen und wollen"[39]. Aus dem materiellen Interesse allein, das die Errichtung jener Pilgerkirchen mag begründet haben, läßt sich ihre spezifische Form kaum schlüssig herleiten; das, was über es hinausschießt, gälte es ebenso zu begreifen wie die Male seiner Herrschaft, die diesem unverkennbar eingebrannt sind[40]. Eine Kunstgeschichte, die nur nach der „Funktion" fragt, „die der Produktion, der Verwendung und dem Verständnis von Kunstwerken in der gesellschaftlichen Lebensrealität der Menschen zukam"[41], hat nicht nur auf weiten Bereichen Schwierigkeiten mit der über ihren Objektivitätsanspruch entscheidenden Quellenlage, sie verhält sich überdies rein affirmativ gegenüber der Geschichte, in deren Namen sie auf Kunst reflektiert. D. h. auch der an der philosophischen Ästhetik kritisierte Umschlag von Negation in Affirmation ist Projektion ihres eigenen Bewegungsgesetzes. Sie rechtfertigt den „Wertrelativismus der Geschichte"[42] noch einmal, jedoch nicht aus dem Minus, das das Veralten der Kunstwerke begründet: daß ihre Resistenzkraft vor den historisch wachsenden Widersprüchen zur

---

[37] a. a. O., S. 77
[38] die „List der Vernunft" als deus ex machina
[39] Philosophie der Weltgeschichte, 12, S. 42
[40] Man denke etwa an die phantastischen, von der Orthodoxie gerügten Züge ihrer Skulpturelemente
[41] Werckmeister, a. a. O., S. 76
[42] a. a. O., S. 78

Harmlosigkeit wird, sondern aus dem Plus: daß sie vermöge ihrer die materialen Gehalte überschreitenden ästhetischen Form mehr als blanke Illusion zu sein beanspruchen. Wird jedoch das Unrechtsmoment, das dem „Neutralisierungsprozeß" immer auch anhaftet, ignoriert, dieser vielmehr mit der Formel von der „Abfolge von Illusionen" bestätigt, so enthüllt sich eine Schicht des Einverständnisses, die Werckmeister unverhofft selbst preisgibt: „Die Kunstgeschichte zieht die Konsequenz aus dem musealen Neutralisierungsprozeß."[43] Das Prinzip der Verfügbarkeit der Kunstwerke, ihrer Verdinglichung, statt daß es zu Protest ginge, wird im selben Augenblick, da es rechten Kulturapologeten abgesprochen wird, zum universalen erhoben. Indem die ideologiekritische Kunstgeschichte die Neutralisierung ihrer Gegenstände als Rechtfertigung ihrer Methode ergreift, betreibt sie das Interesse der Ideologen, die seit je die emanzipatorische Tendenz der Kunstwerke leugneten. Kaum ist in der Reduktion des Kunstwerks auf eine historische Quelle neben anderen zum „Gedächtnis der Toten, nicht dessen, was sie vermittels ihrer Kunst sein oder scheinen wollten, sein oder scheinen sollten, sondern dessen, was sie waren", „ein humanes Motiv" zu sehen[44]. Die inhumane Konsequenz des historischen Antiillusionismus und seiner Illusion, aus den bezeugten Fakten das Bild der Vergangenheit bruchlos-objektiv zu rekonstruieren: die Beschränkung auf den faktischen status quo, reproduziert sich in der Beschränkung des Ästhetischen auf die Intentionen des Produzenten oder Auftraggebers. Aus der Einsicht in die Gefahr einer nochmals vollzogenen Verdinglichung resultiert der dialektische Antitraditionalismus der philosophischen Ästhetik; wo sie der komplizierten Vermittlung nicht fähig ist, deren sie bedarf, um einem ihr durch historische Distanz entrückten Gegenstand gerecht zu werden, verschließt sie sich lieber vor ihm, statt ihn sich verfügbar zu machen. Ihre Notwendigkeit aber begründet sie gerade mit der in Werckmeisters Kunstbegriff als der von notwendigen Illusionen ausgesparten Frage nach dem Wahrheitsgehalt der Werke. Gerade weil dieser aufgrund der gesellschaftlichen Bedingungen ihrer Genesis des von Werckmeister notierten scheinhaft-illusionären Moments nie sich entschlagen kann, ist die Frage nach den Bedingungen seiner Möglichkeit immer auch mehr als eine bloß ästhetische: die nach dem, was über den gesellschaftlichen status quo hinausweisen könnte.

43 a. a. O.   44 a. a. O., S. 79

II DER „LEBENDIGE" UND DER „TOTE" HEGEL IN DER BÜRGERLICHEN ANATOMIE

Vorbemerkung: Das Methodenproblem der Analyse und Kritik der Hegelschen Ästhetik

Daß es noch immer keinen Kommentar zur Hegelschen Ästhetik gibt, scheint symptomatisch für die Situation der Forschung, die kaum mit Grund zu sagen wüßte, wie ein solcher auszusehen hätte. Das trägt sicherlich nur zum Teil dem Umstand Rechnung, daß eine textkritisch hinreichend abgesicherte Vorlage seit Lassons Ansatz immer noch aussteht. Von deren Schwierigkeiten wissen die Herausgeber der neuen kritischen Hegel-Ausgabe ein Lied zu singen; wird doch der Begriff der kritischen Ausgabe, wo es sich in erster Linie um Vorlesungsskripte von Schülern handelt, selbst problematisch. Einer von Henckmann mitgeteilten Äußerung Nicolins zufolge planen die Herausgeber daher, „wegen der ungünstigen Quellenlage für die Ästhetik-Vorlesung, neben einer kritischen Neuedition aus noch vorhandenen Nachschriften den Hothoschen Text zu bringen"[1]. So sehr man Hothos „allgemein als mustergültige Editionsleistung anerkannt(e)" Ausgabe[2] kritisieren kann, weil sie aus dem divergenten Material der Nachschriften verschiedener Vorlesungsjahrgänge ein durchgehend komponiertes und abgerundetes Werk herstellt und die aufgrund neuer Erfahrungen und Interessen von Hegel vorgenommenen Modifikationen der Konzeption einebnet, so hätte dies allein doch einen virtuellen Kommentator kaum abschrecken können, dessen kritische Analyse ja gerade der Textrevision hätte zuarbeiten können. Vielmehr wird das Fehlen eines durchgehenden Kommentars erst aus der Wirkungsgeschichte des Hegelschen Werkes begreifbar.

Eine kurze Andeutung muß hier genügen. Die von Hotho im Rahmen der „Vollständigen Ausgabe durch einen Verein von Freunden des

---

1 W. Henckmann (Hg.): G. W. F. Hegel. Einleitung in die Ästhetik. — Nachwort, S. 127 f

2 a. a. O., S. 127

Verewigten" besorgte Edition hat die Funktion der möglichst getreuen Tradierung des Erbes des Meisters. Der im „Verein der Freunde des Verewigten" herrschende Orthodoxismus ließ im Grunde den Gedanken eines Kommentars, gar eines kritischen gar nicht aufkommen. Der „treugesinnte Restaurator", als den sich Hotho begreift, muß davon ausgehen, daß „das tiefe Grundprinzip Hegels, das auch in diesem Kreise der Philosophie seine Macht der Wahrheit von neuem bewährt hat," die Ästhetik „sich am besten durch sich selber Bahn brechen lassen (wird)"[3]. Dennoch meldet gerade Hothos Wort von dem „in seiner Basis unerschütterten Gipfel der Erkenntnis"[4] unüberhörbar die Frage nach dem ausgeführten Bau an, der sich auf dieser Basis erhebt und gegen den seine Reserven auszusprechen Hotho selbstkritisch und ehrlich genug war[5]. Die Aufgabe, „die verschiedenartigsten oft widerstrebenden Materialien zu einem wo möglich abgerundeten Ganzen mit größter Vorsicht und Scheu der Nachbesserung zu verschmelzen"[6], macht den Herausgeber zugleich zum Kommentator. Das geriet in Vergessenheit, sobald Hothos Versicherung, „gleichsam im stummen Einverständnis des Hegelschen Geistes selber" vorgegangen zu sein[7], voll akzeptiert war. Damit lag ein sanktionierter Text vor, der für sich selbst sprechen, sein eigener Kommentar sein sollte, der aber dennoch selbständige Modifikationen und Ergänzungen auch für den orthodoxen Hegelianismus nicht völlig ausschloß, sofern sie die „Basis" nicht verließen.

Konnte der Hegelianismus seinem eigenen Selbstverständnis zufolge keinen kritischen Kommentar liefern, so bestand in der zweiten Hälfte des XIX. Jahrhunderts, als Hegel in der bürgerlichen Philosophie aus nicht unverständlichen Gründen als „toter Hund" behandelt wurde, kein Interesse an seiner Herstellung. Aber auch der marxistischen Philosophie[8] waren durch die Kanonisierung ihres Hegel-Erbes auf lange

---

3 Hotho in der Vorrede zur ersten Auflage der Ästhetik von 1835. Ed. Henckmann, S. 7
4 ibid.
5 a. a. O., S. 10
6 a. a. O., S. 8
7 a. a. O., S. 10
8 Zu ihrem Stand in der zweiten Hälfte des XIX. Jhs., der durch Mehrings Wort von der „Absage an alle philosophischen Hirnwebereien" charakterisiert ist, cf. Karl Korsch: Marxismus und Philosophie. — Ffm. 1966

Sicht die Wege zu einem kritischen Hegel-Kommentar versperrt. Nicht nur wurde er präjudiziert durch die berüchtigte Engelssche Trennung von Methode und System bei Hegel, die der Hegel-Kritik bis heute ihre Methode: die der Unterscheidung von progressiven (= dialektischen) und reaktionären (= idealistischen) Zügen selbst undialektisch vorschrieb, hinderlich war ihm auch das banausische Engelssche Urteil, das die Hegelsche Ästhetik als Zeitvertreib für Mußestunden dem von anstrengender theoretischer Arbeit Erschöpften empfahl.

Als in der bürgerlichen Philosophie des XX. Jahrhunderts das Interesse an Hegel wieder erwachte, galt es einem spezifisch vorverstandenen Hegel. Daß seit Diltheys 1906 veröffentlichter „Jugendgeschichte Hegels" die Frage nach dem jungen Hegel in den Mittelpunkt der Forschung trat, daß die Besinnung auf ihn entscheidenden Anteil an der Entstehung der sogenannten „Hegel-Renaissance" hatte, erklärt sich aus der spezifischen Interessenlage, der die bürgerliche Kathederphilosophie gerecht zu werden hatte. Das vom Neukantianismus nicht befriedigte Bedürfnis nach inhaltlicher Weltanschauung bedingte nicht nur den Rekurs auf einen imperialistisch interpretierten Nietzsche, sondern auch und vor allem auf die Romantik und den deutschen Idealismus; der Nachvollzug seiner Bewegung „von Kant zu Hegel" geht auf einen irrationalistisch verfälschten Hegel. Hegel-Interpretation soll das Selbstverständnis der nach dem Weltkrieg sich rapide verbreitenden Geistesgeschichte reflektieren bzw. den Quellpunkt der Lebensphilosophie an die Wende des XVIII. zum XIX. Jahrhundert vorverlegen; in diesem Sinne soll der junge Hegel bis hin zur Phänomenologie für den Irrationalismus vindiziert werden. Die Usurpation Hegels durch die Geistesgeschichte und die diversen irrationalistischen Strömungen im ersten Drittel unseres Jahrhunderts bedarf der späteren genauen Analyse. Hier ist zunächst nur so viel festzuhalten, daß die Wendung zum jungen Hegel — und wie er verstanden werden sollte, gibt der Titel von Nohls Ausgabe: „Die theologischen Jugendschriften" gebieterisch an — ungeachtet des Rufes nach dem „ganzen" Hegel zu einer negativen Einschätzung des Hegel der Vorlesungen, mithin auch der Ästhetik führte. Die Insistenz auf dem angeblichen Hegelschen Irrationalismus, in dessen Namen, wie später zu zeigen sein wird, der Kampf gegen die Dialektik geführt wurde, gab nicht nur die Gelegenheit, Hegel zum Geistesverwandten Schellings, Schleiermachers und Schopenhauers zu erklären, sie diente überdies als Verbindungsglied zu den trotz aller verbalen und methodischen Unterschiede gleichgerichteten Intentionen der Geistesgeschichte, die seit Kroner für den Kant-Überwinder und Idealismus-Vollender Hegel den Stempel des Irrationalismus bereithielt. Abschlußhafte Philosophiegeschichte — von ... bis —, der ihr Duktus von Hegel selbst vorgegeben ist, gelangt auch sie nicht zum kritischen Kommentar, sondern allenfalls zu einer problemgeschichtlich explizierten Rekapitulation des Hegelschen Systems.

Konnte die Geistesgeschichte noch ungetrübten Bewußtseins auf Gesamtdarstellungen aussein, so hat sich die Situation der Forschung heute allgemein verändert. Genuiner ästhetischer Theorie dient Hegels Ästhetik als Ausgangspunkt; sie läßt sich weitgehend als implizite Hegel-Kritik lesen. Die eigentliche Hegel-Forschung ist dort, wo sie sich um ein kritisches Methodenbewußtsein bemüht, vorsichtiger in ihrem Urteil geworden. So unfruchtbar der Salzburger Hegel-Kongreß von 1964 war, der sich mit der „Ästhetik" beschäftigte, er hat die tiefe Problematik deutlich gemacht, daß adäquates Hegel-Verständnis detaillierter Einzelanalyse bedarf, die doch gleichzeitig ein Bewußtsein des Ganzen voraussetzt, das sie selbst erst begründen will. Die Beantwortung der eines der Grundmotive der Hegel-Rezeption im XX. Jahrhundert bildenden Frage, wie denn Hegel zu lesen sei, scheint heute dringlicher als eine sie explizit realisierende Gesamtdarstellung. Sonst wird es bei der resignierten Feststellung Henrichs bleiben: „Wer Hegel verstehen will, ist noch immer mit sich allein."[9]. Noch hat sich dies Bewußtsein mehr in anderen philosophischen Disziplinen als in der der Ästhetik entfaltet. Damit rechtfertigt sich die ideologiekritische Aufarbeitung der Rezeption der Hegelschen Ästhetik im XX. Jahrhundert.

Daß der Interpret immer wieder sich vor die Frage gestellt sieht, wie er Hegel zu lesen habe, reflektiert einen Grundzug der Hegelschen Philosophie; als. systematische Entfaltung der Wahrheit stellt sie den Anspruch, von Anfang an als Ganzheit begriffen zu werden. Gerade den kritischen Leser, den sie fordert, zwingt sie, ihrem Bewegungsgesetz zu folgen und der Kritik sich zu enthalten, ehe nicht das Ganze durch seine Momente hindurch sich entfaltet hat. Das, was die Philosophie der Weltgeschichte, die Hegel als „nichts anderes als die denkende Betrachtung derselben" bestimmt, ihm zufolge verlangt, ist die „Voraussetzung" der Überzeugung, „daß die Vernunft die Welt beherrsche, daß es

---

9 D. Henrich: Hegel im Kontext. — Frankfurt/M 1971. S. 7

also auch in der Weltgeschichte vernünftig zugegangen sei"[10]; die Umsetzung dieser Überzeugung in Einsicht, der Voraussetzung ins „Resultat der von uns anzustellenden Betrachtung, ein Resultat, das *mir* bekannt ist, weil ich bereits das Ganze kenne", gilt Hegel als der objektiv-wissenschaftliche Weg, der sich „historisch, empirisch" an seinem Gegenstand, hier der Geschichte, „wie sie ist", ausweist[11]. Die dialektische Begründung des Resultats durch den Weg, der zu ihm führt, die Untrennbarkeit beider — ist doch das identische Subjekt-Objekt der Geist, „dessen Natur zwar immer eine und dieselbe ist, der aber in dem Weltdasein diese seine eine Natur expliziert"[12] — verlangt daher vom Leser der Hegelschen Philosophie dieselbe Haltung, die sie selbst zu ihren Gegenständen einnimmt: den Verzicht auf das „subjektive Tadeln", das „an den Einzelheiten der Erscheinung" sich festmacht und „vornehm und mit hoher Miene über der Sache(steht), ohne in sie eingedrungen zu sein, d. h. sie selbst, ihr Positives erfaßt zu haben"[13]. Dieser Anspruch, en bloc akzeptiert zu werden, macht die Schwierigkeit der Hegel-Lektüre aus, weil der Leser, der ihrer Wahrheitsmomente innewird, diese gerade in ihrer Einbringung ins abschlußhafte Ganze, das Hegels emphatischem Postulat zufolge allein das Wahre sein soll, aufs stärkste bedroht sieht. Steht zu vermuten — und dies wird Schritt für Schritt nachzuweisen sein —, daß Hegel seiner eigenen Forderung nach dem Sichversenken in die Sache nicht gerecht geworden ist, so ist nach den Gründen dafür zu fragen; zugleich hätte die Analyse, die jene Bruchstellen im Kontext, an denen Hegel sich selbst untreu wird, anmerkt, selbst in eine kritische Theorie überzugehen, die über jene Fixierungen und Umbiegungen um der Sache willen hinausgeht, deren „denkende Betrachtung" sie sein will. Geht man davon aus, daß noch die Kriterien der Hegel-Kritik von Hegel selbst gestellt werden, so verfällt die Hegel-Rezeption des XX. Jahrhunderts auf weite Stecken dem Urteil über das, was Hegel „subjektives Tadeln" genannt hat. Das gilt ebenso für die marxistische Philosophie, soweit sie der genannten Engelsschen Trennung von Methode und System bei Hegel verpflichtet blieb, wie für die bürgerliche Hegel-Rezeption, der Benedetto Croce das Schlagwort vom Lebendigen und Toten der Hegelschen Philosophie

---

10 Philosophie der Weltgeschichte, 12, S. 20
11 a. a. O., S. 22
12 ibid.
13 a. a. O., S. 53

geliefert hat, die es zu unterscheiden gelte[14]. Bei der Frage des Methodenproblems stoßen wir zum ersten Male auf jene bei aller Verschiedenheit tiefe Koinzidenz der bürgerlichen und traditionell-marxistischen Hegel-Kritik, deren Aufklärung von eminenter Bedeutung ist. Wie kommt es, daß die Hegelsche Philosophie von denen, die sich als Erben ihrer lebendigen Kraft verstehen, auf den Seziertisch der Anatomie gezerrt wird, daß die Erfahrung der Dialektik von Leben und Tod derart ignoriert wird? Die Beantwortung dieser Frage, die auf die materiale Explikation der Methoden angewiesen ist, setzt die Analyse der divergenten Sektionsverfahren voraus, ist jedoch nur im Kontext der Analyse der gesellschaftlichen Herrschaftsverhältnisse voll zu leisten; daran, daß sie auf ihn nur verweist, findet unsere Untersuchung ihre Schranke. Die bürgerliche Hegel-Rezeption des XX. Jahrhunderts entfaltet sich zu einer Zeit der schärfsten bewußten Klassenauseinandersetzung, in der sie eine wichtige gesellschaftliche Funktion erfüllt. Richtet sie die Spitze ihres Kampfes gegen die Dialektik, wenigstens soweit sie historisch-gesellschaftlich artikuliert wird, und damit explizit oder implizit gegen Sozialismus und Marxismus, so ist sie zugleich bemüht, einen von ihr gereinigten Hegel für sich zu reklamieren, der die metaphysisch überhöhte bürgerliche Gesellschaft als Endstadium der historischen Perfektibilität rechtfertigen soll. In diesem Kontext wird das Koordinatensystem des Lebendigen und Toten aufgestellt. Dessen Bedeutung für die Beurteilung der Ästhetik-Vorlesungen ist unübersehbar; verweigern diese doch gerade durch ihre historisch-gesellschaftliche Dimension die metaphysische Verklärung der Kunst zur Trost und Sinn stiftenden Überhöhung von Individuum und Gesellschaft. Daraus ergeben sich zwei verschiedene Strategien für die bürgerliche Hegel-Rezeption, die an der Stellungnahme zu Hegels Lehre vom Vergangenheitscharakter der Kunst in der Moderne am deutlichsten ablesbar werden. Diese wird entweder zum grundlegenden Kriterium für die generelle Ablehnung der Hegelschen Ästhetik im Namen eines die historisch-gesellschaftliche Problematik ausklammernden Ästhetizismus, oder es geht der Versuch, sie wegzuinterpretieren, Hand in Hand mit der Umdeutung der Dialektik in ein metaphysischen Sinn stiftendes Prinzip, das als solches die „Ästhetik" doch wieder akzeptabel machen

---

14 B. Croce: Lebendiges und Totes in Hegels Philosophie. Übersetzt von K. Bühler. – Heidelberg 1909

soll. Aber auch diese sich als Neohegelianismus gebende metaphysische Hegel-Interpretation teilt das — freilich verschwiegene — Sektionsverfahren, da sie die ihr widersprechenden Momente der Hegelschen Philosophie zu ignorieren gezwungen ist. Der Kampf bleibt, nur wird er in dem Maße, wie das Bewußtsein der gesellschaftlichen Antagonismen schwindet, gleichsam versteckter geführt.

1. Ästhetik und Ästhetizismus

a) Benedetto Croce

Dem unsterblichen Ruhm, den er Hegel wegen der Entdeckung der Dialektik der Gegensätzen verheißt, vergißt Croce nicht sogleich die psychologisierende Einfühlung statt Erklärung bietende Einschränkung hinzuzufügen, daß Hegel „von dem neuen Wein dieser Wahrheit so berauscht ist, daß er sie überall vor Augen sieht, daß er dazu verleitet wird, alles nach dieser neuen Form aufzufassen"[15]. Aus seiner Grundthese, wonach „der folgenschwere logische Fehler" Hegels[16] darin bestehe, „zwischen der Lehre von den Gegensätzen und der Lehre von den Unterschieden" keinen Unterschied gemacht zu haben[17], leitet Croce seine Forderung ab, „das *Lebenskräftige* im System Hegels" und „das darin Abgestorbene" zu trennen[18]. Abgestorben wäre demnach der Mißbrauch der Dialektik zum Aufbau des in „Panlogismus" erstickenden Systems und zur „spekulative(n) Konstruktion des Individuellen und des Empirischen der Geschichte und Natur", während die aus der „Dialektik der Gegensätze und der Theorie der Abstufungen der Wirklichkeit" gewonnene Begriffslehre den nachwievor „lebendigen Teil" bildete[19]. Damit werden alle materialen Teile des Hegelschen Denkens preisgegeben zugunsten der logisch-erkenntnistheoretisch begriffenen Begriffslehre. Die Einschränkung der Dialektik hat jedoch zugleich die ideologische Funktion, die zur Liquidation verfälschte Synthesis der Gegensätze[20] als „eine gediegene Einheit"[21] im Sinne der Identität von Vernunft und Wirklichkeit zu interpretieren[22], um Hegel

15 Croce, a. a. O., S. 78
16 a. a. O., S. 67
17 a. a. O., S. 78
18 a. a. O., S. 65

19 a. a. O., S. 164
20 a. a. O., S. 79 f
21 a. a. O., S. 43
22 a. a. O., S. 48

kraft seiner „dramatischen und gewissermaßen tragischen Auffassung von der Wirklichkeit"[23], die das Vorhandensein des Schlechten und Falschen nicht rechtfertige, sondern in seiner Funktion begreife, auf jenem „philosophischen Olymp" jenseits von Optimismus und Pessimismus anzusiedeln[24], mit dem Croce unübertrefflich die Misere der bürgerlichen, sich über alle endlichen Gegensätze erhaben dünkenden Philosophie markiert. Denn nicht nur reflektiert Croce ausschließlich das apologetische Moment der geschichtsphilosophischen Konzeption Hegels, sondern er ist auch bemüht, deren Historizität durch seinen Begriff einer sich in der Dialektik der Gegensätze entwickelnden „Wirklichkeit"[25] metaphysisch aufzulösen, indem das dramatische Geschehen der historischen Wirklichkeit überwölbt wird von einer übergeschichtlichen, in sich abgestuften, aber gegensatzlosen Sphäre des „allgemeinen" Geistes. Dem dient die Unterscheidung von Gegensätzen und Unterschieden:

„Der philosophische Begriff, das konkrete Allgemeine oder die Idee, ist *ebenso* Synthese der Gegensätze, *wie* der Unterschiede."[26],

die Croce zu verschiedenen Formen der Dialektik führt. Die Dialektik der Gegensätze, die als solche vor ihrer Synthese bloße „Abstraktionen", historische Irrtümer seien, bedarf demnach der additiven Ergänzung durch eine zweite, die der „Selbstentfaltung" der „Stufen des Geistes", die selbst durchgehend gegensatzlos und „konkret" seien[27]. Ehe der objektiv reaktionäre Charakter dieser Synthese von Hegel und Schelling, auf dessen Potenzenlehre sich Croce ausdrücklich für seine ergänzende Dialektik der Unterschiede beruft[28], erörtert werden kann, muß auf den rationalen Kern von Croces Argumentation hingewiesen werden. Deren Hauptgegenstand ist das Verhältnis von Kunst und Philosophie: Croce verzweifelt an Hegel, weil dieser Kunst und Religion als Gegensätze behandele, die durch ihre Synthesis, die Philosophie, systematisch und historisch liquidiert werden, statt als unterschiedliche Stufen des Geistes dem historischen Liquidationsprozeß entnommen zu werden. Wir müssen auf diese Grundfrage der

23 a. a. O., S. 49
24 a. a. O., S. 50
25 a. a. O., S. 77

26 a. a. O., S. 68 f – Unterstreichung von mir, W. K.
27 a. a. O., S. 70 ff
28 a. a. O., S. 70

Hegelschen Ästhetik in späterem Zusammenhang zurückkommen und können hier zunächst nur daran erinnern, daß Hegels Begriff der dialektischen Aufhebung das genaue Gegenteil von Liquidation ist und keineswegs rückwirkend das Aufgehobene — und das heißt auch das Bewahrte — zum blanken Irrtum verzerrt. Daß es jedoch mehr als subjektives Mißverständnis ist, wenn Croce den Sinn der dialektischen Prozessualität verkennt, in der Unterschiede dort zu Gegensätzen werden, wo sie sich verselbständigen, den Anspruch eines Allgemeinen erheben und eben dadurch die Kraft des Negativen, *ihrer* Negation gegen sich aufrufen[29], erhellt aus der Erläuterung seines Alternativmodells der Stufenlehre durch den Vico entlehnten Begriff der Idealgeschichte:

„Der Geist ist Entwicklung, ist Geschichte und mithin Sein und Nichtsein zugleich, ein Werden; aber der Geist sub specie aeterni, den die Philosophie meint, ist *ewige Idealgeschichte*, außerhalb der Zeitlichkeit liegend: er ist die Reihe der ewigen Formen jenes Entstehens und Vergehens, das, wie Hegel sagte, selbst nie entsteht noch vergeht. Das ist der wesentliche Punkt."[30]

Führt die Differenzierung der Dialektik in eine der Gegensätze und eine der Unterschiede zur Dichotomie von realer durch die Kraft der Negation bewegter Geschichte und ewiger Idealgeschichte, in der der Übergang „kein Übergang, oder besser: (...) ein ewiger Übergang, der unter diesem Gesichtswinkel der Ewigkeit ein *Sein* ist"[31], so hat dieser neu aufgesprungene Dualismus die Funktion doppelter Verklärung: Das ewige Ideenreich, in dem Philosophie und Kunst angesiedelt werden, überwölbt eine in Widersprüche und Gegensätze verwickelte Wirklichkeit, deren dialektische Erfahrung gleichwohl das in ihr herrschende Schlechte und Falsche mannhaft ertragen läßt.

Aus dieser apologetischen Grundtendenz resultiert der Umschlag der intendierten Rettung der Gegenstände aus ihrer angeblichen mißbräuchlichen dialektischen Zurichtung durch Hegel in deren vollendete

---

29 Was diachronisch als Gegensatz erscheint, kann synchronisch bei Hegel durchaus als Unterschied gemäß der allgemeinen welthistorischen Entwicklungsstufe des Geistes erscheinen.
30 a. a. O., S. 76
31 a. a. O., S. 78

Preisgabe an die Zurichtung durchs Gegebene. Das läßt sich an dem aus der Grundthese abgeleiteten Vorwurf nachweisen, der zum Verdikt über die Hegelsche Logik einerseits, über die Philosophie der Kunst, Geschichte und Natur andererseits führt: Hegel mache sich der „Umwandlung der Irrtümer in besondere Begriffe und Stufen der Wahrheit" sowie deren komplementärer Form, der „Umwandlung der besonderen Begriffe in philosophische Irrtümer", schuldig[32]. Da Croce den Begriff der dialektischen Gegensätze fälschlich mit dem von Irrtümern identifiziert, muß er gerade den philosophiegeschichtlichen Anspruch der Hegelschen Logik kritisieren und die Geschichte der Philosophie als eine von Irrtümern preisgeben. Die erneut aufgeworfene Trennung von Historie und überhistorischer Wahrheitsentfaltung in der systematischen Totalität einer „Philosophie des Geistes"[33] opfert den Grundgehalt von Dialektik, die Untrennbarkeit von Genesis und Resultat, und dient dazu, die reale historische Wirklichkeit der begrifflichen Arbeit der Philosophie zu entziehen. Analog geht Croces Kampf für die Autonomie der historischen und der Naturwissenschaften unter dem Schein der Intention ihrer Befreiung von ihrer Disqualifikation als „minderwertige Philosophie"[34] durch Hegel darauf aus, ihre Gegenstände und Methoden aus dem Bereich der philosophischen Fragestellung auszugrenzen. Die Konstruktion eines apriorischen Gegensatzes von Philosophie und empirischer Geschichtsschreibung negiert die Möglichkeit, die Geschichte philosophisch auf ihre Gesetzmäßigkeit zu befragen, weil die dafür vorauszusetzende Sichtung des empirischen Materials nach den Kategorien Zufälligkeit und Notwendigkeit „dann die ganze Weltgeschichte Zufall sein" ließe[35]. Das Unrecht, das Croce zufolge die Geschichtsphilosophie ihren Gegenständen durch bewußte Untersuchung auf ihre immanente Gesetzlichkeit zufügt, verübt die nach seiner ästhetisierenden Definition als sich im Anschaulichen ergehende und en detail nachkonstruierende „Erzählung" bestimmte Geschichtsschreibung[36] nicht nur dadurch selbst, daß auch sie, um Erzählung sein zu können, der Auswahl- und Darstellungskriterien bedarf – und daß sie diese bei Croce bewußtlos, als seien sie ihr vom Material selbst vorgegeben, benutzt, potenziert die Schuld der Zurich-

---

32 a. a. O., S. 82 ff
33 a. a. O., S. 94
34 a. a. O., S. 125

35 a. a. O., S. 120
36 a. a. O., S. 110

tung, die sie abbüßen sollte —, sondern mehr noch durch die Gleichgültigkeit, mit der sie ihre Gegenstände, deren Autonomie und Eigenwert an sich zu behaupten sie vorgibt, im Zeichen der Wert- und Urteilsfreiheit zu unterschiedslosen facts degradiert, deren prinzipielle Austauschbarkeit nur ihr Äußerlichstes, die selbst zufällige Faktizität der Überlieferung, verschleiert. Gleiches gilt für Croces Kampf für die Trennung der Naturwissenschaften von der Philosophie, deren Motiv sein Begriff der Natur als „ein praktisches Erzeugnis (Hilfsmittel) des Menschen"[37] offenbart: Natur soll der Praxis überlassen, ihre Ausbeutung als geschichtslose von der Philosophie ignoriert werden[38]. Gegen Croce steht zu behaupten, daß die Aufopferung des Individuellen und Empirischen, die er der Geschichts- und Naturphilosophie vorwirft[39], gerade von den entsprechenden Wissenschaften, wie er sie konzipiert, vollzogen würde. Eine Geschichtsschreibung, der alle zugänglichen faktischen Materialien gleich-gültig sind, kann das Individuelle, das nur kraft seiner Dialektizität mit dem gesellschaftlichen Allgemeinen als solches begreifbar wird, schlechterdings ebenso wenig erfahren wie eine Naturwissenschaft das Empirische, wenn es in ihr nur als Objekt ausbeuterischer Praxis figuriert. Ist gleichwohl die Tendenz auf deren Degradation bei Hegel unübersehbar, so nicht aufgrund der „Anwendung der Dialektik"[40], sondern ihrer Suspendierung.

Der bei Croce sichtbare Umschlag der intendierten Rettung des Individuellen vor dem Zugriff eines auf seine Beherrschung gehenden Allgemeinen in seine Preisgabe an die blinde Empirie rekapituliert in nuce die Geschichte des bürgerlichen Nominalismus, dessen Konsequenzen Hegel seinerseits in der Ästhetik nur vermöge der Abstraktion in herrschaftliche Begriffe auswich: Wird Hegels philosophische Ästhetik — und das ist der rationale Kern von Croces Kritik — kunstfremd, so Croces Ästhetik nicht minder, weil sie sich emphatisch als philosophiefremd bekennt. Croces Kritik der Hegelschen Ästhetik ist vor dem Hintergrund seiner These von der Umwandlung der philosophischen Begriffe in Irrtümer aufgrund der mißbräuchlichen Ausdehnung der Dialektik der Gegensätze bzw. Irrtümer zu sehen. Daraus, daß Kunst, Geschichte und Natur von Hegel *„als unvollkommene Formen der Philosophie* behandelt" würden[41], leitet er nicht nur das Recht ab, auf

---

37 a. a. O., S. 172
38 a. a. O., S. 126 ff

39 a. a. O., S. 141 ff
40 a. a. O., S. 141

41 a. a. O., S. 98

die Auseinandersetzung mit deren philosophischem Begriff bei Hegel zu verzichten, sondern auch das, deren Gegenstände um ihrer Autonomie willen als der Dialektik enthoben darzustellen und von der Philosophie zu emanzipieren. Die scheinbare Paradoxie, daß Croce die als „Macht, die Einheit in der Gegensätzlichkeit zu lösen und darzustellen", begriffene Dialektik[42] selbst als „eine völlig ästhetische Eingebung" bezeichnet[43], um andererseits die Kunst vor dem Zugriff der Dialektik zu bewahren, führt auf den Kern seines Denkens: das Bedürfnis einer die dialektische Widersprüchlichkeit der Wirklichkeit überwölbenden harmonisierenden species aeterni. Philosophischer Begriff und ästhetischer Ausdruck gelten ihm von vornherein als analoge Formen der Betrachtung der Wahrheit in der Realität, die sich nur durch ihre Form als „Betrachtung des Allgemeinen und somit Denken" bzw. „Betrachtung des Individuellen, mithin Anschauung und Phantasie" unterscheiden[44], deren genetischer Zusammenhang darin bestehen soll, „daß die Philosophie aus dem Schoße der göttlichen Poesie entspringen muß, matre pulchra filia pulchrior"[45]. Die immense Rangerhöhung des Ästhetischen, in der nicht zufällig die Schellingsche Konzeption der Kunst als Organon der Philosophie anklingt, ist die genaue Umkehrung dessen, was Croce als die logische Konsequenz der Hegelschen Verwechselung von Gegensätzen und Unterschieden für die Ästhetik und die in ihr entwickelte Vergangenheitslehre interpretiert, „daß die Kunst für Hegel sich im wesentlichen auf einen philosophischen Irrtum reduziert, auf eine schlechte Philosophie", daß „die wahre Kunst (...) für ihn die Philosophie ist"[46], mit deren vollendeter Ausbildung „die Kunst als überflüssig verschwinden" müsse, als ein Irrtum, der „nicht notwendig und nicht ewig" sei[47]. Wir können hier noch nicht auf die verzerrende Interpretation der Vergangenheitslehre eingehen. Entscheidend für die Croce-Analyse ist hier sein Vorbegriff der Dialektik: Die Affirmation, auf die sie reduziert wird, erweist sie als Figur der Herrschaft auch dadurch, daß sie die Liquidation der Gegensätze um eines nicht existenten harmonischen Allgemeinen willen verlangt; die sakrale Weihe, die ihr auf dem „philosophischen Olymp" zuteil wird, dient dazu, sie den realen menschlichen Lebensbereich, Natur und Geschich-

---

42 a. a. O., S. 16
43 a. a. O., S. 107
44 a. a. O., S. 16

45 a. a. O., S. 23
46 a. a. O., S. 105
47 a. a. O., S. 106

te verklären zu lassen. Daß die Hegelsche Philosophie trotz unleugbar affirmativer Tendenz dem sich verweigert, zwingt Croce, über all das, was seiner Interpretation nicht sich fügt, das Todesurteil zu sprechen. Die Begründung des über die Ästhetik verhängten Schuldspruchs mit dem Wunsch nach Rettung der Kunst und ihrer Autonomie erweist sich eindringlicher Befragung als vordergründig. Denn die Aura des Ursprungs, die mit einem längst schon durch die historische Entwicklung pervertierten Gedanken des XVIII. Jahrhunderts für die Kunst reklamiert wird, dient ihrer Transposition ins Begrifflose, Irrationale, der schon und gerade Hegel den Kampf angesagt hatte.

Croces Begriff der Kunst als der ursprünglichen Form der Anschauung einer die Gegensätze tilgenden harmonischen Einheit ist im Grunde prärational und prähistorisch. „Jene erste theoretische und ursprüngliche Form (...), welche die Lyrik oder die Musik des Geistes ist", als die sich ihm das echt ästhetische „Reich der sinnlichen Anschauung, der reinen Phantasie, der Sprache in ihrem wesentlichen Charakter, wie Malerei, Musik oder Gesang" darstellt[48], läßt Kunst und Sprache in typisch bürgerlicher Verkennung der Dialektik von Sozietät und Individualität historisch und systematisch auf einen Status vorgesellschaftlicher Individualität regredieren: Kunst soll einen Bereich vor jeder Trennung konstituieren, eine von Hegel ignorierte Stufe vor der unmittelbaren sinnlichen Gewißheit, die die Trennung von Subjekt und Objekt bereits voraussetzt, d. h. ästhetische Anschauung soll „ursprüngliche sinnliche Gewißheit, die reine und einfache $\alpha\iota\vartheta\eta\sigma\iota\varsigma$" sein, „wo es keinen Unterschied gibt zwischen Subjekt und Objekt, wo keine Gegenüberstellung von einem Dinge mit einem anderen besteht, wo keine Einreihung in Zeit und Raum stattfindet[49]. Damit wird, unbekümmert um den Widerspruch einer $\alpha\iota\vartheta\eta\sigma\iota\varsigma$" ohne Objekt, die Kunst als Sonderbranche dem Irrationalismus überantwortet. Was philosophiehistorisch als Nachklang der Schellingschen absoluten Indifferenz: daß die Kunst „gerade Subjekt ohne Prädikat" sei[50], erscheint, enthüllt seine gesellschaftliche Dimension, indem es die Kunst, unter dem Mantel ihrer Rettung, zum Selbstausdruck eines Individuums depotenziert, das doch in seiner Abstraktion weder Selbst noch Individuum sein kann, indem ferner die behauptete „sinnliche Anschau-

---

48 a. a. O., S. 99 f   49 a. a. O., S. 100 f   50 a. a. O., S. 101

ung ohne intellektuelle Beziehung"[51] die Kunst aus ihrem historisch-gesellschaftlichen Raum herausnimmt und ihre Rezeption in einen vorbewußten Bereich verlagert, der der Ratio verschlossen, nur als „Mitzittern" erlebt werden kann[52]. Das rationale Motiv seiner Hegel-Kritik: den Einspruch gegen die restlose Auflösbarkeit des Ästhetischen in begriffliches Denken, in deren Behauptung unüberhörbar herrschaftsorientierte Ratio sich anmeldet, kann Croce nicht durchhalten aufgrund jener Auflösung der Dialektik, die ihn in unlösbare Widersprüche verwickelt: Der Schrecken vor der die Individualität auslöschenden instrumentellen Vernunft, die selbst in Unvernunft umzuschlagen droht und der doch um der gewünschten Aufrechterhaltung der gegebenen gesellschaftlichen Ordnung unbeschränkter Freiraum in der Wirklichkeit von Natur und Geschichte muß zugestanden werden, läßt nur noch den „Ausweg" ins Irrationale von Kunst und ewiger Idealgeschichte; die Insistenz auf dem durch Zweckrationalität, „kalten Intellektualismus"[53] gefährdeten Individuum führt zur Alternative des Rückzugs auf sich selbst und dann in Sprachlosigkeit oder der dumpf-kollektiven Erfahrung, die durch den Einsatz psychologischer und ästhetischer Mittel ein rauschhaft-mitzitterndes Selbstgefühl ohne Selbst verheißt[54]. Kunst und Sprache sind für Croce — in blanker Umkehrung der gleichermaßen abstrakten Hegelschen Sprachphilosophie als Theorie der Zeichen, der symbolhaften Subjekt-Objekt-Vermittlung — positiv gegeben eine „wirklich primitive theoretische Form", weil er die Möglichkeit einer Vermittlung von Ratio mit ihrer Tendenz auf Verdinglichung und Freiheit des Objekts bzw. sympathetischem Mittvollzug — „singen oder nachsingen" — ausschließt[55]. Wenn Croce „von dem ästhetischen Zustande als primitiven geistigen Zustand" spricht, so ist nicht die These wesentlich, mit der er Hegel, nur auf dessen Kritik der sinnlichen Gewißheit rekurrierend, zum Scholastiker des individuum ineffabile machen will, sondern seine Trennung von Einzelheit und Allgemeinheit, die zur bloßen Umkehrung des scholastischen Apodik-

---

51 ibid.
52 ibid.
53 a. a. O., S. 107
54 Daß es sich dabei um ein gesellschaftliches Phänomen handelt, zeigt der gleichzeitig entstehende Expressionismus. Cf. P. Szondi: Theorie des modernen Dramas. — Frankfurt/M 1963. S. 105 ff.
55 Croce, a. a. O., S. 101

tums, zum „solum individuum effabile", führt[56]. Die Negation der Dialektik führt zu einer pseudoindividualistischen Ausdrucks-Ästhetik und einer ihr zugeordneten Sprachphilosophie, der Sprache „in ihrer Wurzel Poesie und Kunst" bedeutet[57]. Die ignorierte Dialektik, daß Individualität, das Selbst nur in gesellschaftlichem Kontext sich bilden kann, selbst Ausdruck der Entfremdung von Individuum und Gesellschaft, rächt sich durch den Umschlag der intendierten Rettung des Selbst durch Rückkehr zum Ursprung in dessen Preisgabe ans barbarische Kollektiv. Und ebenso ergeht es den anderen rationalen Motiven von Croces Hegel-Kritik. Die abstrakte Negation der lediglich als „grandiose(s) Paradoxon"[58] verstandenen These vom Ende der Kunst in der Moderne führt zur generellen Leugnung der Historität der Kunst, der Einspruch gegen die hierarchische Überordnung der Philosophie über die Kunst zu deren abstrakter Umkehrung mit der nun wirklich grandiosen Paradoxie, daß die als Tochter der Kunst ausgegebene Philosophie nicht einmal die eigene Mutter mehr zu verstehen vermag. Die Metakritik der Croceschen Hegel-Kritik liefert ein wesentliches Indiz dafür, daß Hegel-Kritik nicht auf ein Zuviel als auf ein Zuwenig der Dialektik bei Hegel achthaben muß.

b) Hermann Glockner

Im Rückblick erscheint Croces Kampf um eine von Realität purifizierte Dialektik als Methode der Hegel-Kritik nurmehr als taktische Variante zum Kampf gegen die Dialektik, wie er Glockners lebenslange Auseinandersetzung mit Hegel bestimmt. Welche Bedeutung dieser auch heute noch in der bürgerlichen Forschung zugemessen wird, zeigt die Tatsache, daß die „Hegel-Studien" ein eigenes umfangreiches Beiheft der vollständigen Sammlung von Glockners Hegel-Abhandlungen gewidmet haben, die seine zweibändige Hegel-Monographie teils vorbereiten teils rückblickend kommentieren[59]. Nicht nur in der Methode ihrer Hegel-Kritik, der Aufspaltung der Hegelschen Philoso-

---

56 a. a. O., S. 102 f.   57 a. a. O., S. 102   58 a. a. O., S. 106
59 Hermann Glockner: Beiträge zum Verständnis und zur Kritik Hegels. — Bonn 1965 (= Hegel-Studien. Beiheft 2.) Auf dieses Werk beziehen wir uns im folgenden. Die Monographie erschien in zwei Teilen: Bd. 1: Die Voraussetzungen der Hegelschen Philosophie (1929), Bd. 2: Entwicklung und Schicksal der Hegelschen Philosophie (1940). Zwischen beiden Bänden entstand das in die Jubiläums-Ausgabe eingegangene Hegel-Lexikon (1934—1939).

phie in einen lebendigen und einen toten Teil, sondern auch in deren Resultat, der grundsätzlichen Verwerfung der Ästhetik-Vorlesungen zugunsten eines echten, ursprünglichen ästhetischen Kerns der Hegelschen Lebens- und Weltanschauung, sind sich Croce und Glockner überraschend ähnlich. Das gegenüber Croce Neue an Glockners Interpretation ist die geistesgeschichtliche Perspektive, die Diltheys Entdeckung des jungen Hegel eröffnet hatte. Der junge Hegel schien das bislang fehlende Zwischenglied zu liefern, das die Absage an die materialen Teile der Systemkonzeption aus selbst noch Hegelschem Geiste dort zu rechtfertigen vermochte, wo Croce sich bei Schelling hatte Sukkurs holen müssen. Überdies schien die Veröffentlichung der Jugendschriften die Analyse der Entwicklung des Hegelschen Denkens gegenüber der fixierten Vorstellung vom Systemdenker, die *„Renaissance des ganzen Hegel"*, ja die *„Renaissance des Deutschen Idealismus"* zu ermöglichen[60]. Den Schein quellenmäßig abgesicherter Objektivität aber sucht Glockners Interpretation vor allem durch die neuartige Synthesis von individualgenetischer und rezeptionsgeschichtlicher Perspektive zu erreichen. Fordert der zuerst 1931 in den „Kant-Studien" veröffentlichte Aufsatz „Die Problemwelt der Hegelschen Philosophie" die „Verbreiterung der bewußten Problembasis der Hegelschen Philosophie durch völlige Einbeziehung" a) „des Kantischen Problemkreises"[61], b) „des Problemkreises der Nova scientia und des Empirismus", d. h. von Naturwissenschaften und exakter Historie[62] und c) „des Problemkreises des Irrationalen"[63], so zielt dieses Programm mit Ausnahme des ersten Punktes, der auch bei Glockner im ganzen peripheren Hommage an den Neukantianismus, auf dieselben Vorstellungen wie bei Croce; es geht darum, Hegels Philosophie als eine ihrem Ursprung nach irrationalistische zu reklamieren und zugleich die Wissenschaften von Natur und Geschichte von der Philosophie zu emanzipieren. Mit dem Blick auf den jungen Hegel wird jetzt der explizite Kampf gegen die Dialektik aufgenommen. Hatte sie schon bei Croce in den Grenzen, in denen dieser sie hatte gelten lassen wollen, der Begründung einer „dramatischen und gewissermaßen tragischen Auffassung von der Wirklichkeit" aufgrund ästhetischer Urerfahrung gedient, so wird diese

---

60 Krisen und Wandlungen des Hegelianismus (1924), a. a. O., S. 224
61 a. a. O., S. 321   62 a. a. O., S. 332   63 a. a. O., S. 346

Urerfahrung nun bei Glockner, der in der Dialektik das Medium des Systems sieht, in den angeblich vordialektischen Jugendschriften greifbar. In den Schlagworten, die der für den Sammelband geschriebene Aufsatz „Wie ich zu Hegel kam" bereithält, läßt sich eine reinliche Scheidung des Hegelschen Werkes in die dem „Pantragismus" verpflichteten Jugendschriften und die späteren einem „Panlogismus" huldigenden Werke durchführen[64]. Das vielfach in sich schillernde Wort vom Pantragismus, das die Diltheysche „Entdeckung und Erschließung der irrational bewegten Jugendentwicklung des Philosophen" auf den Begriff bringen soll[65], dient der ästhetisierenden schopenhauerianisch-hebbelschen Verklärung der historisch-gesellschaftlichen Not[66], die nun als „das Wesentliche und Bleibende der Hegelschen Leistung" bezeichnet wird, während die Dialektik dem Verdikt verfällt, „weniger genial, wenig überzeitlich-gültig, sonder angreifbar, ja geradezu ‚grund'-falsch" zu sein[67].

Die Dichotomie in die damit Hegels Gesamtwerk aufgelöst wird, will Glockner „aus einer einzigen durchgreifenden Eigentümlichkeit des Hegelschen Philosophierens ableiten": daß „Hegels Weltanschauung (...) *realidealistisch*" sei[68]. Pantragismus als Kennwort für eine an der empirischen Realität orientierte Philosophie, Panlogismus als das einer abstrakten Logizität sollen die Entwicklung des Hegelschen Denkens in Phasen einteilen, die durch die jeweilige Vorherrschaft eines der beiden Pole bestimmt sind und an Krisen manifest werden. Als „die *kritischen Momente*, welche einschneidende Wandlungen bewirkt haben", nennt Glockner einerseits mit einem Terminus von Rosenkranz „die *phänomenologische Krise*", die Hegel zum „Abschluß seiner Jugendzeit" dazu treibe, in der Phänomenologie die Fülle seiner um das Irrationale, das Tatsächliche und Konkrete in Natur und Geschichte kreisenden Jugendgedanken mithilfe einer „durchgreifende(n) Methode" als „Vision seiner ‚Welt'" darzustellen, andererseits die „*Alterskrise*", in der

64 a. a. O., S. 467
65 a. a. O., S. 463 f
66 Bei der Nennung des Pantragismus vergißt Glockner nicht den Zusatz „(Hebbel!)" (a. a. O., S. 467)
67 a. a. O., S. 466 f.
68 so nach der Heidelberger Antrittsvorlesung von 1924 „Krisen und Wandlungen des Hegelianismus", a. a. O., S. 220
69 a. a. O., S. 217 ff.

Hegel nach dem Panlogismus seiner in Enzyklopädie und Logik repräsentierten „Mannesjahre" „die Tatsachenfrömmigkeit seiner Jugend zurück (gewinne)" und die sich in der Rechtsphilosophie löse; „die letzten zehn Lebensjahre", die „dem Ausbau und dem Vortrag des Systems gewidmet" waren, rechnet Glockner bereits der „Schule" und damit dem Hegelianismus zu[69]. Diese Entwicklungsskizze nun – und das ist entscheidend – dient Glockner zugleich als Schlüssel für die Geschichte des Hegelianismus. Seine These, daß „beide Krisen, die Hegel zu überwinden hatte, (...) auch im Hegelianismus wieder(kehren) – bloß in umgekehrter Reihenfolge"[70], soll die von ihm postulierte Form der Hegel-Renaissance als Rückgang auf die wahren Quellen rechtfertigen. Dadurch sieht sich der Neukantianismus, dessen inhaltlich-weltanschauliche Wendung ja schon die Rickertsche Begründung der Kultur- im Unterschied zu den Naturwissenschaften inauguriert hatte, auf eine Reproduktionsstufe der abstrakt-logischen Denkperiode Hegels verwiesen: Seine immanente Entwicklungslogik postulierte danach den „Schritt von dem ‚mittleren' Hegel der Logik – zurück zu dem jungen Hegel, dem Irrationalisten"[71], der sich in der Aufdeckung des Irrationalen sowohl in den religiösen und ästhetischen Erfahrungen – Wiederentdeckung Schleiermachers –, als auch in Leben und Geschichte – die Leistung Diltheys – vollzogen hätte[72].

Wir brauchen uns in unserem Zusammenhang nicht detailliert mit dieser Entwicklungsskizze auseinanderzusetzen. Spätestens seit Lukács und Bloch – freilich in komplementärer Einseitigkeit[73] – den Kampf gegen diese einflußreiche Hegel-Legende aufgenommen haben, steht die dialektische Grundstruktur auch und gerade der Jugendschriften fest wie auch, daß in ihnen nicht einem irrationalistischen Pantragismus gehuldigt, vielmehr die Frage nach der Vermittlung von Philosophie und gesellschaftsverändernder Praxis gestellt wird. Damit ist freilich die Frage nach der Differenz der Jugendschriften und der Systemkonzeption nicht gelöst, sondern erst adäquat gestellt: In den Mittelpunkt tritt jetzt das detaillierte quellenmäßige Untersuchungen erfordernde „Pro-

---

70 a. a. O., S. 221 – im Original gesperrt
71 a. a. O., S. 223
72 a. a. O., S. 223 f.
73 Cf. dazu die Arbeiten von O. Pöggeler und H. Kimmerle

blem der Abgeschlossenheit des Denkens"[74], der stufenweisen Preisgabe jenes Praxisbezuges, den die Jugendschriften dokumentieren, die „zur Klärung und Aufhebung der Entzweiung als der ‚Not der Zeit' unmittelbar etwas beitragen" wollen[75]. Die Kritik der historisch-gesellschaftlichen Situation also ist der rationale Kern des von Glockner zur pantragischen „Tatsachenfrömmigkeit" verfälschten Wirklichkeitsbezuges der Jugendschriften, dessen kritische Potenz von der Abgeschlossenheit des Systems — das freilich selbst kritisch intendiert war — in Frage gestellt wird. Dieser Prozeß ließe sich auch an der Veränderung der Konzeption des Ästhetischen nachweisen; daher können die Jugendschriften Hinweise auf das liefern, was eine immanente Kritik der Vorlesungen zu leisten hätte.

Für uns ist hier zunächst die Folgerung wichtiger, die Glockner aus der Dichotomie von Pantragismus und Panlogismus für die Beurteilung der „Ästhetik" zieht. Seit seiner Dissertation von 1920 „Fr. Th. Vischers Ästhetik in ihrem Verhältnis zu Hegels Phänomenologie des Geistes. Ein Beitrag zur Geschichte der Hegelschen Gedankenwelt"[76] hat er seine Auffassung zu dieser Frage, unbekümmert um die Erfahrungen von Faschismus und Nachkriegszeit, immer wieder unverändert vorgetragen. Die zuerst im Vorwort zur Dissertation aufgestellte These, „nicht in den postum herausgegebenen Vorlesungen (...), sondern in der Phänomenologie des Geistes" sei „das ästhetische Hauptwerk Hegels" zu sehen[77], geht wie Croce von einer individualpsychologisch gedeuteten spezifisch ästhetischen „Veranlagung" Hegels aus; damit ist ganz banal gemeint, 1) „daß alles bei ihm auf ein letztes *Fühlen* zurückgeht" und 2) daß sein Denken von einer ethisch-ästhetischen „*Überzeugung von einem letzten geistigen Zusammenhang aller Geschehnisse und Gegebenheiten*" bestimmt sei[78], d. h. „asthetisch

---

74 so der gleichnamige Titel von Kimmerles glänzender Analyse in Beiheft 8 der Hegel-Studien. — Bonn 1970

75 Kimmerle, a. a. O., S. 285

76 Im Sammelband sind unter der Überschrift „Frühe Abhandlungen zum Verständnis der Phänomenologie des Geistes", S. 13–69, die beiden Kapitel I Zur Entwicklungsgeschichte der Hegelschen Geisteswelt, II Hegels Ästhetik-Vorlesungen in ihrem Verhältnis zur Phänomenologie des Geistes, abgedruckt, dazu als III die 1922 edierte Schrift „Hebbel und Hegel. Ein Versuch zur Erfassung ihres gemeinsamen Ideen-Bereichs".

77 Zit. a. a. O., S. 539 unter „Bibliographische Hinweise und Nachträge"

78 a. a. O., S. 35 und Anm. 33

verfährt der Philosoph, der die Welt unter dem Gesichtspunkt des Kunstwerkes betrachtet"[79]. Die Gewalt, mit der die durchaus historisch motivierte Phänomenologie auf den Ausdruck der angeblichen „mystischen, von jeder zeitlichen Entwicklung abstrahierenden Grundüberzeugung Hegels"[80] heruntergebracht wird, potenziert sich im Kampf gegen die totgesagten Ästhetik-Vorlesungen, die mit der Geschichtlichkeit und der Vergänglichkeit der Kunst radikal Ernst machen. Daß sie sich Glockners parti pris fürs zeitüberhobene „harmonische Ganze"[81] verweigern und zugleich die Paradoxie seiner Konfundierung von Realitätsbezogenheit und Irrationalismus schonungslos offenlegen, wie sie in der Formel vom Pantragismus „(trotz optimistischer Grundlage, ja um ihretwillen)" sich ausspricht[82], bedingt ihre radikale Ablehnung. Daß Glockner in Hegels Ästhetik nicht „das Zentrum" findet, „in dem das System letzten Endes verankert ist"[83], motiviert die von ihm seit den Zwanziger Jahren in Angriff genommene „Umgestaltung der Hegelschen Geisteswelt"[84]; es geht um die Ubiquität und Präponderanz des mit dem Harmonischen identifizierten Ästhetischen in dem enthistorisierten und entdialektisierten Raum einer gefühlten und geglaubten Weltanschauung, um „die Neubegründung einer Ästhetik (...), die ich mehr und mehr als eine ex fundamentis (sc. irrationalibus, W. K.) begründete philosophische Theorie der Erscheinung, der Anschauung, der Ganzheit und der Gestaltung auffaßte — und erst in zweiter Linie als Kunstphilosophie, d. h. Teilgebiet der Kulturphilosophie"[85]. In deren Konzeption geht eine Vielzahl von irrationalistischen Strömungen bis hin zu einem heideggerianisierenden Existentialismus ein, die sich das gemeinsame Ziel der Zerstörung der Dialektik[86], ja der Historie und Gesellschaft erkennenden Vernunft gesetzt haben. Der Rückgang auf Kant, der die Absage an die Dialektik mit Hilfe der Dingansich-Problematik philosophisch legitimieren soll, reißt erneut die Kluft in der Erkenntnisproblematik auf, die nun durch die im Gefühl verankerte,

---

79 a. a. O., S. 36 — im Original gesperrt
80 a. a. O., S. 41
83 a. a. O., S. 40 f.
84 a. a. O., S. 467 (Wie ich zu Hegel kam)
85 a. a. O., S. 466 f.
81 a. a. O., S. 35
82 a. a. O., S. 28

86 Glockners Triumph, „nicht nur der Dialektik Hegels, sondern jeder Dialektik überhaupt für immer den Abschied gegeben" zu haben (a. a. O., S. 476), scheint etwas verfrüht

nicht erlernbare irrationale Gesamtschau ästhetisch überwunden werden soll[87]. Wo Hegel um den Nachweis der Einheit von Identität und Nichtidentität bemüht ist, kommt Glockner wie Croce zu einer als notwendige „Ergänzung" ausgegebenen Stufenlehre, die er als „Synthese" bezeichnet: Zwischen der auf Trennung basierenden rationalen Ebene der Theorie und der „nicht nur irrationale(n), sondern auch wahrhaft atheoretische(n)" Ebene der individuellen Praxis soll das „ästhetische Moment der Ganzheit" als zentrales Medium figurieren. Seine Objektivität aber kann dies Ästhetische selbst nur aus irrational-transzendenter Quelle herleiten, die seine affirmative Funktion vollends deutlich macht: aus der „Anerkennung eines schicksalhaften Inderweltseins, das wir nicht zu transzendieren vermögen", aus der „Anerkennung der ‚Geschaffenheit'"[88]. Die elitär verstandene, rational nicht vermittelbare „Ganzschau", am harmonischen Mikrokosmos des Kunstwerks erfahren — man bemerke Glockners enge Beziehung zur modernen Kunst —, wird zum Modell des Makrokosmos der Geistesgeschichte erklärt in Glockners Interpretation des von ihm als „Clavis Hegeliana", ja als „Schlüssel für die gesamte Geistesgeschichte" bezeichneten § 15 der Enzyklopädie[89]. Darin gibt Geistesgeschichte ihr Geheimnis: das ästhetisierender, verklärender Geschichtsauffassung preis. Der Rankesche Relativismus des gleich „unmittelbar zu Gott" wird metaphysisch erhöht durch die „Ewigkeitsbedeutung", die der absolute Geist den individuellen Gestalten, in deren Einzigartigkeit er eingeht, verleiht[90]. Das Ästhetische dient zur nochmaligen optimistischen Verklärung des vom Pantragismus schon als schicksalhaft verklärten Untergangs des Individuellen.

Bezeichnet sich Glockner in seiner Kritik der Hegelschen Ästhetik, die das Ziel hat, die in dieser entfaltete historische Dialektik durch eine irrationalistische Ontologie zu ersetzen, gleichwohl als „Hegelianer"[91], so nur aufgrund seiner Interpretation des § 15 der Enzyklopädie, die sich jedoch in der Analyse als bloße petitio principii enthüllt. Denn die Metapher vom „Kreis von Kreisen", die Hegel für sein System wählt, läßt sich gerade nicht, wie Glockner meint, auf das Modell des

---

87 hierzu und zum folgenden a. a. O., S. 468 ff.
88 a. a. O., S. 473 f.
89 a. a. O., S. 511 — Zur Vorgeschichte meiner Hegel-Monographie
90 a. a. O., S. 510
91 a. a. O., S. 440 — Die Aesthetik in Hegels System (1931)

„Organismus" reduzieren⁹², der als lebendiger die *gleichzeitige* reale Existenz aller seiner Glieder voraussetzt und daher für sich genommen, d. h. sich bloß reproduzierend jenes Geschichte movierenden Triebes der Perfektibilität ermangelt, den die Philosophie der Weltgeschichte bei Hegel beobachtet. Nur weil er den Gegenstand der Ästhetik vorab aus dem historischen Konnex löst, in dem Hegel ihn darstellt, kann Glockner an die Hegelsche Ästhetik mit der Erwartung herangehen, sie müsse „das Ganze seiner Philosophie in der Bestimmtheit des Ästhetischen oder im Elemente des Ästhetischen" enthalten⁹³; den Vorlesungen wird die Dignität der „wahre(n) und eigentliche(n) Ästhtik Hegels" abgesprochen, weil sie sich der Forderung verweigern, „nicht bloß ‚Philosophie des Schönen und der Kunst', sondern vor allem ‚Prinzipienlehre von der Idee, insoferne sie erscheint'", zu sein⁹⁴. Gegen Glockner ist auf einer genauen Interpretation seiner „Clavis Hegeliana" aus der Enzyklopädie zu bestehen. Die dort entwickelte Bestimmung, daß „der einzelne Kreis (...) darum, weil er in sich Totalität ist, auch die Schranke seines Elementes (durchbricht) und (...) eine weitere Sphäre (begründet)'"⁹⁵, setzt die Dialektik des Ganzen und der Teile gerade als den inneren Motor der Entwicklung: Erst die Erfahrung ihrer eigenen Totalität begründet für die besonderen Wissenschaften das Bewußtsein der Negativität ihrer besonderen Existenz und treibt sie über sich hinaus. Innerhalb des „Kreises von Kreisen" ist daher die Ästhetik wie jede besondere Wissenschaft sowohl Totalität wie „notwendiges Moment"⁹⁶ des sich konstituierenden Ganzen, innerhalb dessen sie einen bestimmten Ort hat. Die dialektische Struktur des Systemkreises der Wissenschaften begreift sich dabei als Reproduktion der Geschichte von deren Gegenständen. Glockners Satz, die Hegelsche Ästhetik habe das Ganze seiner Philosophie in der Bestimmtheit des Ästhetischen zu enthalten, reduziert sich auf die bloße Tautologie von enthalten und impliziert sein. Die Ebene der Explikation aber ist eben die der historischen Genesis und ihrer spekulativ-gedanklichen Aneignung. So wenig Hegel etwa das Systemganze „als Logik" darstellt⁹⁷ —

---

92 a. a. O., S. 427
93 ibid.
94 a. a. O., S. 440
95 Enzyklopädie I, 8, S. 60
96 ibid.
97 a. a. O., S. 430 — Die Aesthetik in Hegels System

die Logik ist ein Ganzes, das um seiner aus dem Fehlen der Realisation resultierenden Abstraktheit sich zur Entäußerung bestimmt —, so wenig als Religions- oder Kunstphilosophie, deren Gegenstände nur auf einer jeweils bestimmten Stufe das fortgeschrittenste gesellschaftliche Bewußtsein für Hegel repräsentieren. Wenn daher die Philosophie des Geistes die „Idee, die aus ihrem Anderssein in sich zurückkehrt", betrachtet[98], also den stufenweisen dialektischen Prozeß der Selbstbewußtwerdung des Subjekts, so hat jede Etappe des absoluten Geistes als der jeweiligen dialektischen Vermittlung des subjektiven und objektiven Geistes ihren historischen Stellenwert, der ihren Ort im Wissenschaftssystem bestimmt. Insofern jedoch jede bestimmte historische Form eine ihre Notwendigkeit begründende Vor- und Nachgeschichte hat — und nur zwischen diesen beiden Polen ist sie dem Begriff wahrhaft adäquat —, ergibt sich aus der Perspektive der Idee für Hegel eine gewisse Ungleichzeitigkeit der historischen Formen. So besagt auf der Ebene des absoluten Geistes die Trias von Kunst, (Offenbarungs-)Religion und Philosophie, daß die Kunst, die nach der historisch notwendigen Kunstperiode produziert wird, ihren Anspruch, adäquate Form des absoluten Geistes zu sein, an Religion bzw. Philosophie verloren hat, mithin ihrem eigenen Begriff nicht mehr adäquat, im Vergleich zu den fortgeschritteneren Formen unzeitgemäß geworden ist: Die Kunst tritt in ein Entwicklungsstadium, in dem sie sich zwar noch gemäß dem nunmehr von ihr unabhängigen Fortschritt des Bewußtseins verändert, aber, tendenziell immer inadäquater werdend, der Phase ihrer Selbstauflösung als produktives Medium zutreibt. Der von Glockner konstatierte Widerspruch zwischen Enzyklopädie und Vorlesungen zur Ästhetik[99] erweist sich als Unterschied der Perspektive: Das, was die Ästhetik, ihren Gegenstand als philosophisches Ganzes entfaltend, expliziert: Begriff und historische Realisierung der Kunst, erscheint in der Enzyklopädie insofern als Abbreviatur aufs Wesentliche, als die Geschichte der Kunst nach der Kunst in den sie allererst begründenden fortgeschritteneren Bewußtseinsformen impliziert ist; dies ist die doppelte Blickrichtung des Hegelschen Begriffs der Aufhebung. Unter dieser historischen Progressionsperspektive erscheint Glockners Forderung, das Systemganze „als Ästhetik vortragen" zu

---

98 Enzyklopädie I, § 18, 8, S. 64
99 a. a. O., S. 426 – Die Aesthetik in Hegels System

lassen[100], objektiv reaktionär. Daß in der Ästhetik „u. a. auch logische, naturphilosophische, geschichtsphilosophische, ethisch-rechtsphilosophische Probleme im Elemente des Ästhetischen" behandelt werden[101], ist nicht aus dem Versuch zu verstehen, das Gesamtsystem als Ästhetik darzustellen, sondern aus dem, das Phänomen der Kunstgeschichte zu begreifen. In Umkehrung von Glockners These der Projezierbarkeit des absoluten ins relative Totum insistiert Hegel darauf, daß das besondere Ganze nur im Rahmen des absoluten Totum, von diesem aus begriffen werden kann. Hegel erfaßt die Abfolge einheitlicher Bewußtseinsformen in der Geschichte, deren subjektive, objektive und absolute Ebene in unaufhörlicher Interferenz stehen; damit ist aber nicht gesagt, daß das künstlerische Bewußtsein sich auf das religiöse oder gar philosophische Bewußtsein projezieren ließe. Nur einmal, in der griechischen Antike, durchdringt Hegel zufolge das ins Zentrum gerückte künstlerische Bewußtsein alle gesellschaftlichen Bereiche, Polis-Demokratie, Recht etc., und wird in dieser Funktion von der spekulativen Philosophie begriffen. Diesen für Hegel historisch einmaligen Fall will Glockner zum universalen erheben. Folgerichtig gilt die „gewisse Kritik der Fundamente des Hegelschen Philosophierens, die er anmeldet[102], der Dialektik und der Geschichtsphilosophie[103]. Die Erhebung des Ästhetischen zur alle Lebensbereiche durchdringenden universalen Grundstruktur dient seiner Reduktion aufs Irrationale: Die „Überzeugung (...), daß es im Künstlerischen (wie im Religiösen) wesentlich auf *Irrationales* ankommt, daß der Weg in dieses Reich nicht ‚mit Urteilen gepflastert ist'", zieht Glockner aus der Interpretation der „*ästhetischen Elemente*" als der „*irrationalen* Momente, die man im Hinblick ᶜ ᵈas, was die geistige Kultur unter gewissen Bedingungen aus ihnen durch konsequente Ausbildung und einseitige Steigerung machen kann, ästhetisch nennt"[104]. Der Crocesche und Glocknersche Irrationalismus muß Hegels Ästhetik für tot erklären, weil sie sich seinen Erwartungen

---

100 a. a. O., S. 430
101 a. a. O., S. 432 — im Original gesperrt; in Klammern steht der Zusatz „sozusagen auf die Ebene des Ästhetischen projeziert"
102 a. a. O., S. 438
103 a. a. O., S. 439 — wie bei Croce mit besonderer Spitze gegen die Vergangenheitslehre als eine „Meinung", gegen die „die Künstler aufs schärfste" ‚protestieren' könnten.
104 a. a. O., S. 440 f.

widersetzt; daß er dennoch die Hegelsche Philosophie als Kampfgenossin begrüßt, ist freilich nicht nur auf eine verfälschende Interpretation zurückzuführen, sondern offenbart auch ein Moment dieser selbst, das zur Kritik ansteht: das ihrer affirmativen Wendung, die jedoch erst der genauen Analyse bedarf. Insofern enthüllen die rechten Apologeten jene Leid und Not geschichtsphilosophisch-ästhetisierend verklärende Dimension des Hegelschen Denkens, die sie unter dem Schlagwort des Pantragismus mit Vorliebe aufnehmen, weit deutlicher als der traditionelle Marxismus, dem bei aller unerbittlichen Hegel-Kritik solche Verklärung im Drama des Klassenkampfes selbst nicht ganz fremd ist.

c) Nicolai Hartmann

Daß die bürgerliche Hegel-Renaissance allgemein der Kampf darum ist, Hegel aus dem „Irrhain des Materialismus"[105] herauszuführen und für den Irrationalismus zu reklamieren, davon legen auch die Arbeiten von Kroner und Hartmann Zeugnis ab. Schon Kroners Wort, Hegel sei „ohne Zweifel der größte Irrationalist, den die Geschichte der Philosophie kennt"[106], ist mehr als eine bloß unglückliche Formulierung dafür, daß Hegels Philosophie auf Vernunft, nicht auf Verstand gegründet sei. Die von der Geistesgeschichte Kroner zufolge gehegte Erwartung, „daß Hegel uns ein Führer bei der gedanklichen Erschließung unserer eigenen Tiefen werden kann und werden muß"[107], ist im strengen Sinne antiquarisch. Jene geistesgeschichtliche Wendung, in der das Bürgertum nach den Erfahrungen des Ersten Weltkrieges und trotz ihrer Zuflucht sucht, reklamiert die Hegelsche Philosophie als Mittel für die Verklärung und Tröstung der gesellschaftlichen Misere. Das „alte Wahre", das Kroner goethisierend „anzufassen" auffordert[108], meint nach Ausweis seines Werkes „die in seinem (Hegels, W. K.) System vollzogene *Einigung des griechischen und des deutschen Geistes*", die Versöhnung „von Kunst und Religion", „von Antike und Christentum"[109]. Die Philosophie hat die Funktion, das Bürgertum als Synthese welthistorischer

---

105 Glockner, a. a. O., S. 223 — Krisen und Wandlungen des Hegelianismus
106 R. Kroner: Von Kant bis Hegel. Zweiter Band. — Tübingen 1924. S. 271
107 a. a. O., Vorwort, S. XIII
108 a. a. O., S. XI f.
109 a. a. O., S. 526

Kontinuität erscheinen zu lassen, „die *Ewigkeit unserer Gegenwart* ins philosophische Wissen zu erheben"[110]. Daraus resultiert die Notwendigkeit, die Philosophiegeschichte, Hegels eigenem Anspruch folgend, in Hegel kulminieren zu lassen. Der Irrationalismus, der sich zum unversöhnlichen Feind des erst vom Bürgertum voll von der Vernunft emanzipierten Prinzips der Ratio aufspielt, ist sein Verbündeter nicht nur darum, weil er es für sich bestehen läßt, es bloß abstrakt negiert, sondern erst recht dadurch, daß er dem Kampf gegen es die selbst nur rational denkbaren Mittel entzieht.

Im Irrationalismus reproduziert sich die bekämpfte Ratio nicht nur als seine eigene Entwicklungslogik, die ihn zu großen Teilen dem Faschismus verfügbar macht, sondern auch in der Nivellierung und Austauschbarkeit, der seine individuellen Formen verfallen, gerade weil sie vom Gesellschaftlichen abstrahieren. Nur in der Attitüde unterscheiden sich Croces Rettung der reduzierten Dialektik, Glockners globaler Abschied an sie und Hartmanns enthusiastische Wertschätzung. Auf Hartmann gehen wir in diesem Zusammenhang nur kurz ein, um das Methodenproblem auf eine breitere Basis zu stellen. Denn seine Beantwortung der „Frage, wie zwischen Geschichtlichem und Übergeschichtlichem in Hegel zu scheiden ist"[111], liefert die genaue bürgerliche Variante zur Engelsschen Trennung von Methode und System bei Hegel.

Nur um den Preis der Abstraktion von Rationalität wird die Dialektik von Hartmann aufgewertet zum Zugang zum „Metaphysischen", zum Sinn für „das Hintergründige, nicht auf der Hand Liegende, für das dem unspekulativen Denken schlechterdings Unfaßbare"[112]; Dialektik soll „ein für uns Irrationales", die „ewigen Problemreste der letzten Grundlagen" erfahrbar machen[113], weil sie selbst als „so etwas wie das Göttliche im menschlichen Gedanken, eine Offenbarung des Ewigen im Zeitlichen und Zeitbedingten, die Ankündigung und Sprache einer absoluten Vernunft in der subjektiv-endlichen Vernunft"[114] erscheint. Hartmann beschreibt die Dialektik also von vornherein in jenem ästhetisierend-elitären Sinne, den auch Croce und Glockner zu schätzen wußten:

---

110 a. a. O., S. XII
111 N. Hartmann: Die Philosophie des deutschen Idealismus. II. Teil: Hegel. — Berlin und Leipzig 1929. Zit. S. 11
112 a. a. O., S. 13   113 a. a. O., S. 15   114 a. a. O., S. 17

„Die Gabe des dialektischen Denkens ist darin durchaus der Gabe des Künstlers zu vergleichen, dem Genie. Sie ist selten, wie nur je eine Geistesgabe, ist nicht erlernbar, ist ohne Rechenschaft und ohne Wissen um ihre Gesetze, und dennoch tief gesetzlich, zwingend, unaufhaltsam, und alles in ihr ist notwendig, wie nur je im echten künstlerischen Schaffen. (...) Dialektik kann — so scheint es — niemals Gemeingut werden. Sie bleibt der Vorzug des Genialen. Wir anderen können wohl von ihr lernen, aber nicht sie erlernen."[115]

Scheint damit Dialektik dem Subjektivismus preisgegeben, so soll sie doch nach Hartmanns Charakterisierung die der Sache selbst, deren objektive Struktur sein, die erfahrbar wird nur durch „vollkommene Hingegebenheit an den Gegenstand, ein subtiles, bis ins Feinste bewegliches Anschmiegen an ihn"[116]. Der scheinbare Widerspruch löst sich, wenn Hartmann an der von ihm als „Hegels eigenste(r) und originellste(r) Schöpfung"[117], als „Urfundament aller Fundamente"[118] geschätzten Logik „ein radikales Umschlagen des Idealismus selbst — gerade auf dem Höhepunkt seiner Durchführung — in Ontologie" beobachtet[119]. Die Verklärung der Dialektik zur „Wesensschau"[120], zur „reinen Intuition"[121] führt zur Aufspaltung des Hegelschen Werkes in einen lebendigen, übergeschichtlichen Teil, die dialektische Ontologie, und einen toten, zeitgebundenen, das vom „Vernunftidealismus" konstituierte System[122]. Die Dichotomie von metaphysischer, letzte Grundlagen des Ontischen klärender Dialektik und die reale historische Erscheinungswelt begreifender Vernunft hat großen Einfluß auf die folgende bürgerliche Hegel-Rezeption. Denn anders als Croce und Glockner erlaubt sie auch die Anerkennung der vom System zu emanzipierenden Teile der Hegelschen Philosophie, soweit sie auf Ontologisches reduzierbar sind. Bemerkt Hartmann zu Recht von der philosophischen Haltung Hegels, sie sei als ein Sich-der-Sache-Hingeben vermöge der Radikalität und Rücksichtslosigkeit, mit der Verfestigtes, potentiell auch das eigene System aufgelöst wird, der ästhetischen verwandt, so wird diese emanzipatorische Tendenz nicht nur durch den

---

115 a. a. O., S. 18
116 a. a. O., S. 19
117 a. a. O., S. 31
118 a. a. O., S. 36

119 a. a. O., S. 21
120 a. a. O., S. 166
121 a. a. O., S. 167
122 a. a. O., S. 18 f.

elitären Charakter[123], sondern auch durch die Bestimmung der „Tendenz des Rückganges auf das Fundamentale"[124] — beides Hegel so fremd wie möglich — entscheidend verfälscht. Seit der Phänomenologie protestiert Hegel dagegen, die Wissenschaft als „ein esoterisches Besitztum einiger Einzelner" anzusehen[125], sowie gegen die Vorstellung eines für sich erkennbaren Fundamentes, eines „metaphysische(n) Prius", die schon die Lehre von Begriff und Idee mit ihrer Insistenz auf Werden und Vermittlung zurückweist.

Die nur um den Preis grober Verfälschung mögliche ontologische „Rücklenkung in den großen Strom der philosophia perennis"[126] verleiht der Interpetation der Dialektik durch Hartmann jenes Schillernde, das er mit der Unbegreiflichkeit ihres metaphysischen Wesens zu begründen sucht. Trotz der Formel von der „Urbewegtheit des Absoluten"[127] setzt Hartmann wie jede Ontologie einen statischen Wahrheitsbegriff voraus im Gegensatz zur historisch-dynamischen Potenz der Dialektik. Die dialektische Struktur des Hegelschen Erfahrungsbegriffs beinhaltet die Interaktion von Subjekt und Objekt, die beide sich im Erkenntnisprozeß verändern. Die Dialektik, deren Methode nach Hartmanns schöner Beschreibung es ist, „den Gegenstand selbst sprechen zu lassen, ihn von innen heraus zu erleuchten, ohne ihm Gesichtspunkte aufzuprägen, ohne ihn in das Licht einer bestimmten Theorie zu rücken"[128], ist eben darum nicht „überstandpunktlich"[129], weil ihre Gegenstände nicht jenseits der von Herrschaft und Knechtschaft bestimmten Wirklichkeit ruhen; ihr Interesse ist es, immer auch die Freiheit des Gegenstandes: mehr als Gegenstand, Füranderessein zu sein, in seiner gedanklichen Bestimmung zu restituieren. Das Verfahren, von Hegel als „denkende Betrachtung" verstanden, bleibt ein streng rationales und sprengt zugleich die einseitige, auf Herrschaft angelegte Ratio; das ist sein Emanzipations- und Versöhnungsinteresse. Scheint es das aufgelöste „Geheimnis" der Dialektik, das Hartmann als „Dunkles,

---

123 Dessen praktische Relevanz wird evident an der Interpretation von Hegels welthistorischen Individuen, des Führer-Masse- bzw. Genie-Bewußtlosigkeits-Verhältnisses, a. a. O., S. 364 f.
124 a. a. O., S. 36
125 Phänomenologie des Geistes, 3, S. 20
126 Hartmann, a. a. O., S. 21
127 a. a. O., S. 181
128 a. a. O., S. 19
129 a. a. O., S. 20

Ungeklärtes, Rätselhaftes" an ihr bezeichnet[130], daß sie die Grenzen von abstrakter Erkenntnistheorie und Ontologie überschreitet, so wird die Trennung von Methode und System bei Hegel obsolet, d. h. die Kritik am abgeschlossenen System ist nur so adäquat denkbar, daß sie die es konstituierende Insuffizienz, die nachlassende Strenge im Weitertreiben der Dialektik nachweist. Die Inkompatibilität von Dialektik und abgeschlossenem System ist der rationale Kern von Hartmanns Hegel-Kritik. Die Restriktion der Dialektik auf Ontologie jedoch, für die allein in der Identifikation von „metaphysischem Prozeß" und „metaphysischem Wissen" die Trennung von Methode und systematischer Entfaltung suspendiert wird[131], gibt das Emanzipationsinteresse der Hegelschen Philosophie preis. Für die Sphäre des objektiven Geistes, die der Geistesgeschichte überantwortet wird, als deren Begründer Hartmann Hegel ausgibt[132], gilt Hartmann die Dialektik allenfalls peripher, hat sie sich eklektisch „an anderen Methoden zu verifizieren"[133]. Daher rührt die Gleichgültigkeit, mit der Hartmann die Hegelsche Ästhetik streift. Daß er, der doch so vehement dagegen kämpft, die Hegelsche Philosophie zum die historischen Tendenzen des deutschen Idealismus seit Kant kompakt erfüllenden systematischen Schlußstein zu fixieren[134], den Hegel der Ästhetik-Vorlesungen zum „philosophische(n) Vollender so vieler, in der Tendenz gleichgerichteter, im Erfaßten und Geprägten aber divergenter Gedankenlinien" erklärt[135], läßt nur den Schluß zu, daß er die Ästhetik nicht dem lebendigen Teil der Hegelschen Philosophie zurechnet. Er dürfte damit die „stillschweigende, selbstverständliche Anerkennung der geschichtlichen Gerechtigkeit" befolgt haben, die er selbst als Kriterium für die Unterscheidung von Geschichtlichem und Übergeschichtlichem in Hegel bezeichnet hat[136]. Da die nur für die angebliche Ontologie suspendierte Trennung von Methode und System immanente Kritik nicht zuläßt, „muß" die Ästhetik nach Hartmann in den Grenzen „genommen werden", in denen sie „sich nun einmal (bewegt)"[137]. Aber noch von den ästhetischen Theorien Kants, Schillers, Schellings und der Romantik, deren begriffliche Synthesis ihm zufolge Hegel leistet, läßt Hartmann nur die

130 a. a. O., S. 159
131 a. a. O., S. 181
132 a. a. O., S. 307
133 a. a. O., S. 186

134 a. a. O., S. 388 f.
135 a. a. O., S. 371
136 a. a. O., S. 12
137 a. a. O., S. 367 f.

affirmativen Momente gelten: Die Kantsche Interesselosigkeit von Kunst als Selbstzweck wird, auf Hegel übertragen, zur Lösung des Betrachters „aus dem Drang und der Mühsal seiner Lebensaktualität", zur unmittelbaren Betrachtung des „Überzeitliche(n) der erscheinenden Idee" und der Teilhabe „an deren Stille und Größe", kurz: „zur genießenden Schau des Schönen"[138]. Kraft des irrationalistisch verfälschten Begriffs von Dialektik konvergieren bei Hartmann nicht anders als bei Croce und Glockner Ästhetik und Ontologie im Ästhetizismus, der seinen versöhnenden Abglanz über die Lebensnot werfen soll.

2. Rettungsversuche

Die bürgerliche Hegel-Kritik, die darum kämpft, Hegel der Geschichte des Irrationalismus verfügbar zu machen und die von ihm entwickelte historische Dialektik zu liquidieren, stellt die Rezeption der „Ästhetik" vor unüberwindliche Probleme. Der irrationalistische Ästhetizismus, dem ihre nach Analogie des Dramas oder der Tragödie erstellte Ontologie huldigt, läßt im Grunde eine eigene philosophische Ästhetik überhaupt nicht zu, sondern verweist deren Gegenstände in die Geisteswissenschaften. Vor einem Werk, das die rationale und historisch-gesellschaftliche Dimension der Kunst derart explizit entwickelt wie die Hegelsche Ästhetik, das überdies die Kunst als Verklärungsmedium der Gegenwart radikal abspricht, bleibt ihr nur die Zuflucht, ihm das Todesurteil auszusprechen bzw. ihm die Dignität von Hegels „eigentlicher" und „wahrer" Ästhetik abzusprechen, die nun in einer begnadeten pseudoästhetischen Urerfahrung gesucht wird.

Solange die Spitze des Kampfes gegen die historische Dialektik gerichtet ist, gibt es tatsächlich in dieser Situation nur zwei Möglichkeiten, die Hegelsche Ästhetik doch noch wieder aufzunehmen: den Neohegelianismus, der die Verkehrung der Dialektik zum metaphysisch-ontologischen Grundprinzip reproduziert und die „Ästhetik" in den Ästhetizismus einzubringen bemüht ist, und den Positivismus, der Dialektik per se zur Metaphysik erklärt und das Lebendige der „Ästhetik" in verwendbaren empirischen Fakten sucht. Beide Richtun-

---

138 a. a. O., S. 372

gen sind bei aller verbalen Antithetik komplementäre Formen, die jede für sich das Todesurteil über ihren Gegenstand voraussetzen und sowohl in ihrer Getrenntheit wie in dem, wovon sie zu abstrahieren gezwungen sind, die alte Trennung von Lebendigem und Totem in Hegels Philosophie reproduzieren. Das ist für den Neohegelianismus erst eigens nachzuweisen; doch sollten schon die Bedenken, die Croce, Glockner und Hartmann gegen die Möglichkeit der Aneignung der Hegelschen Ästhetik durch den Irrationalismus hegen, ein Indiz dafür sein, daß auch er es schwer haben dürfte, die „Ästhetik" zu mehr als nur zu einer Scheinlebendigkeit zu erwecken.

a) Neohegelianismus

Muellers Versuch der Rettung Hegels[139] nimmt die metaphysische Charakterisierung der Dialektik auf, die spätestens seit Croce und Glockner Hegel der bürgerlichen Philosophie hatte akzeptabel machen sollen; sie wird zum alle empirischen Widersprüche harmonisch versöhnenden[140], quasi religiösen Weltprinzip spiritualisiert, zu einem existentialistisch gefärbten „tragic optimism"[141], der Religion und Philosophie in der gemeinsamen Verehrung desselben Absoluten gleichermaßen durchziehen soll[142] und dem in der Kunst eine erholsame Atempause zugebilligt wird:

„Philosophy as the logical reflection on and of the meaning of human existence qua enjoying the spectacle of the world and of life is aesthetics."[143]

Die Technik, deren sich der orthodoxe Hegelianismus irrationalistischer Prägung, dem Mueller nach Terminologie und Rekapitulation des Hegelschen Systems zuzurechnen ist, bedient, um den „ganzen" Hegel,

---

139 G. E. Mueller: Origins and Dimensions of Philosophy. Part IV. Aesthetics. — New York 1965. S. 421—603. Die hier zusammengestellten Aufsätze sind seit den frühen 40er Jahren entstanden.
140 „Dialectic is both the logic as well as the ontologic of philosophy. Reality is what it is both in itself and for itself. It is that one, concrete, eternal reconciliation and harmony of all its own opposites, conflicts, tensions, dualisms, temporal processes of which it consists, outside of which it would be nothing." (a. a. O., S. 77)
141 a. a. O., S. 29   142 a. a. O., S. 30   143 a. a. O., S. 9

auch den der Ästhetik für sich zu gewinnen, ist die doppelte der Ausklammerung und Dementierung aller ihm widersprechender Momente sowie des scheindialektischen Parforcerittes. Daher rührt das Bornierte und Ridiküle, das ihm eignet und das seine „Lösungs"versuche nicht nur hinter Hegel selbst, sondern auch hinter seine eigenen Vorgänger zurückwirft. Im Gegensatz zu diesen will Mueller grundsätzlich alle Hegel-Kritik zurückweisen; die Dialektik dient dabei als Zauberstab für die seine petitio principii bildende Grundthese, die widersprüchlichen Einwände gegen die Hegelsche Ästhetik seien gerade in ihrer Widersprüchlichkeit selbst indirekte Beweise für die dialektische Einheit der Gegensätze[144]. Die Stilisierung der Hegelschen Philosophie zur unübersteigbaren, allenfalls noch rekapitulierbaren Gipfelleistung, möglich nur aufgrund der Reduktion auf die affirmativen Seiten, gilt einer Existentialontologie, die deren historisch-gesellschaftliche Züge ignorieren muß, um die solchem Anspruch nach eigentlich dem Tode Verfallene doch noch zu retten. Um sich den fun in jenem „spectacle of the world and of life" nicht verderben zu lassen, sucht sie in der Geschichte, die doch Hegel als blutiges Schlachtfeld begriffen hat, zum Ausgleich dessen immer auch die „moments of aesthetic triumphs"[145], den unvergänglichen Optimismus harmonischer Einheit in allen Tragödien. Die Tendenz also teilt Mueller durchaus mit Croce, Glockner und Hartmann; deren Vorwurf jedoch, die „Ästhetik" sei wegen der mißbräuchlichen „Anwendung" der Dialektik auf die Kunst allzu rationalistisch, kann er nur zurückweisen, indem er den Kernpunkt dieser Kritik, Hegels Lehre vom Vergangenheitscharakter der Kunst in der Moderne, leugnet und das Ziel des tragic optimism des Irrationalismus schon für Hegel als dessen ureigenste Leistung auch in der „Ästhetik" reklamiert: die ewige Notwendigkeit einer das tragische Weltspektakel verklärenden Verehrung des Absoluten durch die brüderlich vereinten „Sprachen" von Kunst, Religion und Philosophie[146]. Daß Mueller damit das Crocesche Postulat einer Dialektik der unterschiedlichen Stufen als Hegels eigene Methode ausgibt, ist nur aufgrund einer absurd-gewaltsamen Interpretation der Vergangenheitslehre und der ungedeckten Hypothese einer von Hegel prophezeiten postromantischen Kunstblüte möglich, auf die wir im folgenden die entsprechenden Stellen des Hegelschen Werkes und die für sie bisher vorgetragenen Interpretationen

144 a. a. O., S. 445   145 a. a. O., S. 18   146 a. a. O., S. 29

analysierenden Kapitel eingehen werden. Hier ist zunächst nur der Hinweis wichtig, daß die Unterscheidung von Lebendigem und Totem in Hegels Philosophie, die in der ersten Phase der irrationalistischen Hegel-Rezeption des XX. Jahrhunderts sich auf unserem Gebiet als die von Ästhetizismus und philosophischer Ästhetik dargestellt hat, in deren zweiter Phase, die solche Unterscheidung mit der Insistenz auf dem Ästhetizismus auch und gerade der philosophischen Ästhetik bestreitet, fortlebt und evident wird an dem, was ihre Hegel-Paraphrase zu ignorieren oder gewaltsam wegzuinterpretieren gezwungen ist. Ihr Erkenntnisinteresse, unverhüllt in der gehässig-voreingenommenen und kenntnislos ausschließlich auf stalinistische Handbücher gestützten bornierten „Auseinandersetzung" mit dem Marxismus[147], bekennt die Hegel zugeschriebene Funktionsbestimmung der Ästhetik ein: „artistic creation" zur Korrelation „to the aesthetic constitution of reality" zu verhalten[148].

Muellers voluminöses Kompendium der Hegelschen Philosophie repräsentiert die Grundposition, die die bürgerliche Philosophie nach dem Zweiten Weltkrieg einnimmt, soweit sie den Anschluß an die „Hegel-Renaissance" im ersten Drittel des Jahrhunderts sucht. Denn die Auseinandersetzung mit Hegel bleibt ein Teil des globalen ideologischen Kampfes, in dem die Positionen der wechselnden Interessenlage entsprechend jeweils nur geringfügig modifiziert werden; das gilt, wie zu zeigen sein wird, nicht nur für die Verfälschung Hegels von rechts: zum Metaphysiker und Apologeten der zum Existential stilisierten gesellschaftlichen Widersprüche. Nur ist die Hegel-Kritik, als die sich jene Hegel-Renaissance weitgehend verstanden hatte, einer Art von appeasement gewichen, das Hegel als den „unwiderlegten Weltphilosophen" zurückzugewinnen sucht — ein Signal, das schon im XIX. Jahrhundert nicht mehr als den totalen Zusammenbruch des Hegelianismus markiert hatte.

Das „Zurück-zu-Hegel" hat jetzt die Funktion, einerseits vornehme Reserviertheit gegenüber der eigenen widersprüchlichen Gegenwart zu üben, um andererseits den fehlenden Sinnbezug in der Hegelschen Metaphysik zu finden. Im Rahmen des Programms, Anschluß an die Hegelsche „Rechtfertigung der als Ganzes so oft zu Unrecht geschmähten und verlästerten Wirklichkeit" zu suchen, Wirklichkeit im Sinne

---

147 a. a. O., S. 373 ff.   148 a. a. O., S. 453

„eines immanent vernünftigen Prozesses" verstanden,[149] verändert sich zugleich, wie sich schon bei Mueller ankündigte, die Stellung zu Hegels Ästhetik: Diese wird nicht mehr verworfen, weil sie sich dem Zugriff des Irrationalismus verweigert, sondern erlangt aufgrund ihres klassizistischen Kunstbegriffs neue Bedeutung als Kampfmittel gegen die gesellschaftskritische moderne Kunst. Beide Phänomene spiegeln untrennbar die Veränderung der gesellschaftlichen Situation und der der Kunst in ihr. Aus der — freilich auch damals schon nur scheinbaren — Vorwärtsstrategie, die die irrationalistische Ontologie bezogen hatte, ist die Defensive geworden, die die immanente Vernünftigkeit der gegebenen Wirklichkeit zu rechtfertigen sucht — aber auch sie, ohne dabei des Irrationalen entraten zu können. Schien der Irrationalismus bei Croce noch einigen Anlaß zu haben, die zu seiner Zeit fortgeschrittenste Kunstform, den Expressionismus, in seinem Sinne zu interpretieren, so steht der sich klassizistisch gebende Neohegelianismus heute der fortgeschrittenen Kunst vollkommen aggressiv und hilflos gegenüber. Banausie in Kunstfragen und Beschwörung des Einverständnisses mit dem Spießerbewußtsein gehen überall Hand in Hand.

Überdeutlich macht das Seebergers Appell an „das Wahre und Unvergängliche an Hegels Werk", das, „wie alles Wahre, dem Gesetz der Zeit (...) entzogen und unvergänglich" sein soll[150] und das er gemäß dem seine kenntnislose Marx-Kritik begründenden Philosophiebegriff „als einer von ideologischen Einflüssen sich freihaltenden Wissenschaft"[151] gegen „Vorurteile" in Schutz nehmen will. Denn die in diesem Rahmen vorgetragene Restitution der historischen Dimension des Hegelschen Denkens, der Perspektive auf den Fortschritt im Bewußtsein der Freiheit, ist nicht nur pure Ignoranz angesichts der Erfahrungen der Moderne, des Faschismus zumal, sondern deckt gerade auch die geleugneten ideologischen Einflüsse. Markantestes Beispiel dafür ist die Bekräftigung der Hegelschen Kriegsauffassung, die die „Versöhnung mit der furchtbaren Realität des Krieges" leisten soll[152], indem der Krieg „als ein in der menschlichen Wirklichkeit nun einmal Gegebenes sine ira et studio" begriffen wird[153] — Glockners Tatsachen-

---

149 W. Seeberger: Hegel oder die Entwicklung des Geistes zur Freiheit. — Stuttgart 1961. S. 153
150 a. a. O., S. 40
151 a. a. O., S. 56
152 a. a. O., S. 70
153 a. a. O., S. 67

frömmigkeit wieder aufgenommen nach u. a. zwei Weltkriegen! Denn nicht nur lehnt es Seeberger ab, „den Krieg auf rein materielle Umstände und Faktoren zurückzuführen", er affirmiert ihn sogar, indem er ihn mit Hegel „immer" auf „eine Verletzung des göttlichen Rechts durch das menschliche Recht" zurückführt[154], unter der Voraussetzung, daß er „zur Verteidigung eines innerlich gesunden Staates geführt wird"[155] und daß ganz allgemein „Kriege nie nur negative Auswirkungen zeitigen, wie eine moralisierende Reflexion dies behauptet, sondern immer auch die Entwicklung des Ganzen über alle beschränkenden Zielsetzungen der Parteien hinaus in der Richtung auf das höchste Ziel der Geschichte vorantreiben"[156]. Daß sich diese Interpretation als Rechtfertigung der imperialistischen Kriege und der Rollback-Konzeption der Fünfziger Jahre ohne Schwierigkeit verstehen läßt und insofern immer auch mehr ist als reine Defensive, macht Seeberger unfreiwillig dadurch selbst evident, daß er seiner eigenen Definition des bellum iustum im selben Atemzug widerspricht, indem er den Krieg auch als Einigkeit schaffende Gegenkraft gegen die spezifisch bürgerliche, von ihm aber enthistorisierte Tendenz auf die Zersplitterung der Gesellschaft in konkurrierende Privatinteressen — :Klasseninteressen — rechtfertigt[157]. Die Motivation von Seebergers Absicht, „an Hand des Hegelschen Werkes den Nachweis zu erbringen, daß der Mensch seine Freiheit nur verwirklichen kann, wenn er seinen Geist entwickelt"[158], läßt sich einwandfrei entschlüsseln an dem repressiven Charakter seines Geistes- und Geschichtsbegriffs. Nachklang des Sozialdarwinismus, ist der quasi biologische „Trieb des Geistes"[159], der die Geistesentwicklung, auf die sich Geschichte bei Seeberger reduziert, notwendig steuern soll, mystifiziertes Leistungsprinzip. Seeberger spricht vom allgemeinen Trieb des Geistes, der „nicht minder wirksam als etwa der Geschlechtstrieb" sei, wohl aber „während einer geraumen Zeit abgelenkt und verdrängt werden" könne[160]. Nirgends reflektiert er die innere Paradoxie seines geistigen Triebbegriffs, der die Invarianz der teleologisch determinierten individuellen und allgemeinen historischen Entwicklung begründen soll — ist in ihm doch die antirepressive

---

154 a. a. O., S. 69
155 a. a. O., S. 67 f.
156 a. a. O., S. 69
157 a. a. O., S. 67 f.
158 a. a. O., S. 183
159 a. a. O., S. 222
160 a. a. O., S. 223 – das ist dann ein „Triebkonflikt"

Grundbedeutung des Begriffs des nach Erfüllung strebenden Triebes durchaus getilgt, vielmehr bedarf der Trieb strenger Zucht und Arbeit. Die „lustbetonte Befriedigung", die Seeberger, Hegel pseudopsychologisch modernisierend, der Hingabe an den Trieb der Selbstvervollkommnung zurechnet[161], reduziert sich im Grunde auf das bürgerliche Arbeitsethos, das der sauren Mühe des Triebverzichts die Freude am Geleisteten als Lohn verspricht. Dieser seichten Konzeption aber entzieht sich die insofern eine frühere Stufe der bürgerlichen Entwicklung bekundende Sprödigkeit der Hegelschen Philosophie, die die harte Anstrengung des Begriffs, den Glücksverzicht, überaus deutlich markiert. Verrät die Hegelsche Philosophie die Fragwürdigkeit bürgerlich-kapitalistischen Bewußtseins am Ort seiner Genesis dadurch, daß ihr unter der Hand Arbeit zum Selbstzweck wird, mit dem das intendierte Ziel der Versöhnung, also doch der aufgehobenen Arbeit, sich gesellschaftlich nicht mehr vermitteln läßt — dieses geht vielmehr ein in die Projektion des in sich zurückkehrenden Kreises, in die Theodizee als Zuflucht —, so verbirgt Seeberger diese Zwiespältigkeit durch den kleinbürgerlichen Gedanken vom Lohn, der am Ende der Arbeit winkt: So wird aus der Idee der Askese, die auch Seeberger nicht ganz unterschlagen kann[162], das kleinbürgerliche Ohne Fleiß kein Preis des jeglichem Radikalismus abholden, gesellschaftlich integrierten Mannes der upper middle class, dem man „durch Elternhaus, Schule und Sitte, durch Berufslehre, Berufsarbeit und Militärdienst, kurz durch die sittlichen Institutionen der Familie, der Gesellschaft und des Staates", die „in der rechtsstaatlichen Ordnung und in der gesitteten Gesellschaft die primitiven und primitivsten Formen der Knechtschaft" überflüssig machen und „auf eine gemilderte und urbane Weise vorwegnehmen"[163], die Flausen bei Zeiten ausgetrieben hat. Nur aus dieser Perspektive, die in ihrer Deutlichkeit nichts zu wünschen übrig läßt, kann die gegebene gesellschaftliche Wirklichkeit „das in sich sinnvoll geordnete, nach innerer Zweckmäßigkeit (!) sich entwickelnde und final organisierte Ganze sein, als welche sie nicht nur dem frommen Gemüt, sondern auch dem nüchternen Verstand sich zeigt"[164]:

„In der Sicht der Hegelschen Lehre von der immanenten Vernünftigkeit des Seins erweist sich so der uralte Glaube des Menschen an die

161 a. a. O., S. 222
162 a. a. O., S. 312 f.
163 a. a. O., S. 425
164 a. a. O., S. 470

ausgleichende Gerechtigkeit als ein frommes Ahnen dessen, was wirklich und wirksam ist, als ein Glaube an jene Wesensgesetzlichkeit, die in der spekulativen Dialektik nicht weiter mehr ein Gegenstand des bloßen Ahnens und Glaubens ist, sondern in ihr als ein Faktum sich offenbart."[165]

Die Berufung auf die Faktizität, die an die Stelle der alten pantragischen Ontologie mit optimistischer Intention tritt und die Rationalität jenes Irrationalismus rückwirkend aufdeckt, potenziert das verbissenresignative Moment, das der historischen Vollendungsperspektive der Hegelschen Philosophie eignet, nach den neuen Erfahrungen seit Hegel zum eindeutig regressiven. Denn die sinnvolle Ordnung, an die sie appelliert, kann die Hegelsche Zwiespältigkeit der bürgerlichen Gesellschaft gegenüber nicht tilgen. Will Seeberger deren Prinzip der Arbeitsteilung — ohne Rücksicht auf die Eigentumsverhältnisse — die wesentliche Funktion der „Verwirklichung der Freiheit"[166], der freien Entfaltung des Besonderen, ja neben der Steigerung der Produktivkräfte „eine ehedem ungeahnte Vermehrung und Verfeinerung der menschlichen Geschicklichkeiten"[167] zubilligen, so muß er wenig später die Möglichkeit der Verhinderung der „Entfaltung der geistigen Anlagen und der sittlichen Kräfte" einräumen[168]. Den offenen Widerspruch, daß gerade aufgrund der Fragmentarisierung der Arbeit, die doch Freizeit als Raum der personalen Entfaltung erweitern soll[169], „das konventionelle Staatswesen unserer Zeit der schöpferischer Tätigkeit des Menschen sozusagen keinen Spielraum mehr läßt"[170], soll der Hinweis auf die immanente Logizität der historisch-gesellschaftlichen Wirklichkeit überbrücken, der in potenzierter Widersprüchlichkeit noch einmal mit Hegel die dialektische Aufhebung der in der Sphäre endlichen Verstandes beheimateten Gesellschaft in eben den Staat propagiert, dem doch zuvor gegen Hegel die Möglichkeit, Freiheit zu realisieren, abgesprochen war. Der Widerspruch hat Methode: Durch ihn wird die Frage des Klassenantagonismus innerhalb der bürgerlichen Gesellschaft zu einem Problem „der Geistesentwicklung des Individuums einerseits", dem sie doch zuvor unter Hinweis auf die gesellschaftliche Arbeitsteilung

---

165 a. a. O., S. 472
166 a. a. O., S. 516
167 a. a. O., S. 518

168 a. a. O., S. 523
169 a. a. O., S. 518
170 a. a. O., S. 549

zugleich zu- und abgesprochen war, „der Sittlichkeit der Gesellschaft und des Staates andererseits"[171], während doch schon Hegel die bürgerliche Gesellschaft als Domäne privater Interessen charakterisiert hatte, gegen die die von ihm ersonnene Schutzwallfunktion des Staates schon zu seiner Zeit der Ausweg der Ausweglosigkeit gewesen war. Wie sehr der Neohegelianismus der Apologet des Bestehenden ist, demonstriert Seeberger dadurch, daß er die Meinung als „töricht" verwerfen will, „die gesellschaftlichen Übelstände und der soziale Verderb (...) ließe sich mit äußeren Mitteln und mit materiellen Konzessionen beheben"[172].

Daraus, daß der Ersatz der Gesellschafts- durch Kulturkritik der Apologie des zuletzt doch noch sinnvollen Bestehenden dient, resultiert die Position, die Seeberger — und nicht nur er — zur gegenwärtigen Kunstproduktion und zur Frage der Ästhetik bezieht. Bei aller Kürze, mit der Seeberger die Hegelsche Ästhetik streift[173], entwickelt er ein charakteristisches Moment gegenwärtiger Hegel-Interpretation, das modifiziert in rechten und linken Spielarten reaktionärer Ästhetik immer wieder auftaucht. Es handelt sich um die Lehre vom Vergangenheitscharakter der Kunst, die nun nicht mehr wie bei Croce, Glockner, Hartmann die Crux darstellt, die die Hegelsche Ästhetik ad absurdum führen und der Vergänglichkeit überantworten soll, sondern als Zeugnis für Hegels großen historischen Sinn und ästhetische Sensibilität gewertet wird: Die Hegelsche Ästhetik erhält die Funktion, die eigene Aversion gegen die moderne Kunst am Ort ihrer Genesis zu begründen. Dabei muß sich jedoch Hegel die Umdeutung gefallen lassen, daß die tendenzielle Auflösung der Kunst, die er als notwendige Stufe im Prozeß des Fortschritts im Bewußtsein der Freiheit durchaus positiv begriff, zum Zeichen geistiger Dekadenz erklärt wird, als deren Beschreibung seine Auflösungsformen der romantischen Kunst figurieren. „Daß die Kunst immer mehr und immer ausschließlicher zu einer Sache des Subjektivismus und des Ästhetizismus werden konnte", gibt nun der Forderung nach „echte(r) Kunst" Raum, in der „der Mensch (...) zum Anschauen und zum Erleben dessen gelangt, was als ein Ewiges, Substantielles sein eigenes Inneres bewegt"[174]. Gilt als „der eigentliche Grund" für die Problematik der modernen Kunst der

171 a. a. O., S. 524
172 ibid.
173 a. a. O., S. 574–576
174 a. a. O., S. 574

„Verlust der inneren Beziehung des Menschen zu seiner Substanz, ein Verlust, der sich in der inneren Leere dessen offenbart, was heutzutage als moderne Kunst bezeichnet wird und was in Wirklichkeit ein Spiegelbild der grenzenlosen Zerrissenheit des Zeigeistes ist"[175], so ist Hegel genau an der Stelle, wo er Fortschritt denkt, zum Prognostiker des metaästhetischen Zerfalls geworden. Der Vorwurf des Ästhetizismus jedoch, den auch die rechte Kulturkritik gegen die moderne Kunst erhebt, schlägt auf sie selbst zurück. Denn nicht nur läßt sie die Kunst, reduziert aufs Spiegelbild des jeweiligen Zeitgeistes, ohnmächtig dem Gegebenen verfallen, sie läßt sie auch und erst recht dort regredieren, wo sie vermöge der propagierten individuellen Geistesentwicklung dem Zeitgeist das „Ewige, Substantielle" entgegensetzen soll: zum Bestätigungsorgan des Zeitgeistes. Denn der Appell an die metahistorische Wahrheit ist der Ausdruck für das bürgerliche l'art pour l'art, das sich von der gesellschaftlichen Faktizität nur darum zurückzieht, weil es diese, verhüllt im Terminus des Zeitgeistes, mit der krampfhaft festgehaltenen Sinnvorstellung — in der Hegel-Rezeption die These von der Vernünftigkeit des Wirklichen — nicht mehr zu vermitteln vermag. Hinter dem Rekurs auf die überhistorische menschliche Substanz, der sich, Hegels Einspruch ignorierend[176], bei dessen Bestimmung der längst vergangenen klassischen Kunstform Sukkurs holt, verbirgt sich als Hoffnung auf eine neue Kunstblüte die Rancune gegen alles, was der eigenen interessierten Sinnvorstellung widerspricht, dem Gegebenen nicht affirmativ sich fügt.

Daß damit ein allgemeines Moment der bürgerlichen Hegel-Rezeption nach dem Zweiten Weltkrieg angesprochen ist, zeigt ein Blick auf die einschlägige Literatur. Lebte in der ihr voraufgegangenen Etappe, die sich selbst als Hegel-Renaissance verstand, immerhin noch das Bewußtsein, daß zur Propagierung des Irrationalismus Hegels Ästhetik sich am wenigsten eigne, so werden nun gerade jene Punkte, die damals das Verdikt über die philosophische Ästhetik hatten begründen sollen: die rationale Dimension der Kunst und ihre Geschichtlichkeit, in einem bestimmten Sinne anerkannt und in neue Begründungszusammenhänge eingebracht. Daß die Diskussion der Sechziger Jahre zumal auf weite

---

175 a. a. O., S. 576
176 Ästhetik II, 14, S. 235 f. — Wir kommen auf diese Passage später zurück, nennen hier nur Hegels Grundüberzeugung: „Nur die Gegenwart ist frisch, das Andere fahl und fahler." (a. a. O., S. 236)

Strecken auf die Auseinandersetzung mit der Vergangenheitslehre beschränkt ist, antwortet nicht nur auf deren objektiv-zentrale Bedeutung für die Hegel-Interpretation, sondern markiert wohl in erster Linie die Unfähigkeit oder die mangelnde Bereitschaft der bürgerlichen Philosophie, Hegel nicht punktuell, sondern — nach der Formulierung von Dieter Henrich — „im Kontext" zu lesen, wie seine Philosophie es verlangt. An dem Interesse, dem sie dient, wird die Beschränkung auf Einzelfragen als Reproduktion dessen erkennbar, dem sie nach außen sich selbst widersetzt: der Unterscheidung von Lebendigem und Totem in Hegels Philosophie. Denn auch die Geschichtlichkeit, der Hegel die Kunst überantwortet, wird nicht beim gemeinten Wort genommen, sondern findet Anwendung nur im Rahmen eines rechten Kulturpessimismus, dem die Kunstentwicklung seit der deutschen Klassik als Progression des Verfalls und der Dekadenz erscheint. Hegel wird stilisiert zum Propheten einer kunstfremden, ja — feindlichen Zwischenzeit zwischen einer ihre Geschichtlichkeit transzendierenden „echten" Kunst und einer für die Zukunft erträumten, zum alten Wahren zurückkehrenden Kunstblüte.

Diese geschichtsphilosophische Konstruktion, die übrigens auch das Grundmodell der traditionell-marxistischen Ästhetik ist, gründet in einer existentialistisch eingefärbten Weltsicht, als deren Ahnherr Hegel reklamiert wird. Ihm war es nach Heller[177] „bestimmt, die endgültige Fassung des metaphysischen Dramas von der Entzweiung zwischen Welt und Geist zu schreiben"[178] und „in seinem Bemühen, das Walten einer vernünftigen und wohlwollenden Vorsehung noch in den konfusesten, bösesten und irrwitzigsten Ereignissen des Weltgeschehens zu erkennen", einerseits zum „Theologe(n) eines schlichten Glaubens", andererseits „zum ersten systematischen Diagnostiker der romantischen Malaise seines Jahrhunderts" zu werden:

---

177 Erich Heller: Die Reise der Kunst ins Innere — Variationen auf das Hauptthema von Hegels Ästhetik. — In: E. H.: Die Reise der Kunst ins Innere und andere Essays. — Frankfurt/M 1966. S. 121—197

178 a. a. O., S. 123. Das ist dann der Begriff von Dialektik (!), den Heller später auf die Interpretation des Hamlet und der Duineser Elegien als Prototypen romantischer Dichtung anwendet.

„Er fand die Ursache der unvermeidlichen Krankheit darin, daß der Geist, seiner Bestimmung gemäß, in wachsenden Widerspruch mit der Welt geriet, die Seele von den Umständen des Daseins sich löste und die menschliche Innerlichkeit von den äußeren Gegebenheiten."[179]

Mag auch Heller für sich beanspruchen, „bei Hegel in die Schule gegangen" zu sein[180], so dürfte doch jene schicksalhaft „verhängte Entfremdung zwischen Welt und Seele"[181], zu der bei ihm die gesellschaftlichen Widersprüche gerinnen, kaum dem Hegelschen Geiste entsprechen, der sich in der Welt zu Hause, am Ende seines Weges in ihr kein Fremdes mehr zu haben glaubte. Daß das Schicksal der Kunst, über Subjektivität und Subjektivismus der Selbstaufhebung zuzusteuern, bei Hegel den Triumph der Reflexion, das Heimischwerden des zu sich selbst kommenden menschlichen Geistes akkompagniert, der der Kunst nicht mehr bedarf, sobald die Vernunft Wirklichkeit geworden ist, ist unvereinbar mit dem „ungeheuren Mißverständnis zwischen Seele und Welt", auf das Heller als auf seine ontologische Basis Rilkes Weltschmerz zurückführt[182]. Die Ontologisierung des Gesellschaftlichen — und sie allein erlaubt die unvermittelte Analogie des Hamlet und der Duineser Elegien — verhindert gerade die Kritik an Hegels Versöhnung, wo sie als bereits erreichte ausgegeben wird, vermittels der Erfahrung der modernen Kunst. Solche Kritik, deren die Hegelsche Ästhetik bedürfte, um „wahrhaft erhellende Theorie"[183] zu sein, erhellte zugleich das, was Heller „die Reise der Kunst ins Innere" nennt: Die Illusion einer reichen seelenhaften Innerlichkeit als Rückzugsgebiet wäre von ihr der Hohlheit zu überführen, die ihr von Anfang an anhaftete, weil sie sich so gut vertrug mit der Affirmation der schlechten Wirklichkeit. Die Verklärung der Entfremdung von Ich und Welt zum verhängten Schicksal jedoch setzt an die Stelle eines auf ihre Aufhebung gerichteten Denkens die Theologie des „schlichten Glaubens", daß schließlich doch alles mit Sinn zugehe im Drama des Lebens und der Geschichte.

Von hieraus ist der Schritt zurück zum Mythos nicht weit, wie ihn Bröcker geht[184]. Uns interessiert hier nicht seine den Stand der

---

179 a. a. O., S. 125
180 a. a. O., S. 145   182 a. a. O., S. 183
181 a. a. O., S. 144   183 a. a. O., S. 133
184 W. Bröcker: Hegels Philosophie der Kunstgeschichte. — In: W. B.: Auseinandersetzungen mit Hegel. — Frankfurt/M 1965. S. 33—57.

ästhetischen Reflexion zu Hegels Zeit ignorierende und in der Formulierung selbst paradoxe These zur Vergangenheitslehre, daß sie „weder paradox ist noch von Hegel stammt"[185], sondern sein Versuch, mit einem mit Heidegger interpretierten Hölderlin diese zu überwinden. Der Rekurs auf Hölderlins Gedanken einer neuen postchristlichen Klassik, einer „neuen Göttergegenwart im Gesang"[186], verstanden als das an der griechischen Klassik orientierte Ideal künstlerisch-geistiger Hamonie, — in seinem Ästhetizismus dem Dichter vollends unangemessen, dessen Werk die politisch-gesellschaftliche Perspektive und historisches Bewußtsein neuerer Forschung zufolge so unabdingbar sind wie kaum sonst einem — beraubt die Glücksperspektive der Kunst ihres emanzipatorischen Sinnes und verlegt sie an einen Ort außerhalb der Geschichte. Der Begriff des Mythos als geschichtsheilender Kraft reproduziert Heideggers Schritt „zurück in ein ursprüngliches Weltverhältnis, aus dem das technische erst entspringt", aus der „Seinsvergessenheit zur Einkehr in die Wirklichkeit des Seins"[187]. Unter Berufung auf Heideggers Interpretation der Zivilisation als Nebeneinander von „Entgötterung der Welt" durch die Naturwissenschaften, „Nihilismus" und andererseits „Metaphysik" „als der zwei Jahrtausende lang fortgesetzte Versuch, den Abgrund des Nihilismus wieder zuzudecken"[188], fordert Bröcker für die Kunst die Rückkehr zur griechischen Antike, „zum Mythos, zu einer mythisch erfahrenen Welt, die nicht vergangen, sondern nur zugedeckt ist"[189]. Wird so wiederum das rationale Moment dieser Kritik, die Kritik an zum Selbstzweck gewordener, naturbeherrschender Ratio, ins Irrationale umgebogen, wo doch Ratio selbst nur durch Ratio kritisiert werden kann, so erweist sich der Sprung in den Mythos als selbst in Konkordanz mit dem Kritisierten, das er in seiner vornehmen Zurückgezogenheit aus der Welt durchaus bestätigt. Denn nicht kämpft er gegen die gesellschaftlich begründete Entfremdung und Enthumanisierung des Menschen, sondern gegen die Entgötterung der Welt. Der dialektische Umschlag von Aufklärung in Mythos, von Heidegger als

---

185 a. a. O., S. 34 — Sie wird auf Hegels Synthese der „christlichen Theologie" und des Neuplatonismus als des „philosophischen Fundaments" zurückgeführt (S. 36). Von wem sollte sie dann stammen?
186 a. a. O., S. 56
187 Hegel zwischen Kant und Heidegger, a. a. O., S. 7—32, zit. S. 31
188 a. a. O., S. 24
189 a. a. O., S. 27

Nebeneinander dargestellt, soll statt durch Beim-Wort-Nehmen, durch Verzicht auf Aufklärung, durch infantile Regression in den Schoß des Numinosen zu Ende gebracht werden, die Kunst heile Welt vorspiegeln. Es ehrt Hegel, durch seine Philosophie diesem Spuk lange vor seiner Zeit den Kampf angesagt zu haben, mögen auch seine Gegner das in ihn projizieren, was sie selbst sind, zynische Metaphysiker, denen wie in der Ontologie der Rekurs auf den Mythos, so in der Ästhetik der auf den Klassizismus zum Surrogat der auf Veränderung angelegten Kritik wird. Die Hegelsche Vergangenheitslehre ließe sich nur dann adäquat mit Hölderlin kritisieren, wenn dadurch die affirmative Wendung sichtbar würde, mit der Hegel das Kunstbedürfnis und die Notwendigkeit der Kunstproduktion für überwunden erklärt. Wo jedoch das noch in dieser affirmativen Wendung implizierte kritisch-emanzipatorische Moment ignoriert wird, kommt es zum Rückfall in den Ästhetizismus, den wir als Grundtendenz der bürgerlichen Hegel-Kritik wie deren Pendant, des Neohegelianismus, bisher dechiffriert haben. Solange dieser Ästhetizismus nicht überwunden wird, muß, ob eingestanden oder nicht, die Trennung von Lebendigem und Totem in Hegels Philosophie vorgenommen werden, sei es daß die Ästhetik en bloc oder wesentliche ihrer Elemente für tot erklärt werden. Daß dies auch die Entwicklungslogik des Neohegelianismus, eingeschworen auf die Parole Zurück zu Hegel, Zurück zur Methaphysik — die selbst schon Unterscheidung voraussetzt —, ist, lehrt die Linie, die von Mueller zu Bröcker führt: Neohegelianismus ist ein Widerspruch in sich.

Nicht wesentlich anders dürfte sich die Hegel-Rezeption in Italien darstellen, die freilich immer auch Auseinandersetzung mit Croces einflußreichem Werk ist. Wo der Neohegelianismus, wie bei Vecchi[190] wenigstens Hegels Ästhetik „attraverso una visione unitaria"[191] als einheitlich strukturiertes und aktuelles Werk retten will vor der Unterscheidung von Lebendigem und Totem, muß er sich allererst mit Croces Interpretation der Vergangenheitslehre auseinandersetzen. Hängt die Aktualität der Hegelschen Ästhetik nach Vecchis Grundthese davon ab, daß sie nicht nur die Möglichkeit, sondern auch den spezifischen Charakter einer neuen Kunstblüte formuliere, so zwingt auch diese

---

190 G. Vecchi: L'Estetica di Hegel. Saggio di interpretazione filosofica. — Milano 1956
191 a. a. O., Vorwort, S. VII

vereinheitlichende Perspektive zur Ignorierung all dessen, was ihr widerspricht. Ihrer Hauptschwierigkeit zumal, dem spezifischen Ort der Kunst in der Systemkonzeption, kann sie nur dadurch aus dem Wege gehen, daß sie das metaphysische Systemgebäude als ohnehin schon von der Kritik zertrümmert ausgibt. Die überragende Stellung, die die Ästhetik weit über Hegels andere Werke hinaushebt kraft ihrer der Ausschaltung der Widersprüche verdankten Einheitlichkeit, vermöge deren sie Vecchi „in modo simile a un' opera d'arte" betrachten will[192], gründet auf einer Verflachung des Hegelschen Begriffs der Kunst und ihrer Geschichtlichkeit: Kunstgeschichte wird zum quasi biologischen Zyklus von „morte" und „rinascita"[193], in dem immer wieder Meisterwerke („capolavori") produziert werden, deren Begriff an keine Kunstepoche gebunden ist. Der banausisch-museale Begriff der Meisterwerke, deren Wahrheit der aufgelöste Widerspruch[194] und die aus ihm resultierende harmonische Schönheit sein sollen, ist das genaue Pendant zur Bindung der Kunst ans Numinose ewiger Wahrheiten. Denn das Interesse, die antithetische Position der Kunst zu ihrer jeweiligen Gesellschaft zu ignorieren, läßt sich ebenso gut (oder schlecht) durch die These von der Übergeschichtlichkeit der Kunst wie durch die ihrer unübersteigbaren Bindung ans gegebene Bewußtsein vertreten, dessen Widersprüche sie dann zu tilgen hätte. Absolute Bindungslosigkeit und absolute Bindung bilden eine dialektische Einheit. Die ihnen gemeinsame Rancune gegen die moderne Kunst fehlt auch bei Vecchi nicht. Moderne Kunst gilt nur als notwendiges Moment der Auflösung der romantischen, religiös inspirierten Kunst[195] und damit zugleich als „momento di una metamorfosi vitale dell' arte stessa"[196], hinter dem sich bereits eine neue Kunstblüte „entro la nuova coscienza filosofica" ankündige[197]. Indem jedoch Vecchi zur Charakterisierung dieser neuen, doch auch für uns noch in der Zukunft liegenden Kunst den romantischen Begriff der Universalpoesie wählt[198], gibt er vollends das reaktionäre Interesse seiner Hegel-Interpretation preis.

192 a. a. O., S. 5   193 a. a. O., S. 189
194 a. a. O., S. 37 und pass.
195 der „formalismo assoluto" als „necessario momento storico della morte", a. a. O., S. 178
196 a. a. O., S. 181
197 a. a. O., S. 187
198 a. a. O., S. 188 und pass.

Der biologistische Historismus, mit dem Vecchi die Hegelsche Ästhetik als Ganzes retten will, angewiesen auf die metaphysische Verzerrung des dialektischen Begriffs der Aufhebung zu dem der Wiedergeburt, widerspricht nicht nur dem Hegelschen Denken, sondern dem Historismus selbst, der an Vergangenheitsforschung gebunden ist. Dieser wertet Hegels Ästhetik in genauem Gegensatz zum Irrationalismus eines Croce oder Glockner und gelangt dadurch zu einer entsprechend mit umgekehrten Vorzeichen versehenen Unterscheidung von Lebendigem und Totem in Hegels Philosophie. Antoni[199] liest die Hegelsche Ästhetik nicht mehr wie Vecchi als „opera filosofica", sondern als „la prima vera e propria storia dell' arte", die er von der im System verankerten Mischung von „mistizismo e razionalismo" abgehoben wissen will[200]. Das Todesurteil gilt den als pure Metaphysik ausgegebenen, von Hegel selbst edierten Werken; Leben wird nur noch den Berliner Vorlesungen, Hegels Reifestadium, zugebilligt, in denen er zwar „un teologo metafisico, fedele al suo sistema", bleibe, aber dadurch, daß er sich in die Historie einlasse, eine effektive Entwicklung zu dem vollziehe, „che si puo chiamare lo 'storicismo' hegeliano"[201]. Diese Entwicklungsthese, die schon ein kurzer Blick auf die an historischen Einsichten überreiche Phänomenologie widerlegt, zielt auf die Rettung der Ästhetik durch die Kritik ihrer systemgebundenen Aspekte, die unter dem Schlagwort der Metaphysik auch und gerade die Dialektik meint. Die ganze Hilflosigkeit des Historismus vor der Frage der Dialektik wird jedoch daran evident, daß die gegen sie vorgebrachte Kritik der Metaphysik mit der des Rationalismus identisch wird. Die identifikatorische Gleichsetzung des dialektischen Begriffs des Begriffs mit dem der Definition soll die historischen Formen aufgrund ihrer Vielfältigkeit dem rationalen Zugriff entziehen und „il carattere irrazionale dell' arte"[202] begründen. Der Vorwurf, „Hegel resta un razionalista"[203], kritisiert nicht Hegels Verzicht auf zweite Reflexion der Ratio, sondern seine Insistenz, mit der er die Kunst vor dem Irrationalismus bewahren will. Insofern impliziert die an sich, nach

---

199 C. Antoni: L'Estetica di Hegel. — In: Giornale Critico della Filosofia Italiana 39 (1960). S. 1—22
200 a. a. O., S. 1 f.
201 a. a. O., S. 2
202 a. a. O., S. 6
203 ibid.

Hegels eigenem Anspruch berechtigte Kritik, Hegel begreife die Kunst gar nicht als autonome Form des Geistes, ja streng genommen („a rigore") existiere sie bei ihm gar nicht als Kunst, sondern nur als „pensiero estraniato, immerso nella sensibilità", oder als „una sorta di logica inferiore", das Falsche, Hegel ersetze die Differenz von Kunst und Denken durch die absolute (!) von Sinnlichkeit und Denken, statt in der Sinnlichkeit der Kunst selbst das Irrationale und Undenkbare anzuerkennen[204]. Daß das Kunstwerk sich nicht auflösen läßt in ein Gedankenfixum, kann, Hegel selbst beim Wort genommen, nicht heißen, es entziehe sich dem Denken ins Irrationale — denn wie anders als denkend könnte ihm begegnet werden? —, sondern es verlange von ihm, noch sein Undenkbares zu denken, es als solches anzugeben, verlange ein Denken, das es nicht auflöse, sondern als Fürsichseiendes bestehen lasse, d. h. eben reflektierte Ratio. Dieser Anspruch aber wird nicht, wie Antoni meint, am sinnlichen Element, sondern an der — durchaus geistigen — Form des Kunstwerks erfahrbar. Der Hegelschen Ästhetik ist nicht mit Irrationalismus, konträr: mit dem Hinweis auf ihren reduzierten Ratiobegriff beizukommen. Daß die Kunst für Hegel „una sorta di infantile debelezza dello spirito" sei, unfähig, reine Begriffe zu denken, hat daher seinen Grund auch nicht in „un fondamentale dualismo di spirito e sensibilità"[205], sondern darin, daß Hegel jene Sinnlichkeit, Natur der Herrschaft des Geistes schrankenlos unterwirft.

Der Dualismus aber kehrt zurück in dem, was der Historismus über Kunst auszusagen vermag. Ist der Rückgriff auf die alte Crocesche Rationalismus-Kritik an sich schon dort paradox, wo gegen die metaphysische Erhöhung der Kunst durch Hegel — und Croce selbst — Einspruch erhoben wird, so löst sich diese Paradoxie in der dualistischen Wendung, mit der der Historismus seinen Frieden mit dem Irrationalismus macht. Die Anerkennung des irrationalen Charakters der Kunst aufgrund der je individuellen sinnlichen Konkretheit ihrer Werke läßt rationale Aussagen über diese nur im Rahmen ihrer historischen Determinationen zu: Der Historismus betrachtet das Kunstwerk als „un momento della vita morale"[206], als historisches Dokument und überläßt sein Wesen dem Irrationalismus. Die Destruktion der Dialektik und

204 a. a. O., S. 7
205 a. a. O., S. 7 f.
206 a. a. O., S. 22

einer sich selbst reflektierenden Ratio emanzipatorischen Anspruchs konstituiert die Interessengemeinschaft der verschiedenen Spielarten des Irrationalismus und eines positivistischen Historismus und markiert die Grenzen, zwischen denen Akzentverschiebungen innerhalb der bürgerlichen Hegel-Rezeption stattfinden können. Das geheime Postulat jedoch, daß das Bestehende nicht überschritten werde, begründet die Schwierigkeiten der bürgerlichen im Umgang mit der Hegelschen Philosophie, die an der Gewaltsamkeit manifest werden, mit der sie Lebendiges und Totes in Hegels Philosophie bis heute zu trennen sucht.

b) Positivismus

Aus dieser Situation hat der Positivismus längst seine Schlüsse gezogen, wie Hegel zu lesen sei. Kaminsky, auf dessen Position wir uns hier beschränken[207], hat auf die Schwierigkeiten aufmerksam gemacht, die einer Hegel-Rezeption in den angelsächsischen Ländern entgegenstehen: Noch immer wird Hegel wegen seiner stilistischen Dunkelheit und angeblicher faschistischer Implikationen seiner Philosophie abgelehnt[208]. Berücksichtigt man jedoch, daß der eigentliche Gegenstand der Kritik an dem metaphysischen Obskurantismus und der totalitären Tendenz der Hegelschen Philosophie die Dialektik (und damit immer auch der Marxismus) ist, so enthüllen noch die verschiedenen Formen der Hegel-Apologetik ihre restriktive Funktion, die emanzipatorische Seite der Hegelschen Philosophie zu liquidieren, sei es daß sie als metaphysisch abqualifiziert oder gepriesen wird. Darin reproduziert sich die Dialektik von Rationalismus und Irrationalismus in der bürgerlichen Gesellschaft unter der Herrschaft des Tauschprinzips. Der positivistisch-pragmatische Ansatz Kaminskys, der seinen Kampf gegen die Dialektik als Kritik an der Metaphysik deklariert, versteht seine Rettung Hegels als Auswertung von Details der „Ästhetik"[209], die sich aufs empirisch Analysierbare reduzieren lassen:

„Fortunately, when Hegel descends to particulars the dialectic process is ignored. As we shall see, we can appreciate Hegel's analysis of dramatic action without committing ourselves to the ontology he propounds."[210]

207 J. Kaminsky: Hegel on Art. An Interpretation of Hegel's Aesthetics. — New York 1962.
208 a. a. O., S. VII   209 a. a. O., S. VIII   210 a. a. O., S. 26 f.

Aus der Perspektive des „gesunden Menschenverstandes" wird Dialektik als trickreiche Wortspielerei denunziert[211], um von ihr Hegels Bildungsreichtum als Basis gelungener empirischer Kunstanalysen positiv abzuheben. Damit erspart sich der Positivismus die eigentliche Auseinandersetzung mit Hegel. Die aus dieser Perspektive gestellte Frage, „What then is the value of Hegel's aesthetics for us today?"[212], impliziert die Antwort, daß sich die konzedierten „several important values"[213] nicht

---

211 a. a. O., S. 17. Der gegen die am Eingang der Logik entwickelte Dialektik von Sein und Nichts erhobene Vorwurf der Wortspielerei beruht einerseits darauf, daß Kaminsky das wichtige zwischen Sein-Nichts-Werden und Dasein eingeschobene Kapitel über den Begriff der dialektischen Aufhebung ignoriert und andererseits Negation formallogisch als einfache Umkehrung des Vorzeichens mißversteht — Hegel hätte allenfalls von einem Nicht-Werden, nicht aber von „Dasein" bzw. „bestimmtem Sein" als Antithese zum Werden sprechen dürfen (a. a. O., S. 18), d. h. Kaminsky entgeht Hegels Bestimmung des Daseins als „aufgehobenes Werden". Hinzu kommt, daß er vorab Dialektik als Deduktion aus einem Prinzip mißverstanden hatte (a. a. O., S. 7) und daher glaubt, Hegel nach dem Modell von „other metaphysical schemes" analysieren zu können, die als Beweggrund „a force of some kind, or an external god, or even a special set of atoms" annehmen (a. a. O., S. 26). Von dieser falschen Prämisse aus — Kaminsky interpretiert Hegels Begriff der Idee aus der Perspektive der aristotelischen Entelechie — erscheint gerade das progressive, antimetaphysische Moment der Dialektik: daß sie keine eigene, den einzelnen Entwicklungsphasen übergeordnete Separatinstanz nach dem Schöpfer-Geschöpf-Modell annnimmt, also die Kritik an der traditionellen Metaphysik und deren Dualismus, als metaphysisch (a. a. O., S. 25 f). In der Tat kann der empiristische Angriff auf die Dialektik als die konstitutive Form der historischen Genesis der menschlich-gesellschaftlichen Wirklichkeit sich nur auf die banale Position des „es hätte auch alles ganz anders kommen können" zurückziehen, indem einerseits Dialektik wiederum verzerrt wird zum a posteriori aus der Geschichte abgezogenen, omnifungiblen, auf „a" und „not-a" gleichermaßen anwendbaren abstrakten „principle, or generalization" (a. a. O., S. 169) und andererseits Hegels Kategorie der Notwendigkeit der Entwicklung unter Berufung auf Hume (!) naturwissenschaftlich als Ergebnis zahlreicher vergleichender empirischer Betrachtungen mit dem Ziel der Erkenntnis von ihnen gemeinsamen Gesetzen verstanden wird (a. a. O., S. 171). Da Kaminsky überdies Dialektik mit ihrer identitätsphilosophischen Form identifiziert, kann er den bei Hegel waltenden Systemzwang *der* Dialektik anlasten (a. a. O., S. 172). Die Folge der empiristischen Selbstgenügsamkeit gegenüber der Geschichte ist ein bodenloser Relativismus. Wie Hegel zugebilligt wird, daß er — wenn auch ohne „guarantee of its necessity" — „may (!) have been right in describing what occured in art history", ja daß er „may even have discovered some principle which could order all art history" (a. a. O., S. 172), so erscheinen „both the economic and the formalistic interpretations of art" als „possible alternatives to the Hegelian analysis", auch wenn sie „seem extreme and may possibly be incorrect" (a. a. O., S. 169).

212 a. a. O., S. 174   213 a. a. O., S. 174

dem Ästhetiker, sondern dem von der Dialektik unbelasteten Ästheten Hegel verdanken: Hegel wird als Kunstfreund akzeptabel, aus dessen Kunstinterpretationen Künstler sich Rat und Anregung holen könnten: „In a real sense Hegel was an aesthetician for artists, not for other aestheticians."[214]

c) Philosophiegeschichte

Die Verwendung der Hegelschen Philosophie als geistiger Steinbruch erhellt nur noch einmal jenes Allgemeine, auf das wir immer wieder trafen: daß diese Philosophie tot ist, wo sie ihres lebendigen Herzstücks, der Dialektik, beraubt ist — auch Transplantationsversuche bestätigen nur die Diagnose[215]. Freilich macht die bürgerliche Hegel-Interpretation damit zugleich auf eine Insuffizienz der Hegelschen Philosophie aufmerksam, die zur Kritik ansteht: daß sie ihren eigenen Begriff von Dialektik nicht voll einlöst, indem sie am Ende ihres Ganges durch ihre geschichtliche Selbstwerdung alle Widersprüche für gelöst erklärt. Sie selbst leistet die geforderte Reflexion der Ratio nicht zureichend, wie wir später anhand ihres Arbeits- und Naturbegriffs zeigen werden. Sie ist notwendig aufgrund des historischen Orts ihrer Genesis auch bürgerliche Philosophie, aber zugleich transzendiert sie doch auch ihren bürgerlichen status quo. Nur wo diese beiden Züge vermöge eines selbst kritischen Interesses analysiert werden, kann die Spaltung in Lebendiges und Totes überwunden werden. Die Vorstellung der bürgerlichen Philosophie von der unmittelbaren Lebendigkeit eines Teils der jetzt immerhin anderthalb Jahrhunderte voller damals ungeahnter Entwicklungen alten Hegelschen Philosophie steht — einer eigenen Forderung Hegels zufolge, von der sein Gesamtwerk Zeugnis ablegt — um dieser falschen Unmittelbarkeit willen zur Kritik an, die der Dialektik bürgerlicher Hegel-Rezeption zugrunde liegt. Denn als lebendig gelten ihr gerade jene Aspekte, die wir mit einem zunächst noch allgemeinen Vorbegriff die der affirmativen Wendung genannt haben und die die

---

214 a. a. O., S. 176
215 Christa Dulckeit-v. Arnim (Hegels Kunstphilosophie. — In: Phil. Jb. 67 (1959). S. 285—304) will die „Ästhetik" zur christlichen Geistesgeschichte umfunktionieren, als sei Hegels Kunstbegriff antiaufklärerisch im Sinne der „Analogie zwischen dem Endlichen und Unendlichen" (a. a. O., S. 286 f.): Restitution der von Hegel bekämpften schlechten Unendlichkeit.

Abgeschlossenheit des Hegelschen Denkens in sich selbst begründen. Hegel-Rettung, die auf diese sich kapriziert, besorgt das Geschäft derer, die die Hegelsche Philosophie als längst antiquiert ausgeben.

Diese Dialektik — und unsere vorausgegangene Analyse versuchte zu zeigen, daß die vermeintliche Unmittelbarkeit immer schon selbst vermittelt ist durch ein gesellschaftliches Allgemeines: den interessierten Kampf gegen die Dialektik — wird noch einmal an dem um seines scheinbaren Höchstmaßes an Objektivität geschätzten Lieblingsthema bürgerlicher Hegel-Rezeption evident, der Frage nach dem Ort des Hegelschen Denkens innerhalb der Philosophiegeschichte. Bekanntlich hat Hegel selbst die Antwort auf diese für sich vorweggenommen, indem er seine eigene, die spekulative Philosophie als höchste und letzte Synthesis aller in der Geschichte gesetzmäßig aufgetretenen Philosopheme verstanden wissen wollte[216].

Dennoch täte ihm Unrecht, wer, nur auf die Abgeschlossenheit des Systems im Kreis von Kreisen pochend, die leise Einschränkung überhörte, mit der er die in der Geschichte der Philosophie vorgeführte Reihe der geistigen Gestalten „für jetzt" als abgeschlossen erklärt[217]. Was Hegel selbst für die Aneignung vergangener Philosopheme fordert, gilt auch für die seiner eigenen Philosophie; die hermeneutischen Reflexionen, die er in der großen Einleitung zur Geschichte der Philosophie anstellt, ignoriert zu haben, richtet die bürgerliche Hegel-Rezeption auf weite Strecken. Das gilt für die Kritik des positivistischen Wissenschaftsbegriffs, „die Tatsachen ohne Parteilichkeit, ohne ein besonderes Interesse und Zweck durch sie geltend machen zu wollen," darzustellen: „Mit dem Gemeinplatze einer solchen Forderung

---

216 Cf. Vorlesungen über die Geschichte der Philosophie III, 20, S. 455. Dort bezeichnet es Hegel als „Resultat" der Philosophie der Philosophie der Geschichte: „Bis hierher ist nun der Weltgeist gekommen. Die letzte Philosophie ist das Resultat aller früheren; nichts ist verloren, alle Prinzipien sind erhalten. Diese konkrete Idee ist das Resultat der *Bemühungen des Geistes* durch fast 2 500 Jahre (Thales wurde 640 vor Christus geboren), — seiner *ernsthaftesten Arbeit,* sich selbst objektiv zu werden, sich zu erkennen: *Tantae molis erat, se ipsam cognoscere mentem.*"

217 „Dies ist nun der Standpunkt der jetzigen Zeit, und die Reihe der geistigen Gestaltungen ist für jetzt damit geschlossen. — Hiermit ist diese Geschichte der Philosophie *beschlossen.*" (a. a. O., S. 461) Cf. auch kurz zuvor, (a. a. O., S. 460) „Es *scheint,* daß es dem Weltgeiste jetzt gelungen ist, alles fremde gegenständliche Wesen sich abzutun und endlich sich als absoluten Geist zu erfassen und, was ihm gegenständlich wird, aus sich zu erzeugen und es, mit Ruhe dagegen, in seiner Gewalt zu behalten." (Unterstreichung von mir, W. K.)

kommt man jedoch nicht weit."²¹⁸, eine Kritik, die die Dialektik von Erkenntnisinteresse und interesseloser Hingabe an die Sache selbst als Konstituens von Wahrheit begreift. Es gilt darüberhinaus für die jedem geistigen Produkt immanente Dialektik, deren Erfahrung den Hegelschen Begriff von „Tradition" bestimmt. So sehr ist Hegel Feind jeglichem Traditionalismus, dessen antiquarische „Gelehrsamkeit" er mit ätzendem Spott „vorzüglich darin" erkennt, „eine Menge unnützer Sachen zu wissen, d. h. solcher, die sonst keinen Gehalt und kein Interesse in ihnen selbst haben als dies, die Kenntnis derselben zu haben"²¹⁹, daß für ihn der — heute freilich unrettbare — Begriff der „Tradition" den untraditionalistischen Sinn erhält, daß „der allgemeine Geist (...) nicht stehen (bleibt)"²²⁰. Kündigt sich allerdings bei ihm schon trotz der Insistenz auf dem „Produzieren", dem ‚Arbeiten und Umbilden' im Zugleich von „Empfangen und Antreten der Erbschaft"²²¹ etwas von jenem urbürgerlich-moralisierenden „Was du ererbt von deinen Vätern hast" an, so geht doch sein Traditionsbegriff nicht auf in dem bürgerlichen Besitzstreben. „Enthält" nach der tiefen Analyse des „geschichtlichen Eintritts eines geistigen Bedürfnisses zum Philosophieren" die „Tätigkeit" des Denkens „das wesentliche Moment einer Negation", ist allgemein „Hervorbringen (...) auch Vernichten"²²², so tangiert dies auch die harmonistische Vision des kontinuierlichen Progresses. Die geschichtsphilosophische Ortsbestimmung benennt die Philosophie schon bei Hegel als gesellschaftliche Antithesis zur Gesellschaft, ihre Dialektik von Negation und Affirmation genau bezeichnend, und markiert zugleich scharf die affirmative Wendung, die Hegels Denken vollzieht und seinen Begriff der „Erbschaft" für uns desavouiert. Vor ihrer eigenen Antriebskraft, dem negativen Denken, das „diese substantielle Weise der Existenz, diese Sittlichkeit, diesen Glauben angreift, wankend macht", wird Philosophie als Fluchtbewegung, das Bedürfnis nach ihr als das nach einem neuen Ordnungsfaktor begriffen:

„Der Geist flüchtet in die Räume des Gedankens, und gegen die wirkliche Welt bildet er sich ein Reich des Gedankens. Die Philosophie ist dann die Versöhnung des Verderbens, das der Gedanke angefangen hat."²²³

218 Geschichte der Philosophie I, 18, S. 16
219 a. a. O., S. 29
220 a. a. O., S. 22
221 ibid.
222 a. a. O., S. 71
223 ibid.

Bildet solche Versöhnung den Inhalt jener historisch bestimmten „Interessen", zu deren „Befriedigung" Philosophie jeweils als „Philosophie ihrer Zeit" aufgerufen sein soll[224], so klärt dies den Doppelsinn des Hegelschen Antitraditionalismus: Das Verdikt, vergangene Philosopheme „wiedererwecken hieße, den gebildeteren, tiefer in sich gegangenen Geist auf eine frühere Stufe zurückbringen wollen"[225], kritisiert nicht nur aufgrund ungebrochener Fortschrittsmentalität alte und neue Reaktionäre, sondern impliziert das Weitere, daß das an der Philosophie trotz jener affirmativen Wendung erfahrene Moment der Negation von der Geschichte progressiv getilgt wird. Ablesen läßt sich dies an dem, was Hegel als adäquates Verhalten vergangenen Philosophemen gegenüber bezeichnet; daran wird ein gewisses Unrecht der Philosophiegeschichte unüberhörbar: „Jede Philosophie tritt zwar mit der Prätention auf, daß durch sie (...) das Rechte endlich gefunden sei"[226], wird jedoch von der Geschichte in dieser Prätention widerlegt und auf ihr jeweiliges „Prinzip" reduziert[227]. Vollzieht die Geschichte der Philosophie die Abstraktion der Prinzipien von der jeweiligen „Weltanschauung", in der sie als Zentrum figurierten und deren „Ausführung" ihrer notwendigen emphatischen Prätention folgte, „daß dies Prinzip das Letzte, die absolute Bestimmung sei"[228], so ist der Negation, der Kritik an der Aufspreizung eines Besonderen zum Absoluten untrennbar das Unrecht verschwistert, das die Reduktion aufs Prinzip, aufs Affirmative dessen eigener negativer, kritischer Prätention antut. Löst Hegel aufgrund der geschichtsphilosophischen Perspektive, die vom gelungenen „Resultat" der spekulativen, nichts Fremdes mehr außer sich habenden Philosophie rückwirkend die Geschichte als stufenweise progredierende Realisation ihrer selbst begreifen will, diese selbstkritische Reserve der Philosophie der Geschichte nicht ein, so scheint er mit seiner Diremption von Prinzip und Weltanschauung, d. h. „philosophischem System"[229] den Kritikern Recht zu geben, die auf seine eigene Philosophie diese Trennung anwenden. Aber er selbst — und das ignorieren diese Kritiker — widerlegt den Schein dieses Rechts durch dieselbe Insistenz auf der Geschichte, die sein Antitraditionalismus bezeugt, indem er zwischen historisch-gesellschaftlich uneinholbaren „abstrakten" und „konkrete-

224 a. a. O., S. 65
225 ibid.
226 a. a. O., S. 35 f.

227 a. a. O., S. 56
228 ibid.
229 a. a. O., S. 57

ren Philosophien" unterscheidet, welch letztere kraft ihrer gesellschaftlich fortgeschritteneren intensiven und extensiven Explikation der Erfahrung gegenwärtiges Bewußtsein zu erhellen vermögen: Für diese wird die Trennung von Prinzip und System explizit ausgesetzt[230].

In diesem Sinne stellt Hegel selbst das Gesetz dafür auf, wie er gelesen und wie er in der Geschichte der Philosophie gesehen werden will:

> „Das Verhalten gegen eine Philosophie muß also eine affirmative und eine negative Seite enthalten; dann erst lassen wir einer Philosophie Gerechtigkeit widerfahren. Das Affirmative wird später erkannt, im Leben wie in der Wissenschaft; widerlegen ist mithin leichter als rechtfertigen."[231]

Gegenüber der philosophischen Tradition, in der Affirmation und Negation die Diremption von Prinzip und Weltanschauung, System decken, widersetzt sich neuere Philosophie kritischen Anspruchs solcher Trennung. Ihre Rechtfertigung — wir würden sagen: Rettung — hieße, innerhalb der Weltanschauung ihrer Zeit — wir würden sagen: Gesellschaft —, als die sie sich zum System konstituiert, jene Momente aufzudecken, durch die sie zugleich diese Weltanschauung transzendiert und die daher erst „später" erkannt werden können. Insofern kann nur die Negation Affirmation beanspruchen. Davon legt der „Die Philosophie als der Gedanke ihrer Zeit" betitelte Abschnitt aus der Einleitung zur Geschichte der Philosophie[232] Zeugnis ab, in dem die Dialektik von Philosophie und Gesellschaft entfaltet wird. Daß die Philosophie ihrem Inhalt nach „ganz identisch ist mit ihrer Zeit" und insofern „nicht über ihrer Zeit" steht, das also, was wir als gesellschaftliche Bedingtheit bezeichnen würden und was, für sich genommen, Philosophie auf Ideologie reduzierte, verhindert nicht, daß sie als Denken „ihrer Form nach über ihrer Zeit steht":

> „Insofern sie im Geiste ihrer Zeit ist, ist er ihr bestimmter weltlicher Inhalt; zugleich aber ist sie als Wissen auch darüber hinaus, stellt ihn sich gegenüber; aber dies ist nur formell, denn sie hat wahrhaft keinen anderen Inhalt."[233]

230 ibid.
231 a. a. O., S. 56 f.
232 a. a. O., S. 73—75
233 a. a. O., S. 74

Das einschränkende „nur" ist jedoch nicht einem Formalismus-Vorwurf, vielmehr einer Insuffizienz der Inhalt-Form-Begrifflichkeit zuzurechnen, denn wenig später wird der „formelle Unterschied auch ein realer, wirklicher Unterschied" genannt[234]. Vermöge ihrer das Gegebene negierenden Form transzendiert Philosophie die gesellschaftliche Wirklichkeit, an deren Stoffe sie gebunden bleibt:

> „Durch das Wissen setzt der Geist einen Unterschied zwischen das Wissen und das, was ist; dies enthält wieder einen neuen Unterschied, und so kommt eine neue Philosophie hervor. Die Philosophie ist also schon ein weiterer Charakter des Geistes; sie ist die innere Geburtsstätte des Geistes, der später zu wirklicher Gestaltung hervortreten wird."[235]

Trotz der in ihnen gesetzten idealistisch-determinativen Selbstüberschätzung des Geistes sind diese Sätze für uns aus mehreren Gründen entscheidend. Nicht nur begreifen sie Philosophie als gesellschaftliche Antithesis zur Gesellschaft, sie erweisen auch die entscheidende Bedeutung der selbst inhaltlichen Form-Kategorie und lassen dadurch auch eine andere als die in den Vorlesungen gestaltete Form ästhetischer Erfahrung sichtbar werden. Schließlich verweisen sie auf eine geheime Überzeugung der Hegelschen Philosophie, daß ihr Gehalt, der Hinweis aufs mögliche Neue im inhaltlich Gegebenen durch die Form, voll erfahrbar erst dort wird, wo seine kritische Intention realisiert ist: Die Reserve gegen seine eigene Vollendungsthese ist Hegel selbst keineswegs fremd.

Die Gerechtigkeit, die Hegel implicite auch für die Rezeption seiner eigenen Philosophie fordert, soll sie nicht dem Traditionalismus überantwortet werden, verlangt daher in erster Linie die Kritik seines Anspruchs, seine Philosophie sei Abschluß und Resultat der bisherigen Geschichte. Genau dieser Anspruch aber ist die Perspektive der philosophiegeschichtlichen Arbeiten der bürgerlichen Hegel-Rezeption seit der Wendung zur Geistesgeschichte. Soweit Ästhetik nicht überhaupt zusammen mit ihrem Gegenstand aus der Geschichte herausgenommen wurde, wurde spätestens seit Kroners Werk dessen programma-

---

234 a. a. O., S. 75
235 ibid.

tischer Titel „Von Kant zu Hegel" weitgehend kanonisch. Darin zeigt sich ein geheimes Einverständnis hergestellt, dessen Interesse auch die im ästhetischen Bereich selbst erfahrbare Dialektik enthüllt, daß das Vollendete das Tote ist; die Sehnsucht nach der vollendeten Philosophie korrespondiert der Frage nach dem vollendeten Kunstwerk des Sinns, daß das Vollendete der Auseinandersetzung überhoben und zugleich wehrlos beliebiger Ausbeutung verfügbar ist — der zumal, daß allen eilfertig eingeräumten gesellschaftlichen Widrigkeiten zum Trotz Harmonisch-Vollendetes eben doch möglich sei. Weil wir mit der These, daß in der Philosophiegeschichte am deutlichsten das Obsolete bürgerlicher Hegel-Rezeption sichtbar werde, diesen Teil der Arbeit abschließen wollen, um anschließend eines der Zentralthemen jeder Hegel-Kritik, die sogenannte Vergangenheitslehre, im Zusammenhang zu behandeln, mag es gestattet sein, die bisher beachtete Beschränkung auf die bürgerliche Variante der Hegel-Rezeption schon hier einmal zu überschreiten. Um der Deutlichkeit willen sei aber gesagt, daß es uns nur um ein bestimmtes ideologisches Interesse, nicht um den unleugbaren Wert kritischer philosophiegeschichtlicher Forschung geht.

Helmut Kuhns 1931 zuerst veröffentlichter geisteswissenschatlicher Studie „Die Vollendung der klassischen deutschen Ästhetik durch Hegel"[236] liegt der „methodische Gedanke"[237] zugrunde, „Hegels Ästhetik aus dem Zusammenhang der vorangegangenen dichterischen und philosophischen Epoche, und zwar als deren Abschluß und Vollendung zu verstehen"[238]. Die Grenzen dieser Konzeption sind die der bürgerlichen Hegel-Rezeption überhaupt: Nicht nur, daß die Quellenfrage zu einem summativen, das qualitativ Neue dieser Philosophie verkennenden Hegel-Bild verführt, das Entscheidende ist, daß an einem von seinen Widersprüchen gereinigten Hegel nur das Undialektisch-Statische sichtbar bleibt und der daraus resultierende Kunstbegriff vom Verfasser akzeptiert wird, ohne den schon von der Vollendungs-These abgewiesenen Versuch zu unternehmen, über Hegel hinauszugehen. Es ist dieselbe Prämisse, die sich in schönster Eintracht auch in den „Grundlagen der marxistisch-leninistischen Ästhetik"[239], bei Georg Lukács und bei Wellek wiederfindet, der „ihn (Hegel, W. K.) und sein

[236] In: H. Kuhn: Schriften zur Ästhetik. — München 1966. S. 15—144
[237] a. a. O., S. 27
[238] a. a. O., S. 23
[239] Sowjetisches Autorenkollektiv. — Berlin (DDR) 1962

Werk als einen Gipfel und als ein Ende" betrachtet[240]. Unberücksichtigt bleibt dabei stets die von Jauß aufgezeigte Problematik einer Epochendarstellung, die auf fiktionale Erzählschemata zurückgreift, um die Illusion eines vollständigen, geschlossenen Verlaufs zwischen einem definitiven Anfangs- und Endpunkt zu erzeugen[241]. Die philosophiegeschichtliche Einordnung, derzufolge Hegel „auf eigene Weise zusammen(faßt), was vorher von Kant, Schiller, Schelling und Solger — um nur die wichtigsten seiner Vorläufer zu nennen — gesagt worden war"[242], läßt nicht nur aufgrund der Illusion des kontinuierlichen, geschlossenen und finalen Verlaufs die vorangegangenen Theorien des Ästhetischen, mögen sie auch, wie die Kantische, anders intentioniert gewesen sein, zu bloßen Vorläufern auf dem Weg zum Gipfel werden, sie ist zugleich für ihre eigene Gegenwart mit Hegel fertig; sein Werk wird als Endpunkt einer vergangenen Epoche zum historischen Dokument für die Geschichte der Ästhetik, ohne daß die Frage nach seiner möglichen Relevanz für eine moderne Ästhetik überhaupt gestellt wird.

Aus dieser philosophiegeschichtlichen Wertung ergeben sich nun spezifische Insuffizienzen dort besonders, wo sie zugleich der Hegel-Kritik dienstbar gemacht wird. Der alte Vorwurf des Rationalismus scheint quellenmäßig objektivierbar als Aufnahme wolffisch-baumgartenscher Elemente in den synthetischen Kunstbegriff[243]. Unter diesem philosophiegeschichtlichen Aspekt bleibt jedoch nicht nur unberücksichtigt, daß *jede* Inhalts-Ästhetik, ob sie nun die Explikation der Idee oder der gesellschaftlichen Zusammenhänge propagiert, die Kunst tendenziell auf die Ebene intellektueller Erkenntnisvermittlung reduziert, sondern auch, daß erst die Frage nach dem diesen Intellektualismus begründenden Ratio-Begriff das Problem auf das angemessene Niveau hebt. Kann doch wohl ein antiintellektualistischer Kunstbegriff nicht die gewünschte Alternative sein. Kuhn selbst bestätigt im Grunde jenen eingeschränkten Ratio-Begriff, gegen den er bei Hegel Einspruch erhebt, durch seine Interpretation der Vergangenheitslehre. Seine

---

240 R. Wellek: Geschichte der Literaturkritik 1750—1830. — Darmstadt, Berlin, Neuwied 1959. Kap. „Hegel" S. 563—577. Zit. S. 577

241 H. R. Jauß: Geschichte der Kunst und Historie. — In: Literaturgeschichte als Provokation. — Ffm 1970. S. 208 ff.

242 Wellek, a. a. O., S. 563

243 Kuhn (a. a. O., S. 137) spricht von einer „Rückkehr zu Leibniz-Baumgarten", Wellek (a. a. O., S. 564) vom „Rückfall in ältere rationalistische Haltungen und Anschauungen".

Hauptthese, „daß die Ästhetik Hegels auf dem Satz von dem Vergangenheitscharakter der Kunst aufgebaut sei — und daß sie dennoch die Gegenwärtigkeit der Kunst begründe"[244], paraphrasiert in ihrer paradoxalen Form lediglich Hegels idealistisch-systematische Ortsbestimmung der Kunst, daß sie als legitim-schöpferische Darstellung der tiefsten Interessen des Menschen unwiederholbar dahinsei, während sie zugleich gegenwärtig werde für den Interpreten, der ihren wahren Sinn vom höheren Standpunkt der philosophischen Reflexion erst wirklich begreife, ihre Wahrheit vermittle, indem er sie gerade als Kunst — unmittelbare Einheit von Innen und Außen — aufhebe, und unterschlägt die Momente — gesellschaftliche Bedingtheit der Kunst, Kunst als Bewußtsein von Nöten —, die sich dem Systemzwang nicht bruchlos fügen. Kuhn übernimmt nur die affirmative Seite des Kunstbegriffs[245] mit all ihrer Kunstfremdheit, die sich im sicheren Besitz des Kunstgehalts wähnt, und bescheinigt Hegels Vergangenheitslehre,

„daß sich dieser Gedanke Hegels an der Entstehungsgeschichte seiner eigenen Ästhetik bewährt, daß das scheinbar Negative unmittelbar positiv, die Gewinnung eines Standpunkts der Betrachtung ist, und daß Hegel, wie unsere These lautet, dadurch zu seiner Wissenschaft der Kunst kommt, daß er über die Kunst hinaus ist"[246].

Die Reduktion des Wissenschaftsbegriffs auf die geistige Inbesitznahme des Vergangenen begründet den heimlichen Positivismus, der Kuhn die selbst gestellte Frage, wie sich „aus der Neubefestigung des klassischen Dogmas eine die gesamte Kunstgeschichte umspannende Ästhetik entwickeln konnte", nur durch Rückverweis auf die Quellen beantworten läßt: Noch der Widerspruch zwischen Revolutionärem und Reaktionärem, den Kuhn etwas salopp in Hegels Philosophie registriert, verzerrt Hegel, indem er als das Revolutionäre den Historismus „moderner Wissenschaftlichkeit" begreift[247], dessen Positivismus noch die „Eule der Minerva" den Kampf angesagt hatte. Dem Historismus stellt sich die Vergangenheitslehre nicht mehr als Problem; er übernimmt aus ihrem

---

244 Kuhn, a. a. O., S. 144
245 Cf. seine Bestimmung der Kunst als „Rühmen" und Lobpreisung in den Schriften zur Ästhetik
246 a. a. O., S. 100
247 a. a. O., S. 101

„Gehäuse der Reaktion"[248] die in ihrem reaktionären Klassizismus enthaltene Dynamik, „die Eingliederung der Kunst in einen universalen Geistesprozeß"[249], und holt sich noch aus der nachhegelschen Kunstgeschichte die durch keine Erfahrung moderner Kunst getrübte Bestätigung dafür, daß auch die Kunst Hegels Bestimmung der Philosophie, bei sich zu Hause zu sein, als „eine Form des Heimischwerdens" erfüllt[250]. Kuhns These von der Vollendung der klassischen deutschen Ästhetik durch Hegel, die sich darauf stützt, daß der nur als innerästhetisches Phänomen verstandene Hegelsche Klassizismus lediglich ein additives, der ästhetischen Tradition entlehntes und daher ebenso unvermittelt wieder revozierbares Moment der „Ästhetik" sei, bestätigt philosophiegeschichtlich die Trennung von Lebendigem und Totem in Hegels Philosophie des Sinnes, daß als lebendiger Teil der Historismus zu gelten habe; dieser erhält jedoch darüberhinaus die weltanschauliche Aufgabe, Kunst als die Heimat darzustellen, als die die Wirklichkeit sich verweigert. Zurückkehrt nicht nur die Ratio der Affirmation, sondern auch der Klassizismus, dessen Bindung an die griechische Antike zwar historisch aufgelöst wird, der aber manifest wird an seiner Aversion gegen die Moderne, die das Rühmen und die Flucht in eine Kunstheimat verweigert um der Heimat willen, die ihrer nicht mehr bedürfte.

Der Klassizismus ist ein bürgerlicher wie traditionell-marxistischer Ästhetik gemeinsamer Topos des Hegelianismus, der aus der Insuffizienz der Hegel-Kritik resultiert. Der dialektische Umschlag des bürgerlichen Historismus in Klassizismus ist die Konsequenz dessen, daß — der Hegelschen Warnung zum Trotz — die Geschichtlichkeit der Kunst nicht radikal zu Ende gedacht ist: Wo Kunst als quasi naturgesetzlich-existentielles Phänomen begriffen wird, das es als solches immer geben wird, bleiben die zugestandenen historischen Veränderungen einem an eingewöhnten Vorstellungen orientierten Bezugsrahmen verhaftet, der sich im fixen, ideologisch motivierten Kunstbegriff reproduziert und sich gegen das Neue, das mehr als Reproduktion sein will, idiosynkratisch macht. Deswegen findet Hegels Analyse der Auflösungsformen des Romantischen bei rechten Kulturkritikern und linken Widerspiegelungstheoretikern so starke Resonanz. Charakteristisch, daß Lia Formigaris[251] These, die Hegelsche Ästhetik sei deshalb „un vero e proprio

---

248 a. a. O., S. 144   249 a. a. O., S. 143   250 a. a. O., S. 142
251 L. Formigari: Hegel e l'Estetica dell' Illuminismo. — In: De Homine 5—6. Roma 1963. S. 473—481

Wendepunkt" in der Kunsttheorie[252], weil ihre Polemik gegen die Aufklärung sich nur gegen deren rationalistische deutsche Spielart richte, während die von ihr inaugurierte historische Methode sich an eine schon in der empiristischen englischen Aufklärung – ua. Historisierung des Geschmacksbegriffs bei Hume „On the Standard of Taste" (1757) – initiierte Entwicklung anschließe, Hegels Empirismus-Kritik aus der Philosophiegeschichte ignoriert. An die Stelle des dialektischen Begriffs tritt damit die Deskription, deren nun nicht mehr hinterfragbare Voraussetzung eine aus klassischen Vorbildern gewonnene Definition von Kunst ist: Formigari sieht die alte querelle des anciens et des modernes bei Hegel historisch aufgelöst in „una nuova querelle – fra contenuto e forma"[253]:

„Ed é gia la querelle, poi romantica e post-romantica, descritta e prevista da Hegel, fra l' oggetivitá delle forme artistiche e la soggetivitá dei contenuti, fra l' esteriorità della manifestazione e la interiorità del significato."[254]

Diese Beschreibung, einschließlich der selbst historistischen Reserve, „è ancora incerto se Hegel sia stato buono storico del futuro"[255], bildet auch die Grundlage der traditionell-marxistischen Hegel-Rezeption, die aus ihr als ihren rationellen Kern die gesellschaftlich bedingte Dekadenz der Kunst unter kapitalistischen Verhältnissen herausliest und die historistische Reserve mit dem Hinweis auf die neue Klassik des sozialistischen Realismus mit Inhalt erfüllt.

Darauf ist später bei Gelegenheit der Auseinandersetzung mit Lukács noch zurückzukommen. Im Rahmen der philosophiegeschichtlichen Fragestellung sei aber noch kurz auf den Versuch von d'Hondt verwiesen, Hegels Begriff der Kunstreligion, mit dem er die antike griechische Kultur charakterisiert, als bedeutenden historischen Durchgangspunkt des ästhetischen Denkens zu interpretieren durch den Nachweis, daß alle seine entscheidenden Züge bereits bei dem von der bürgerlichen Philosophiegeschichte bezeichnenderweise vernachlässigten Republikaner Forster entwickelt sind, und die These, daß Marx unter Rückgriff auf sie zuerst eine den idealistisch-spekulativen Rahmen umstülpende Lösung des Problems des Ästhetischen inauguriert ha-

252 a. a. O., S. 473   253 a. a. O., S. 479   254 a. a. O., S. 480

be[255]. Die Stringenz seiner Entwicklungsthese erkauft jedoch auch d'Hondt nur um den Preis einer Reduktion Hegels. Die Abhängigkeit der Kunst von den geistigen und sittlichen, gesellschaftlichen Verhältnissen, die Forster und mit ihm Hegel durch den Bezug von klassisch-antiker Kunst und Polis-Demokratie sowie moderner Kunst und bürgerlicher Gesellschaft darstellen, interpretiert d'Hondt als implizites Marxsches Unterbau-Überbau-Schema[256], um in ihm und der mit ihm zusammenhängenden, von Marx materialistisch gewendeten organizistischen Erklärung des klassischen Ranges der antiken Kunst als der Kindheit oder Jugend der Menschheit die Grundbausteine marxistischer Ästhetik zu bezeichnen. Das von Marx in der Einleitung zur Kritik der Politischen Ökonomie gestellte Problem, die Schwierigkeit bestehe nicht darin, die Bindung der griechischen Kunst an bestimmte gesellschaftliche Verhältnisse zu erfassen, sondern darin, daß sie heute noch in bestimmter Hinsicht den Rang von „Norm und unerreichbaren Mustern" habe[258], dieses Problem von Vergangenheit und zeitloser Gegenwärtigkeit löst d'Hondt unter Rückgriff auf Hegels in der Phänomenologie entwickelte Kategorie der „Er-Innerung":

„Alors, identifiant en eux (les objects du passé, W. K.) l' expression d' un moment dépassé de nous même, nous les réintégrons a notre personnalité, nous les *assimilons*, et ainsi nous leur donnons une nouvelle vie en nous. C' est l' *Erinnerung*!"[259]

Nichts könnte deutlicher die Banausie und — den Idealismus traditionell-marxistischer Kunsttheorie darstellen als dieser kurze Abriß. Sieht man von der Banalität ab, daß alles, was ist, geworden ist und also seine Voraussetzung in Früherem hat — „ohne Phidias kein Picasso"[260] —, so nimmt der Marxismus nach dem d'Hondtschen Modell der Kunst ihre Autonomie, um sie zum Zeitdokument zu degradieren, zum Kulturerbe — „un heritage culturel"[261] —, das der Mensch in Mußestunden antreten

---

255 a. a. O., S. 480
256 J. d'Hondt: Problemes de la religion esthétique. — In: Hegel-Jahrbuch 1964. S. 34—48
257 a. a. O., S. 45
258 MEW 13. — Berlin (DDR) 1964. S. 641 f.
259 d'Hondt, a. a. O., S. 46
260 a. a. O., S. 47
261 ibid.

kann, um seine phylogenetische Vergangenheit zu rekapitulieren. Kunsterfahrung, der Perspektive aufs Neue beraubt und assimilatorischer Praxis dort unterworfen, wo Erkenntnis Verzicht auf Gewalt voraussetzt, befriedigt philiströsen Bildungshunger, der sich „die Klassiker" aneignet; denn Kunst, die in der Heteronomie ihrer Autonomie beraubt ist und als ideologisches Überbauphänomen fungiert, verharrt in dem ihr gesetzten status quo. Die traditionell-marxistische Kunsttheorie weist weitgehende Ähnlichkeit mit der von ihr bekämpften bürgerlichen auf; über deren These von der abschlußhaften Vollendung der klassischen deutschen Ästhetik durch Hegel geht sie zwar mit dem Hinweis auf die Werke von Marx und Engels hinaus, aber damit hat sich im Grunde die Vollendungsthese nur um eine Generation verschoben, sobald Marx/Engels ihrerseits zu „Klassikern" stilisiert sind, die vermöge der Universalität ihres wissenschaftlichen Weltbildes auch eine Ästhetik in nuce geschaffen hätten. Mit dem einschränkenden Zusatz des Bürgerlichen bleibt jedoch auch hier Hegels Werk die klassische deutsche Ästhetik, deren Inhalt und Begrifflichkeit zur Explikation dessen aufgenommen wird, was die Ästhetik in nuce der Klassiker enthält. Von den Widersprüchen und Mängeln der materialistischen Umstülpung der Hegelschen Ästhetik wird im folgenden die Rede sein müssen.

Die bürgerliche Hegel-Kritik, soweit sie bisher analysiert wurde, erwies sich — aus einsichtigen Gründen — als weitgehend unfähig, das Problem des Ästhetischen allgemein, das der Hegelschen Ästhetik im besonderen zu entfalten. Es wurde deutlich, daß Hegel weder dem Irrationalismus noch dem Historismus seine Inbeschlagnahme konzedierte, seine Philosophie nicht umstandslos auf Affirmation sich festlegen ließ. Gleichwohl ließen sich die affirmativen Züge der Hegelschen Ästhetik nicht übersehen; ohne sie wäre der Ästhetizismus der bürgerlichen Hegel-Rezeption in seinen vielfachen Schattierungen als irrationalistische Ontologie oder Kunstlehre oder als Modell für historistische Bauformen undenkbar. Die Frage nach dem Verhältnis von Affirmation und Kritik in Hegels Werk läßt sich jedoch nicht im Sinne der Unterscheidung von Lebendigem und Totem beantworten — in aller Regel sind es dann die affirmativen Züge, die als lebendig ausgegeben werden —, sondern nur mithilfe der Dialektik, die keine Trennung in Schafe und Böcke zuläßt. Dies soll zunächst noch einmal an einer der zentralen Fragen jeder Hegel-Rezeption demonstriert werden, der Lehre vom Vergangenheitscharakter der Kunst in der Moderne, wobei nun in stärkerem Maße auch die marxistische Kunsttheorie zu Wort kommen soll.

III HEGELS LEHRE VOM VERGANGENHEITSCHARAKTER DER KUNST IN DER MODERNE UND IHRE BEDEUTUNG IN DER REZEPTION DER HEGELSCHEN ÄSTHETIK IM XX. JAHRHUNDERT

Schon in der Einleitung zur Ästhetik formuliert Hegel vorwegnehmend die Situation der Kunst in der Moderne mit den Sätzen, an deren Interpretation sich noch heute die Geister scheiden. Das Resultat der Analyse: „Der Gedanke und die Reflexion hat die schöne Kunst überflügelt."[1], wird mit dem Hinweis auf die Norm des Faktischen untermauert, vor der sich „Klagen und Tadeln" als bloß subjektiv erweisen:

> „Wie es sich nun auch immer hiermit verhalten mag, so ist es einmal der Fall, daß die Kunst nicht mehr diejenige Befriedigung der geistigen Bedürfnisse gewährt, welche frühere Zeiten und Völker in ihr gesucht und nur in ihr gefunden haben, — eine Befriedigung, welche wenigstens von Seiten der Religion aufs innigste mit der Kunst verknüpft war. Die schönen Tage der griechischen Kunst wie die goldene Zeit des späteren Mittelalters sind vorüber. (...) In allen diesen Beziehungen ist und bleibt die Kunst nach der Seite ihrer höchsten Bestimmung für uns ein Vergangenes. Damit hat sie für uns auch die echte Wahrheit und Lebendigkeit verloren und ist mehr in unsere *Vorstellung* verlegt, als daß sie in der Wirklichkeit ihre frühere Notwendigkeit behauptete und ihren höheren Platz einnähme."[2]

Diese Analyse scheint eindeutig und unwiderlegbar der Gegenwart die Möglichkeit abzusprechen, adäquate, d. h. ihrem Begriff gemäße Kunst zu produzieren. Daß die zugleich logisch-systematische und geschichtsphilosophische Kategorie der Notwendigkeit auf sie nicht mehr angewandt werden kann, impliziert die beiden Bestimmungen, daß sie

---

1 Ästhetik I, 13, S. 24
2 a. a. O., S. 24 f.

nicht mehr die sie einst motivierenden Bedürfnisse zu befriedigen vermag — diese sind zwar geblieben, finden aber auf anderem Gebiet tiefere Befriedigung —, wie daß diese Bedürfnisse selbst nicht mehr in der Form des Kunstbedürfnisses existieren. Wo das absolute Bedürfnis fehlt, wird „die Kunst rein als Kunst genommen, gewissermaßen etwas Überflüssiges"[3]. Das einschränkende „gewissermaßen", das an unserer Stelle im Grunde die romantische Kunstform en bloc als überflüssig bezeichnet, sucht die Strenge des Begriffs der Notwendigkeit zu umgehen. Darin reflektiert sich, wie am Widerspruch evident wird, die innere Paradoxie jeder Inhalts-Ästhetik, die die Kunst auf die Funktion der Reproduktion schon einmal vorhandener Inhalte festlegt — und damit für überflüssig erklärt. Um der Konsequenz zu entgehen, alle Kunst mit Ausnahme einer kurzen Phase ihrer Blütezeit in Griechenland einer mehrtausendjährigen Agonie zu überantworten, greift Hegel zu dem Kompromiß, den Begriff des Bedürfnisses zu relativieren. Wo Kunst nach ihrem „Stoff" beurteilt wird, ist nicht erst für die Moderne „kein absolutes Bedürfnis vorhanden, daß er von der *Kunst* zur Darstellung gebracht wird"[4]; daher wird der Terminus des Absoluten für die nichtklassische Kunst preisgegeben. Das entspricht insoweit Hegels Begriff der Kunstgeschichte und seiner Geschichtsphilosophie. Deren Konzeption zufolge wäre zu erwarten, daß die geschichtsphilosophische Perspektive des Fortschritts im Bewußtsein der Freiheit und die ihr entsprechende der progredierenden Auflösung der immer überflüssiger werdenden Kunst das Kunstbedürfnis wenigstens für die Moderne nach der Reformation für aufgehoben erklärt. Tatsächlich bestimmt Hegel jedoch für seine eigene Zeit, für die Überwindung der Aufklärung:

„Wenn sich aber der Verstand aus diesen Abstraktionen heraus wieder zur Vernunft erhebt, so tritt zugleich das Bedürfnis nach etwas Konkretem, und auch nach dem Konkreten, der Kunst, ein."[5]

Die Auszeichnung des Konkreten, die nach Hegels sonstigem Sprachgebrauch[6] emphatisch seine eigene spekulative Philosophie für sich

---

3 Ästhetik II, 14, S. 149 — da die religiösen Inhalte, die neue Wahrheit bereits außerhalb der Kunst existieren
4 Ästhetik II, 14, S. 235
5 a. a. O., S. 114
6 Cf. den Abschnitt „Der Begriff des Konkreten" aus der Einleitung zur Geschichte der Philosophie, 18, S. 42 ff

beansprucht, erfährt hier die klassische deutsche Dichtung, die Hegel wohl auch sonst zu schätzen weiß und die doch jener Phase unwiderruflich angehört, die er als „Auflösung der romantischen Kunstform" bezeichnet. Scheint hier die eine Seite der Vergangenheitslehre, daß es in der Moderne kein Kunstbedürfnis mehr gebe, revoziert zu werden, so an einer anderen Stelle, bei Gelegenheit der Analyse des Heroen, der im Zentrum der klassischen Kunst steht, deren andere, daß das der klassischen Kunst zugrundeliegende Bedürfnis nicht mehr bestehe, Kunst an sich keine unmittelbare Relevanz mehr beanspruche:

„Das Interesse nun aber und Bedürfnis solch einer wirklichen individuellen Totalität und lebendigen Selbständigkeit wird und kann uns nie verlassen, wir mögen die Wesentlichkeit und Entwicklung der Zustände in dem ausgebildeten bürgerlichen und politischen Leben als noch so ersprießlich und vernünftig anerkennen."[7]

Zwar wird an der letztgenannten Stelle ausdrücklich die durch die fortgeschrittenen politisch-gesellschaftlichen Verhältnisse bedingte Unmöglichkeit, in der Moderne klassisch-heroische Kunst zu produzieren, unter Hinweis auf die nach Hegel mißglückten Jugendwerke Goethes und Schillers betont, dennoch ist gegenüber unserer Ausgangsstelle in der Einleitung eine bedeutende Akzentverschiebung eingetreten, indem jetzt dem Bedürfnis nach den klassischen Kunstinhalten ein objektiv-vernünftiges Interesse konzediert wird, während es früher mit einem auf die Faktizität pochenden „wie auch immer" als Subjektivismus abgewiesen wurde. Ihrer eindeutigen Formulierung zum Trotz erweist sich also die Vergangenheitslehre in Hegels Konzeption als durchaus widersprüchlich.

Diese Widersprüchlichkeit nach ihren Aspekten und Motiven zu analysieren, wäre die Aufgabe der Hegel-Kritik. Daß sie von der bisherigen Hegel-Rezeption nicht geleistet worden ist, ist darauf zurückzuführen, daß sie aus ihrem jeweiligen Interesse das grundlegende methodologische Postulat ignorierte, die zitierten Stellen, auf die sie ihre Interpretation jeweils stützte, auf ihren Kontext zu befragen, in dem sie allererst ihren Stellenwert gewinnen, und sie mit ihnen

---

[7] Ästhetik I, 13, S. 255

widersprechenden zu konfrontieren. Nur wenn dies Postulat erfüllt wird, besteht Hoffnung, jene Aspekte der „Ästhetik" freizusetzen, die nicht im abgeschlossenen Fixum des Systems aufgehen, in ihm weitgehend unterdrückt sind. Sonst bleibt es bei jenem desolaten Zustand der Hegel-Kritik westlicher und östlicher Provenienz, wie ihn der V. Internationale Hegelkongreß bezeugt, der sich vom 6.–12. September 1964 mit der „Ästhetik" und hier hauptsächlich mit der Vergangenheitslehre beschäftigte[8]; einerseits werden die einschlägigen Stellen mit litaneiartiger Wiederholung der Argumente außerhalb des systematischen Gesamtzusammenhangs interpretiert (Illusion der Kontinuität bei Hegel), andererseits wird der so eruierte „Sinn" unmittelbar mit der spezifisch vorverstandenen nachhegelschen Kunstentwicklung synthetisiert (Illusion der voraussehbaren Kontinuität der Kunstgeschichte). Immerhin hat sich die Grundeinschätzung dessen, was seit Kuhn als Vergangenheitslehre bezeichnet wird, seit dem Anfang des Jahrhunderts wesentlich verändert. Galt Hegels These von der fortschreitenden Selbstauflösung der Kunst in der Moderne allgemein als wichtigstes Indiz für die Unzulänglichkeit der „Ästhetik", so wird sie heute ebenso allgemein einer reifen Hegelschen Einsicht in die immanente Gesetzmäßigkeit sei es der Kunstgeschichte, sei es der sie tragenden Gesellschaftsgeschichte gutgeschrieben. Zwischen diesen Grundtendenzen der Hegel-Rezeption im XX. Jahrhundert führen die Vermittlungsversuche, die die Existenz der Hegelschen These bestreiten, nurmehr ein Schattendasein. Die Paradoxie dieser Entwicklung besteht nun darin, daß sie überhaupt erst möglich wurde durch eine weitgehende Verdrängung des Hauptarguments, das die Kritiker der Vergangenheitslehre von Anfang an vorgebracht hatten: sie verdanke sich dem Systemzwang. Daß sie stattdessen auch von denen, die gegen den Systemzwang Protest einlegen, als davon unabhängige historische Erfahrung gewertet wird, verweist unterschwellig auf eine tiefe Affinität mit der das radikal Neue ausschließenden Abgeschlossenheit des Denkens. Paradigmatisch dafür wird uns der Fall von Georg Lukács, der, ohne es zu wissen, einen Hegelianismus neuer Form etabliert der seiner eigenen Problematik anders als Hegel nicht mehr innewird.

---

8 Die Referate sind abgedruckt in den Hegel-Jahrbüchern 1964–1966

1. Die Vergangenheitslehre — absurde Konsequenz des Gesamtsystems?

In dem 1933 zuerst veröffentlichten Essay „La ‚fine dell' arte' nel sistema hegeliano"[9] hat Croce seine schon in „Lebendiges und Totes in Hegels Philosophie" vorgetragene Interpretation der Vergangenheitslehre noch einmal als eine späte Antwort auf ihre Kritik durch Bosanquet[10] entwickelt. Galt schon dort die Hegelsche These vom „Tod der Kunst innerhalb der geschichtlichen Welt" als das „grandiose Paradoxon", das „den ästhetischen Irrtum Hegels in allen seinen Umrissen (beleuchtet)" und „vielleicht besser als jedes andere Beispiel (...) den Irrtum seiner logischen Voraussetzung (erhellt)"[11], so heißt es nun mit Blick auf die Hegelsche Identität von logischer und historischer Prozessualität, „cosicché la risoluzione dell' arte nella filosofia non può essere un mero processo ideale e perpetuo, ma dev' essere tutt' insieme un avvenimento storico"[12], eine Interpretation, die für Croce nur den pointierten Schluß zuläßt: „Assurdo, ma logico"[13].

Den Charakter des Paradoxen, ja Absurden erhält die Vergangenheitslehre bei Croce erst durch die Konfrontation mit der historischen Faktizität, in der nachwievor Kunst produziert wird, eine Konfrontation, die selbst absurd genannt zu werden verdiente. Denn die geschichtsphilosophische Perspektive, unter der das Ende der Kunst denkbar wird, gründet sich nach Ausweis der Geschichte der Philosophie nur darauf, daß an sich ein Bewußtsein — nach mehr als zweitausend Jahren seiner Vorgeschichte — sich entwickelt hat, das der Kunst nicht mehr bedarf. Erst wenn das fortgeschrittene Bewußtsein nicht mehr esoterisch, Allgemeinbesitz geworden ist — und dazu will Hegel nicht erst sei der Phänomenologie, die diese Vermittlung postuliert, beitragen —, kann das Wirklichkeit werden, was die Philosophie antizipiert. Die berühmte Ankündigung der Phänomenologie, „daß unsere Zeit eine Zeit der Geburt und des Übergangs zu einer neuen Periode ist"[14], und die

---

9 In: B Croce: Ultimi Saggi. Seconda Edizione Riveduta. — Bari 1948, S. 147—160
10 Bernard Bosanquet: Croce's Aesthetics. — In: Proceedings of the British Academy Bd. 9 (1914). S. 22 ff
11 Croce: Lebendiges und Totes, S. 106
12 Croce: La 'fine dell' arte', S. 149
13 a. a. O., S. 150
14 Phänomenologie, 3, S. 18

entsprechende Aufforderung an die Hörer der Heidelberger Vorlesungen zur Geschichte der Philosophie, „gemeinschaftlich die Morgenröte einer schöneren Zeit (zu) begrüßen"[15], wissen die Philosophie als „die innere Geburtsstätte des Geistes, der später zu wirklicher Gestaltung hervortreten wird"[16]. Gilt demnach auch für die Perspektive auf das Ende der Kunst Hegels Wort von der „Langsamkeit des Weltgeistes", der „nicht pressiert ist, nicht zu eilen und Zeit genug hat"[17], so wäre zu fragen, ob der Vorwurf der Absurdität sich gegen den Gedanken einer Zeit, die der Kunst nicht mehr bedürfte, aufrechterhalten läßt. Die Frage nach der gesellschaftlichen Funktion der Kunst, impliziert in Hegels historischer Kategorie des Bedürfnisses, stellt sich Croce freilich nicht aufgrund seiner bereits erörterten Konzeption von Kunst als Ausdruck eines Prärational-Individuellen. Wir begnügen uns an dieser Stelle mit der noch abstrakten Feststellung des nicht ontologischen, sondern historischen Charakters gesellschaftlicher Bedürfnisse und überlassen deren inhaltliche Konkretion der Auseinandersetzung mit jener Hegel-Kritik, die die gesellschaftliche Funktion der Kunst in Hegels Theorie betont.

Croces Absurditätsthese würde freilich der Vergangenheitslehre auch die historische Perspektive absprechen und sie einem Defekt des systemgebundenen Kunstbegriffs zuschreiben: Vergänglichkeit und Ende der Kunst bei Hegel „conducevano necessariamente la sua dialettica logicostorica e il suo concetto dell' arte"[18]. Nur dann aber könnte die Vergangenheitslehre auf eine absurde Konsequenz des zugrundegelegten Kunstbegriffs reduziert werden, wenn dieser tatsächlich in einem „Baumgartianismo deteriore" sich erschöpfte, der von Baumgarten lediglich das leibnizische Moment der Poesie als confusio, unklarer Begriff übernähme und damit die Kunst nicht nur analogisch, sondern faktisch als ihre Auflösung im philosophischen Begriff verlangende „sorta di filosofia inferiore" verstände, ihr „il carattere proprio" abspräche[19]. Den Beweis dafür bleibt Croce um seiner irrationalistischen petitio principii schuldig. Dennoch enthält seine Kritik ein Wahrheitsmoment, das schon an der Hierarchie des Gesamtsystems, dem die Kunst eingeordnet wird, ablesbar wird: Nicht nur wegen des Schwindens des sie begründenden Bedürfnisses, sondern auch wegen der ihr eigenen

---

15 Geschichte der Philosophie, 18, S. 13
16 a. a. O., S. 75
17 a. a. O., S. 55

18 Croce: La 'fine dell' arte', S. 151
19 a. a. O., S. 150

Mängel wird das Ende der Kunst von Hegel antizipiert. Dieser Gedanke ist jedoch erst gegen sein irrationalistisches Mißverständnis zu analysieren.

Hegel geht davon aus, daß die Wissenschaft einen Gegenstand, den sie behandeln will, nicht einfach als empirisches Faktum behandeln darf, sondern daß sie sich selbst ihn konstituieren muß durch den Nachweis seiner Notwendigkeit; dieser Beweis, der mit der Frage nach der notwendigen Genesis einsetzt, ist in der Durchführung die Explikation als die Reproduktion der historischen Entfaltung des Gegenstandes bis zu dem Punkt, da er die ihm immanenten Möglichkeiten erschöpft hat und aus seiner nun zu Tage tretenden Mangelhaftigkeit das Bedürfnis zu seiner Selbstaufhebung in eine höhere Existenzform entwickelt, die seine Widersprüche dialektisch aufhebt. Hegels Forderung an die Philosophie, „einen Gegenstand nach der Notwendigkeit zu betrachten", d. h. ihn „nach der Notwendigkeit seiner eigenen inneren Natur zu entfalten und zu beweisen"[20], formuliert die Grunderfahrung der gesellschaftlichen Arbeit der Gattung, in der der Rahmen der bloßen Reproduktion des physischen Lebens durchbrochen wird, indem befriedigte Bedürfnisse stets neue Bedürfnisse wecken. Bedürfnis als historische Kategorie meint, daß zunächst ein Subjektives, „ein nur Inneres" vorhanden ist, „dem gegenüber das Objektive steht, so daß nun die Forderung darauf hinausläuft, dies *Subjektive* zu *objektivieren*", d. h. einen „Mangel", „Einseitigkeit" und „Schranke", „etwas *Negatives*, das sich als Negatives aufzuheben hat und deshalb, dem empfundenen Mangel abzuhelfen, die gewußte, gedachte Schranke zu überschreiten treibt". Die entscheidende Entdeckung der Hegelschen Philosophie besteht nun darin, „daß dies Fehlen im *Subjektiven* selbst und *für dasselbe* ein Mangel und eine Negation *in ihm selber* sei, welche es wieder zu negieren strebt":

> „An sich selbst nämlich, seinem Begriffe nach, ist das Subjekt das *Totale*, nicht das Innere allein, sondern ebenso auch die Realisation dieses Inneren am Äußeren und in demselben. Existiert es nun einseitig *nur* in der einen Form, so gerät es dadurch gerade in den Widerspruch, dem Begriff nach das Ganze, seiner Existenz nach aber nur die eine Seite zu sein."[21]

20 Ästhetik I, 13, S. 26
21 dies und die vorangegangenen Zitate Ästhetik I, 13, S. 133 f

Hegels Begriff des Lebens als „Prozeß des Gegensatzes, Widerspruches und der Lösung des Widerspruches"[22] war hier ausführlicher wiedergegeben, weil er die Hegelsche Philosophie in nuce enthält mit ihrer ganzen inneren Problematik, die sich entsprechend in der Ästhetik reproduziert. Denn wohl enthält Hegels aus dem Lebensbegriff entwickelter Begriff der Freiheit: „daß das Subjekt in dem, was demselben gegenübersteht, nichts Fremdes, keine Grenze und Schranke hat, sondern sich selber darin findet", auch die Glücksperspektive, daß „dann alle Not und jedes Unglück verschwunden, das Subjekt mit der Welt ausgesöhnt, in ihr befriedigt und jeder Gegensatz und Widerspruch gelöst" ist[23], aber er bindet die intendierte Versöhnung zugleich unwiderruflich an die immer vollkommenere Unterdrückung des Objekts, der Natur. Die grandiose geschichtsphilosophische Perspektive des „Fortschritts im Bewußtsein der Freiheit" ist von vornherein damit erkauft, daß alle historischen Potenzen in ständiger Akkumulation in den Dienst der Unterdrückung gestellt werden, deren Dialektik sie, angetreten unter dem Titel der Versöhnung, am Ende selbst zum Opfer zu fallen drohen. Das Bedürfnis nach der die selbst endliche und beschränkte Befriedigung der physischen Bedürfnisse im bloßen Reproduktionsprozeß des Lebens ins Dauerhaft-Gelungene überschreitenden Befriedigung, d. h. das Bedürfnis nach dem, was Marx später hegelianisierend das „Reich der Freiheit" nennt, bleibt bei Hegel an das Grundmodell des Kampfes gegen die Natur gekoppelt, deren Herrschaft, „Naturnotwendigkeit"[24], nur durch Arbeit kann gebrochen werden. Die daraus resultierende Dialektik von Freiheit und Unfreiheit wird an der Geschichtsphilosophie manifest. Indem Hegel die Existenz einer historischen Gesetzmäßigkeit, der Erweiterung des Freiheitsspielraums durch wachsende Subjektivierung der Objektwelt im Kreislauf von Bedürfnis, Befriedigung, daraus resultierender erweiterter Bedürfnisse etc., als fundamentale Sinnebene der Geschichte ausgibt, personifiziert er nicht nur, wie Marx mit Recht rügt, diese Notwendigkeit als den „Weltgeist" zur Triebkraft des Geschichtsprozesses selbst, so daß die Menschen als dessen Agenten durch ihre subjektiv intentionierten Tätigkeiten unbewußt die objektive Teleologie: die Theodizee ins Werk setzen, er konfundiert auch das Gesetzmäßige mit dem Sinnvollen — was Marx nicht rügt, weil er es selbst tut. In dem mythischen Charakter, den der

22 a. a. O., S. 134   23 ibid.   24 Ästhetik I, 13, S. 134

Geschichtsprozeß dadurch erhält, reproduziert sich der Naturzwang, über den die Arbeit als Aufklärung hatte hinausführen sollen, als sei das Reich der Freiheit die logische Konsequenz des Reiches der Unfreiheit. Insofern bleibt der Kreis von Kreisen, der am Ende sich schließen soll, dem Mythos verhaftet, dem sein Bild entstammt. Aber noch Hegel selbst – und an diesem Punkt hätte seine Rettung anzusetzen – erfaßt die Dialektik, die daraus resultiert, daß sich jener Fortschritt im Bewußtsein der Freiheit, als der die Theodizee zugleich Menschheitsgeschichte sein soll, gegen den bewußten Willen der Beteiligten vollzieht, aus Zwang geschieht, in seiner Analyse der widersprüchlichen Struktur der bürgerlichen Gesellschaft, derzufolge die Menschen, je mehr sie durch Aneignung und Unterwerfung der sie beschränkenden Natur selbstbewußt, Subjekt werden, einer desto größeren gesellschaftlichen Abhängigkeit verfallen, Objekt institutionalisierter Zwänge werden. Die Widersprüchlichkeit der geschichtsphilosophischen Perspektive reproduziert sich in der „Ästhetik", die in sie eingebracht wird. Sie ist es daher auch, die verhindert, daß die „Ästhetik" sich auf die Absurdität reduziert, die ihr Croce bescheinigt. Aus der geschichtsphilosophischen Perspektive der Proportionalität von Freiheitswachstum und fortschreitender Naturbeherrschung resultieren die affirmativen Züge des Hegelschen Kunstbegriffs: daß Kunst allein als Arbeit, naturbeherrschende Ratio verstanden und von fortgeschritteneren Formen geistiger Arbeit überholt wird. Ehe wir auf die gegenläufigen Tendenzen eingehen, ist diese Argumentationsreihe, beschränkt auf das gegenwärtige Problem, zu analysieren.

Nachweis und Explikation der Notwendigkeit eines philosophischen Gegenstandes sollte methodisch heißen, daß er „einen notwendigen Zusammenhang mit anderen Gebieten hat, – ein Rückwärts, aus dem er sich herleitet, wie ein Vorwärts, zu dem er selbst in sich weitertreibt, insofern er fruchtbar Anderes wieder aus sich erzeugt und für die wissenschaftliche Erkenntnis hervorgehen läßt"[25]. Das für die Gattung konstitutive, ihre Geschichte begründende Bedürfnis, „den Gegensatz von Subjektivem und Objektivem, von innerer Freiheit und äußerlich vorhandener Notwendigkeit in freier Weise auf(zulösen)"[26], verlangt nach Hegel nach einer in der endlichen Wirklichkeit nicht möglichen absoluten Befriedigung in der „Region einer höheren, substantielleren

---

25 Ästhetik I, 13, S. 43   26 a. a. O., S. 136

Wahrheit, in welcher alle Gegensätze und Widersprüche des Endlichen ihre letzte Lösung und die Freiheit ihre volle Befriedigung finden können"[27]. Insofern hat „die Kunst in der Natur und den endlichen Gebieten des Lebens ihr *Vor*", ihr „*Nach*, d. h. einen Kreis, der wiederum ihre Auffassungs- und Darstellungsweisen des Absoluten überschreitet", hat sie aufgrund der genannten geschichtsphilosophischen Perspektive „darin, daß dem Geist das Bedürfnis innewohnt, sich nur in seinem eigenen Innern als der wahren Form für die Wahrheit zu befriedigen"[28]. Hinter der Fortschrittsperspektive der Explikation des Geistes in der Zeit verbirgt sich zwischen den beiden Polen des „Vor" und „Nach" der Kunst die historische Erfahrung vollendeter Desillusionierung, des Ausbleibens der Versöhnung des Subjekts mit der Welt, des Schwindens von Not und Unglück, wie es der Freiheitsbegriff emphatisch antizipiert hatte. Der Widerspruch von Geist und Natur, Subjekt und Objekt, dessen Bewußtwerdung die Entstehung der Kunst voraussetzte, bleibt, einmal hervorgetreten, konstitutiv für das wirkliche Leben der Menschen, die zwar durch die Arbeit ihrer Geschichte ihre Wirklichkeit immer mehr mit dem Ziel organisieren, sich selbst darin wiederzuerkennen, aber am Ende nicht über gesellschaftliche Organismen hinauskommen, die die Mängel allen organischen Lebens teilen, d. h. der gesellschaftlichen Höherentwicklung sind naturale Grenzen gesetzt. Nach Maßgabe dieser Erfahrung verändern sich die Formen, in denen das Bedürfnis nach Versöhnung des Grundwiderspruchs Befriedigung sucht — paradoxerweise in Richtung auf ein ständig gesteigertes Idealisieren der Natur. Hegels Begriff der Kunst als einer Weise, sich des Absoluten bewußt zu werden, ordnet die Kunstgeschichte in die allgemeine Geschichte ein nach dem in der Enzyklopädie ausgesprochenen Grundsatz, „daß die Geschichte der Religionen mit der Weltgeschichte zusammenfällt"[29]. Kunst, Religion und Philosophie bestimmen demnach die drei Geschichtsetappen Antike, christliches Mittelalter und nachreformatorische Neuzeit (mit der Vorstufe der Naturreligionen des Orients und ihrer symbolischen Kunst), in denen jeweils „alle diese Momente der Wirklichkeit eines Volkes (Art und Kultus, weltliches Selbstbewußtsein, Sittlichkeit, Recht, Freiheit, Verfassung, W. K.) *eine* systematische Totalität ausmachen" und die „*ein Geist* (...) erschafft

---

27 a. a. O., S. 137
28 Ästhetik I, 13, S. 141 f.
29 Enzyklopädie III, 10, § 562, S. 371

und einbildet"[30]. Der logische Ort der Kunst innerhalb des enzyklopädischen Gesamtsystems setzt daher als Voraussetzung die Ausbildung der Stufen des subjektiven und objektiven Geistes; insofern erscheint die historisch späte Phase der Ausbildung der bürgerlichen Gesellschaft und ihres Staates als logische Voraussetzung eines begriffsadäquaten Kunstbegriffs, obwohl dessen historische Realisation in eine weit frühere Geschichtsepoche fällt: Ihre wahre Dignität erhält die Kunst nach Hegel erst zu einer Zeit, in der sie diese in der Wirklichkeit längst eingebüßt hat[31]. Daher kann Hegel, wenn er die Natur und die endlichen Gebiete des Lebens als „Vor" der Kunst bezeichnet, Familie, bürgerliche Gesellschaft und Staat zu ihnen rechnen[32], die historisch der Zeit des „Nach" der Kunst angehören. Darin ist ein vielschichtiges Problem angelegt. Denn die desillusionierende Perspektive, daß der historische Fortschritt die gesellschaftlichen Widersprüche, die den Menschen als eine Art Naturnotwendigkeit erscheinen, unablässig reproduziert, widerlegt implizit die These von der geschwundenen Notwendigkeit der Kunst und ihres Versöhnungsinteresses. Formuliert Hegel darum die Vergangenheitslehre keineswegs so eindeutig, wie es anfangs scheinen mochte, so versucht er doch der Konsequenz jener Erfahrung zu entgehen, indem er Abhilfe sucht nicht bei der erstrebten Versöhnung, sondern bei der Verschärfung des Kampfes gegen die Natur, der Versöhnung als Gewalttat: Weil jene Versöhnung nicht gelang, „wendet sich der weiterblickende Geist von dieser Objektivität in sein Inneres zurück und stößt sie von sich fort"[33].

Kimmerle hat nachgewiesen, „daß Hegel das System nicht um seiner selbst willen aufstellt", daß vielmehr auch das System noch als Antwort auf „seine ursprüngliche Frage nach der Überwindung der Entzweiung in der menschlich-geschichtlichen Welt" zu verstehen ist, das aber aufgrund seiner gegenüber der Zusammenarbeit mit Schelling „direkteren Form, ohne den Umweg über die Natur", gerade zur Abgeschlossenheit des Denkens in sich selbst führt und so „eine Reflexion auf ein Sein

---

30 a. a. O., S. 370
31 Ausgesprochen in dem Ästhetik I, 13, S. 25 f. vorgetragenen, später noch zu analysierenden Gedanken: „Die Wissenschaft der Kunst ist darum in unserer Zeit noch viel mehr Bedürfnis als zu den Zeiten, in welchen die Kunst für sich als Kunst schon volle Befriedigung gewährte."
32 Ästhetik I, 13, S. 142
33 ibid.

außerhalb des Denkens, damit aber auch auf die unmittelbare Praxis des Lebens nicht mehr erm öglicht"[34]. Insofern markiert die Trias der Formen des absoluten Geistes, Kunst — Religion — Philosophie, immer auch die Linie fortschreitender Desillusionierung. Die Kritik an einem reaktionären Rousseauismus, der Natur als Heilort vor der historisch-gesellschaftlichen Entzweiung aufsucht, erfolgt im Namen des Pathos der geschichtlichen Arbeit der Gattung, die, als Zweck an sich gesetzt, die intendierte Versöhnung gerade illusorisch macht. Die „Degradation des Tierischen", die der Hegelschen Ästhetik zufolge den „Gestaltungsprozeß der klassischen Kunstform" einleitet, bleibt konstitutiv für den Fortschritt im Bewußtsein der Freiheit, der dort erfüllt ist, wo „die *Objektivität* der Kunst (...) zwar die äußere Sinnlichkeit verloren, aber deshalb mit der höchsten Form des Objektiven, mit der Form des *Gedankens* vertauscht hat"[35].

Vom System, dem seine Grenzen durch einen selbst nicht mehr reflektierten Arbeits- und Naturbegriff gesetzt sind — beide müssen später noch genauer analysiert werden —, sind auch dem Hegelschen Kunstbegriff entscheidende Grenzen gesetzt. Die Disqualifikation der Natur führt nicht nur zum Ausschluß des Naturschönen aus der „Ästhetik", sondern auch dazu, daß die Kunst als „eine Entfremdung zum Sinnlichen hin" begriffen wird, die vom begreifenden Denken wieder aufzuheben ist[36]. Der logische Prozeß von der vorgefundenen geistlosen Natur über die vergeistigte Natur der Kunst zur Aufhebung der Natur im freien Denken, begriffen als Adäquation an die Wahrheit, versetzt alle unterhalb des spekulativen Denkens liegenden Formen in den Rang bloßer, wenn auch notwendiger, Vorstufen, die ihre Wahrheit nicht in sich, sondern in der nächsthöheren Stufe haben; darin, nicht aber in der Begründung des Phänomens behält Croce Recht. Unter dem systematischen Aspekt — und wir weisen schon hier darauf hin, daß er nicht der einzige ist, unter dem die Vergangenheitslehre beurteilt sein will — ergibt sich das „Nach" der Kunst konsequent aus dem „Vor". Die Widersprüchlichkeit des Theorems aber ist das Resultat dessen, daß Kunst auf der einen Seite fixiert wird auf den Begriff der geistigen Arbeit und damit Naturbeherrschung, auf der anderen herrschaftsfreie

---

34 Kimmerle, a. a. O., S. 293 f.
35 Ästhetik I, 13, S. 143 f.
36 a. a. O., S. 28

Versöhnung von Geist und Natur antizipieren soll. Verketten sich darin zwei gegenläufige Ratiobegriffe, so verfehlt der nicht erst seit Croce beliebte Vorwurf eines Rückfalls in einen baumgartenschen Rationalismus den Wahrheitsgehalt der Hegelschen Ästhetik. Tadelt Croce die geheime Substitution der Kunst durch Mythologie oder Religion:

> „Certamente, l' errore dell' estetica hegeliana sta per l' appunto in questa sostituzione, in questo aver fatto dell' arte la rappresentazione sensibile dell' Idea, ma, concessa questa sostituzione o assimilazione, tutto corre liscio. L'arte-religione è necessariamente disciolta dalla filosofia."[37],

so verkennt er, daß schon der Mythos bei Hegel als Aufklärung begriffen ist, die die Welt als Heimat des Menschen kenntlich machen will. Vor deren dialektischem Umschlag zurück in den Mythos jedoch bewahrte nur die Selbstreflexion der Ratio, die bei Hegel ignoriert zu haben, die bürgerliche Hegel-Rezeption damit bezahlt, daß ihre Kritik der herrschaftsorientierten Ratio umstandslos in den Irrationalismus zurückführt, gegen den Hegel auch und gerade mit der Vergangenheitslehre protestiert. Gilt diese als bloße Absurdität vor der angeblichen Möglichkeit der Kunst, von Gesellschaft und Ratio noch nicht zugerichtete Natur auszudrücken, so ist die rückwärts gewandte Auslieferung an die Herrschaft der Natur, die nirgends mehr die unberührte ist, erst recht nicht im psychischen Apparat, immer auch die an die gesellschaftliche Herrschaft, die der Rückzug auf den Heilort Natur bestätigt. Dagegen impliziert das bei Unklarheit des Begriffs als Rationalismus diffamierte Hegelsche Ziel der Subjekt-Objekt-Versöhnung bei aller Emphase der Arbeit auch das Bewußtsein, daß der Natur allererst zum Ausdruck zu verhelfen wäre: als versöhnter. Schon deshalb schließlich läßt sich Hegels Kunstbegriff nicht umstandslos auf die Leibnizisch-Baumgartensche confusio zurückführen, weil deren Gegenbegriff, claritas, in Hegels der Eindeutigkeit der Definition im Namen des Begriffs sich widersetzender Philosophie insgesamt zu Protest geht. Nur dann also entfaltet Croces Kritik am systematischen Aspekt der Vergangenheitslehre ihr Recht, wenn sie noch ihre eigenen Kriterien der Hegelschen Philosophie selbst entlehnt und überdies aufweist, daß diese sich nicht im abgeschlossenen System erschöpft.

37 Croce: La ‚fine dell' arte', S. 153

2. Die Vergangenheitslehre — absurdes Mißverständnis der Hegel-Rezeption?

Von Anfang an war dem bürgerlichen Hegelianismus gerade die sogenannte Vergangenheitslehre ein Dorn im Auge; sollte doch die Kunst wenigstens die Ewigkeitswerte liefern, die ihr historischer Charakter nach der Darstellung des Meisters in Frage zu stellen schien. Da sich nun kaum leugnen ließ, daß Hegel von der Auflösung der Kunst in der Moderne spricht, empfahl sich als Ausweg, seine These historisch zu relativieren: daß Hegel gar nicht von der Auflösung *der* Kunst gesprochen habe, sondern von der einer bestimmten Kunstform. Dies ist der allgemeine Ausgangspunkt für weitaus die meisten, ihrem Selbstverständnis nach recht divergenten Formen der Hegel-Rettung. Festzuhalten ist zunächst die tiefe Gemeinsamkeit der Überzeugung von der Kunst als Existential menschlichen Lebens; Differenzierungen ergeben sich erst aus der Frage nach der Hegelschen Zukunftsperspektive für die Kunst: Impliziert die Vergangenheitslehre den Hinweis auf eine neue Kunstform oder spricht sie Hegels tiefe Skepsis gegenüber der vorausgesehenen Dekadenz der Moderne aus oder gar beides zugleich?

Wir werden zunächst anhand der schon zitierten Arbeiten von Mueller und Vecchi den Versuch des Neohegelianismus analysieren, der Hegelschen Ästhetik selbst die Argumente dafür abzugewinnen, daß das Ende der romantischen Kunstform die Genesis eines neuen Phönix aus der Asche ankündige. Die Tendenz gibt am klarsten Vecchis auf die Geschichte übertragene biologistische Zyklustheorie von Tod und Wiedergeburt an, die das Ende von „l' arte ispirata dal principio della coscienza religiosa cristiana"[38] koinzidieren läßt mit der Geburt einer neuen Kunst „sotto il nuovo principio della coscienza filosofica che é la condizione stessa della libertà dell' arte"[39]. Unbekümmert um die Reserviertheit, mit der Hegel die Kunst nach der Kunst betrachtet:

„Man kann wohl hoffen, daß die Kunst immer mehr steigen und sich vollenden werde, aber ihre Form hat aufgehört, das höchste Bedürfnis des Geistes zu sein."[40]

---

38 Vecchi, a. a. O., S. 184
39 a. a. O., S. 189
40 Ästhetik I, 13, S. 142

interpretiert Mueller:

> „Aesthetic enjoyment and religious worship are now (nach Antike und Christentum, W. K.) divorced. And this divorce of art from religion may even lead us to ‚hope that art may rise higher and find a fuller perfection in itself'."[41]

Daß aber Vollendung für die Zukunft *erhofft* wird, weist schon in der Terminologie darauf hin, daß die Kunst über die in ihrer „logisch-metaphysischen Natur" liegende „objektive Notwendigkeit"[42] hinaus ist; Kunstproduktion wird im Zeitalter der Reflexion und des objektiven Gedankens eine Sache intellektueller Kunstfertigkeit[43], und es steht zu fragen, welche Funktion ihr Hegel einräumt, wo sie nicht mehr „die höchste Weise ausmacht, sich des Absoluten bewußt zu sein'"[44]. Denn die von Hegel am Ende des Zweiten Teils seiner Ästhetik resummierte Funktionsbestimmung:

> „Die Kunst, ihrem Begriffe nach, hat nichts anderes zu ihrem Beruf, als das in sich selbst Gehaltvolle zu adäquater, sinnlicher Gegenwart herauszustellen, und die Philosophie der Kunst muß es sich deshalb zu ihrem Hauptgeschäft werden lassen, was dies Gehaltvolle und seine schöne Erscheinungsweise ist, denkend zu begreifen."[45]

---

41 Mueller, a. a. O., S. 447
42 Ästhetik I, 13, S. 26
43 Es ist bisher immer übersehen worden, daß Hegel selbst erläutert hat, was unter der noch zu hoffenden Vollendung der Kunst nach der Kunst zu verstehen sei. Die Aufkündigung der in der klassischen Kunst geleisteten Versöhnung von Subjektivität und Objektivität im Objektiven, Äußeren selbst, zeigt nicht nur, „es sei in einem *anderen Felde* als in dem der Kunst, daß sie ihre absolute Vereinigung zu suchen haben", diese Konfrontation bildet auch den „Inhalt des Romantischen". Ist sie entschieden — und für die spekulative Philosophie ist sie gegen die Kunst entschieden —, so ist der letzte für die Kunst notwendige Inhalt verschwunden: „Der Fortgang und Schluß der romantischen Kunst dagegen ist die innere Auflösung des Kunststoffs selber, ein Freiwerden seiner Teile, mit welchem umgekehrt (zur Auflösung des Klassischen, W. K.) die subjektive Geschicklichkeit und Kunst der Darstellung steigt und, je loser das Substantielle wird, um desto mehr sich vervollkommnet." (Ästh. II, 14, S. 197)
44 Ästhetik I, 13, S. 24
45 Ästhetik II, 14, S. 242

bleibt nicht, wie Mueller will⁴⁶, von der Geschichte unberührt, da der Begriff selbst erst in den Formen seiner historischen Genesis konkret erfaßt ist — das ist ja gerade die Funktion der Ästhetik. Aber Mueller findet noch eine andere Funktionsbestimmung bei Hegel dort, wo dieser Verwandtschaft wie Unterschied der Kunst zum spekulativen Denken entwickelt (und damit für Mueller zugleich die komplementären Einwände gegen den Rationalismus — Zimmermann — oder Ästhetizismus — Haym, Lange — widerlegt):

„Das Denken ist nur eine Versöhnung des Wahren und der Realität im *Denken*, das poetische Schaffen und Bilden aber eine Versöhnung in der wenn auch nur geistig vorgestellten Form *realer Erscheinung* selber."⁴⁷

Da hier Hegel tatsächlich aus dem Mangel des spekulativen Denkens die fortwährende Notwendigkeit der Kunst abzuleiten scheint, interpretiert Mueller:

„Just as the all-comprehensive and ultimate reality or world-itself is characterized by beauty, by an aesthetic constitution (Weltgestalt); so is a comprehensive and concrete ‚concept' of human existence characterized by its artistic actualization, by the aesthetic form of self-knowledge and self-realization."⁴⁸

Nun hatte Hegel an einer von uns bereits eingangs zitierten Stelle als Resultat der Aufklärung „sogleich das Bedürfnis nach etwas Konkretem und auch nach dem Konkreten, der Kunst, ein(treten)" sehen⁴⁹, feiert er überdies nach einem Hinweis von Vecchi⁵⁰ in den Schlußpassagen des Lyrik-Kapitels Klopstock als Beginn der „neue(n) Kunstepoche"⁵¹, spricht er in diesem Zusammenhang von „einer neuen Welt des Geistes und der Dichtkunst"⁵². In diesen Bemerkungen tut sich der für die Hegelsche Ästhetik konstitutive Widerspruch auf. Denn nach der Hierarchie des Gesamtsystems führt die Mangelhaftigkeit der einen Stufe notwendig zu ihrer Aufhebung in einer höheren anderen in der als

46 Mueller, a. a. O., S. 448
47 Ästhetik III, 15, S. 244
48 Mueller, a. a. O., S. 452
49 Ästhetik II, 14, S. 114

50 Vecchi, a. a. O., S. 190 f.
51 Ästhetik III, 15, S. 470
52 a. a. O., S. 473

Rückkehr des Geistes aus seiner Selbstentfremdung in sich begriffenen Geschichte bis hin zum Zielpunkt des Geschichtsprozesses, dem spekulativen Denken, das keinen Widerspruch unaufgelöst läßt, an keinem Anderen mehr seine Schranke hat. Die Kunst aber hat durch ihr Gestaltungsprinzip, die Entäußerung des Geistes ins Sinnliche, noch eine solche die Wahl ihrer Inhalte begrenzende Schranke[53]. Wenn Hegel jetzt dem spekulativen Denken den Mangel vorrechnet, *nur* Denken zu sein, so stößt er — und darin liegt die von Mueller nicht zufällig verkannte Bedeutung der von ihm zitierten Stelle — augenscheinlich an die Grenze des Idealismus und gerät dadurch in Widerspruch zu sich selbst. Die Erfahrung der Dichotomie zwischen der Realität „der erscheinenden Welt" und dem „Reich" der „Wahrheit des Wirklichen"[54] widerlegt im Grunde den Anspruch der spekulativen Philosophie auf erreichte Versöhnung und bringt ihren Begriff des Konkreten ins Wanken, dessen Bewegung, die Entwicklung vom Ansich zum Fürsich, erst als abgeschlossene Totalität ihr Recht gäbe, daß sie „dem Abstrakten am feindlichsten" sei und „zum Konkreten zurück(füh- re)"[55]. Bedenkt man, daß Hegel Kimmerles Forschungen zufolge angetreten war mit der Grundintention, der realen Entzweiung in der Wirklichkeit entgegenzuarbeiten, so dient die Poesie, die, wenn auch sogleich eingeschränkt, einen Augenblick lang als höhere Form zur Philosophie angedeutet wird, als idealistischer Ersatz für das, was der geschichtlichen Anstrengung des Geistes nicht gelungen ist: daß Versöhnung Wirklichkeit werde. Nicht, wie Mueller meint, weil die Realität ästhetizistisch verklärt wird von Hegel, sondern weil sie nachwievor den Charakter der endlichen Wirklichkeit bewahrt, den Hegel mit dem vieldeutigen Terminus der Lebensprosa beschreibt, ist das Kunstbedürfnis auch in der Gegenwart nicht ganz geschwunden. Noch innerhalb der affirmativen Wendung, mit der Hegel an Muellers Stelle die reale durch die poetische Versöhnung ersetzt, ist der kritische Impuls unüberhörbar.

Ihm ist die von Mueller ignorierte Ausnahmestellung zu verdanken, die die Poesie in der „Ästhetik" als die keiner besonderen Kunstform allein zuzurechnende Gattung erhält. Aber noch in ihrer Charakterisie-

---

53 Ästhetik I, 13, S. 23 f.
54 Ästhetik III, 15, S. 244
55 Geschichte der Philosophie I, 18, S. 43

rung als scheinbar dem Schicksal ihrer Schwesterkünste überhoben setzt sich die Zwiespältigkeit der Vergangenheitslehre fort. Allgemein scheint Hegel der durch freie Verfügbarkeit über alle Stoffe und Formen charakterisierten Kunst der Moderne[56] noch einmal eminent positiven Sinn abzugewinnen:

> „In diesem Hinausgehen jedoch der Kunst über sich selber ist sie ebensosehr ein Zurückgehen des Menschen in sich selbst, ein Hinabsteigen in seine eigene Brust, wodurch die Kunst alle feste Beschränkung auf einen bestimmten Kreis des Inhalts und der Auffassung von sich abstreift und zu ihrem neuen Heiligen den *Humanus* macht, die Tiefen und Höhen des menschlichen Gemüts als solchen, das Allgemeinmenschliche in seinen Freuden und Leiden, seinen Bestrebungen, Taten und Schicksalen. Hiermit erhält der Künstler seinen Inhalt an ihm selber und ist der wirklich sich selbst bestimmende, die Unendlichkeit seiner Gefühle und Situationen betrachtende, ersinnende und ausdrückende Menschengeist, dem nichts mehr fremd ist, was in der Menschenbrust lebendig werden kann."[57]

Solche Universalität jedoch — und dies wird meist übersehen — kommt trotz der Allgemeinheit, mit der von *der* Kunst die Rede ist, nur einer Kunst, eben der Poesie zu, wie eine genaue Parallelstelle aus der Analyse der Poesie beweist:

> „Nach dieser Seite (des Wortes als Material, W. K.) wird es die Hauptaufgabe der Poesie, die Mächte des geistigen Lebens, und was überhaupt in der menschlichen Leidenschaft und Empfindung auf und nieder wogt oder vor der Betrachtung ruhig vorüberzieht, das alles umfassende Reich menschlicher Vorstellung, Taten, Handlungen, Schicksale, das Getriebe dieser Welt und die göttliche Weltregierung zum Bewußtsein zu bringen. So ist sie die allgemeinste und ausgebreitetste Lehrerin des Menschengeschlechts gewesen und ist es noch."[58]

---

56 Ästhetik II, 14, S. 235 — Vecchi (a. a. O., S. 188 ff.) leitet daraus die Konzeption einer wahrhaft freien Kunst ab, die erst die eigentlich vollendete Kunstblüte bringen werde. Wir kommen auf die Fiktion der freien Verfügbarkeit im Rahmen der Adorno-Analyse zurück.

57 Ästhetik II, 14, S. 237 f.   58 Ästhetik III, 15, S. 239 f.

Ist sie es wirklich noch? Immer wieder, nicht nur von Mueller und Vecchi, wird der unselige Humanus als Hinweis auf eine neue postromantische Kunstform gewertet, der doch angesichts des Fortfalls von Notwendigkeit und Objektivität der Kunst die eigentliche Erfüllung des romantischen Subjektivismus ist, Produkt eines reflektierten Bewußtseins der Moderne, das über die Kunst hinaus ist. Zu Unrecht verweist Mueller zur Interpretation des Humanus auf jene Stelle der Analyse der epischen Poesie, die sich mit der Frage der besonderen Zwecke des epischen Helden beschäftigt; denn gerade hier, wo „der Menschengeist, der Humanus (...), der sich aus der Dumpfheit des Bewußtseins zur Weltgeschichte erzieht und erhebt", als Held eines „absoluten Epos" erwogen wird, verweist Hegel den Humanus aus der Kunst und erblickt in ihm den Gegenstand der Philosophie: „Doch eben seiner Universalität wegen wäre dieser Stoff zu wenig individualisierbar für die Kunst"; er ist stattdessen „der Zweck des Weltgeistes (...), der nur im Denken zu fassen und in seiner wahrhaften Bedeutung bestimmt zu explizieren ist"[59]. Der Humanus als Stoff moderner Kunst widerlegt daher gerade den Gedanken einer neuen Kunstblüte: Er führt entweder zu inadäquater Darstellung oder zur abstrakten Illustration philosophischer Reflexion, zu „kahler Allegorie"[60].

Der objektive Widerspruch, der an den beiden von uns behandelten Passagen gerade an der nuancierten Bedeutung des Humanus-Begriffs ablesbar wird, gründet in Hegels zwiespältiger Geschichtsphilosophie. Die Vergangenheit der Kunst setzt die Versöhnung der bisher die Geschichte bestimmenden Widersprüche, die Herrschaft der freien Vernunft in einer aufgeklärten, „nichts Dunkles und Innerliches mehr" kennenden Welt voraus, d. h. der Wirklichkeit gewordene Humanus macht die Kunst überflüssig:

„Der Geist arbeitet sich nur so lange in den Gegenständen herum, so lange noch ein Geheimes, Nichtoffenbares darin ist."[61]

Das kritische Moment jedoch, das noch die These von der Wirklichkeit gewordenen Vernunft impliziert, wird explizit dort, wo Hegel der Kunst gleichwohl eine Fortexistenz konzediert, wenn er sie auch in erneuter Konzession an die Affirmation dem Spiel der selbstbewußten Subjekti-

---

59 Ästhetik III, 15, S. 356   60 ibid.   61 Ästhetik II, 14, S. 234

vität allein zu überlassen scheint. Daß aber die Kunst nunmehr „zu ihrem neuen Heiligen den Humanus macht", offenbart durch die andere Fassung des Humanus-Begriffs, daß der wirkliche Mensch durchaus noch der Kunst bedarf, die, indem sie ihn als „Heiligen" darstellt, seine Versöhnung und Befreiung in der Wirklichkeit als noch nicht geleistet einbekennt und dem nur spekulativ-philosophischen Humanus zum Trotz als Anspruch formuliert. Für diese die affirmative Seite der Vergangenheitslehre überwindende Funktion — und sie ist wiederum dadurch gebrochen, daß der „neue Heilige" privatistisch charakterisiert ist, daß ihm die im geschichtsphilosophisch-emphatischen Begriff des Humanus angesprochene Kraft, seine Geschichte selbst zu machen, abgeht: notwendig, weil es den Humanus in der Klassengesellschaft nicht gibt — wird die dialektische Einheit von Allgemeinheit und Besonderheit als Kunstprinzip gesprengt, erweist sich die Inhalts-Ästhetik als inadäquat, der Hegel die Zukunft der Kunst hatte opfern wollen, da er sie, fixiert auf die Exposition inhaltlich entwickelter Erkenntnis, an dem hatte messen wollen, was die Philosophie — und übrigens analog im Sozialistischen Realismus die Gesellschaftswissenschaft — als bereits eingelöst ausgab.

Dennoch ist es gerade der Begriff der Universalität, durch den Hegel die Auflösung der romantischen Kunstform und den Begriff der Poesie vermittelt[62], der die Vergangenheitslehre am stärksten bestätigt. Die Poesie als die Gattung, in der das „Herausgehen aus der realen Sinnlichkeit und Herabsetzen derselben" am weitesten fortgeschritten ist, ist darum zugleich auch

„diejenige besondere Kunst, an welcher zugleich die Kunst selbst sich aufzulösen beginnt und für das philosophische Erkennen ihren Übergangspunkt zur religiösen Vorstellung als solcher sowie zur Prosa des wissenschaftlichen Denkens erhält. Die Grenzgebiete zur Welt des Schönen sind, wie wir früher sahen, auf der einen Seite die Prosa der Endlichkeit und des gewöhnlichen Bewußtseins, aus der die Kunst sich zur Wahrheit herausringt, auf der anderen Seite die höheren Sphären der Religion und Wissenschaft, in welche sie zu einem sinnlichkeitsloseren Erfassen des Absoluten übergeht."[63]

62 Ästhetik III, 15, S. 233 f.
63 a. a. O., S. 234 f.

Wir werden später sehen, daß die Widersprüchlichkeit des Kunstbegriffs auch zu Widersprüchen in der hierarchischen Gliederung der „Ästhetik" führt. Die Fixation des Kunst- an den Arbeitsbegriff ermöglicht die Fortschrittsperspektive, die die Kunst in der Poesie als der Gattung, in der das Sinnliche am stärksten reprimiert ist, gipfeln und sich selbst überschreiten läßt, während der Begriff von Kunst als Versöhnung von Geist und Natur die Kunst in der klassischen Skulptur gipfeln läßt[64], ohne das Bedürfnis nach ihr für überholt anzusehen.

Nur also, wenn man beide Seiten, die Vergangenheitslehre und die Insistenz auf der Fortexistenz der Kunst, zusammennimmt, kann man Hegel gerecht werden. Daher ist auch der von Hegel bei der Behandlung der epischen Kollision und der für sie vorausgesetzten *„universalhistorische(n) Berechtigung"*[65] entwickelte Gedanke eines möglichen zukünftigen Epos, das „den Sieg dereinstiger amerikanischer lebendiger Vernünftigkeit über die Einkerkerung in ein ins Unendliche fortgehendes Messen und Partikularisieren" darzustellen hätte[66], entsprechend zu problematisieren. Kaum läßt sich die vorsichtige Formulierung der „Ästhetik" — „Wollte man (...) nun auch an Epopöen denken, die vielleicht in Zukunft sein werden..."[67] — auf die Prophetie einer „rinascita *totale*" der Kunst festlegen[68] oder auf die prophetische Vorwegnahme epischer Gestaltung des amerikanischen Far West[69]. Gilt zunächst schon auch für die „Ästhetik" das Wort der Philosophie der Weltgeschichte über Amerika, „als ein Land der Zukunft geht es uns überhaupt hier nichts an"[70], so wird erst recht diese Zukunft anders als im Sehnsuchtsbild deutscher Auswanderer dort skizziert: als Rekapitulation der europäischen Vergangenheit. Wohl dient die heroische Illusion der Kolonisationszeit, vergleichbar jener Napoleon-Hoffnung, die von Napoleon die Beendigung der politischen Unfreiheit in den

---

64 Von der Konkurrenz zwischen Skulptur und Epik, in der der Widerspruch noch einmal evident wird, ist weiter unten die Rede.
65 Ästhetik III, 15, S. 352
66 a. a. O., S. 353
67 ibid.
68 Vecchi, a. a. O., S. 191 — Nach Vecchis biologistischer Zyklentheorie ist es das Epos, das „in ordine storico è sempre la prima di un ciclo" (ibid.).
69 Antoni, a. a. O., S. 9 — Antoni reproduziert die Western-Ideologie des Films: „La società americana doveva apparire a Hegel una società ancora allo stato eroico (...)." (ibid.)
70 Philosophie der Geschichte, 12, S. 114

deutschen Kleinstaaten erwartete, auch der Kritik an dem, was Hegel an anderer Stelle die Prosa des Lebens nennt, an der Kunstfeindschaft der gesellschaftlichen Verhältnisse, die durch Provinzialismus, reale Unfreiheit und Isolierung des Subjekts bestimmt sind und deren Beschreibung erst der berüchtigten Vernünftigkeit des Wirklichen ihr rechtes Kolorit zu geben vermag, zugleich aber erweist sie sich als Illusion dadurch, daß jene Lebensprosa ihre eigene Zukunftsperspektive ist: Daß der „Grundcharakter" der gesellschaftlichen Beziehungen der europäischen Kolonisatoren „in der Richtung des Privatmannes auf Erwerb und Gewinn besteht, in dem Überwiegen des partikulären Interesses, das sich dem Allgemeinen nur zum Behufe des eigenen Genusses zuwendet", impliziert jene gesellschaftlichen Widersprüche, die durch die Größe des amerikanischen Raumes noch verschleiert werden, aber bei Erschöpfung dieses Potentials mit Heftigkeit den „Unterschied der Stände" produzieren werden; „wenn Reichtum und Armut sehr groß werden und ein solches Verhältnis eintritt, daß eine große Menge ihre Bedürfnisse nicht mehr auf eine Weise, wie sie es gewohnt ist, befriedigen kann", wenn „der Ausweg der Kolonisation" fortgefallen ist, wird sich auch in Amerika „ein kompaktes System bürgerlicher Gesellschaft bilden", wird es „zu dem Bedürfnis eines organischen Staates kommen"[71]. Hegels Bild der Zukunft Amerikas, das mit seltener Klarheit die Citoyen-Ideologie bloßlegt, rechtfertigt kaum die Hoffnung auf eine neue Kunstblüte. Sollte aber nicht gerade unter den Verhältnissen der gesellschaftlichen Lebensprosa die Kunst jenes tiefere Interesse für sich beanspruchen, das ihr Hegel, der sie doch auch als emanzipatorische Kraft anerkannte, mit dem Hinweis auf die erreichte Höhe des *Geistes* hatte absprechen wollen? Hegels Haltung bleibt auch hier zwiespältig. Denn die Welt, von der er allenfalls eine neue Kunstblüte erwartet, ist die Welt des Krieges, dessen „universalhistorische Berechtigung" die Kunst feiern soll. Von hieraus ist es nicht mehr weit zu jener Kunst, die da rühmt (Kuhn) – z. B. den Großen Vaterländischen Krieg und seine Helden, den die „Grundlagen der marxistisch-leninistischen Ästhetik", unbekümmert um ungewollte Geistesverwandte, als eines der Zentralthemen des Sozialistischen Realismus ausgeben[72]. Skepsis gegenüber einem „Sieg dereinstiger amerikanischer lebendiger Vernünftigkeit" aber gebie-

---

71 Philosophie der Geschichte, 12, S. 112–114
72 Grundlagen, S. 248

tet nicht erst die Erfahrung der Geschichte nach Hegel, sondern dessen eigene Philosophie der Geschichte.

Wer bestreitet, daß die Vergangenheitslehre ein wesentliches Moment der Hegelschen Ästhetik ist, beschränkt Hegels Philosophie auf Affirmation, sei es daß er die sie begründende Dialektik von Kunst und Gesellschaft metaphysisch negiert oder daß er sie in ein einsträngiges Determinationsverhältnis auflöst. Mueller, der Hegels Kunstbegriff auf die dialektische Vermittlung von Geist und Sinnlichkeit, Theorie und Praxis als kathartische Versöhnung mit der endlichen Existenz reduziert[73], um die Kunst in ein jenseitsbezogenes Weltbild einzufügen, ontologisiert die Begrenztheit des Ideals, die bei Hegel als wichtiges historisch-systematisches Argument für die Vergangenheitslehre firmiert, und überträgt sie zugleich — freilich ohne Quellenangabe! — auf die Philosophie: Der philosophische Begriff erscheint bei ihm „always limited" als „the very principle of self-limitation as well as the limitation of others"[74]. Um seiner petitio principii willen muß Mueller den Anspruch der Identitätsphilosophie: alle Schranken im Denken überwunden zu haben, wahrhaft unbegrenzt zu sein, ebenso ignorieren wie Hegels These von der Identität von Grenzsetzen und Grenzüberschreiten. In der Folge dieser Ontologisierung wird nicht nur Hegels Satz, die Kunst habe „aufgehört, das höchste Bedürfnis des Geistes zu sein"[75], reduziert auf eine Kritik am metaphysischen Ästhetizismus einer Erneuerung der Kunstreligion[76], es wird zugleich Hegels Begriff des Klassischen und wahrhaft Schönen aus seiner von Mueller als „a frequent misunderstanding of Hegel's aesthetics" bezeichneten[77] Bindung an eine bestimmte Periode der Kunstgeschichte gelöst. Mueller beruft sich darauf, daß Hegel der Gegenwart die Verfügbarkeit über alle zuvor in der Kunstgeschichte aufgetretenen Formen und Inhalte zubilligt, verschweigt aber die Skepsis, mit der Hegel diesen scheinbaren Vorzug der Zeit der „Auflösung der romantischen Kunstform" aufgrund der Wandlung von Sinn und Funktion der Kunst in der Geschichte der menschlichen Selbstwerdung beurteilt:

„— es sind dies Stoffe, Weisen, sie anzuschauen und aufzufassen, die ausgesungen sind. Nur die Gegenwart ist frisch, das Andere fahl und fahler. —"[78]

[73] Mueller, a. a. O., S. 474 und 494
[74] a. a. O., S. 498
[75] Ästhetik I, 13, S. 142
[76] Mueller, a. a. O., S. 499
[77] a. a. O., S. 519
[78] Ästhetik II, 14, S. 238

Die Kunstformen sind nicht, wie Mueller vermeint, reproduzierbare Stile, sondern Etappen in der historischen Genesis des Geistes, die nur das spekulative Denken begrifflich in die Erinnerung einzuholen vermag. Daher kennt Hegel auch keine langfristigen Stilkonstanten[79], sondern allenfalls aus dem dialektischen Prozeß resultierende Strukturkonstanten, indem die Subjektivität sich in Gegensatz zur schlechten, inadäquat gewordenen Objektivität findet und entsprechend ihrem jeweiligen Entwicklungsstand Auflösungstendenzen entwickelt, die die Entstehung einer neuen Kunstform bzw. in der Moderne das Hinausgehen der Kunst über sich selbst inaugurieren.[80].

In Wahrheit dient Muellers Insistenz auf der Konstanten-Lehre auch dazu, Hegels Vergangenheitslehre und die ihr zugrundeliegende radikale Historisierung und damit tendenziell Entspiritualisierung der Kunst als gegenstandslos zu entkräften. Daß Hegel aus der „Zufälligkeit des Äußeren wie des Inneren" als dem „Endpunkt des Romantischen" die „Notwendigkeit für das Bewußtsein" ableitet, nach der ‚Selbstaufhebung der Kunst' „sich höhere Formen, als die Kunst sie zu bieten imstande ist, für das Erfassen des Wahren zu erwerben"[81], leitet Mueller wie später Bröcker aus der latenten Kunstfeindlichkeit des Christentums mit seiner Alternative von Weltverdammung oder Säkularisation ab. Hieran schließt er seine merkwürdige Interpretation der zuletzt genannten Hegel-Stelle:

„This seems to proclaim the end of art and therefore to contradict the whole three volumes of Hegel's aesthetics, describing art as an essential form of the absolute Geist. This is highly improbable. It is more probable that the student, from whose notes the text has been composed and edited, may have missed something — Hegel frequently

---

79 Als Beispiel für sie erwähnt Mueller (a. a. O., S. 519) Hegels Besprechung der Rauchschen Goethebüste im Zusammenhang der griechischen Götterbilder, übersieht aber, daß Hegel nur von einem „bei aller Verschiedenheit ähnlich(en)" „Eindruck" spricht (Ästhetik II, 14, S. 84).

80 Daher markiert Hegel sehr scharf den Unterschied zwischen der „Auflösung des Klassischen", die weniger die inhaltlichen als die formalen Qualitäten tangiert, und der des Romantischen, die er als „innere Auflösung des Kunststoffs selber" trotz formaler Perfektibilität bezeichnet, d. h. Verlust von Objektivität und Notwendigkeit der Kunst gestattet, ja fördert „subjektive" Perfektion (Ästhetik II, 14, S. 197).

81 Ästhetik II, 14, S. 142

mumbled. But this is a mere conjecture. What is more than a conjecture, however, is this, that the statement not only would abrogate the meaning of aesthetics, but makes no sense in its own context, in which Hegel goes on to show, that the end of the romantic art must be the beginning of a new, non-romantic style!
The real meaning and half-hidden implication of the passage, then, seems to me this: the origin and basis of the romantic is, as we have seen, the story of Christ. That story or image contains a spiritual-dialectic truth, but in a narrow, inediquate ‚immediacy'. If the dialectical truth, contained in the personalized and dramatized Christian Trinity is expanded and becomes the all-embracing truth that all of reality is dialectical, then the new art of the ‚new man' also has gained a new metaphysical foundation, based on which the romantic style together with its Christian premise is transcended. ‚No matter how dignified and perfect we may find pictures of God-Father, Christ or Mary, it's of no use, we no longer bend our knees.' With this correction of the famous passage in mind, we now can read Hegel's prophecy of a new non-romantic style without break and contradiction!"[82]

Auch abgesehen von der Argumentation mit Hegels schlechter Aussprache, die hier nur als Kuriosum gelten kann, ist Muellers Jubel über die Lösung des Widerspruchs verfrüht. Nicht läßt sich unsere Stelle von jener Passage der Einleitung zur „Ästhetik" trennen, in der Hegel die ‚Überflügelung der schönen Kunst durch den Gedanken und die Reflexion' darstellt. Den scheinbaren Widerspruch, daß eine Form des absoluten Geistes vergänglich sein soll, löst Hegel gerade durch die Kunstinterpretation, die zum Ersatz für die ihrem Begriffe nicht mehr gemäße Kunst wird und das Wahrheitsmoment der vergangenen Kunst allererst freisetzt. Insofern ist gerade die Vergangenheit der ihren Begriff einlösenden Kunst *der* Impetus der Hegelschen Ästhetik:

„In allen diesen Beziehungen ist und bleibt die Kunst nach der Seite ihrer höchsten Bestimmung für uns ein Vergangenes. Damit hat sie für uns auch die echte Wahrheit und Lebendigkeit verloren und ist mehr in unsere *Vorstellung* verlegt, als daß sie in der Wirklichkeit ihre

---

82 Mueller, a. a. O., S. 528 f.

frühere Notwendigkeit behauptete und ihren höheren Platz einnähme. Was durch Kunstwerke jetzt in uns erregt wird, ist außer dem unmittelbaren Genuß zugleich unser Urteil, indem wir den Inhalt, die Darstellungsmittel des Kunstwerks und die Angemessenheit und Unangemessenheit beider unserer denkenden Betrachtung unterwerfen. Die *Wissenschaft* der Kunst ist darum in unserer Zeit noch viel mehr Bedürfnis als zu den Zeiten, in welchen die Kunst für sich als Kunst schon volle Befriedigung gewährte. Die Kunst lädt uns zur denkenden Betrachtung ein, und zwar nicht zu dem Zwecke, Kunst wieder hervorzurufen, sondern, was die Kunst sei, wissenschaftlich zu erkennen."[83]

Der Gehalt dieses Passus geht nicht im hierarchischen Übergang von der Kunst zur Philosophie auf; in ihn eingesenkt ist angesichts des antitraditionalistischen Moments der Hegelschen Philosophie, dessen Erwähnung zu tun wir schon Gelegenheit hatten, das Bewußtsein, daß erst einer befreiten Menschheit die Kunst der Vergangenheit zufiele, deren Versöhnungsinteresse sie sich verpflichtet wüßte. Dies ist festzuhalten trotz der Problematik dessen, was weiter unten als Hegels Begriff der wissenschaftlichen Kunstrezeption zu analysieren sein wird.

Die Anerkennung der Vergangenheitslehre als eines notwendigen Moments der Hegelschen Ästhetik sollte schließlich auch alle Versuche der bürgerlichen Kunsttheorie widerlegen, Hegel als Kronzeugen für die banale Auffassung von Kunst als einem Allgemeinmenschlichen über der Historie zu vindizieren. Der Begriff des Allgemeinmenschlichen soll nach Bassenge nicht nur „ein tragendes Moment" der „inneren

---

83 Ästhetik I, 13, S. 25 f.
84 F. Bassenge: Hegels Ästhetik und das Allgemeinmenschliche. — In: Dt. Zs. f. Philos. 4 (1956), H. 5, S. 540—558, zit. S. 546 —
Das Schicksal dieses letzten von Wolfgang Harich verantwortlich edierten Heftes der Zeitschrift ist bekannt: Es wurde nach Harichs Inhaftierung und der Diffamierung der angeblich im imperialistischen Sold stehenden „konterrevolutionären Gruppe Harich" im Zusammenhang mit den Ereignissen des für das ganze sozialistische Lager kritischen Jahres 1956 durch eine neue Doppelnummer 5/6 ersetzt, in der neben Harichs Beitrag zu der von der Zeitschrift 1954 inaugurierten Diskussion über das Verhältnis des Marxismus zu Hegel auch Blochs Beitrag „Über die Trennung von Hegels ‚Methode' und ‚System'" und die genannte Arbeit von Bassenge gestrichen wurden. Die Bedeutung der Hegel-Diskussion, vergleichbar der Expressionismus-Debatte der 30er und der Kafka-Diskussion der 60er Jahre, geht aus dem programmatischen Leitartikel hervor, den die Redaktion in Heft 1 desselben

Systematik" der Hegelschen Ästhetik[84] sowie „ein ‚absolutes Kriterium'
der Kunstbewertung" in ihr[85] darstellen, sondern auch die Marxsche
Frage nach der normativen Geltung vergangener Kunst beantworten.
Die versprochene Antwort, deren Bedingung nach Marx gerade die
Spezifikation wäre, erweist sich als bloße Wortspielerei:

> „Große Kunst — so denken wir im Grunde doch alle — ist die, die
> Raum und Zeit überwindet, die bestehen bleibt und sich damit als
> groß bewährt von Volk zu Volk und von Zeitalter zu Zeitalter. Ist
> man aber einmal so weit (!), dann liegt die (fast nur rhetorische)
> Frage nahe: wie sollten Kunstwerke Raum und Zeit überwinden
> können, wenn ihr Gehalt nicht allgemeinverständlich, also mindes-
> tens in diesem Sinne ‚allgemeinmenschlich' wäre?"[86]

Vor dem „‚Grundbefund', von dem wir hier ausgehen und für den wir
auf jeden Beweis verzichten" (!), dem einer Kunst, „die zu fremden
Zeiten und fremden Völkern als Kunst sprechen" kann[87], erweist sich
die der bürgerlichen Ästhetik eignende Trias von Allgemeinverständlichkeit, Allgemeinmenschlichkeit und Unvergänglichkeit als bloße
Tautologie. Die von ihr begründete Invariantenlehre, derzufolge Kunst
jeweils ihrem „welthistorischen Auftrag" entsprechende Themen zu
bewältigen hat, die, einmal bewältigt, ausgesungen sind und für alle

---

Jahrgangs veröffentlicht hatte: Es ging um einen kritischen Marxismus, der statt
ängstlich-spießerhafter Berufung auf „die Klassiker des Marxismus-Leninismus" in
freier Diskussion auch mit progressiven bürgerlichen Philosophen die neuen
nationalen und allgemeinen Erfahrungen des Kampfes um den Sozialismus sowie die
progressiven Tendenzen der nationalen Vergangenheit auf den philosophischen
Begriff bringen sollte. Dennoch ist freilich festzuhalten, daß Bassenges Beitrag
diesen Ansprüchen keineswegs gerecht wird. Die Paradoxie besteht nur darin, daß
der Vorwurf des Reaktionären auf Bassenge nicht weniger als auf den von ihm
kritisierten Lukács zutrifft, der damals noch als offizieller Mentor traditionell-
marxistischer Ästhetik galt: Es ist kaum nur taktische Rückendeckung, wenn
Bassenge die Versöhnung seines allgemeinmenschlichen „Maßstabs" mit Lukács'
soziologistischen Kriterien der Kunsttheorie vorschlägt (a. a. O., S. 545). Beide
beziehen sich in Terminologie und Explikation nur auf die affirmative Seite des
Hegelschen Kunstbegriffs — Kunst als Allgemeinmenschliches und Kunst als
Ideologie.
85 Bassenge, a. a. O., S. 551
86 a. a. O., S. 547
87 a. a. O., S. 551

Zeiten ihren Wert behalten[88], eignet sich vorzüglich zur Ergänzung des von ihr kritisierten Lukácsschen Soziologismus, da auch sie Kunst aufs deterministische Modell der Widerspiegelung von Zwangszusammenhängen herabbringt, auf das die Hegelsche Dialektik des Besonderen und Allgemeinen reduziert wird: Kunst soll aufs Gegebene einschwören.

> „Vor einem großen Kunstwerk muß man sagen können: *derart* ist der Mensch (oder die Natur oder was sonst), daß er unter den hier vorliegenden Umständen *so* sein muß, *so* handeln muß, *so* ein Schicksal haben muß. Sieht man nicht nur das ‚So', leuchtet vielmehr auch das ‚Derart' hindurch, dann kann man das ‚Derart', also das Allgemeinmenschliche, auch seinen Gehalt nennen, – und dann wird es auch dort verstanden werden, wo es niemals ‚so' aussehen oder hergehen kann, weil ganz andere Umstände herrschen."[89]

Der Kausalnexus des „So" und „Derart", Abbreviatur des mythischen Schicksals, das das Subjekt unwiderruflich an naturhafte Reaktionsweisen kettet, dient jenem psychologisierenden Kunstverständnis, das seine eigenen Lebenserfahrungen, die der gesellschaftlichen Unfreiheit, im Kunstwerk als etwas Allgemeinmenschliches und darum doch Sinnvolles reproduziert wissen will. Daher der Verfall in die Banalität eines Themas, „das allzeit eine Rolle spielt", in dem „das Gleichnishafte zu suchen ist"[90]. Zudem begründen die Pole des „So" und „Derart" aufgrund ihres Kausaldeterminismus auch das geheime Einverständnis des bürgerlichen Psychologismus und des traditionell-marxistischen Soziologismus. Die banausische Einteilung der Kunstwerke nach Größenordnungen

> – „Man käme also dahin, drei Betrachtungsstufen zu unterscheiden: 1. Ein Kunstwerk ist dann ‚vollendet', wenn sein Gehalt vollkommen sinnliche Gestalt geworden ist. 2. Ein ‚vollendetes' Kunstwerk ist um so ‚größer', je allgemeinmenschlicher sein Gehalt ist. 3. Auch zwischen ‚gleichgroßen' Kunstwerken kann es Rangunterschiede geben, für die andere Maßstäbe in Betracht kommen."[91]

---

[88] Bassenge spricht, mit der billigen Einschränkung auf den „historischen Menschen", von „relativer Konstanz" (a. a. O., S. 551)
[89] a. a. O., S. 553   [90] a. a. O., S. 554   [91] a. a. O., S. 553

spiegelt den zutiefst undialektischen Dualismus von ästhetischen und außerästhetischen Werten. Führt das als eigentlicher ästhetischer Wertmaßstab ausgegebene „Derart" — und wir haben gesehen, woher diese pseudoästhetische Kategorie stammt — beim Vergleich von Kunstwerken — und Kunstwerke verweigern sich ihrem Wesen nach jedem Vergleich — zu einem sportlichen Unentschieden, so müssen „Gesichtspunkte wie die umfassende Transparenz eines Weltzustandes und der humanistische und zukunftsweisende Gehalt" — wo sollte sich Zukunft in der psychischen Konstanz entfalten? — das Treffen entscheiden, „daß wir eben doch dem Faust einen höheren Rang einräumen werden als unserem Gedichte ‚Ich ging im Walde so für mich hin'".[92]. Das Allgemeine des Psychologismus, „die Transparenz eines konkreten allgemeinmenschlichen Themas", und des Soziologismus, „die Transparenz eines konkreten Weltzustandes",[93] verbindet der gemeinsame Grundzug, daß Kunst auf Widerspiegelung eines schon Vorhandenen reduziert und damit der emanzipatorischen Dimension des Anderen, des Neuen beraubt wird. Mit welchem Recht nun der soziologistische Reduktionismus sich auf Hegel beruft, wird anschließend zu erörtern sein, freilich erst anhand der Analyse der Kategorie der Inhalts-Ästhetik volle Aufklärung finden. Der ahistorische Psychologismus jedoch, der sich auf ein Gespür für die Unterschiede von „großer" und „ganz großer" Kunst beruft[94], dürfte dem historischen Sinn Hegels widersprechen, der ein Allgemeinmenschliches oberhalb der Geschichte, in der es sich doch nach Hegel erst fortschreitend konkretisiert, nicht kennt. Der Humanus ist das projektierte Resultat der Geschichte, das der künstlerischen Vermittlung sich als solches entzieht, nur philosophisch begriffen werden kann. Jenes „Allgemeinmenschliche" jedoch, das sich nach Hegel „durch diese Mannigfaltigkeit der Volksunterschiede und den Entwicklungsgang im Verlauf der Jahrhunderte (...) als das Gemeinsame und deshalb auch anderen Nationen und Zeitgesinnungen Verständliche und Genießbare (zieht)", gilt Hegel keineswegs als absolutes Wertkriterium, vielmehr muß es allererst in die Dialektik des Allgemei-

---

92 ibid.
93 ibid.
94 Trotz seiner allgemeinen Fassung — „wir alle spüren..." (a. a. O., S. 540) — zeigt dies Gespür, das „ohnehin ein Organ für künstlerische Aussage und in unserem Falle auch für künstlerische ‚Größe'" voraussetzt (S. 554), elitäre Färbung; es ist den „amusischen Menschen", den „Barbaren" vorenthalten (S. 555 u. 544).

nen und Besonderen eingebracht werden; sonst — und man denke zum Vergleich an Marxens Kritik des Begriffs der abstrakten Arbeit — „bleibt dies Allgemeine, das als solches könnte festgestellt werden, sehr abstrakt und schal, und wir müssen deshalb, wenn wir von eigentlicher Poesie sprechen wollen, die Gestaltungen des vorstellenden Geistes immer in nationaler und temporärer Eigentümlichkeit fassen und selbst die dichtende subjektive Individualität nicht außer acht lassen"[95]. Das Allgemeinmenschliche ist weder ein Argument, der Vergangenheitslehre zu widersprechen, noch rechtfertigt es bei Hegel den unmittelbaren psychologisierenden Kunstgenuß, der wie alle Unmittelbarkeit als Abstraktion von der Hegelschen Theoriebildung aufgehoben wird.

3. *Die Vergangenheitslehre — antizipierte historische Erfahrung der Dekadenz?*

Der Versuch, in der Hegelschen Philosophie Spuren aufzusuchen, die über die strenge Hierarchie des Systems hinausweisen, ist durchaus legitim, sofern er das Systematische nicht plan ignoriert, sondern sich dadurch ausweist, daß er die Interferenz von systemstabilisierenden und — sprengenden Elementen aufzeigt: Die Vergangenheitslehre verliert den Gehalt an historischer Erfahrung, der ihr eignet, wenn sie vom Gesamtsystem abstrahiert wird, in dem doch noch in seiner Abgeschlossenheit historische Erfahrung sedimentiert ist. Vollends büßt sie ihren kritischen Impuls dort ein, wo sie statt immanenter Kritik ohne Vermittlung zur Affirmierung eines fremden Kunstbegriffs benutzt und als Autoritätsbeweis für die eigene Rancune gegen die Moderne mißbraucht wird. Das kultur- oder gesellschaftskritische Schlagwort von der Dekadenz — im Ostbereich scheint es neuerdings durch das gleich gemeinte, jedoch neutralere vom „Modernismus" ersetzt zu werden[96] —, jenem von der entarteten Kunst nicht gar so unähnlich, wird zum Medium für die unheilvolle Allianz bürgerlicher und traditionell-marxistischer Kunsttheorie, die das alte Unwahre samt Zwangsversöhnung und Abgeschlossenheit wiederholt und dafür bei Hegel Bestätigung sucht. Die darin beschlossene Reduktion des Gehalts der Vergangen-

---

95 Ästhetik III, 15, S. 246 f.
96 So in den beiden in der Deutschen Zeitschrift für Philosophie 20 (1972),

heitslehre wird schon daran evident, daß die in ihr doch auch enthaltene Antizipation einer Gesellschaft, die der Kunst nicht mehr bedürfte, preisgegeben ist zugunsten der Vorstellung einer neuen Kunstblüte, sei es daß diese bei Hegel schon vorgedacht sein sollte oder ihm aufgrund der gesellschaftlichen Verhältnisse seiner Zeit unausdenkbar gewesen sei. Als Zentralstelle gilt hierbei in der Regel jene Passage, in der Hegel „als die Auflösungsformen der romantischen Kunst (...) vornehmlich das Zerfallen der Kunst, die Nachbildung des äußerlich Objektiven in der Zufälligkeit seiner Gestalt auf der einen Seite, auf der anderen dagegen im Humor das Freiwerden der Subjektivität ihrer inneren Zufälligkeit nach heraus(stellt)'"[97]. Aus seinem Zusammenhang gelöst, wird dieser Gedanke zur handlichen Formel für die Disqualifikation der modernen Kunst in Ost und West. Nach Mitchells soll Hegels Alternative der objektivistischen und subjektivistischen Variante der Auflösung die extremen Polarisierungstendenzen der Moderne wie westlicher Avantgardismus — östlicher Dogmatismus, Abstraktion — Realismus, Esoterik — Massenkunst, östlicher Optimismus — westlicher Pessimismus vorwegnehmen[98], nach Morpurgo-Tagliabue die Dekadenz der modernen bürgerlichen Kunst:

„In essa la forma diviene ‚formalismo‘, la oggetività ‚naturalismo‘, la soggetività ‚psicologismo‘: così possiamo parafrasare le tesi di Hegel sull' arte moderna."[99]

Im Westbereich gibt sich die Dekadenz-These als über den ideologischen Lagern stehend, deren harmonische Konvergenz sie nach der gleichzeitigen politischen Ideologie erwartet. Mitchells vermutet bei Hegel die Andeutung einer „Zentralposition", „zu der die Kunst nach dem Ablauf ihrer exzentrischen Durchgangsphase zurückkehren mag", d. h. er träumt von einer Art Selbstregulierung des autonomen Bereichs Kunst — daß Kunst auf spezifische gesellschaftliche Erfahrungen

---

H. 7 erschienenen Rezensionen von Adornos Ästhetischer Theorie von D. Ulle (S. 907—916) und H. Redeker (S. 928—932).
97 Ästhetik II, 14, S. 239
98 K. Mitchells: Zukunftsfragen der Kunst im Lichte von Hegels Ästhetik. — In: Hegel-Jahrbuch 1965. S. 142—153. Die zitierte Passage S. 146 ff.
99 G. Morpurgo-Tagliabue: L'estetica di Hegel, oggi. — In: De Homine 5—6 (1963). S. 463—472. Zit. S. 470

antworte, kommt ihm nicht in den Sinn —, der einsieht, daß seine Polarisierung in Extreme unkünstlerisch ist; dieses „Zurück zur Mitte" (sic!) wird als „dialektischer Ausweg" ausgegeben[100]. Der grotesken Verzerrung der Dialektik zum goldenen Mittelweg entspricht das ebenso spießbürgerliche Zukunftsbild der Kunst, in der es wieder Raum geben soll für die Gleichberechtigung von Optimismus und Pessimismus oder, in Mitchells an Banausie und Banalität unübertrefflichen Worten, „Platz (...) für die höchsten Höhen *und* die tiefsten Tiefen des Lebens" mit einem für die Kunst wesentlichen „Vorurteil zugunsten des Schönen und für der Menschheit große und edle Gegenstände"[101].

Die traditionell-marxistische Ästhetik liest die Vergangenheitslehre seit Lukács als Widerspiegelung der gesellschaftlichen Misere: „wie ungünstig die kapitalistische Gesellschaft für die Kunstentwicklung" sei[102] und fixiert den Sozialistischen Realismus als die von Hegel aufgrund seiner Klassenbindung nicht mehr voraussehbare Form der neuen Kunstblüte. Das Zugeständnis an Hegel,

„Cosî é innegabile che l' evoluzione dell' arte moderna (...) ha avuto luogo nella direzione delineata sommariamente da Hegel."[103],

begreift nicht nur die moderne Kunst als Ausdruck einer „nostalgia poetica" angesichts des „decadere o trasformarsi della società borghese"[104], sondern setzt für den Marxismus auch die Erwartung eines „realismo oggettivistico":

„Ma, se oggi non può darsi determinezza nazionale, che apparteneva a un ceto, a un classe egemonica, sarà possibile quella di una nuova fase storica, esinte le determinazione di ceto, di classe, di nazione. Gli argomenti sovietici di polemica antiformalistica e a favore di un' arte tipica, realistica, costituiscono in questo senso un ritorno a Hegel e una prosecuzione oltre Hegel. (...) Proprio perchè la fiducia in

---

100 Mitchells, a. a. O., S. 146 f.
101 Mitchells, a. a. O., S. 153
102 G. Lukács: Hegels Ästhetik. — In: Werke, Bd. 10. — Neuwied-Berlin 1969, S. 107—146. Zit. S. 116
103 Morpurgo-Tagliabue, a. a. O., S. 470
104 ibid.

questo sviluppo della verità (die Hegel in seinem Denken für erfüllt hielt, W. K.), al di là di Hegel, il marxista crede invece possibile una nuova arte oggettiva."[105]

Die aus der Widerspiegelungstheorie resultierende Paradoxie, daß gerade der befreiten, der klassenlosen Gesellschaft eine neue Kunstblüte prophezeit wird, markiert überscharf das Elend der traditionell-marxistischen Ästhetik: Reduziert aufs Überbauphänomen, wird der Kunst ihre gesellschaftliche Resistenzkraft abgesprochen, die, wo sie sich dennoch zeigt, mit dem Bannfluch der Dekadenz belegt wird. In der klassizistischen Attitude, die sie mit weniger Recht Hegel selbst vorwirft, mit Mitchells Spiritualismus einig, verlangt sie von der Kunst harmonischen Optimismus, behauptet sie ihr Aufgehen in totaler Affirmation je gegenwärtiger Praxis. Wird Hegels Lehre vom Ende der Kunst und seine Charakterisierung der Auflösung der romantischen Kunstform auf ihre unter der idealistischen Oberfläche verborgenen, von Hegel als solche nicht durchschauten Wurzeln, die „realen Entfremdungsprozesse" zurückgeführt[106], die sich in den von Hegel aufgrund seiner „eigenen intellektuellen Entfremdung" lediglich notierten „künstlerischen Entfremdungsprozessen" widerspiegelten[107], erscheint also der von Hegel angeblich antizipierte Avantgardismus differenzlos als ideologisches Pendant des „Kapitalismus" und dessen spezifischer Produkte, d. h. der Kommerzialisierung der Kunst oder auch der Isolierung des künstlerischen Schaffens[108], so ist auch das scheinbar undogmatische, in Wahrheit modisch-konformistische Zugeständnis über Hegel hinaus: daß einerseits der Avantgardismus trotz der „Krise des geistigen Gehalts" eine „beschleunigte und ungestüme Blüte der künstlerischen Formen" hervorgebracht habe, andererseits die „Gegen-Entfremdungs-Kunst" ihr soziales Engagement häufig mit einer Vernachlässigung der künstlerischen Qualitäten bezahlt habe und dadurch „in dem ästhetischen Sinne entfremdet" sei[109], nurmehr Ausweis des Verzichts auf die dialektische Entfaltung des Gegenstandes.

---

105 a. a. O., S. 471
106 St. Morawski: Hegels Ästhetik und das „Ende der Kunstperiode". – In: Hegel-Jahrbuch 1964. S. 60–71. Zit. S. 69
107 a. a. O., S. 64
108 a. a. O., S. 69
109 a. a. O., S. 68 f., bes. Anm. 10

Nicht nur vindiziert die Dichotomie von gesellschaftlich-inhaltlicher und ästhetisch-formaler Entfremdung das Formale wiederum als Anhängsel des Inhalts: daß die inhaltlich progressive Kunst formal reaktionär sein kann und umgekehrt, zerschlägt die sonst so hochgeschätzte Hegelsche Form-Inhalt-Dialektik — das ist natürlich angesichts des sozialistischen Realismus eine bloße Schutzbehauptung: der theoretisch unhaltbare Totalitarismus gibt sich im Ästhetischen als (zutiefst kunstfremder) Relativismus — und mündet, sich selbst hier noch auf Hegel berufend, der doch Kunst dem Bewußtsein von Nöten verpflichtet hatte, in der a priori verdinglichten Vision einer formal und inhaltlich ansprechenden Kunst-Renaissance, als die Hegels Hoffnung auf eine weitere Vervollkommnung der Kunst begriffen wird:

> „Spricht sich Hegel entgegen seiner Lehre (von der Vergangenheit der Kunst, W. K.) hier für die Realisierung des Menschen als homo aestheticus aus, so wie dies bei Schiller geschieht und wie man, glaube ich, die marxistische Vision der kommunistischen Wirklichkeit interpretieren kann?"[110]

Der Gedanke einer Verwirklichung der Kunst steht in merkwürdigem Kontrast zum Begriff der Kunst als Überbauphänomen. Der Widerspruch, daß die zuvor als total determiniert ausgegebene Kunst nunmehr als antizipatorisches Modell der befreiten Gesellschaft gelten soll, beweist nur noch einmal die mangelnde Vermittlung von Kunst und Gesellschaft.

Zur Auseinandersetzung mit der traditionell-marxistischen Ästhetik ist zunächst zu untersuchen, mit welchem Recht sie sich für ihre soziologistische Interpretation der Vergangenheitslehre auf Hegel selbst berufen kann. Auszugehen ist auch hier wieder von jener These, mit der Hegel die objektive Notwendigkeit der Genesis des Kunstschönen begründet: daß „die Kunst in der Natur und den endlichen Gebieten des Lebens ihr *Vor* hat"[111]. In dieser Differenzierung von Natur und endlichen Gebieten des Lebens, deren Mängel und Widersprüche die Kunst notwendig machen sollen, sehen wir das eigentliche Problem der Hegelschen Ästhetik formuliert, das der ihr vorgegebenen geschichtsphi-

---

110 Morawski, a. a. O., S. 63, Anm. 6
111 Ästhetik I, 13, S. 141

losophischen Perspektive. Das Pathos der menschlichen Arbeit, die sich die Natur aneignet, ihr die „Taufe des Geistigen"[112] verleiht, sie zu ihrem eigenen Produkt macht, in dem das Subjekt sich selbst wiedererkennen kann, begründet den geschichtsphilosophischen Fortschrittsgedanken, um am Ende der Paradoxie ansichtig zu werden, daß die scheinbare Überwindung der Mängel der Natur die Mängel des endlichen Lebens nicht nur fortbestehen läßt, sondern gar noch potenziert. Das Arbeitspathos aber, das Element bürgerlicher Ideologie par excellence bei Hegel, verhindert, daß der Herrschaftsanspruch der instrumentellen Vernunft, Medium der naturwissenschaftlichen Theoriebildung und der Arbeitspraxis, vor der kritischen Vernunft, als die sich die spekulative Philosophie versteht, explizit zu Protest geht. Daher neigt Hegel nicht nur dazu, die Differenzierung von naturalen und gesellschaftlichen Zwängen zu verwischen:

„Die Notwendigkeit des Kunstschönen leitet sich also aus den Mängeln der unmittelbaren Wirklichkeit her..."[113],

sondern auch dazu, seine eigene Argumentation umzukehren und dem soziologistischen Reduktionismus tatsächlich Vorschub zu leisten, als seien die Mängel des realen endlichen Lebens statt Impetus Blockierung der Kunstproduktion. Das, was die Konfundierung von naturaler und historisch-gesellschaftlicher Wirklichkeit ermöglicht, sind die gemeinsamen Charakteristika der „Endlichkeit des Daseins und dessen Beschränktheit und äußerlichen Notwendigkeit", der Mangel an „freier Selbständigkeit", kurz: „die Dürftigkeit der Natur und der Prosa"[114]. Kunst hat allererst nach Hegel die Aufgabe, „das Äußerliche seinem Begriffe gemäß zu machen", ihm „ein der Wahrheit würdiges Dasein" zu verschaffen[115].
Der immense Widerspruch der Hegelschen Ästhetik ist konzentriert in dem schillernden Begriff der „Lebensprosa", der einerseits ontologisiert wird zum Stigma aller endlichen, naturhaften Wirklichkeit, andererseits als historische Kategorie zur Kritik antiindividualistischer und antiästhetischer gesellschaftlicher Ordnungen benutzt wird, zuerst der römischen Welt und dann gesteigert der „neuen Zeit", deren

112 a. a. O., S. 48
113 Ästhetik I, 13, S. 202
114 ibid.
115 ibid.

strukturelle Analogie die Philosophie der Geschichte betont. Daraus, daß Hegels These von der Unvernünftigkeit des Daseins zwei widersprüchliche Tendenzen deckt — sie läuft einerseits in letzter Konsequenz auf die Liquidierung von Natur hinaus, die obendrein als deren eigene Tendenz fingiert wird, andererseits denunziert sie die Unvernunft der gesellschaftlichen Realität, die als naturhaft-zwanghafte durchschaut wird, freilich zugleich unter dem Schein des Natürlichen ihre Apologie erfährt —, resultiert der Widerspruch, daß Hegel einerseits mit der Lebensprosa die Notwendigkeit der Kunst begründet, ja in ihr die logische Voraussetzung der Kunst sieht, sie aber andererseits als historisches Symptom für die Vergangeheit der Kunst in der Moderne interpretiert.

Durch die Kategorie des Begriffs erfaßt Hegel Schönheit wesentlich als Vermittlung und Selbstbeziehung mit den dialektischen Polen Allgemeinheit, Besonderheit und Einzelheit. Die Idee als „Einheit des *Begriffs* und seiner *Realität*" ist als die Subjektivität, die den Unterschied beider Seiten immer zugleich setzt und aufhebt, kraft ihrer negativen Funktion Fürsichsein und Einzelheit[116]. Da diese logisch-dialektischen Bestimmungen in ihrer Allgemeinheit nicht nur das organische Leben, an dem sie entwickelt werden, auf den Begriff bringen sollen, sondern auf die Totalität der natürlichen und menschlich-gesellschaftlichen Wirklichkeit als den Lebensprozeß eines hypostasierten Geistes als der Substanz allen Werdens abzielen, kann Hegel einerseits den Begriff der Schönheit so allgemein fassen, daß er alles begriffsgemäße Sein unter sich begreift, um ihn andererseits eben durch die Norm der Begriffsadäquatheit zugleich auf jene Formen zu beschränken, in denen die ideelle Subjektivität durch die vollkommene geistige Vermittlung erst zum wahren Fürsichsein gelangt. Von hieraus klärt sich für Hegel das Verhältnis von Naturschönheit und Ideal: Das Ideal löst das in der Naturschönheit an sich vorhandene Prinzip der Beseelung erst ein, indem es „die unmittelbare *natürliche*" Einzelheit in eine „*geistige*" transformiert; aus diesem „Formunterschied der Einzelheit" leitet also Hegel die Differenz ab, ohne dabei den Identitätspunkt, „den gleichen Inhalt" zu vergessen[117]. Zugleich ist die Unmittelbarkeit der in der Realität vorhandenen Organismen der Vergleichspunkt für

---

[116] Ästhetik I, 13, S. 191
[117] a. a. O., S. 192

naturale und gesellschaftliche Organismen. Dabei ist auf allen Stufen des Ganges vom tierischen über den menschlichen zum gesellschaftlichen Organismus das Verhältnis der Glieder zum Ganzen nach der Zweck-Mittel-Rationalität organisiert, der negative Prozeß des Idealisierens nicht ganz geglückt, so daß das ideelle lebensstiftende Movens in der „unmittelbaren Verwirklichung" „nicht überall bis an die Oberfläche und Außengestalt (heraussteigt)": Der „realen" geht die „innere" Totalität ab[118]. Unmittelbarkeit der realen Einzelheit heißt überdies Absonderung von anderen Einzelheiten, aber eben damit auch wechselseitige Abhängigkeit, Verflechtung „in die Verwicklung mit der Außenwelt (...), in die Bedingtheit äußerer Umstände wie in die Relativität von Zwecken und Mitteln" „als eine äußerliche Notwendigkeit":

„Die Unmittelbarkeit des Daseins ist von dieser Seite her ein System notwendiger Verhältnisse zwischen scheinbar selbständigen Individuen und Mächten, in welchem jedes Einzelne in dem Dienste ihm fremder Zwecke als Mittel gebraucht wird oder des ihm Äußerlichen selbst als Mittels bedarf. (...) Es ist das Bereich der Unfreiheit, in welcher das unmittelbar Einzelne lebt."[119]

Das Unterworfensein unter eine äußerliche Notwendigkeit erscheint so im Bereich des — tierischen und menschlichen — organisch-physischen Lebens als „Abhängigkeit von den äußeren Naturmächten", im gesellschaftlichen Bereich als „Abhängigkeit (des Einzelnen, W. K.) von äußeren Einwirkungen, Gesetzen, Staatseinrichtungen, bürgerlichen Verhältnissen, welche er vorfindet und sich ihnen, mag er sie als sein eigenes Inneres haben oder nicht, beugen muß"[120], sowie als wechselseitige Reduktion des individuellen Selbst auf die Zweck-Mittel-Relation. Es ist offensichtlich, daß die „Prosa der Welt"[121], wie sie Hegel als allgemeine Voraussetzung des Kunstbedürfnisses beschreibt, die Prosa der bürgerlichen Welt ist. Hegel bestimmt sie nicht nur durch die wechselseitige Abhängigkeit aller Mitglieder, sondern durch die Herrschaft von Selbstsucht und Inhumanität: Die Individuen setzen sich gegenseitig „zu bloßen Mitteln" der Befriedigung der „eigenen engen

---

118 Ästhetik I, 13, S. 195
119 a. a. O., S. 196
120 a. a. O., S. 197 f.
121 a. a. O., S. 199

Interessen" herab[122]. Damit nimmt Hegel eine Bestimmung des tierischen Organismus wieder auf, in dem „alle Glieder (...) nur als Mittel für den einen Zweck der Selbsterhaltung (dienen)"[123], eine äußerst wichtige Bestimmung, die das Verharren auf dem Standpunkt der bloßen Selbsterhaltung als Naturzwang, d. h. Unfreiheit demaskiert[124]. Daß der „Kampf um die Lösung des Widerspruchs (...) nicht über den

---

122 Ästhetik I, 13, S. 197
123 a. a. O., S. 193
124 Dies ist ein erster Hinweis darauf, daß noch das Pathos der Naturbeherrschung, Funktion der Selbsterhaltung im gesellschaftlichen Bereich, nicht als das letzte Wort der Hegelschen Philosophie zu gelten habe. Er widerlegt zugleich den Versuch von A. Horn (Kunst und Freiheit. Eine kritische Interpretation der Hegelschen Ästhetik. – Den Haag 1969), Hegels Ästhetik auf den Begriff der Selbsterhaltung als auf ihre anthropologische Grundlage zu beziehen. Sein Ansatz zu einer „kritischen Interpretation" ist auch insofern aufschlußreich, als er, der wohl im Zusammenhang mit den Ereignissen des Ungarn-Aufstands von 1956 ins Schweizer Exil gegangen ist, umstandslos Elemente bürgerlicher und traditionellmarxistischer Hegel-Rezeption zu einem Konglomerat vereinigt. Er zieht das Ästhetische ab auf die „Genusshaftigkeit der Selbstbegegnung", um diese ihrerseits „darauf zurückzuführen, daß sie eine noch tiefer gelagerte menschliche Strebung befriedigt, über die Welt Herr zu werden, sich in ihr zu behaupten, d. h. letzten Endes, sich zu erhalten" (a. a. O., S. 95). Die „Frage, ob das menschliche Freiheitsstreben nicht aus dem Selbsterhaltungstrieb verständlich gemacht werden könnte" (ibid.), kennt allein die Subjektivierung der Objektwelt als Ebene der Verwirklichung der menschlichen Freiheit. Ungeachtet des aufschlußreichen Zitats aus der Kleinen Logik vom ‚Idealisieren' als ‚Zerquetschen' der unmittelbaren Realität (mitgeteilt S. 94), reduziert diese Interpretation die Hegelsche Philosophie, die weder Anthropologie sein will noch Selbsterhaltungstrieb und Freiheit versöhnt, an entscheidender Stelle. Das zeigt sich daran, daß ihre anthropologische Bestimmung, die die Hegelsche Ontologisierung der Begriffe Natur und Lebensprosa aufnimmt (cf. S. 89), zu einem Affekt gegen die Historisierung des Ästhetischen führt – „Überbetonung des Geschichtlichen" als Lukács-Kritik (a. a. O., S. 43) – und die Affinität zur Freudschen Kunsttheorie als Ersatzbefriedigung nur halbherzig zurückweisen kann. (a. a. O., S. 90 f.) Horn These, „dass in der Kunst, und nur in ihr, der Mensch sinnlich frei wird" (a. a. O., S. 57), vernichtet als anthropologische seine Einsicht in die Korrespondenz von mangelhafter Wirklichkeit und scheinhafter Freiheit in der Kunst: Wenn a priori „der Mensch in der Realität nicht frei sein kann", wird das Wort von den Schranken der Kunst: „die Kunst als Befreiendes zu übertreffen wäre allein eine kunstvolle, ästhetische Wirklichkeit imstande", völlig illusorisch (a. a. O., S. 102). In dem „Genuß" aber, welchen die Kunst bereiten soll, verliert sie gerade ihren gesellschaftlich-antithetischen Charakter, wird ihre Freiheit zum Komplement der allgemeinen Unfreiheit, sowohl innerästhetisch-strukturell – Dienstfunktion der Form zum Inhalt (a. a. O., S. 14) – wie gesellschaftlich-funktional, daß in der Kunst „der Mensch frei" werde (a. a. O., S. 41).

Versuch und die Fortdauer des steten Krieges hinaus(kommt)"[125], Nachklang des Hobbesschen bellum omnium contra omnes, des homo homini lupus, begründet nach Hegel das Bedürfnis nach Versöhnung in einem höheren Reich der Freiheit. Daß Hegel die gesellschaftliche Wirklichkeit, losgelöst von ihrer historischen Genesis, als naturhaft-zwanghaftes „System" totaler Abhängigkeit erkennt, das die Selbstentfaltung der individuellen Totalität gerade verhindert, das Individuum „nur Stückwerk" hervorbringen läßt und nur als „in sich selbst *partikularisiert*" kennt[126], diese Enthistorisierung des Begriffs der bürgerlichen Gesellschaft kann jedoch nicht verhindern, daß Hegel ihn an anderer Stelle durchaus historisch, als Bezeichnung für seine eigene Geschichtsepoche verwendet und ihn mit dem idealen Weltzustand konfrontiert, den die Genesis der griechischen Kunst voraussetzt. Angesichts der Konzeption der Weltgeschichte als „Fortschritt im Bewußtsein der Freiheit" zeigt gerade Hegels Werk die Dialektik der Geschichte als einer materiell-geistigen Aneignung der Natur: Deren Gelingen ist das Mal des Mißlingens. Der Triumph der Naturbeherrschung, den gerade Hegels Werk feiert, ist zugleich der Triumph der Herrschaft blinder Natur in der gesellschaftlichen Wirklichkeit. Der Widerspruch zwischen logischer Systematik und Historie besitzt Aussagekraft: Er korrigiert die Vergangenheitslehre spezifisch. Denn es gilt nun einerseits, daß die Kunst so lange ihre Notwendigkeit behauptet, als die gesellschaftliche Struktur als Lebensprosa fortdauert, daß sie diese erst einbüßt, wenn die Versöhnung von Natur und Geist, Individuum und Gesamtgesellschaft Wirklichkeit geworden ist, d. h. daß das „Nach" der Kunst nicht mehr in Religion und Philosophie zu suchen ist als den höheren Formen des Geistes, sondern in einer befriedeten Wirklichkeit, wie andererseits der ideale Weltzustand der griechischen Kunst, real genommen, nur als Fiktion gelten, Wahrheit aber nur haben kann als ästhetische Antizipation eines besseren Seins, die selbst noch dem Alten verhaftet ist.

Die Enthistorisierung des Begriffs der Lebensprosa resultiert nicht nur daraus, daß Hegel keine Möglichkeit der Überwindung der Widersprüche der bürgerlichen Gesellschaft sieht, sondern auch daraus, daß er ihr trotz ihrer Widersprüche noch einen affirmativen Sinn

---

125 Ästhetik I, 13, S. 199
126 a. a. O., S. 198 f.

abzugewinnen sucht. Dies wird evident an der analogen Struktur dessen, was Hegel als Charakter der bürgerlichen Gesellschaft und der Tragödie interpretiert. Daß das Tragische für Hegel — wie später für Marx und Engels in der Sickingen-Debatte — nicht primär eine ästhetische, sondern eine geschichtsphilosophische Kategorie ist, die das Leiden und die Niederlagen der ums bessere Neue kämpfenden Individualität als Opfergang und Sühne für den schuldhaften Ausbruch aus dem schlechten Gegebenen der gesellschaftlichen Faktizität im Bewußtsein der Notwendigkeit des historischen Progresses rechtfertigt, der solche schuldhaft-unschuldigen Opfer erfordert, macht der Nürnberg 29. Apr. 1814 datierte Brief an Niethammer[127] deutlich, in dem Hegel das Schicksal Napoleons nach dessen bedingungsloser Abdankung als „ein τραγικωτατον, das es gibt", bezeichnet. Napoleon erscheint hier in Analogie zu Hegels Bild des antiken Heroen als Werkzeug im Dienste des „Avanceriesen" Weltgeist, der über seinen bewußtlosen Agenten sein heimatliches Ziel in Deutschland — in Hegels Philosophie findet und dazu listiger Weise auch noch die politische Reaktion nach Napoleons Sturz in Anspruch nimmt. Die Hochschätzung der Tragödie als ästhetischer Form resultiert aus der Sinngebung der Dialektik der Historie durch die spekulative Vernunft. Als Kern des ihnen gemeinsamen Opfergedankens läßt sich die Arbeitsmoral dechiffrieren. Hegels Begriff des Heros als der Gestalt des den allgemeinen Inhalt griechischer Kunst bildenden Mythos ist eine Projektion der eigenen gesellschaftlichen Wirklichkeit, deren tiefe Widersprüchlichkeit das Oszillieren der Hegelschen Philosophie zwischen Affirmation und Kritik bedingt, wie es in unserem Zusammenhang an der Differenz von Epos und Tragödie, ihrer widersprüchlichen Wertung in der „Ästhetik" sichtbar wird. Am epischen Helden, um hier nur kurz Späteres vorweg anzudeuten, exemplifiziert Hegel die Parallele von Antike und Moderne als Differenz zwischen nichtentfremdeter (also konkreter Produktion von Gebrauchsgütern für den eigenen Bedarf und Selbstrealisation) und entfremdeter Arbeit (Produktion von Waren für den Markt). Der tragische Held dagegen trägt, in sich schillernd, Züge der Moderne, die des Arbeiters sowohl: als Werkzeug einer von ihm nicht durchschaubaren, höheren Gewalt produziert er ein Produkt, das als Allgemeines

---

127 Briefe von und an Hegel. Hg. von J. Hoffmeister, Bd. 2. 1813—1822. — Hamburg 1953. S. 28 f.

ihm nicht nur nicht gehört, sondern als Macht gegen ihn selbst auftritt, als auch die des Bourgeois, der aus freier Willkür produziert, doch nach liberalistischer Ideologie zum Citoyen wird und das „Rechte" und „Sittliche" produziert[128], als schaffe die Summe der Willkürakte der privaten Produzenten etwas Überwillkürliches und Rechtes: Allgemeinwohl. Die Doppeldeutigkeit des Heros-Begriffs sowie die implizite Konkurrenz von Epos und Tragödie in der Hierarchie der poetischen Gattungen signalisieren eine geheime Gegenrichtung gegen die starre Systematik. In deren quasi-offizieller Gestalt gelten der tragische Heros und die ihn tragende Kunstform als das Konkretere, in dem epischer Held und Epos als Momente aufgehoben sind. Darin setzt sich die affirmative Verklärung der über die einzelnen Individualitäten, ihren Anspruch auf Selbstrealisation und Glück hinweggehenden Dialektik der Geschichte durch, in der „die Perioden des Glücks (...) leere Blätter" sind[129], zugleich aber artikuliert sich darin angesichts der von Hegel durchschauten Unvernunft der gesellschaftlichen Realität seiner Zeit ähnlich wie in der Rechtsphilosophie die fast magische Beschwörung, die ganze Arbeit der Weltgeschichte dürfe nicht umsonst gewesen sein. Deren Begriff als der Vermenschlichung der ihrer feindlichen Selbständigkeit beraubten bzw. zu beraubenden Umgebung sollte zum Resultat haben, daß der Mensch „nicht mehr nur im allgemeinen, sondern auch im besonderen und einzelnen in seiner Umgebung für sich selber wirklich und zu Hause" sei[130]. Die Dialektik von Beherrschtwerden durch die Natur und Beherrschung der Natur, daß „der Geist sein Recht und seine Würde nun allein in der Rechtlosigkeit und Mißhandlung der Natur behauptet, der er die Not und Gewalt heimgibt, welche er von ihr erfahren hat"[131], von Hegel an dem Kantschen Dualismus von Sinnlichkeit und Vernunft erfaßt, ist für ihn offiziell kein reales, sondern nur ein Problem der „allgemeinen Bildung", deren Gegensätze von der spekulativen Philosophie versöhnt und vermittelt würden. Der Widerspruch, daß Hegel auf seiner geschichtsphilosophischen Grundthese insistiert, die Versöhnung sei realhistorisch „das an und für sich Vollbrachte und stets sich Vollbringende"[132], obwohl – oder gerade

128 Ästhetik I, 13, S. 244 – cf. auch den ganzen Passus
129 Philosophie der Geschichte, 12, S. 42
130 Ästhetik I, 13, S. 332
131 a. a. O., S. 81
132 a. a. O., S. 82

weil — er die unversöhnliche Widersprüchlichkeit der bürgerlichen Gesellschaft, die das Ziel des wirklichen Zu-Hause-Seins des Menschen radikal negiert, genau erkennt, gründet in dem abstrakten Arbeitsbegriff, an dem er um so zäher festhält, als er keinen gesellschaftlichen Ausweg aus der Misere sieht. Der Konsequenz, daß auch sein Begriff der Humanisierung der Natur deren Beherrschung meint, geht Hegel damit aus dem Wege, daß er solche Beherrschung als Intention dem beherrschten Opfer selbst imputiert, das der „Taufe des Geistigen" bedarf. Der Gedanke, Arbeit sei sinnvoll nur, wo sie sich als Arbeit aufzuheben strebe, ist dem Hegelschen Denken fremd, soweit es Versöhnung der Natur nur als Gewalttat kennt, objektivierbare Naturerfahrung nur unter dem „Gesichtspunkt der Nützlichkeit"[133]. Muß sich doch bei Hegel noch das Absolute durch Not und Leiden hindurcharbeiten: Der Gott der christlichen Trinität, Hegels Modell, hat nicht nur die Sechs-Tage-Woche eingeführt, er hat auch die Unangemessenheit der Natur dem Begriff gegenüber am eigenen Leibe zu spüren bekommen.

Die Verzweiflung jedoch, mit der in der Wertschätzung der Tragödie wie in der Lehre von der Vergangenheit der Kunst eine Affirmation des Sinns der Geschichte gesucht wird, verweist noch auf eine weitere Dimension jener selben Lehre: Angesichts der Dialektik von wachsender Naturaneignung und Wachstum des Potentials der Freiheit einerseits, des Anwachsens von Unfreiheit und scheinbar naturgesetzlichen Zwängen andererseits vermag die der Kunst mögliche Affirmation, die nach Hegel sich durch Abstraktion von Leid, Not und Tod und Widersprüchen konstituiert[134], den fehlenden Sinnzusammenhang nicht mehr adäquat herzustellen. Um noch der Dialektik der Aufklärung positiven Sinn abzugewinnen, bedarf es der spekulativen Philosophie, die auch das Negative geschichtsphilosophisch begründet. Immanente Kritik dieses Gedankens verlangt nicht nur die Absage an das System, zu dem er sich im Bild des triumphalen Abschlusses des Geschichtsprozesses eigenwillig verhärtet, sondern auch die Neuformulierung des Kunstbegriffs: Weil die bessere Gegenwart noch aussteht, gehört die Kunst noch nicht der Vergangenheit an; um ihres Versöhnungsinteresses willen aber muß sie sich jener heiteren „Verklärung" entziehen, die

---

133 Ästhetik I, 13, S. 15
134 Cf. den Abschnitt „Das Zusammenstimmen des konkreten Ideals mit seiner äußerlichen Realität", a. a. O., S. 327 ff.

Hegel ihr zudenkt. Wir werden später sehen, daß damit die Absage sowohl an Hegels Arbeits-, Natur- und Geschichtsbegriff wie an seine Konzeption der Inhalts-Ästhetik verbunden ist. Nur so ist der Paradoxie der Hegelschen Philosophie zu entgehen, die Freiheit in Besitzkategorien denkt: Programm der totalen Beherrschung allen Seins. Denn nirgends darf der Geist eine Schranke haben, überall nur sich selbst wiederfinden. Unermüdlich reproduziert die Anstrengung des Begriffs die Arbeit der Geschichte, um all deren Stufen in die Schatzkammer ihres Wissens einzubringen – und schließlich fertig zu sein mit der Welt. Sie ist durchherrscht vom Narzißmus, der überall nur sich selbst wiedererkennen will, dem aber eben darum das Selbst zergeht und mit ihm die Dialektik, eine von Widersprüchen, zu falschem Stillstand kommt.

Spricht demnach die Vergangenheitslehre auch die historische Erfahrung aus, daß die traditionelle Kunst, wie Hegel sie begreift, angesichts der komplizierten und widersprüchlichen Struktur der bürgerlichen Gesellschaft deren Sinn als versöhnendes Allgemeines nicht mehr auszusprechen vermag, wird dadurch rückwirkend ihr Interesse an der gesellschaftlichen Versöhnung von Geist und Natur zur schönen Illusion, ihre Geschichte zu einer der Desillusionierung, fängt Hegel, der eine andere Gesellschaft so wenig wie eine neue Kunstform sieht, diese historische Erfahrung von der zum festen System geronnenen bürgerlichen Gesellschaft nur durch ein übergeordnetes geistiges System auf, das die geschichtliche Ohnmacht der Kunst umsetzt in erreichte Versöhnung, die der Kunst nicht mehr bedarf, so lassen sich der Hegelschen Ästhetik weder unmittelbar Erkenntnisse über die moderne Kunst abgewinnen noch läßt sich die Vergangenheitslehre unmittelbar als Symptom gesellschaftlicher Dekadenz interpretieren. Denn der die moderne Gesellschaft charakterisierende „Zustand der allgemeinen Bildung" hat nicht nur deshalb „für die Wirklichkeit des Ideals viel Hinderliches", weil er durch die Bedingungen entfremdeter Arbeit bestimmt ist[135] sondern auch, weil er einer der „Reflexionsbildung" ist, deren „geistige Bedürfnisse" von der Kunst nicht mehr adäquat befriedigt werden[136]. Noch Hegel selbst hat gegen den Soziologismus Einspruch erhoben. Die in der Einleitung gemachte Konzession:

135 Ästhetik I, 13, S. 336 – wir werden auf diesen Passus, der den Begriff der Lebensprosa konkretisiert, in der Analyse des Arbeitsbegriffs zurückkommen.
136 Ästhetik I, 13, S. 24 – „Deshalb ist unsere Gegenwart ihrem allgemeinen Zustande nach der Kunst nicht günstig." (a. a. O., S. 25)

„Der Gedanke und die Reflexion hat die schöne Kunst überflügelt. Wenn man es liebt, sich in Klagen und Tadel zu gefallen, so kann man diese Erscheinung für ein Verderbnis halten und sie dem Übergewicht von Leidenschaften und eigennützigen Interessen zuschreiben, welche den Ernst der Kunst wie ihre Heiterkeit verscheuchen; oder man kann die Not der Gegenwart, den verwickelten Zustand des bürgerlichen und politischen Lebens anklagen, welche dem in kleinen Interessen befangenen Gemüt sich zu den höheren Zwecken der Kunst nicht zu befreien vergönne, indem die Intelligenz selbst dieser Not und deren Interessen in Wissenschaften dienstbar sei, welche nur für solche Zwecke Nützlichkeit haben, und sich verführen lasse, sich in diese Trockenheit festzubannen."[137]

wird in der strengen historisch-systematischen Entwicklung des Begriffs explizit zurückgenommen:

„Dies müssen wir jedoch als kein bloßes zufälliges Unglück ansehen, von welchem die Kunst von außen her durch die Not der Zeit, den prosaischen Sinn, den Mangel an Interesse usf. betroffen wurde, sondern es ist die Wirkung und der Fortgang der Kunst selber, welche, indem sie den ihr selbst innewohnenden Stoff zur gegenständlichen Anschauung bringt, auf diesem Wege selbst durch jeden Fortschritt einen Beitrag liefert, sich selber von dem dargestellten Inhalt zu befreien. Was wir als Gegenstand durch die Kunst oder das Denken *so* vollständig vor unserem sinnlichen oder geistigen Auge haben, daß der Gehalt erschöpft, daß alles heraus ist und nichts Dunkles und Innerliches mehr übrigbleibt, daran verschwindet das absolute Interesse. Denn Interesse findet nur bei frischer Tätigkeit statt. Der Geist arbeitet sich nur so lange in den Gegenständen herum, solange noch ein Geheimes, Nichtoffenbares darin ist. Dies ist der Fall, solange der Stoff noch identisch mit uns ist. Hat nun aber die Kunst die wesentlichen Weltanschauungen, die in ihrem Begriffe liegen, sowie den Kreis des Inhalts, welcher diesen Weltanschauungen angehört, nach allen Seiten hin offenbar gemacht, so ist sie diesen jedesmal für ein besonderes Volk, eine besondere Zeit bestimmten Gehalt losgeworden, und das wahrhafte Bedürfnis, ihn wieder

137 a. a. O., S. 24

aufzunehmen, erwacht nur mit dem Bedürfnis, sich *gegen* den bisher allein gültigen Gehalt zu kehren; wie in Griechenland Aristophanes z. B. (...)"[138]

Kunst gilt hier wesentlich als gesellschaftlich-emanzipatorische Kraft, die in ihrer aufklärerischen Funktion auf ihre jeweilige Gesellschaft bezogen, keineswegs aber durch deren gegebene Formation präformiert ist; Sie transzendiert die Grenzen des gesellschaftlichen Bewußtseins. Das begründet den Hegelschen Antitraditionalismus und ermöglicht es ihm, von einem „Fortschritt" in der Kunst zu sprechen. Daß dessen Telos, der sich als Geist wissende Geist, der nichts Fremdes, keine Schranken mehr hat, sondern wirklich in der Welt bei sich selbst und zu Hause ist, erreicht sei, begründet den Funktionsverlust der Kunst, ihren Vergangenheitscharakter.

Ernst Fischer[139] verweist gegen Hegels These von der Überflügelung der Kunst durch den Gedanken und die Reflexion auf Lukács, der in der „Eigenart des Ästhetischen" Kunst und Wissenschaft durch ihre „anthropomorphisierende" bzw. „desanthropomorphisierende" Tendenz „nicht graduell, sondern grundsätzlich" unterschieden habe[140]. Da er jedoch den fundamentalen Unterschied des Hegels These zugrundeliegenden spekulativen Wissenschaftsbegriffs — Philosophie als Wissenschaft wie in der Phänomenologie — von Lukács' instrumentellem — Wissenschaft als identisch mit Naturwissenschaft — völlig verkennt, entgeht ihm nicht nur die zentrale Bewegungsrichtung der Hegelschen Philosophie: die auf Auflösung verdinglichten Bewußtseins, das sich in der starren Dichotomie von Kunst und Wissenschaft reproduziert, sondern übersieht er auch den Begründungszusammenhang zwischen der Überflügelungsthese und der Bestimmung, mit der Hegel die Existenz der Kunst an Nöte und Widersprüche bindet. Als guter Materialist will Fischer die Umstülpung Hegels am konkreten Punkt durch Rekurs auf Hegels Bestimmung der Kunst als Form geistiger Arbeit ansetzen: Siedelt Hegel das allgemeine Kunstbedürfnis in der Einleitung zur „Ästhetik" in dem Bedürfnis des Menschen an, sich in der ihn umgebenden Welt durch deren Bearbeitung verdoppelt wieder-

---

138 Ästhetik II, 14, S. 234
139 Die Zukunft der Kunst. — In: Hegel-Jahrbuch 1965. S. 154–164
140 a. a. O., S. 154

zuerkennen, so hält ihm Fischer die Unabschließbarkeit dieses „durch Aneignung und Veränderung der äußeren und inneren Welt" als ständiges Werden begriffenen menschlichen Entwicklungsprozesses ineins mit der Beschränktheit des Individuums durch Endlichkeit, Tod, Arbeitsteilung, Reduktion der eigenen Möglichkeiten vor, um daraus die Kunst als ewig notwendige Form der Synthetisierung und Totalisierung abzuleiten:

> „Darum ist Kunst das Unentbehrliche als jene Form der Produktivität, in welcher die Phantasie die *ganze* Wirklichkeit in Menschenwerk verzaubert, den Menschen zur Menschheit ergänzt und ihn sein Schöpfertum heiter und frei genießen läßt."[141] „Keine Wirklichkeit kann die Kunst ersetzen, diese Erweiterung des Menschen durch alles, was er nicht ist, dieses Zu-sich-kommen im Außer-sich-sein, diese Grenzüberschreitung ins Unendliche."[142]

Das Pathos im „Prinzip der schöpferischen, prometheischen Arbeit"[143], allgemeine Hypothek traditionell-marxistischer Ästhetik, die deren einseitigen Hegelianismus konstituiert, das absolute Arbeitsethos, dem Arbeit zum Selbstzweck wird, verliert bei Fischer jeden Bezug auf ein qualitativ Anderes jenseits der Arbeit. Dadurch schrumpft die intendierte Zukunftsdimension zur, Hegelisch gesprochen, schlechten Unendlichkeit, die ihrerseits das pragmatische Argument für den Fortbestand der Kunst abgeben soll. Fischer geht nicht über Hegel hinaus, er fällt hinter ihn zurück, indem er dessen Philosophie um ihr konkret-utopisches Moment beschneidet und gerade da auf ihr insistiert, wo sie zur Kritik anstünde, an ihrer „krassen Parteinahme für subjektiven Geist" (Adorno). Undogmatischer Verteidiger avantgardistischer Moderne wie Bloch bescheinigt Fischer der Kunst „Kritik", „Zukunftsschau", Defetischisierung[144], um sie im selben Augenblick zur Ersatzbefriedigung des von der Wirklichkeit versagten Bedürfnisses nach Welt- und Selbstgenuß zu entmachten; darin reproduziert sich der verdinglichte Arbeits- und Kunstbegriff der bürgerlichen Warenwelt.

Hieße Hegel kritisieren demnach an dieser Stelle, darauf zu insistieren, daß die Versöhnung, die Kunst überflüssig machte, längst nicht

---

141 Fischer, a. a. O., S. 156
142 a. a. O., S. 157
143 a. a. O., S. 156
144 a. a. O., S. 163

erreicht ist, so können der in der „Ästhetik" gegebenen knappen Analyse der Kunst nach der Kunst keine Elemente abgewonnen werden, die zur Erhellung avantgardistischer Kunst beitrügen; dazu könnte allenfalls eine Kritik verhelfen, die seinen Begriff traditioneller Kunst dialektisch negierte. Daher sind alle Versuche der angesichts der vielfältigen modernen Kunst ratlosen bürgerlichen Kunsttheorie, bei Hegel Hilfe dafür zu suchen, „di penetrare nelle radici del corso storico della cultura per individuare le ragioni più profonde del complesso sviluppo delle arti" und so zu „una comprensione del senso generale dello sviluppo dell' arte moderna" zu kommen[145], methodisch fragwürdig. Denn vorausgesetzt wird, daß die Vergangenheitslehre nur den Bruch zwischen traditioneller und moderner Kunst bezeichne:

„Decreto di morte e di decadenza dell' arte è stata dunque l' affermazione hegeliana, ma anche previsione di un' arte nuova, i cui segni tipici venivano fissati, anche se in forma sommaria, da Hegel."[146]

Die Gegenüberstellung bleibt notwendig abstrakt. Traditionelle Kunst soll bestimmt sein durch „intuizione", moderne durch „filosoficità"[147]: eine „arte intellettualistico-astratta"[148], der ihr „carattere ‚hegeliano'" bescheinigt wird[149]. Ähnlich abstrakt bleibt Henrichs Gegenüberstellung von traditioneller, durch Universalität des Gehalts charakterisierter und moderner Kunst, für deren Bestimmung Henrich auf Hegels These „vom partialen Charakter der neuesten Kunst" zurückgreift[150]. Wird die Prognose vom Ende der Kunst deshalb auf einen Defekt der Theorie herabgebracht, weil in ihr die unexplizierte Bedeutungsdimension einer Strukturveränderung des „Gesamtbewußtseins", dessen moderner Ambivalenz von Selbstmacht und Seinsgebundenheit überspielt werde, wird

---

145 A. Sabatini: La ‚morte dell' arte in Hegel e la critica come momento costitutivo della poesia contemporanea. – In: De Homine 5–6 (1963). S. 482–500. Zit. S. 482

146 a. a. O., S. 500
147 a. a. O., S. 496
148 a. a. O., S. 500
149 a. a. O., S. 496

150 D. Henrich: Kunst und Kunstphilosophie der Gegenwart. (Überlegungen mit Rücksicht auf Hegel.) – In: Poetik und Hermeneutik II. – München 1966. S. 11–32. Zit. S. 15

die Kunst erneut als bloßes Derivat eingeschworen auf vorgegebene Bewußtseinsstrukturen[151]. Ebenso wenig ist es methodisch angängig, Hegel etwa als Kronzeugen für die Entwicklung der modernen Musik zu vindizieren[152].

151 Auf Jan Patočkas Unterscheidung von „zwei Lehren von der Vergangenheit, welche in der Kunst waltet: die metaphysische Lehre, welche die Kunst zum Vorläufigen, zur nicht-absoluten Form des absoluten, die Zeit überwindenden Geistes macht, und die grundsätzlich zeitliche Lehre von der Überwindung des Gegenwärtigen der endlichrealen Wirklichkeit durch die Kunst" (Die Lehre von der Vergangenheit der Kunst. – In: Beispiele. Festschrift für Eugen Fink. – Den Haag 1965. S. 46–61. Zit. S. 60), gehen wir nicht weiter ein. Denn die Hoffnung, die Patočka auf den „latenten Sinn" der Lehre (a. a. O., S. 46) setzt, daß auch für die moderne „prosaische und hypertechnische Zeit" eine „ihr gemäße ästhetische Befreiung und Verklärung" (sic!) möglich sei (a. a. O., S. 60), stützt sich – abgesehen von Patočkas ideologischem Interesse – auf Hegels Bestimmung der Interesselosigkeit und Liberalität der Kunstrezeption und ignoriert das Problem, daß Hegel solche Liberalität der Kunstproduktion gerade abgesprochen hat (dazu weiter unten). Patočka ist ein Epigone jener ersten Phase bürgerlicher Hegel-Rezeption im XX. Jahrhundert, die sich auf den jungen Hegel kaprizierte. Der im Hegel-Jahrbuch 1964 (S. 49–59) edierte Vortrag „Zur Entwicklung der ästhetischen Auffassung Hegels" sucht für seinen Kunstbegriff als „Zugang zum Unendlichen" und „Lösung von der gewöhnlich-empirischen Realität" (a. a. O., S. 56), als „Enthüllung und Entbergung" des „Sinnzusammenhangs" (a. a. O., S. 57) Sukkurs bei Heideggers Interpretation des jungen Hegel.
152 So Gisèle Brelet: Hegel und die moderne Musik. – In: Hegel-Jahrbuch 1965. S. 10–26. Wie hätte Hegel, der nicht einmal Beethoven erwähnt, die atonale Musik „voraussehen" können? Umgekehrt bezieht Zofia Lissa (Die Prozessualität der Musik. – In: Hegel-Jahrbuch 1965. S. 27–38), Brelet direkt kritisierend, Hegels Musik-Theorie auf die traditionelle Musik bis Beethoven; sie sieht in Hegels Ausführungen zum prozessualen Charakter der musikalischen Form eine musikalische Strukturlehre „in nuce" entwickelt (a. a. O., S. 27), die es erlaube, konstante Bau- und Perzeptionsformen innerhalb der Musikgeschichte zu erkennen und durch den Aufweis ihrer psychologisch bedingten historischen Genesis ein Motiv für das Phänomen der innerästhetischen Kunstgeschichte zu liefern, das durch den Nachweis der gesellschaftlichen Bedingtheit der Kunst nicht gedeckt ist. Der Mangel der so entwickelten Reihentheorie musikalischer Bauformen ist allgemein der methodische Additionsgedanke, als lasse sich der erkannten Insuffizienz des soziologistischen Reduktionismus durch den Zusatz einer autonomen ästhetischen Entwicklung abhelfen, statt die Dialektik von Autonomie und Bedingtheit konkret zu reflektieren, den ästhetischen und gesellschaftlichen Bereich wiederum auseinanderzureißen. Dieser methodische Mangel reproduziert sich in der Ausführung in dem schlecht idealistischen Schematismus, der eine einsträngige Entwicklungslinie der Bauformen Gleichheit-Abweichung-Kontrast nach dem in seiner Übertragbarkeit auch psychologisch anfechtbaren Modell ‚vom Einfachen zum Schwierigen' konstruiert und aufgrund seiner klassizistischen Ausrichtung vor der Moderne kapituliert. Wie der Klassizismus der an Hegel orientierten Literatur-Ästhetik sein unerreichbares Muster in Goethes in Analogie zur Phänomenologie interpretierten

4. Die Vergangenheitslehre — Antizipation der herrschaftsfreien Gesellschaft?

Bürgerliche und traditionell-marxistische Ästhetik stimmen in ihrer Interpretation der Vergangenheitslehre weitgehend überein: In aller Regel wird sie akzeptabel erst dann, wenn sie als Prophetie des kulturpessimistisch oder gesellschaftskritisch gesehenen Niedergangs der modernen bürgerlichen Kunst verstanden wird[153]. Dieser wird obendrein meist als Durchgangsstufe auf eine für die Zukunft zu erwartende neuerliche Blütezeit bezogen, sei es einer metaphysisch-ganzheitlichen, sei es einer — mit Morawskis verräterischem Terminus — „Gegen-Entfremdungs-Kunst", eines klassizistisch interpretierten sozialistischen Realismus. Die dem zugrundeliegende Überzeugung von einem zwar historisch-gesellschaftlichen Wandlungen unterworfenen, seinem Gehalt nach jedoch ewig-substantiellen Kunstbedürfnis zeigt, daß der Kunst auch dort, wo sie als Gegenkraft gegen gesellschaftliche Entfremdung begriffen werden sollte, eine durchgehend affirmative Funktion zugeteilt wird. Nicht zufällig hält sich auch die offizielle Hegel-Interpretation des Ostbereichs:

„Infolge seiner bürgerlichen Begrenztheit kommt Hegel bei der Betrachtung der Frage nach dem Untergang der Kunst offensichtlich zu falschen Schlußfolgerungen. Für ihn ist der Niedergang der Kunst eine fatalistische Vorbestimmung. Hier verlieren die Hegelschen Gedankengänge ihre historische Gebundenheit und fangen an, sich außerhalb der Zeit zu bewegen. Die Widersprüche der kapitalistischen Gesellschaft verwandeln sich bei Hegel in eine ewige Tragödie des Geistes."[154]

„Man muß jedoch sagen, daß der Pessimismus Hegels hinsichtlich der Perspektiven der Kunst gewisse historische Berechtigung hatte, wenn

---

Faust auffindet (Lukács: Faust-Studien. — In: Faust und Faustus. Ausgew. Schriften II. — Reinbek 1967. S. 144—160. und Bloch: Faust, Hegels ‚Phänomenologie' und das Ereignis. — In: Über Methode und System bei Hegel. S. 35—48), so der Klassizismus der Musik-Ästhetik im „klassischen Sonatenzyklus", der die Musikgeschichte abschlußhaft wie sonst nur Hegels Ästhetik in Beethoven zusammenschließt (Lissa, a. a. O., S. 35).

153 Das gilt freilich nicht für Henrich und Sabatini, selbstverständlich nicht für Fischer.
154 Grundlagen der marxistisch-leninistischen Ästhetik, S. 141 f.

man die Entwicklungsbedingungen der Kunst in der bürgerlichen Gesellschaft berücksichtigt."[155]
an den Hegelschen Humanus[156], um den sozialistischen Realismus als „die Kunst der höchsten Entwicklungsetappe der menschlichen Gesellschaft — der Epoche des Sozialismus", als „eine qualitativ neue Periode der Weltkultur" und „zugleich das gesetzmäßige Ergebnis der Kunst der ganzen Welt" zu erweisen[157]. Daß die Kunst angesichts der „der Kunst und Schönheit feindlich(en)" kapitalistischen Ordnung „nur auf dem Wege einer revolutionären Umgestaltung der gesellschaftlichen Verhältnisse gerettet werden" könne[158], liquidiert ihre gesellschaftlich-antithetische Funktion um des Plechanow-Leninschen Widerspiegelungsprinzips willen. Noch deren Rudiment, „daß man mit ihrer (der Einbildungskraft, W. K.) Hilfe den realen Entwicklungsgang der historischen Ereignisse voraussehen kann"[159], verrät die Antizipation durch deren inhaltliche Präfixierung ans Gegebene. Der Banausie, die Kunst als „Mittel der ästhetischen Erkenntnis und Veränderung der Wirklichkeit" sowie „als Funktion der Erziehung der Gesellschaft mit ästhetischen Mitteln, als ästhetische Erziehung" definiert[160] und sich nicht entblödet, auf das antike Kalokagathie-Ideal zu rekurrieren[161], eignet gerade jene Herrschaftsfunktion, die dem Hegelschen Kunstbegriff mit weniger Recht angelastet wird: Die Lehren, die die Kunst als „Lehrbuch des Lebens"[162] im Namen der Partei ihren Adepten einzubläuen hat, werden ästhetisch verbrämt durch „das künstlerische Bild" als „die spezifische Methode der Kunst"[163], d. h. Kunst wird als wissenschaftsanaloge „künstlerische Erkenntnis der Wirklichkeit" zur Komplementärform instrumenteller Vernunft[164]. In paradoxer Umkehrung der eigenen Hegel-Kritik erscheint sogar in der Terminologie ein — freilich einseitiger — Hegel redivivus: „Bringt er (der Künstler, W. K.) sein Ideal vom Schönen, seine Vorstellungen von der höchsten Vollkommenheit des Lebens zum Ausdruck und enthüllt in der Prosa des Lebens seine Poesie"[165], so überwindet er die von Hegel vorausgesehene Dichotomie

---

155 a. a. O., S. 144 — gegen solchen Schwachsinn wandte sich die „konterrevolutionäre Gruppe Harich".
156 a. a. O., S. 143
157 a. a. O., S. 32 f.
158 a. a. O., S. 171
159 a. a. O., S. 195
160 a. a. O., S. 240
161 a. a. O., S. 251
162 a. a. O., S. 247
163 a. a. O., S. 439
164 a. a. O., S. 451
165 a. a. O., S. 458

des „bürgerlichen Naturalismus", einer „Kunst ohne Ideale"[166], und des „Formalismus im weiteren Sinne", der zugunsten von „unanschaulichem Nihilismus", Pathologie und Kunstzerfall auf das „ästhetische Ideal", den „menschlichen Inhalt der Kunst", das „Streben nach Vervollkommnung des Menschen" verzichte[167]. Solche Überwindung, die sich unter Rückgriff auf den Hegelschen Humanus vollzieht:

> „Der Mensch in der ganzen Konkretheit seines sozialen Seins, in der ganzen Vielseitigkeit seiner Erlebnisse und der Charakterisierung des individuellen Antlitzes wird zum Gegenstand der Kunst."[168]

erhebt nicht deshalb Einspruch gegen die Hegelsche Vergangenheitslehre, weil sie der Kunst als emanzipatorischer — die Emanzipation soll ja bereits geleistet sein —, sondern weil sie ihrer als repressiver noch bedarf; darum lenkt sie zurück zum bürgerlichen Ästhetizismus mit seiner scheußlichen „Anhäufung ästhetischer Werte"[169] und stimmt in dessen Geheul über die entartete Kunst ein.

Diese pseudomaterialistische Kunsttheorie ist es, gegen die kritischer Marxismus die Hegelsche Vergangenheitslehre beim dialektischen Wort nimmt. An Hegels Kategorie des objektiven Humors wie an der Aufhebung des Tragischen ins Komische als dem letzten Wort der Hegelschen Ästhetik wird Ernst Bloch „der *eigentliche Zielpunkt der Hegelschen Ästhetik*" evident: „die aus der harten, aber auch noch aus der schönen Welt entlassene Menschheit"[170]. Die von Bloch erkannte Reziprozität von gesellschaftlicher Not und Kunstproduktion insistiert sowohl darauf, daß Kunst sich nicht in Affirmation und Ideologie erschöpfe, wie darauf, daß die Hegelsche Perspektive der Selbstaufhebung der Kunst die befriedete Gesellschaft antizipiere, die der Kunst nicht mehr bedürfte. Je ferner jedoch heute jener Zielpunkt gerückt scheint, um so fraglicher ist es, was die heitere Selbstsicherheit des objektiven Humors, in der er bei Hegel sich ankündigt, dazu bei-

---

166 a. a. O., S. 343 f.
167 a. a. O., S. 345 f.
168 a. a. O., S. 347
169 Grundlagen, S. 354
170 E. Bloch: Subjekt-Objekt. Erläuterungen zu Hegel. Erweiterte Ausgabe. — Frankfurt/M 1971. Zit. S. 294

zutragen vermag, die ihrer eigenen Antinomie bewußte moderne Kunst zu begreifen. Noch das „feine Blitzen und Leuchten aus ganz anderem Frieden als dem, der mit der Welt gemacht wird", droht als inhaltliche Gewißheit, „Essenz der Weisheit" seit je,[171] zuletzt doch dem Frieden zu verfallen, den die Kunst mit ihrer Welt immer auch machen muß, d. h. der Harmlosigkeit. Das macht, daß Humor eine Kategorie der Inhalts-Ästhetik ist, der Bloch — trotz gewisser Reserven —, wie noch zu zeigen sein wird, treubleibt; um wirklich der „Liquor" zu sein, der das Verfestigte verflüssigt, bedarf es neuer formaler Qualitäten, die das Problem von gesellschaftlicher Herrschaft und Befreiung als eines der künstlerischen Praxis selbst reflektieren.

Daher kann die Hegelsche Perspektive von einem möglichen Ende der Kunst erst vermittels der Konfrontation mit dem Erfahrungsgehalt gegenwärtiger Kunst konkret entfaltet werden. Ohne direkten Rekurs auf Hegel ist diese Konfrontation von dem die Erfahrungen des Surrealismus reflektierenden, selbst dialektischen Umschlag des tschechischen Poetismus— der, wohl ohne es zu wissen, Hegels These vom Ende der Kunst beim Wort nahm — in Strukturalismus zuerst im Ansatz geleistet worden. Dessen Geschichte, die wegen ihrer Bedeutung in einem eigenen Kapitel untersucht werden muß, kann daher füglich einer Geschichte, wenn nicht der unmittelbaren Rezeption, so doch der vermittelten Kritik der Hegelschen Ästhetik zugerechnet werden.

Daß Blochs Interpretation der Vergangenheitslehre, jener heiteren Selbstgewißheit des Humors zugesellt, der Revision bedarf, insofern sie diese, selbst wiederum einseitig, auf eine bisher mit Grund verkannte Bedeutungsdimension reduziert und, indem sie deren Affirmatives ignoriert, selbst der Affirmation nicht völlig entgeht, erweist Adornos immanente Hegel-Kritik, als die sich seine gesamte Ästhetische Theorie lesen läßt:

„Das Hegelsche Motiv von der Kunst als Bewußtsein von Nöten hat sich über alles von ihm Absehbare hinaus bestätigt. Dadurch wurde es zum Einspruch gegen sein eigenes Verdikt über die Kunst, einen Kulturpessimismus, der seinem kaum nur säkularisierten theologischen Optimismus, der Erwartung real verwirklichter Freiheit Relief

---

[171] ibid.

gibt. Die Verdunklung der Welt macht die Irrationalität der Kunst rational: die radikal verdunkelte."[172]

Die Kritik der Vergangenheitslehre, expliziert aufgrund der Erfahrungen der anvanciertesten Kunst, legt deren unterschiedliche Bedeutungsdimensionen bloß: Resultat des geschichtsphilosophischen Optimismus, der selbst nur der Sistierung der Dialektik, einem geheimen Kulturpessimismus sich verdankt, widerlegt sich die Vergangenheitslehre angesichts der aktuellen gesellschaftlichen Wirklichkeit selbst und bedingt die Frage, wie die in ihr implizierte Glücksperspektive überhaupt noch vom Kunstwerk bewahrt werden könne. Daher schließt Adornos Interpretation:

„Der als erster ein Ende von Kunst absah, nannte das triftigste Motiv ihres Fortbestandes: den Fortbestand der Nöte selber, die auf jenen Ausdruck warten, den für die wortlosen stellvertretend die Kunstwerke vollbringen."[173],

noch die Fragwürdigkeit moderner Kunst ein: In ihr, die den traditionellen Kunstbegriff sprengt und tendenziell „in Antikunst übergeht", gerade weil sie „an ihrem Begriff festhält": dem einer anderen als der Praxis der Gewalt und der totalen Fungibilität, und „dem Konsum sich weigert", reflektiert sich die Hegelsche Prognose vom Ende der Kunst als „Frage nach der Möglichkeit von Kunst"[174]. Wie sie sich als gesellschaftliche Antithesis zur Gesellschaft behaupten kann, beantwortet Kunst damit, daß sie „ihren Untergang sich einverleibt"[175]. Indem er Hegel radikal weiterdenkt, kritisiert ihn Adorno fundamental. Daher ist die „Ästhetik" nicht nur mit den Erfahrungen der modernen Kunst zu konfrontieren, sondern auch mit jenen Formen der Ästhetik, die auf ihn – minus Idealismus – direkt sich berufen, den traditionellmarxistischen. Die „These vom bevorstehenden oder schon erreichten Ende der Kunst", bei Hegel auch Reproduktion der alten „Ideologie der geschichtlich niedergehenden Gruppen, denen ihr Ende das aller Dinge

---

172 Th. W. Adorno: Ästhetische Theorie. – Frankfurt/M 1970. Zit. S. 35
173 Ästhetische Theorie, Frühe Einleitung, S. 512
174 a. a. O., S. 503
175 Ästhetische Theorie, Paralipomena, S. 474

dünkte", wiederholt sich in der traditionell-marxistischen Ästhetik als Aversion gegen die der Dekadenz verdächtigte Moderne. Adornos These:

> „Seit Hegel bildete die Untergangsprophezeiung eher ein Bestandstück der von oben her aburteilenden Kulturphilosophie als der künstlerischen Erfahrung; im Dekretorischen bereitete die totalitäre Maßnahme sich vor.",

dechiffriert zugleich deren scheinradikale Konsequenz, die Preisgabe der Kunst durch die „Frage nach ihrem Wozu, ihrer Legitimation vor der Praxis jetzt und hier", als „falsche Abschaffung der Kultur, ein Vehikel von Barbarei"; denn

> „die Funktion der Kunst in der gänzlich funktionalen Welt ist ihre Funktionslosigkeit; purer Aberglaube, sie vermöchte direkt einzugreifen oder zum Eingriff zu veranlassen. Instrumentalisierung von Kunst sabotiert ihren Einspruch gegen Instrumentalisierung; einzig wo Kunst ihre Immanenz achtet, überführt sie die praktische Vernunft ihrer Unvernunft."[176]

Daß damit die seit Hegel geläufige Bindung der Kunst an den Arbeitsbegriff dialektisch negiert ist, Kunst nicht mehr zum Mittel der Aneignung und Erkenntnis der Wirklichkeit umstandslos depotenziert werden kann, wird später genauer zu analysieren sein. Solche Insistenz auf der ästhetischen Immanenz ist jedoch himmelweit entfernt von jener Selbstgewißheit, selbstbewußten Innerlichkeit, mit der Hegel die ihrer Notwendigkeit und Funktion verlustig gegangene moderne Kunst charakterisiert und die verhängnisvoll genug der Blochsche Rekurs auf den Humor des Humanus repetiert — zu schweigen vom Kitsch des sozialistischen Realismus:

> „Kunst muß das als häßlich Verfemte zu ihrer Sache machen, nicht länger um es zu integrieren, zu mildern oder durch den Humor, der abstoßender ist als alles Abstoßende, mit seiner Existenz zu versöhnen, sondern um im Häßlichen die Welt zu denunzieren, die es

---

176 Ästhetische Theorie, Paralipomena, S. 474 f.

nach ihrem Bilde schafft und reproduziert, obwohl selbst darin noch die Möglichkeit des Affirmativen als Einverständnis mit der Erniedrigung fortdauert, in die Sympathie mit den Erniedrigten leicht umschlägt."[177]

Bloch reproduziert die traditionell-marxistische Hegel-Erbschaft des Arbeitsethos und des auf es gegründeten Geschichtsoptimismus. Wiewohl alles andere als Bilderstürmer, ist auch ihm der Gedanke der Verwirklichung des „mit dem gesellschaftlichen umstandslos identifiziert(en)" Wahrheitsgehalts der Kunst[178] nicht fremd, denkt auch er Aufhebung der Kunst vermittels gesellschaftlicher Veränderung in den Bahnen der geschichtsphilosophischen Hegelschen Kategorie der „Notwendigkeit", die als Maßstab der Kunst nach Adorno „insgeheim das Tauschprinzip, die Spießbürgersorge, was er dafür bekomme, (prolongiert)"[179].

Um den kritischen Gehalt der Vergangenheitslehre freizusetzen, muß also zuerst das System, dessen Signatur Arbeitsethos und Geschichtsoptimismus sind, dialektisch negiert werden:

„Erfüllte sich die Utopie von Kunst, so wäre das ihr zeitliches Ende. Hegel als erster hat erkannt, daß es in ihrem Begriff impliziert ist. Daß seine Prophezeihung nicht eingelöst ward, hat seinen paradoxen Grund in seinem Geschichtsoptimismus. Er verriet die Utopie, indem er das Bestehende konstruierte, als wäre es jene, die absolute Idee. Gegen Hegels Lehre, der Weltgeist sei über die Gestalt der Kunst hinaus, behauptet sich seine andere, welche die Kunst der widerspruchsvollen Existenz zuordnet, die wider alle affirmative Philosophie fortwährt."[180]

Wir hatten jedoch schon wiederholt Gelegenheit, darauf hinzuweisen, daß noch der Geschichtsoptimismus, die Affirmation des Bestehenden, der bürgerlichen Gesellschaft bei Hegel durchaus widersprüchlich bleibt, sich nicht im Affirmativen erschöpft, ja daß Hegel selbst im Grunde die Vergangenheitslehre durch das „Theorem von Kunst als dem Bewußt-

---

177 Ästhetische Theorie, S. 78 f.
178 a. a. O., S. 373
179 ibid.
180 Ästhetische Theorie, S. 56

sein von Nöten"[181] widerlegt. Nur darum kann Adorno als implizites Motiv der Vergangenheitslehre das Bewußtsein der „Antinomie der Wahrheit und Unwahrheit von Kunst" vermuten[182], und dies Motiv, auf den Begriff gebracht, zur Analyse der Antinomie moderner Kunst einsetzen:

> „Freilich bleibt Kunst verstrickt in das, was bei Hegel Weltgeist heißt, und darum mitschuldig, aber dieser Schuld könnte sie entgehen nur, indem sie sich abschaffte, und damit leistete sie erst recht der sprachlosen Herrschaft Vorschub und wiche der Barbarei."[183]

Diese Antinomie wird konstitutiv für die Kunstform, in die der utopische Gehalt sich flüchtet, den die Hegelsche Inhalts-Ästhetik, erst recht deren illegitime Erbin, die Widerspiegelungstheorie, zum fixierbaren Positivum erstarren zu machen drohte. Daher Adornos Warnung:

> „Würde zukünftige Kunst wunschgemäß wieder positiv, so wäre der Verdacht realer Fortdauer der Negativität akut."[184]

Die negativ-dialektische Struktur moderner Kunst, einzig mögliche Form der Rettung des Humanen, auf das sie geht, nicht Abbild des realen Negativen, bewahrt die Hoffnung, „daß eines besseren Tages Kunst überhaupt verschwände"[185]; ihre Reflektiertheit stellt überdies „das konventionelle Naivetätsideal", auf das Hegel klassische Kunst klassizistisch verpflichtete, als „Rückphantasie des reflektierten Zeitalters" in Frage[186]; die Erfahrung moderner Kunst problematisiert rückwirkend die Rezeption der vergangenen.

Um ihre Wahrheitsmomente freizusetzen, unterzieht Adorno alle überkommenen ästhetischen Kategorien der Kritik. Nichts könnte deren Notwendigkeit deutlicher machen als die Tatsache, daß ausgerechnet der spätere Faschist Baeumler unseres Wissens als erster der Vergangenheitslehre positiven Sinn abzugewinnen versucht hat:

181 a. a. O., S. 309
182 a. a. O., S. 252
183 a. a. O., S. 310
184 a. a. O., S. 387
185 Ästhetische Theorie, S. 386 f.
186 Ästhetische Theorie, Frühe Einleitung, S. 501

„Nicht Verzweiflung und Skeptizismus — der Optimismus der wissenden Kraft hat das Ende der Kunst geweissagt. Es ist ein ungeheures Verdienst Hegels, dem Gedanken vom Ende der Kunst ohne Scheu ins Auge gesehen und ihn ohne Pessimismus ausgesprochen zu haben."[187]

Dabei ist entscheidend, daß Baeumlers Begründung dieser Interpretation:

„Die Einsicht in die Überwindung der Kunst bedeutet keineswegs das Ende der Kultur; sie ist im Gegenteil die Einsicht in ihre Vollendung."[188],

dem zeitgenössischen Apologetentum im Guten wie im Bösen weit überlegen, durchaus den in der Regel ignorierten Aspekt Hegelschen Denkens, die Orientierung auf reale Emanzipation, aufnimmt, um ihn jedoch unter dem Schein des schon Erreichten, auch darin Hegel nicht ganz fremd, in sein apologetisches Gegenteil umzuwenden. Baeumlers Interesse wird daran evident, daß er Hegels Ästhetik als Typologie psychologischer Gestalten der historisch fortschreitenden Menschheit interpretiert. Für diese ‚Übersetzung' des Hegelschen Systems „ins Menschlich-Lebendige" „ergibt sich als Ziel der Entwicklung *der in der Fülle seiner historischen Erscheinung sich selber wissende Mensch*", d. h. der Hegelsche Humanus, Resultat der spekulativen Philosophie, wird bei Baeumler zum realen modernen Menschen:

„Der konkrete Mensch wird Religion und Kunst haben und verstehen, aber frei von ihnen sein. Indem die Philosophie den Menschen von den letzten Schranken der Sinnlichkeit befreit (Kultus und Kunst), gibt sie ihn ganz sich selbst. So entsteht der Typus des modernen Menschen, des Menschen, der in der Kunst, die ihn erzogen hat, so wenig mehr die letzte Befreiung findet, wie in der Religion."[189]

[187] Einleitung zu: Hegels Aesthetik. Unter einheitlichem Gesichtspunkte ausgewählt, eingeleitet und mit verbindendem Texte versehen von Dr. Alfred Baeumler. — München 1922. S. 1—34. Zit. S. 34
[188] ibid.
[189] Baeumler, a. a. O., S. 33

In der Ableitung „des" modernen Menschen vom „Renaissance-Typus"[190] und seiner Abhebung vom „Menschen der Zivilisation"[191] kündigt sich bereits die Barbarei des faschistischen Menschenbildes an, das Kunst und Religion „hat" und sich seiner elitären Abstammung bewußt ist. Die kleinbürgerliche Renaissance-Ideologie des sich zum Heros aufwerfenden Spießers, des „zur völligen Selbständigkeit befreite(n), von den Naturbedingungen des Talents losgelöste(n) Genie(s)", das „nicht mehr in Farbe, Ton und Stein (schafft)", sondern dem „das *Leben*" „das Feld seines Wirkens ist"[192], antizipiert den barbarischen nordischen Menschen, der in der Ästhetisierung des Lebens Ersatz für die abgeschaffte Zivilisation und das heißt: für ihr reales Versöhnungs- und Emanzipationsinteresse sucht. Nicht zufällig ersetzt Baeumler Hegels Begriff des Romantischen durch den des „Gotischen"[193]. Die „möglichst lesbar gemachte Auswahl"[194], die Ausschnitte aus der „Ästhetik", unbekümmert um ihren Kontext, zusammenstellt und kommentiert, will Hegels Werk als „historische Psychologie"[195] darstellen, die als „die objektive Phänomenologie des Geistes"[196] den „Übergang von der abstrakten Charakterologie" (gemeint ist die Phänomenologie, W. K.) zu der Entfaltung der Völkercharaktere (vermittelt), die den Inhalt der Weltgeschichte ausmacht"[197]. Die Hegelsche Geschichtsphilosophie ist für den Faschismus darum attraktiv, weil sie in der „germanischen Welt" kulminiert. Aufgrund ihrer kritischen Intention aber wird sie für den Faschismus, der auch hier an fehlinterpretierte Reizworte sich hält, nur in Ausschnitten akzeptabel, denen zumal die gesellschaftliche Dimension des Hegelschen Denkens zum Opfer fallen muß. Dem entspricht eine spezifische Stellung zu Kunstfragen. Die Verpflichtung der Kunst auf den Klassizismus unter Rückgriff auf die Hegelsche Vergangenheitslehre:

„Das 19. Jahrhundert hat ihm (Hegel, W. K.) recht gegeben. Es hat wohl noch große Künstler aber keine große Kunst mehr hervorgebracht."[198],

190 ibid.
191 a. a. O., S. 34
192 a. a. O., S. 33 f.
193 a. a. O., S. 15, Anm. 1 und pass.
194 a. a. O., S. 8

195 a. a. O., S. 5
196 a. a. O., S. 29
197 Baeumler, a. a. O., S. 28
198 a. a. O., S. 16

dient dazu, noch die moderne Kunst, die des Expressionismus, für die eigenen Zwecke zu reklamieren, als stammelndes Ringen um „ein *neues Bild des Menschen*", als „eine religiös-metaphysische Kunst", die erst „um ein neues Weltgefühl nur ringen" kann[199]. Die scheinbare Anerkennung der Moderne dient in Wahrheit ihrer Restriktion; das gotische Kunstgenie soll das Lebensgenie vorbereiten, als das sich alle Volksgenossen fühlen dürfen, weil es auf Talent und Zivilisation nicht mehr ankommt. So nah aber ist auch die Hegelsche Philosophie am Punkt ihrer höchsten Wahrheit ihrer tiefsten Unwahrheit. Was zweite Reflexion, sie zu retten, an ihr einlösen kann, ist keine Trennung von Lebendigem und Totem, sondern nur das Bewußtsein dessen, daß Wahrheit im gegebenen Unwahren diesem nie ganz sich entziehen, wohl aber noch ihre eigene Unwahrheit reflektieren kann: Nur in seiner bestimmten Negation lebt das Glücksversprechen der Hegelschen Vergangenheitslehre.

---

[199] a. a. O., S. 1

IV DER „LEBENDIGE" UND DER „TOTE" HEGEL IN DER TRADITIONELL-MARXISTISCHEN ANATOMIE (LUKÁCS UND HEGEL)

Charakteristischer Grundzug dessen, was hier das traditionell-marxistische Hegel-Bild genannt wird, ist der ihm eigene Traditionalismus: Es paraphrasiert weitgehend die einschlägigen Stellen der „Klassiker des Marxismus-Leninismus". Die partei-offizielle Kanonisierung des Übergangs von Hegel zu Marx nach der berühmten Leninschen Formel, die Marxsche Lehre sei „die rechtmäßige Erbin des Besten, was die Menschheit im 19. Jahrhundert in Gestalt der deutschen Philosophie, der englischen politischen Ökonomie und des französischen Sozialismus hervorgebracht hat"[1], setzt durch den Begriff des Erbes alle entscheidenden philosophischen Probleme als grundsätzlich gelöst voraus. Wohl betont der zum 200. Geburtstag Hegels in der DDR erschienene Sammelband „Hegel und wir", es wäre „ein fundamentaler Irrtum, zu glauben, Hegel sei damit (mit der dialektischen Aufhebung durch Marx, W. K.) ein für allemal abgetan und erledigt"[2], er hat jedoch mit der dialektischen Aufhebung Schwierigkeiten. Die Berufung auf Lenins Wort aus dem Konspekt zur Hegelschen Logik:

„Ich bemühe mich im allgemeinen, Hegel materialistisch zu lesen: Hegel ist auf den Kopf gestellter Materialismus (nach Engels) – d. h., ich lasse den lieben Gott, das Absolute, die reine Idee etc. größtenteils beiseite.",

als auf „die verallgemeinerungswürdige und für die Methode der marxistischen philosophiegeschichtlichen Arbeit grundlegend wichtige Feststellung"[3] markiert sehr genau das Verhältnis der traditionell-

---

[1] W. I. Lenin: Drei Quellen und drei Bestandteile des Marxismus. – In: Werke. Bd. 19. – Berlin (DDR) 1962. Zit. S. 4
[2] Hegel und wir. Hg. von E. Lange. – Berlin (DDR) 1970. Zit. S. 9
[3] Hegel und wir, S. 10

marxistischen Philosophie zu Hegel. Der illusionären Intention, die schon Marx geläufig war, das Idealistische an der Hegelschen Philosophie als mystische Hülle schlicht wegzulassen, um die Erbschaft des rationalen Kerns anzutreten, droht die Konsequenz der Engelsschen Trennung von Methode und System bei Hegel, für die dessen Philosophie dann tatsächlich „ein für allemal erledigt" wäre. Vor dieser Konsequenz schützt nur der Leninsche Rekurs auf die Genialität, mit der Hegel „die Dialektik der Dinge (der Erscheinungen, der Welt, der *Natur*) in der Dialektik der Begriffe (...) *erraten*" habe[4]. Der „Gedankenreichtum seiner Philosophie"[5], der sich solcher Genialität verdanke, begründet das Interesse der marxistischen Philosophiegeschichte an Hegel sowie ihre Methode, das bei Hegel nur Erratene in wissenschaftliche Theorie umzusetzen. Gerade hier aber rächt sich der Verzicht auf immanente Kritik: Wo die Hegelsche Philosophie umstandslos als geistiger Steinbruch benutzt wird, droht allemal der Rückfall in einen an entscheidender Stelle nicht durchschauten Hegelianismus. Paradigmatisch dafür ist die Rezeption der Hegelschen durch die traditionell-marxistische Ästhetik. Auf keinem anderen Gebiet wohl ist die offiziell-marxistische Philosophie dem verbal bekämpften Bürgertum so nahe wie auf dem der Kunsttheorie. Daß sie mit ihm sich einig weiß in der Rancune gegen die Moderne und im reaktionären Klassizismus, hat spätestens die Moskauer Expressionismus-Debatte deutlich gemacht, in der sich Ziegler-Kurella zu den an spießiger Banausie unübertrefflichen „kritischen" Fragen verstieg:

„Die Antike: ‚Edle Einfalt und stille Größe' – sehen wir sie so? Der Formalismus: Hauptfeind einer Literatur, die wirklich zu großen Höhen strebt – sind wir damit einverstanden? Volksnähe und Volkstümlichkeit: die Grundkriterien jeder wahrhaft großen Kunst – bejahen wir das unbedingt?"[6]

Nun machte es sich freilich zu einfach, wer marxistische Ästhetik anhand der Schriften Kurellas oder auch der Grundlagen der marxi-

---

4 Konspekt zur Hegelschen Logik, zit. Hegel und wir, S. 8 f.
5 a. a. O., S. 9
6 Bernhard Ziegler: Nun ist dies Erbe zuende... – In: Marxismus und Literatur. Hg. von F. J. Raddatz. Bd. II. – Reinbek b. Hamburg 1969. S. 43–50. Zit. S. 50

stisch-leninistischen Ästhetik kritisieren wollte. Noch immer muß als Haupttheoretiker ihrer traditionalistischen Spielart Georg Lukács gelten. Aber noch dessen Arbeiten, wiewohl ungleich subtiler und kenntnisreicher, enthalten den Keim zu jener Vergröberung und repressiven Fassung der Kunsttheorie, wie sie sich in den Grundlagen oder bei Kurella nachweisen lassen. Nicht unwesentlich dafür ist die spezifische Form der pathetisch proklamierten Hegel-Erbschaft, des Weglassens und Umstülpens des in der Hegelschen Ästhetik Vorgefundenen. Aus diesem Grunde ist für die Frage der traditionell-marxistischen Hegel-Rezeption nicht nur auf die explizite Hegel-Kritik, sondern auch auf den in ihrer Konsequenz entwickelten Entwurf einer eigenen Ästhetik durch Georg Lukács einzugehen.

Die Hegel-Kritik, wie sie das 1951 entstandene Vorwort für die ungarische Übersetzung der Hegelschen Ästhetik entwickelt[7], hat allzu leichtes Spiel. Sie bestimmt Hegels Stellenwert in der Geschichte der modernen Ästhetik ineins mit ihren Vorzügen und Schwächen: einerseits aufgrund ihrer historisch-dialektischen Methode, ihres *objektiven* Idealismus als „auf dem Gebiete der Kunstphilosophie den Gipfelpunkt des bürgerlichen Denkens, der bürgerlichen, fortschrittlichen Traditionen"[8], andererseits aufgrund der mit dem objektiven *Idealismus*, der Subjekt-Objekt-Identität gesetzten Schranken als Umschlagspunkt zur ihren „lebendigen, fruchtbaren Kern" aufbewahrenden „materialistischen Kritik und Umstülpung"[9], deren konkrete und systematische Durchführung, geleitet von den Ansätzen bei Marx, Engels, Lenin und — hier noch — Stalin, als Aufgabe und Programm der eigenen zu erstellenden Ästhetik skizziert werden. Die nichts weniger als dialektische: starre Dichotomie des Objektiven (= Vorzüge, = marxisch „rationeller Kern") und Idealistischen (= Mängel, = marxisch „mystische Hülle") liefert zugleich das eingängige Drei-Phasen-Schema für die Geschichte der Ästhetik: Entwicklung bis zu Hegel — Hegels eigene Entwicklung — Entwicklung nach Hegel, wobei letztere aufgeteilt wird in die des bürgerlichen Lagers (= Verwässerung, Vergröberung, Mystifizierung) und die des Marxismus als des legitimen Hegel-Erben. Diese

---

[7] Hegels Ästhetik. — In: G. Lukács: Werke. Bd. X. Probleme der Ästhetik. — Neuwied-Berlin 1969. S. 107–146

[8] a. a. O., S. 107

[9] a. a. O., S. 132

historische Klassifikation, in solcher Starrheit nur aus der politischen Situation der Entstehungszeit der Arbeit verständlich, reproduziert wie die bekämpfte bürgerliche Philosophie Hegels eigenen Anspruch, in seiner Philosophie sei alle vorausgegangene begrifflich aufgehoben[10], und lebt aus der Illusion, Fortschrittliches und Reaktionäres lasse sich bei Hegel eindeutig trennen. Die Illusion, an die „objektiven" Momente der Hegelschen Ästhetik unmittelbar anknüpfen zu können, rächt sich bitter in Lukács' eigener Ästhetik[11]. Deren Vorwort gibt sich als über der Sache stehend:

> „Der historisch-systematische Charakter der Kunst erhielt (...) seine erste und ausgeprägte Gestalt in Hegels Ästhetik. Die aus dem objektiven Idealismus entspringenden Starrheiten der Hegelschen Systematik wurden durch den Marxismus richtiggestellt."[12]

Daher begreift es Lukács, den Gedanken der Originalität abwehrend[13], als seine Aufgabe, die im Marxismus an sich bereits vorhandene Ästhetik zu explizieren:

> „Die Richtung dieser Wege ist in der Totalität des Weltbilds, das die Klassiker des Marxismus entworfen haben, in zweifelsfreier Evidenz enthalten, insbesondere dadurch, daß die vorhandenen Ergebnisse als Endprodukte solcher Wege klar vor uns stehen."[14]

Dadurch, daß derart die allgemeine Basis, ja sogar die Ergebnisse der Ästhetik von vornherein feststehen sollen, fließen all jene ungeprüften Voraussetzungen ein, die die im Werk avisierte Dialektik hemmen und Lukács an entscheidender Stelle zum Hegelianer machen, der er nun wirklich nicht sein will. Der Versuch, die Hegelsche Ästhetik minus Idealismus, minus den Leninschen „lieben Gott" zu rezipieren, statt ihr

---

10 Dann ist z. B. Kant wirklich nichts als „formalistisch", X, S. 109 (wir zitieren Lukács nach der Werke-Ausgabe mit Band- und Seitenzahl).
11 G. Lukács: Die Eigenart des Ästhetischen. 1. und 2. Halbband. — Neuwied-Berlin 1963 (= Werke Bd. XI/XII)
12 Lukács, XI, S. 15
13 a. a. O., S. 16
14 a. a. O., S. 17

eigenes Grundprinzip, Dialektik, in ihr weiterzutreiben, wo sie ihm untreu wird, muß scheitern, da das der Übernahme Gewürdigte an derselben idealistischen Krankheit leidet wie das Verworfene: Unbesehen passieren die „Mängel und Schranken des bürgerlichen Denkens"[16] den allein erschienenen ersten Teil von Lukács' Ästhetik, deren „schmales Instrumentarium, insgesamt Hegelschen Ursprungs"[17]. Da Lukács' Ästhetik ihrem eigenen Anspruch nach als Kritik am „philosophischen Idealismus" verstanden werden will[18], kann sie legitim als Hegel-Kritik gelesen werden.

Sieht man vorab aufs Ergebnis der „Eigenart des Ästhetischen", soweit sie uns vorliegt, so wird man in der grotesken Tatsache, daß am Ende der beiden umfangreichen Bände alle zuvor weitläufig entfalteten Kategorien in die Alternative des Symbolischen und Allegorischen zusammenfallen, unschwer Hegels Klassizismus wiederentdecken. Die Bestimmung des Symbolischen, dem nicht zufällig neben Hegel am häufigsten zitierten Goethe entlehnt, deckt sich in großen Zügen mit Hegels Begriff des Schönen als des sinnlichen Scheinens der Idee und seiner Bestimmung des Klassischen. Daß Lukács — bei aller Vorliebe für den realistischen Roman des XIX. Jahrhunderts — das Symbolische nicht an einem einzigen historischen Ort lokalisiert, sondern als Emanzipationstendenz der Kunst charakterisiert, löst zwar den historisch-systematischen Schematismus der Hegelschen Einteilung der Kunstformen, des Symbolischen, Klassischen und Romantischen auf, aber nur um ihn in ein neues Schema, das der Alternative Symbol-Allegorie, einzubringen. Da die Basis dieser Alternative, das Verhältnis der Kunst zur Religion — als Emanzipation oder Unterordnung — ist, bezieht Lukács, statt, wie es sein eigener Begriff der Katharsis fordert, sich in die Sache selbst zu versenken, von vornherein einen der Kunst äußerlichen, kunstfremden Standpunkt. Die Banausie, die aufgrund der vorausgesetzten Priorität des mit dem Stoff identifizierten Inhalts wie bei Hegel in seine Ästhetik eindringt[19], zeigt sich allerorten, am

---

16 Lukács, X, S. 120
17 Th. W. Adorno: Erpreßte Versöhnung. — In: Noten zur Literatur II. — Frankfurt/M 1961. S. 152—187. Zit. S. 160
18 Lukács, Bd. XI, S. 20
19 Sie ist an sich schon in Goethes Unterscheidung der allegorischen und symbolischen künstlerischen Praxis enthalten. Lukács potenziert sie jedoch mit seiner Realismus-Definition in den Briefen an A. Seghers und vor allem in der 1938

groteskesten jedoch an dem Versuch, avantgardistische Kunst eo ipso auf religiöse Pseudobedürfnisse zu reduzieren. Um so befremdlicher, als Lukács seine Reserven gegenüber den Produkten des sozialistischen Realismus einbekennt. Da er aber um der vorausgesetzten Dekadenz der Moderne willen das Marxsche methodenkritische Postulat, die Anatomie des Menschen sei der Schlüssel zu der des Affen, nicht historisch umgekehrt[20], nicht einzulösen vermag, terminiert Ästhetik bei ihm wie bei Hegel schließlich durch den Begriff des Symbolischen, der mit dem des Realismus identisch ist, in Abgeschlossenheit: Angesichts der Alternative der Kunstformen ist Neues über den Realismus hinaus im Grunde nicht möglich. Es gibt zwar so viel Realismen wie Gesellschaftsformationen, aber nicht nur enden diese im Sozialismus, die Kunst also im sozialistischen Realismus, sie sind auch nur Entfaltungen einer einheitlich durchgängigen Kunstidee, der doch Lukács gerade durch Historisierung hatte entgehen wollen: Die Inhalts-Ästhetik wird ihrem eigenen Begriff nach zur Reproduktion der Totalität der geschlossenen Gesellschaft, auch wo sie sich auf Manifestierung im Gegebenen real vorhandener Tendenzen beruft.

In solcher Abgeschlossenheit in sich setzt sich die starre Konstruiertheit des Systems fort, die Lukács Hegel vorwirft[21], d. h., nach seinem eigenen Anspruch, ein Rudiment des Idealismus. Wird Hegels Unfähigkeit, „den Platz der Ästhetik in den philosophischen Wissenschaften konkret und konsequent zu bestimmen"[22], für ihn manifest an der Vergangenheitslehre, die er auf ihre systemhierarchische Dimension

---

geschriebenen Arbeit „Es geht um den Realismus": Daß der Künstler zunächst abstrakt, fast wissenschaftlich das Wesen der unmittelbaren gesellschaftlichen Erscheinungswelt erkennt (= „Aufdecken"), um das so erkannte dann unter einer neuen, es besser durchscheinen lassenden „gestaltet vermittelten Unmittelbarkeit" zu verbergen (= „Zudecken") (Marxismus und Literatur. Bd. II. Hg. F. J. Raddatz. – Reinbek 1969. S. 69 f.), nimmt Hegels Forderung auf, der Künstler habe die „Notwendigkeit", mit der sich die Teile, darin Ausdruck der Wahrheit der Wirklichkeit, zum Ganzen organisierten, hinter dem „Schein absichtsloser Zufälligkeit" zu verbergen (Ästhetik I, 13, S. 157). Wir kommen auf diesen wichtigen Hegelschen Gedanken, der an entscheidender Stelle die Dialektik sistiert, noch zurück.

20 Einleitung zur Kritik der Politischen Ökonomie. – In: MEW 13. – Berlin (DDR) 1964. S. 636
21 Lukács, X, S. 127
22 a. a. O., S. 122

verkürzt, so überwindet sie Lukács nur, indem er Kunst zum Existential menschlich-gesellschaftlichen Lebens erhebt, d. h. jener Hegelschen Lehre mit ihrem idealistischen zugleich den emanzipatorischen Sinn austreibt. Damit hängt es zusammen, daß die Kunst, eingesperrt ins Koordinatensystem von Symbol und Allegorie, nur um den Preis ihrer Dignität als Reproduktion des immer Gleichen ihr ewiges Leben erhält. Das läßt Rückschlüsse zu auf jene Gesellschaft, von der die neue Blüte der Kunst, des Realismus erwartet wird.

Darüberhinaus hat noch Lukács' Begriff der Kunstgeschichte, die er in Analogie zu der der Gesellschaft als progredierenden Kampf um die Befreiung vom Religiös-Allegorischen zum selbständig und selbstbewußt Symbolischen fixiert, seinen Rückhalt bei Hegel ungeachtet der terminologischen Differenz, daß Hegels Symbolisches Lukács' Allegorischem entspricht. Lukács übernimmt von Hegel die noch genauer zu analysierende Bindung des Kunst- an den Arbeitsbegriff: Kunst als Weise der Vermenschlichung der Umgebung soll dem Menschen dazu verhelfen, „nicht mehr nur im allgemeinen, sondern auch im besonderen und einzelnen in seiner Umgebung für sich selber wirklich und zu Hause" zu sein[23]. Dieser Prozeß jedoch kulminiert bei Hegel als ästhetischer in der griechischen Antike, deren Kunst all die Bedingungen erfüllt, die Lukács für den Begriff des Symbolischen fordert. Hegel wird nicht müde, den Griechen zu bescheinigen, „daß sie ihre Welt sich zur Heimat gemacht", ja angesichts „dieser existierenden Heimatlichkeit" hält er nicht an sich zu sagen:

„Wenn es erlaubt wäre, eine Sehnsucht zu haben, so nach solchem Lande, solchem Zustande."[24]

Den Widerspruch zwischen der These von der erreichten Versöhnung in der griechischen Antike und der geschichtsphilosophischen Fortschrittsperspektive gälte es für die Hegel-Kritik fruchtbar zu machen. Die erreichte Versöhnung ist eine des künstlerischen Scheins, der hart sich bricht an der Realität der Sklavenhaltergesellschaft, in der nach Hegels geschichtsphilosophischer Trias nur erst „einige frei" sind[25]. Hegels

23 Ästhetik I, 13, S. 332
24 Geschichte der Philosophie, 18, S. 173 ff., ähnlich Philosophie der Geschichte, 12, S. 275
25 Philosophie der Geschichte, 12, S. 134

klassische Kunst antizipiert demnach eine erst in der Moderne real möglich gewordene Heimatlichkeit, die nicht mehr auf eine Klasse beschränkt ist, aber eben damit auch des sie antizipierenden Bildes nicht mehr bedarf. Kunst gehört bei Hegel der Vorgeschichte der befreiten Menschheit an. Lukács dagegen bezieht, die Hegelsche Bewegungsrichtung von der Allegorie zum Symbol aufnehmend, noch das ersehnte, alles Gewohnte sprengende Telos in die Vorgeschichte ein: Er rettet die Kunst, indem er sie depraviert, und umgeht die Hierarchie des Hegelschen Systems, indem er sie ontologisiert. Darum auch kann Lukács die bei Hegel bemerkte Unfähigkeit, „die Existenz und den Charakter der Kunst vor und nach der eigentlichen ‚ästhetischen Periode' (der griechischen) (zu) erklären"[26], nicht zum Sprechen bringen, sondern verweist wie die bürgerliche Geschichtsforschung auf die rationalistische Leibniz-Tradition[27]. Ihren Wahrheitsgehalt aber findet er gerade in der eigenen Voraussetzung der Reziprozität von gesellschaftlichem Fortschritt und Kunstblüte und deren Negativbild: als habe die schlechte Gesellschaft die dekadente Kunst, die sie verdiene.

Der Befund, daß Lukács' Hegel-Kritik all die Züge, die in der Hegelschen Ästhetik kraft ihrer dialektischen Dynamik die systematische Abgeschlossenheit tendenziell sprengen, ignoriert und die Kategorien von Hegel übernimmt, die jene systematische Geschlossenheit erst mitkonstituieren, wird evident vollends in der Analyse der vorschnellen Versöhnung im Kunstbegriff selbst, der von Anschauung und Begriff, Sinnlichkeit und Geistigkeit, Einzelheit und Allgemeinheit, in deren Zeichen Lukács das Hegel-Erbe antritt. Daß solche Versöhnung – aus der die Kategorien der extensiven und intensiven Totalität abgeleitet sind – nicht statthat, wird an eben den avantgardistischen Kunstwerken manifest, die Lukács verwirft, da sie dem vorausgesetzten Kunstbegriff widersprechen, statt davon auszugehen, daß erst an ihnen die Problematik des Ästhetischen aus der Latenz in der klassischen Kunsttradition heraustritt. Soweit Lukács seine Ästhetik vollenden konnte, „sind die Gesichtspunkte des dialektischen Materialismus dominierend, da es sich darum handelt, das objektive Wesen des Ästhetischen begrifflich auszudrücken"[28]. Der Versuch, die elementar-

---

26 Lukács, X, S. 125   28 Lukács, XI, S. 15   27 a. a. O., S. 126

ste kategoriale Struktur des Ästhetischen zu begreifen, denkt zwar stets entgegen den vulgarisierenden Tendenzen der Stalin-Zeit die historisch-materialistischen Fragen von Genesis und Ungleichzeitigkeit mit, verfällt aber im Grunde demselben Metahistorischen, das er dem Idealismus vorwirft. Wie Hegel den Begriff des Ästhetischen „sozusagen lemmatisch"[29] setzt, weil seine kategorialen Voraussetzungen sich aus der Konsequenz des Systems ergeben, so geht auch Lukács, Hegels Begriff der Lebensprosa modifizierend, von einem vorgegebenen Bezugsrahmen aus, dem des Alltagslebens, aus dem sich Notwendigkeit und spezifische Struktur des Ästhetischen deduzieren lassen sollen:

„Das Alltagsverhalten des Menschen ist zugleich Anfang und Endpunkt einer jeden menschlichen Tätigkeit. D. h. wenn man sich den Alltag als einen großen Strom vorstellt, so zweigen in höheren Aufnahme- und Reproduktionsformen der Wirklichkeit Wissenschaft und Kunst aus diesem ab, differenzieren sich und bilden sich ihren spezifischen Zielsetzungen entsprechend aus, erreichen ihre reine Form in dieser — aus den Bedürfnissen des gesellschaftlichen Lebens entspringenden — Eigenart, um dann infolge ihrer Wirkungen, Einwirkungen auf das Leben der Menschen wieder im Strom des Alltagslebens zu münden. Dieser bereichert sich also andauernd mit den höchsten Ergebnissen des menschlichen Geistes, assimiliert diese seinen täglichen, praktischen Bedürfnissen, woraus dann wieder, als Fragen und Forderungen, neue Abzweigungen der höheren Objektivationsformen entstehen."[30]

Dieser Passus, der nach Lukács' eigenen Worten die „Grundgedanken des Aufbaus" seiner Ästhetik enthält, ist verräterisch genug nach dem Grundmodell des Kreislaufs von Konsumtion und Produktion auf erweiterter Stufenleiter entworfen, das das Kunstwerk vorab zur Ware verdinglicht. Zwar legt Lukács den Akzent auf den Gebrauchswert[31],

---

29 Ästhetik I, 13, S. 42
30 Lukács, XI, S. 13
31 Die „Einwirkungen", von denen er mit Reminiszenz an Marxens fragmentarische Bemerkungen zur Kunst in der Einleitung zur Kritik der politischen Ökonomie spricht, sind freilich recht spekulativ. Daran krankt vor allem sein Katharsis-Begriff, über den sich die Lukács-Kritik mit Vorliebe hermacht. Die idealtypische Begriffsentwicklung, von der Lukács ausgeht, ignoriert schlicht die

aber das Bild des Stromes suggeriert zweifelsfrei das Einverständnis mit der gesellschaftlichen Assimilationspraxis, die, wenn etwas, in der Kunst zu Protest geht: Lukács bezieht — die Malaise aller sozialistischen Kunstliebhaber seit dem in seiner Freizeit Aischylos im Original lesenden Marx — den Standpunkt des Bildungsbürgertums, das sich mithilfe der Kunst kulturell bereichert. Daß aber die Kunst „tägliche, praktische Bedürfnisse" des gesellschaftlichen Lebens zu befriedigen habe, beharrt verstockt darauf, daß die richtigen gesellschaftlichen Bedürfnisse: die nach Freiheit und Glück, ungebrochen, ja gesteigert dadurch, daß sie von den Herrschenden verweigert werden und diese Verweigerung längst verinnerlicht ist, allemal virulent vorhanden seien. Nachklang des um seine innere Gebrochenheit gebrachten Hegelschen Geschichtsoptimismus, ignoriert die Widerspiegelungstheorie, daß auch die Spur des Neuen im Alten, wird sie im Namen historischer Tendenz als Vorhandenes dingfest gemacht, jene mechanische Reproduktion nicht verhindert, deren affirmative Funktion Lukács als Naturalismus oder photographisch genaue Wiedergabe denunziert. Die Diffamierung, die Lukács in seiner 1953 veröffentlichten „Skizze einer Geschichte der neueren deutschen Literatur"[32] dem deutschen Naturalismus en bloc angedeihen läßt, er stehe weltanschaulich auf dem Boden des sich entfaltenden Imperialismus, ist objektiv Projektion dessen, wessen die Widerspiegelungstheorie sich selbst schuldig macht: daß sie es mit den stärkeren Bataillonen der geschichtlichen Notwendigkeit hält. Lukács' Vorwurf, im Naturalismus werde „aus der allgemeinen ideologischen Revolte (...) eine ‚literarische Revolution'"[33], omnifungibel wie nur einer, weil er alle moderne Kunst, die nicht umstandslos dem bevorzugten kritischen oder sozialistischen Realismus sich zuschlagen läßt, als Ablenkungsstrategie oder gar Präfaschismus verwirft, ist nicht

ständig emphatisch beschworene Historizität: Angesichts der vom jungen Lukács so scharf analysierten Tendenz auf totale Verdinglichung ist der Gebrauchswert längst nicht mehr unmittelbar zu retten, sondern allenfalls durch seine Negation. Um dem Tauschwert zu entkommen, dessen Basis ein, wie sehr auch verzerrter, Gebrauchswert bleibt, kann Kunst nur noch durch Insistenz auf dem Zwecklosen Zweckrationalität denunzieren. Diese radikal-dialektische Fassung des Problems begründet zugleich die Differenz zu jenen Lukács-Kritikern, die sich auf Brechts Theorie und Praxis berufen (s. u.).
32 G. Lukács: Der deutsche Naturalismus. — In: Schriften zur Literatursoziologie. Hg. von P. Ludz. — Neuwied 1961. S. 452—461
33 a. a. O., S. 456

nur deshalb bezeichnend, weil er brutal der Kunst vorrechnet, Kunst zu sein, um sie damit abzuqualifizieren, sondern auch, weil er a priori ihr vorschreiben will, der gegebenen Wirklichkeit, an deren Stoff sie gebunden bleibt, Sinn zu imputieren. Inhalts-Ästhetik und Affirmation des Gegebenen als des immanent Sinnvollen bilden in der bürgerlichen (auch wo sie totale Sinnferne behauptet) wie in der traditionell-marxistischen Ästhetik eine unlösbare Einheit, die ihre Rechtfertigung der Hegelschen Philosophie entlehnt.

Nach Ausweis der Hegelschen Logik macht die Dialektik das Wesen der endlichen Wirklichkeit aus: daher das ständige Übergehen in anderes im historisch-gesellschaftlichen Tun und Denken des Menschen, den die Philosophie der Weltgeschichte als bewußtlosen Agenten des Fortschritts darstellt. Die tiefe Fragwürdigkeit dieses „Sie wissen es nicht, aber sie tun es", von Lukács nicht zufällig als Motto für seine Ästhetik gewählt, wird von Hegel nur aufgefangen durch die Konzeption der Theodizee, der Rechtfertigung Gottes in der Geschichte. Daher dient das spekulative Denken als affirmative Verklärung der für sich blinden Dialektik. Hegel faßt das Ästhetische innerhalb dieser Konstellation: als Verklärung der sinnlich-endlichen Realität zu einer den sinn- und formstiftenden Geist durchscheinen lassenden Wirklichkeit[34]. Nun hat Lukács zwar den Hegelschen Weltgeist-Demiurgos als Verzerrung der objektiven Wirklichkeit scharf attackiert[35], dieser lebt jedoch fort in der geschichtsphilosophischen Kategorie der Notwendigkeit des Geschichtsprogresses. Der seit je von der Frankfurter Schule kritisierte Determinismus, Tendenz schon des Marxschen Denkens, läßt sich nicht nur als „spekulativer Rest in der Deutung des revolutionären Übergangs" als der immanenten Logik der Geschichte beschreiben, mit dem die „eschatologische Überhöhung des Proletariats" als des Vollstreckers des Logos und „die Rolle, die der Begriff der Arbeit in der Marxschen Geschichts- und Revolutionstheorie spielt", zusammenhängen[36], sondern als Tendenz zur Reduktion von Interaktion auf Arbeit konkret

---

34 Hegel gebraucht den Terminus „Verklärung" explizit für Kunst: Philosophie der Geschichte, 12, S. 488/492.
35 Über die Besonderheit als Kategorie der Ästhetik. — In: Werke, Bd. X, bes. S. 574 f.
36 A. Wellmer: Kritische Gesellschaftstheorie und Positivismus. — Frankfurt/M 1969. Zit. S. 56

beim Namen nennen. Mit Wellmer, der an die Habermassche These von Technik und Wissenschaft als Ideologie anknüpft, steht zu behaupten, daß die deterministische Vereinseitigung des Verhältnisses von strikt erfahrungswissenschaftlich feststellbarem technischen Fortschritt und Abschaffung gesellschaftlicher Repression mit der „Verschleierung der Differenz zwischen der *unvermeidlichen* und der *praktisch-notwendigen* Transformation der kapitalistischen Gesellschaft" zu einem „objektivistischen" Revolutionskonzept führt, in dem kritische Theorie auf „positive" Wissenschaft reduziert wird, der die Revolution „als zwangsläufiges Resultat der Lösung der kapitalistischen Systemprobleme" erscheint: Auf ein latentes „mechanistisches" Selbstmißverständnis bei Marx gehen das „technokratische" und das „evolutionistische" Mißverständnis zurück[37]. Daß aber die technokratische Verzerrung der Dialektik von Produktivkräften und Produktionsverhältnissen „die Auflösung *gesellschaftlicher* Herrschaftsbeziehungen selbst wieder (...) nach dem Modell der ‚Unterwerfung' von Natur" versteht[38], verweist darauf, daß schon bei Hegel das geschichtsphilosophische Prinzip der „List der Vernunft" aus der im Arbeitsprozeß angewandten List, die Naturkräfte sich abreiben zu lassen, abgeleitet ist, Lukács zufolge „eine seiner genialsten Entdeckungen"[39]. Stammt daher das Gordon Childe entlehnte Schlüsselwort der Lukácsschen Ästhetik, „Man makes himself."[40], so ist zwar als das reale Subjekt der Geschichte die Gattung anstelle des Weltgeist-Demiurgos gesetzt, wohl aber bleibt das strukturelle „Grundgesetz der Geschichte" mit Hegel, daß das Neue zunächst in einfacher, abstrakter Allgemeinheit existiere und der Geschichtsprozeß darin bestehe, seine konkret besonderen Züge in ihrer Totalität zu entwickeln[41]. Dem Arbeitsmodell entsprechend bleibt herrschaftsorientierte Ratio auch dort bestimmend, wo es um das radikal Neue, um Herrschaftsfreiheit gehen sollte. Sistiert wird die Dialektik, daß das Neue nur dann seine Qualität bewahren kann, wenn es die Züge des Alten, innerhalb von dessen Grenzen es sich artikuliert, als Schuldzusammenhang reflektiert: Vor Lukács' Strommetapher bleibt alle Beschwörung der Dialektik von Kontinuität und Diskontinuität Lippenbekenntnis.

---

[37] a. a. O., S. 77
[38] Wellmer, a. a. O., S. 124
[39] Lukács, X, S. 575
[40] Lukács, XI, S. 28
[41] Lukács, X, S. 572 f.

Die Affirmation der blinden Gewalt der Geschichte, in der sich die Unterdrückung von Natur durch Arbeit reproduziert, hat schwerwiegende Folgen für den Kunstbegriff, an dem sich die undialektische Trennung von Arbeits- und Geschichtsteleologie einerseits und Weltgeist-Demiurgos andererseits rächt, die der traditionelle Marxismus an Hegel vornimmt. Noch einmal sei hier auf die plumpe Fassung der Grundlagen der marxistisch-leninistischen Ästhetik verwiesen, die den Weltgeist spezifischer fassen als Lukács: als kommunistische Partei, und den repressiven Hegelschen Begriff der Verklärung genau reproduzieren. Als „parteiliche Wissenschaft" stellen sie den Anspruch, objektive Normen für Kunstproduktion und -rezeption zu liefern:

„Sie (die parteiliche Wissenschaft, W. K.) verallgemeinert die Praxis der fortschrittlichen Künstler und formuliert die Ansprüche des Volkes (!) an das künstlerische Schaffen; sie kämpft für die Durchsetzung der Politik der Kommunistischen Partei auf dem Gebiet der Kunst, gegen die reaktionäre bürgerliche Ideologie, gegen Formalismus und Naturalismus und für ein weiteres Aufblühen des sozialistischen Realismus." — gegen den „pervertierten Geschmack" und die „widernatürlichen (!) Bestrebungen der dekadenten Kunst"[42].

Daß sie noch etwas von ihrem Zynismus und ihrer Banausie selbst ahnen, geben die „Grundlagen" daran zu erkennen, wie sie sich drehen und winden, um einerseits den richtigen Eindruck zu verwischen, als wollten sie normativ-klassizistisch „Forderungen an die Kunst stellen", um aber andererseits als „richtige Theorie" ihren Anspruch anzumelden, dem Künstler „eine Richtschnur des Handelns" zu sein, „dem Talent des Künstlers den richtigen Weg (zu) weisen", wie sie dem Kunstfreund helfen wollen," nicht vom richtigen Wege abzukommen, sich in der Kunst besser und vollständiger zurechtzufinden und an ihr folglich einen größeren Genuß und größere Freude zu haben"[43]. Es geht um die große Abrechnung zwischen dem sozialistischen Realismus, der mit den traditionellen Kriterien Parteilichkeit, Volksverbundenheit, Allgemeinverständlichkeit, Realismus und Anknüpfen an das „klassische

---

42 Grundlagen marxistisch-leninistischen Ästhetik, S. 17
43 a. a. O., S. 19 ff.

Erbe" charakterisiert wird[44], und künstlerischer Avantgarde, die gut hegelisch zwischen den gleichermaßen dekadenten Polen des subjektivistischen Formalismus und des objektivistischen Naturalismus angesiedelt wird. Gestützt auf die Leninsche Widerspiegelungstheorie, wird das Ästhetische degradiert zum Schönen und Harmonischen, an dem das „ästhetische Gefühl" seinen „ästhetischen Geschmack" findet, d. h. das Kunstwerk soll als „Quelle ästhetischer Erlebnisse" dem Menschen die Trias des „Schönen, Erhabenen und Heroischen" repräsentieren wie die griechische Kalokagathia, für die als Beispiel Leonidas einsteht[45]. Mit unbefangener Deutlichkeit bekennen die „Grundlagen" ihre repressive Intention nicht nur in der beständigen Betonung der Erkenntnis- und Erziehungsfunktion der Kunst[46], sondern vor allem dadurch, daß sie der Kunst gleichzeitig ihre emanzipatorische, das Gegebene transzendierende Funktion absprechen: Ziel ist die „organische Einheit zwischen Arbeit, praktischer Tätigkeit und ästhetischem Genuß"[47]. Auch hier gilt der Kunstgenuß als konzedierter Lustgewinn für den, der fleißig seine Arbeit tut in einer gesellschaftlichen Wirklichkeit, die ihm den echten Lustgewinn ständig verweigert und ihn zum Ersatz auf Mußestunden mit der Kunst verweist. Daher können die „Grundlagen" auch Hegels Begriff des „Ideals" wieder aufnehmen: Der Künstler bringe „sein Ideal vom Schönen, seine Vorstellungen von der höchsten Vollkommenheit des Lebens zum Ausdruck und enthüllt in der Prosa des Lebens seine Poesie"[48]. Und die Infamie besteht darin, daß dieser Ideal-Begriff als progressiv im Unterschied zu dem affirmativen Hegelschen ausgegeben wird, Infamie, denn daß die Realität ihre Ideale „in dieser Wirklichkeit" finde[49], heißt, daß Kunst mit der „Prosa des Lebens", die ihre geheimen Schönheiten haben soll, versöhnt, während Hegels Ideal noch kritisch

---

44 a. a. O., S. 24 und pass.
45 a. a. O., S. 26 ff.
46 „daß die Kunst ein mächtiges Mittel der kommunistischen Erziehung, der Erkenntnis und Umgestaltung der Wirklichkeit nach kommunistischen Prinzipien ist" (a. a. O., S. 189), diese Funktion erfüllt sie am besten durch die Darstellung von „Helden" (a. a. O., S. 248).
47 a. a. O., S. 226
48 a. a. O., S. 458 — Erst der sozialistische Realismus erfüllt also Freuds Begriff der Kunst als Form der Sublimation und Ersatzbefriedigung; das verbindet ihn mit der Kulturindustrie in den kapitalistischen Ländern.
49 a. a. O., S. 459

darin ist, daß es eine Veränderung der ihm nicht adäquaten Wirklichkeit voraussetzt. Der sozialistische Realismus gibt sich in den „Grundlagen" selbst die Weihe des erreichten Geschichtsziels, in dem auch die gesamte Kunstgeschichte zu sich selbst kommt, darin nicht unähnlich der Hegelschen Selbsteinschätzung. Aber am Ende verraten sich die „Grundlagen" kraft ihrer inneren Widersprüchlichkeit doch selbst, indem sie einerseits den nichtentfremdeten Arbeitsprozeß als „die Quelle aller ästhetischen Werte auf der Welt" ausgeben[50], um andererseits die Kunst zum Mittel der Erholung von eben diesem Arbeitsprozeß zu degradieren. Darum wird auch für sie der Rekurs auf Hegels ontologischen Begriff der „Prosa des Lebens" notwendig. „Widernatürlich" und dekadent aber hat paradoxerweise die moderne Kunst zu sein, weil Natur anerkannt wird nur als beherrschte. Die Dialektik, daß jene auf Natur sich berufen, die deren Unterjochung als Selbstzweck feiern, erfüllt alle Kriterien verdinglichten Bewußtseins, dem Gesellschaftliches zur zweiten Natur geworden ist: Ununterscheidbar wird diese von der ersten durch die von ihr inaugurierten normativ-konventionellen Zwänge. Insofern ließe sich hier von der Rückkehr der unterdrückten Natur reden. Daraus resultiert die Dialektik, daß die Minderschätzung der ästhetischen Form durch die Inhalts-Ästhetik in die Tyrannis einer Form, eben des Realismus umschlägt, der angeblich der Klassik als Resultat der Geschichte abgewonnen ist:

„Die Methoden und Mittel des Formaufbaus, die sich im Prozeß einer langen Entwicklung der künstlerischen Praxis herausgebildet haben, besitzen die Kraft objektiver Gesetze (!). Eine Verletzung dieser spezifischen Gesetze und die Versuche, sie nicht zu beachten, führen unvermeidlich zu schöpferischen Mißerfolgen."[51]

Nun steht zwar Lukács, um zu ihm zurückzukehren, turmhoch über seinen Vergröberern, dennoch ist nicht zu leugnen, daß die „Grundlagen" bis in den im Ostbereich verbindlichen Kategorialapparat seine Forschungsergebnisse reproduzieren und paraphrasieren. Um nachzuweisen, daß an dieser Gemeinsamkeit die Hegel-Erbschaft wichtigen Anteil hat, wollen wir im folgenden Lukács' Lösung der von ihm als

---

50 a. a. O., S. 500   51 a. a. O., S. 475 f.

zentral ausgegebenen Grundfragen des Ästhetischen analysieren und mit der entsprechenden Hegelschen konfrontieren. Die in der Untersuchung zu explizierende Voraussetzung ist dabei, daß jede Ästhetik in der Realisation durch die Entscheidung bestimmter Grundfragen bestimmt ist. Insofern dient das Folgende zugleich der Vorbereitung für die Analyse von Adornos Ästhetischer Theorie, der wir die bislang eindringlichste Hegel-Kritik verdanken.

1. Kunst und Arbeit

In den Termini der „Entäußerung" und ihrer Rücknahme ins Subjekt, mit denen Hegel die Grundstruktur menschlicher Arbeit und, als einer spezifischen Form, der Kunst beschreibt, sieht Lukács „die zutreffendste Beschreibung der Subjekt-Objekt-Beziehung in dieser Sphäre"[52]. Diese Einschätzung scheint die verbindliche Basis jeder traditionell-marxistischen Ästhetik zu sein, sanktioniert durch die Hegel-Kritik des jungen Marx. Sie erscheint nicht nur in den „Grundlagen", sondern noch in zahlreichen Referaten zum Salzburger Hegel-Kongreß, die in ihrer Gegensätzlichkeit schon die Fragwürdigkeit der Übertragung von Kategorien gesellschaftlicher Praxis auf Kunst erkennen lassen, sofern sie nicht durch Konfrontation mit dem Gegenstand problematisiert werden. Girnus bezieht Kunst auf die „ständige Steigerung der Subjektkapazität der species Mensch" durch „das praktische Erzeugen einer *gegenständlichen* Welt, die Bearbeitung der unorganischen Natur"[53] und bezeichnet sie als „eine dieser Formen der Vergegenständlichung seiner (des Menschen, W. K.) Gattungsnatur, in der er sich selbst als Gattungswesen anschaut" und die Welt „nach ästhetischem Maß" gestaltet[54]. Die funktionale Bindung der Kunst an die „ständige Steigerung der Subjekt-Potenz" als den „Zweck aller Zwecke[55] mit ihrer vorausgesetzten Bindung der Perspektive eines unilateralen geschichtlichen Fortschritts an die Naturaneignung durch Arbeit (techno-

---

52 Lukács, XI, S. 551 — gemeint ist die Kunst
53 W. Girnus: Kunst als Geschichte. — In: Hegel-Jahrbuch 1968/69. S. 452–465. Zit. S. 456
54 a. a. O., S. 456 f.
55 a. a. O., S. 461 ff.

kratische Wendung) ist der modernen Kunst, die solchen Fortschritt negiert, prinzipiell feindlich[56]. Das bestätigt noch der Rettungsversuch von Marian Vaross, der, von Hegels Lehre von der Selbstverdoppelung des Menschen durch Arbeit, Vergegenständlichung ausgehend, der sterilen „Abbildungstheorie' entgehen will[57]. Der Versuch, moderne Kunst für den Ostbereich zu retten, ist nur als Kompromiß möglich. Denn einerseits bedarf die Analyse der Kunst mit Hilfe des abstrakten Arbeitsbegriffs der spezifischen inhaltlichen Füllung, der auch bei Vaross die traditionellen Kategorien von „Totalität" und „Komplexität" dienen[58], andererseits wird die Kunst ihres wesentlich negativ-kritischen gesellschaftlichen Seins beraubt; „moderne bildende Kunst liefert" dann nur noch „einen Beweis dafür, daß der gegenwärtige Mensch von Tag zu Tag das Arsenal seiner Ausdrucksmittel erweitert und damit zugleich auch die Skala der Möglichkeiten seiner Vergegenständlichung durch die künstlerische Entäußerung"[59]. Bei Beibehaltung des Praxisbegriffs als Grundkategorie des Ästhetischen läßt sich die moderne Kunst gegen den Inhaltismus der Abbildtheorie nur durch Rückgang auf einen pendantiven Formalismus „retten". An dem Punkt, wo die inhaltliche Füllung des Totalitätsbegriffs zurückkehrt, erweist sich Vaross als Opfer der ästhetisch verbrämten Konsumideologie, in der die Provokation des Ästhetischen zur Heimzier des „Schöner Wohnen" verkommt:

„Wir sind doch höchst daran interessiert, daß der Prozeß der schöpferischen Umwandlung der Welt als die Verwirklichung der Bedürfnisse und Ideale (!) der heutigen — modernen — Menschheit aus positiven, progressiven Bestrebungen emporwachsen, mit anderen Worten, daß es möglich wird, die Ergebnisse der Vergegenständlichung des heutigen Menschen in der Kunst und Gesellschaft den praktischen Zielen eines wirklichen Humanismus gleichzusetzen."[60]

56 So explizit in dem Beitrag von W. Heise: Gedanken zu Hegels Konzeption des Komischen und der Tragödie (In: Hegel-Jahrbuch 1966. S. 8—31), der sich ebenfalls auf die Kategorie der Arbeit beruft (a. a. O., S. 10).
57 M. Vaross: Das Problem der Vergegenständlichung und die moderne Kunst. — In: Hegel-Jahrbuch 1966. S. 32—39
58 a. a. O., S. 36 — sogar unter Rekurs auf Balzac als Lehrer der bürgerlichen Gesellschaft für Marx
59 a. a. O., S. 37
60 a. a. O., S. 38

In diesem Zusammenhang sei auch darauf hingewiesen, daß die Insistenz auf einseitiger Subjekt-Objektivierung auch für Blochs Kunstbegriff[61] große Schwierigkeiten aufwirft, die sich in der Schwäche niederschlagen, mit der er, Verteidiger moderner Kunst wie nur einer, gegen Lukács in der Expressionismus-Debatte und später gegen die offizielle stalinistische Ästhetik argumentiert. Angesichts solcher Einmütigkeit im Grundsätzlichen können wir unsere Analyse auf den Kronzeugen Lukács beschränken.

Arbeit, „die den menschlichen Zwecken entsprechende Verwandlung der an sich vorhandenen Gegenständlichkeitsformen durch zweckmäßige Erkenntnis und Anwendung der ihnen innewohnenden Gesetze", liefert Lukács das Strukturmodell für die „allgemeinste Form der Begründung jenes Bedürfnisses nach dem Ästhetischen", dem, „eine Welt zu erleben, die real und objektiv ist, und zugleich den tiefsten Anforderungen des Menschseins (des Menschgeschlechts) angemessen ist"[62], d. h. die Kriterien dessen erfüllt, was Lukács die „eigene Welt" der Kunstwerke nennt:

„Das Wort eigen hat hier drei Bedeutungen und alle drei sind für die Erkenntnis dieses Phänomens gleich wichtig. Es ist erstens von einer Welt die Rede, die der Mensch für sich selbst, für das Menschheitlich-Fortschrittliche in ihm selbst erschaffen hat; zweitens von einer, in welcher die Eigenheit der Welt, der objektiven Wirklichkeit, im Spiegelbild erscheint, so jedoch, daß ihr unvermeidlich kleiner Ausschnitt, der den unmittelbaren Inhalt des Bildes ausmacht, zu einer intensiven Totalität der jeweils ausschlaggebenden Bestimmungen erwächst und damit ein an sich vielleicht zufälliges Zusammen von Gegenständen zu einer in sich notwendigen Welt erhöht; drittens von einer – im Sinne der Kunst – eigenen Welt, in unserem Fall von einer visuell-eigenen (es ist von der bildenden Kunst die Rede, W. K.), in welcher Inhalte und Bestimmungen der objektiven Wirklichkeit nur so weit mimetisch evoziert, zur ästhetischen Existenz erweckt werden und zum Vorschein kommen können, als sie in reine Visualität umgesetzt werden."[63]

---

[61] Die in „Subjekt-Objekt" gemachte Bemerkung über den „Lokalpatriotismus der menschlichen Arbeit" bei Hegel (S. 300) schillert zwischen Ironie und Zustimmung.

[62] Lukács, XI, S. 553 f. [63] a. a. O., S. 477 f.

Daß der Begriff der eigenen Welt nicht nur die spezifisch ästhetische Transformation des Ansich zum Füruns enthält – Lukács erste und dritte Bestimmung –, sondern noch das Ansich der Objektivität – Lukács' zweite Bestimmung –, setzt eine quasi prädeterminierte Tendenz der naturalen und gesellschaftlichen Objektivität zu ihrer eigenen Beherrschung voraus. Lukács übernimmt unbewußt von Hegel die den eigenen parti pris deckende Vorstellung, die Unterjochung von Natur folge deren eigener, von ihr selbst, die auf dem Status bloßer Objektivität verharre, nicht einzulösender Intention. Daß es damit seine Richtigkeit habe, hat Kunst bei Lukács wie bei seinem Mentor Hegel zum Ausweis der Wahrheit die Notwendigkeit der Objektivität nachzuweisen, die ihr affirmativen Sinn verleihen soll. Ehe wir weiter verfolgen, wie aus dieser Grundbestimmung der durch Arbeit produzierten eigenen Welt der Kunst alle wesentlichen Kategorien deduziert werden, ist Hegels entsprechende Position aufzuzeigen.

Schon bei Hegel teilt die Kunst, soweit „das allgemeine und absolute Bedürfnis" ihrer Produktion in Frage steht, die allgemeinen Kriterien menschlicher Subjekt-Objekt-Beziehungen. „Daß der Mensch *denkendes* Bewußtsein ist", d. h. aus dem unmittelbaren Konnex mit der Natur heraustritt, erhält bei Hegel quasi religiöse Weihe; deshalb „steht das Kunstwerk höher als jedes Naturprodukt, das diesen Durchgang durch den Geist nicht gemacht hat", ist „alles Geistige (...) besser als jedes Naturerzeugnis", weil die Natur als bewußtlose, sinnlich-äußerliche dem Begriff, dem Göttlichen inadäquat ist[64]. Der Arbeitsprozeß hat nach Hegel formell zwei Seiten: Er gibt der bewußtlosen Natur „die Taufe des Geistigen", und er erlaubt dem Subjekt, sich in seinem Arbeitsprodukt wiederzuerkennen und so sein Selbstbewußtsein zu erlangen. Hegel beschreibt den Prozeß, in dem der Mensch, „was er ist und was überhaupt ist, aus sich selbst *für sich* macht", als Verdoppelung:

„Die Naturdinge sind nur *unmittelbar* und *einmal*, doch der Mensch als Geist *verdoppelt* sich, indem er zunächst wie die Naturdinge *ist*, sodann aber ebensosehr *für sich* ist, sich anschaut, sich vorstellt, denkt und nur durch dies tätige Fürsichsein Geist ist."[65]

64 Ästhetik I, 13, S. 49 f.
65 a. a. O., S. 51

Dies ist die schlechthin allgemeine Bestimmung, die ineins den Prozeß der theoretischen Selbstbewußtwerdung wir der praktischen Aneignung der Natur bestimmt „durch Veränderung der Außerdinge, welchen er das Siegel seines Innern aufdrückt und in ihnen nun seine eigenen Bestimmungen wiederfindet", „um als freies Subjekt auch der Außenwelt ihre spröde Fremdheit zu nehmen und in der Gestalt der Dinge nur eine äußere Realität seiner selbst zu genießen"[66]. Diese Bestimmung teilt die Kunst als „eine Weise der Produktion seiner selbst in den Außendingen":

„Das allgemeine Bedürfnis zur Kunst also ist das vernünftige, daß der Mensch die innere und äußere Welt sich zum geistigen Bewußtsein als einen Gegenstand zu erheben hat, in welchem er sein eigenes Selbst wiedererkennt. Das Bedürfnis dieser geistigen Freiheit befriedigt er, indem er einerseits innerlich, was ist, für sich macht, ebenso aber dies Fürsichsein äußerlich realisiert und somit, was in ihm ist, für sich und andere in dieser Verdoppelung seiner zur Anschauung und Erkenntnis bringt. Dies ist die freie Vernünftigkeit des Menschen, in welcher, wie alles Handeln und Wissen, so auch die Kunst ihren Grund und notwendigen Ursprung hat."[67]

Hegels Begriff der „freien Vernünftigkeit des Menschen" impliziert also die Kategorie der Arbeit, die, abstrakt-formal gefaßt, alle menschliche Tätigkeit als Selbstralisation durch Humanisierung der Natur begreift. Hier ist Lukács' Terminus der „eigenen Welt" vorformuliert:

„Das allgemeine Gesetz, welches wir in dieser Beziehung können geltend machen, besteht darin, daß der Mensch in der Umgebung der Welt müsse heimisch und zu Hause sein, daß die Individualität in der Natur und in allen äußeren Verhältnissen müsse eingewohnt und dadurch frei erscheinen, so daß die beiden Seiten, die subjektive innere Totalität des Charakters und seiner Zustände und Handlungen und die objektive des äußeren Daseins, nicht als gleichgültig und disparat auseinanderfallen, sondern ein Zusammenstimmen und Zueinandergehören zeigen. Denn die äußere Objektivität, insofern sie die Wirklichkeit des *Ideals* ist, muß ihre bloße objektive Selbststän-

---

66 Ästhetik I, 13, S. 51   67 a. a. O., S. 52

digkeit und Sprödigkeit aufgeben, um sich als in Identität mit dem zu erweisen, dessen äußeres Dasein sie ausmacht."[68]

Entsprechend dem Gedanken der Heimatlichkeit in einer vermenschlichten Umwelt setzt die Kunst nach Hegel die Befreiung des Menschen von der „Abhängigkeit" von der Natur, die Befreiung von „Arbeit und Not" voraus[69]:

> „Auf dem idealen Boden der Kunst muß die Not des Lebens schon beseitigt sein. Besitz und Wohlhabenheit, insofern sie einen Zustand gewähren, worin die Bedürftigkeit und Arbeit nicht nur für den Augenblick, sondern im ganzen verschwindet, sind daher nicht nur nichts Unästhetisches, sondern konkurrieren vielmehr mit dem Ideal (...)."[70]

Lukács übernimmt diesen Hegelschen Gedanken mit seiner Kategorie der „Welthaftigkeit" der Kunst, die eine gewisse Herrschaft über die Umwelt, das Gefühl der Welt als Heimat und eine, wenn auch beschränkte, „objektive ‚Sekurität' des normalen menschlichen Lebens" voraussetze[71]. Der abstrakte Arbeitsbegriff, der das banausische Syndrom von Kunst und Sekurität begründet, abstrahiert notwendig auch von der negativ-antithetischen gesellschaftlichen Funktion der Kunst: Sekurität geht auf die parasitäre Existenz der vom gesellschaftlichen Arbeitszwang freigestellten Kunst, durch die sie unwiderruflich an die kritisierte Gesellschaft gebunden bleibt, deren pure Affirmation sie nur durch Reflexion ihres affirmativen Wesens durchbrechen kann. Diese Dialektik bleibt Lukács fremd, da er Kunst a priori als gesellschaftlich nützliche Arbeit fixiert hat. Hegel dagegen scheint sie nicht ganz unbekannt gewesen zu sein. Denn die scheinbare Merkwürdigkeit, daß an der zuletzt genannten Stelle das Kunstschöne sich in ein Konkurrenzverhältnis mit einem von Not und Arbeit befreiten Leben versetzt sieht, klärt sich nur dann, wenn sie auf den emanzipatorischen Gehalt der Vergangenheitslehre bezogen, d. h. Kunst als Antizipation dieses Lebens gesehen wird, bei dessen Verwirklichung sie ihre notwendige Funktion verlöre. Ausdrücklich wird „das echte Ideale" von Hegel

---

68 a. a. O., S. 327
69 a. a. O., S. 332
70 Ästhetik I, 13, S. 333
71 Lukács, XI, S. 476

jenseits der Arbeit angesiedelt: Es „besteht nicht nur darin, daß der Mensch überhaupt über den bloßen Ernst der Abhängigkeit herausgehoben sei, sondern mitten in einem Überfluß stehe, der ihm mit den Naturmitteln ein ebenso freies als heiteres Spiel zu treiben vergönnt"[72]. Als „vollbrachte Harmonie"[73] von Subjekt und Objekt jedoch, in der jedes zu dem Seinen käme, verfällt auch der Hegelsche Ideal-Begriff jener Affirmation, die ihm die „Grundlagen" nachsprechen. Kunst als „Sphäre (...), welche innerhalb der Wirklichkeit selbst über alle Not der Wirklichkeit verschwenderisch hinaushebt"[74], soll mit der schlechten Wirklichkeit, deren Prosa als konstitutiv ausgegeben wird, versöhnen als das einzig Gelungene. Ja, Hegel entblödet sich nicht, in der Kunst einen „Gebrauch der Naturdinge zu einer rein *theoretischen* Befriedigung" zu sehen und sie mit „Putz und Schmuck", mit „Pracht" auf eine Stufe zu stellen, die zumal als das dem Menschen Kostbare „an dem, was er liebt und verehrt, an seinen Fürsten, seinen Tempeln, seinen Göttern" sich „zu zeigen habe"[75]: Glanz und Pracht der Herrschenden als Selbstausdruck der Beherrschten! Nicht will sich Hegel „einen solchen Genuß durch sogenannte moralische Gedanken stören" lassen, „wie viele arme Athenienser hätten von dem Mantel der Pallas gesättigt, wie viele Sklaven losgekauft werden können", sondern er diffamiert sie analog zur Invektive gegen die Kammerdienerperspektive in der Geschichtsphilosophie als „dergleichen kümmerliche Betrachtungen": Daß die Kunst ihre Schuld reflektiere, an den negativen Verhältnissen zu partizipieren, heißt bei Hegel, „daß man die Not und Bedürftigkeit wieder ins Gedächtnis zurückruft, deren Beseitigung gerade von der Kunst gefordert wird"[76].

Die repressive Funktion, die Kunst zum Überflußprodukt [77] jenseits von Not und Bedürftigkeit macht, zeigt sich besonders deutlich in dem Postulat, mit dem Hegel den Kunstinhalt festlegt. Überfluß hier könnte durchaus Freiheit von Arbeit, Leid und Schmerz, Utopie der Herrschaftsfreiheit und Versöhnung meinen. Der Gedanke aber, daß Arbeit zum Ziel haben könnte, sich selbst aufzuheben, ist der Hegelschen Arbeitsmoral fremd. Seine berechtigte Kritik an der „Vorstellung eines

---

72 Ästhetik I, 13, S. 333
73 a. a. O., S. 332   75 a. a. O., S. 334
74 Ästhetik I, 13, S. 335   76 a. a. O., S. 334 f.
77 Begriff des „Überflüssigen" bei Lukács, XI, S. 240

sogenannten *Goldenen* Zeitalters oder auch eines *idyllischen* Zustandes"[78] zielt nicht auf die regressive Form, sondern auf den Inhalt der Utopie selbst, darauf, mit der Arbeit als Konstituens der Prosa des Lebens zu versöhnen; die Emphase, mit der Hegel auf der „Entwicklung des Geistes" insistiert, setzt Arbeit als Selbstzweck voraus:

> „Für einen vollen, ganzen Menschen gehört es sich, daß er höhere Triebe habe, daß ihn dies nächste Mitleben mit der Natur und ihren unmittelbaren Erzeugnissen nicht mehr befriedige. Der Mensch darf nicht in solcher idyllischen Geistesarmut hinleben, er muß arbeiten."[79]

Nur der autoritäre Sprachduktus verrät, daß die Hegelsche Philosophie an dieser Stelle ihrer eigenen Unwahrheit gewahr wird: In der anschließenden Analyse der bürgerlichen Gesellschaft und der in ihr herrschenden Entfremdung muß der Begriff des „vollen, ganzen Menschen" voll zurückgenommen werden[80], weil sichtbar wird, wohin die abstrakte Arbeitsmoral historisch geführt hat.

Den Schwierigkeiten, die dem abstrakten Arbeitsbegriff bei Hegel inhärieren, ist es zu danken, daß die Spuren eines reflektierten Arbeitsbegriffs seiner Ästhetik nicht ganz abgehen. Zunächst stehen Hegel und Lukács vor dem Problem, die Spezifität der künstlerischen Arbeit aus dem allgemeinen Arbeitsbegriff zu deduzieren. Für Lukács stellt es sich nur scheinbar ganz einfach: Erfolgreiche gesellschaftliche Praxis setzt objektive Kenntnis der Wirklichkeit voraus, deren Kriterien die Wissenschaft liefert, die um der methodischen Ausschaltung des Subjektiven desanthropomorphisierend genannt wird, während Kunst als anthropomorphisierende „Projektion von Innen nach Außen, vom Menschen in die Natur" beschrieben wird[81]. Das Problem entsteht für Lukács erst dort, wo die Objektivität der vom Subjekt ausgehenden ästhetischen Widerspiegelung der Wirklichkeit und deren Funktion in Frage stehen. Die Antwort auf sie sucht Lukács durch Rekurs auf die

---

78 Ästhetik I, 13, S. 335
79 Ästhetik I, 13, S. 336
80 a. a. O., S. 337 — wir kommen darauf in der Analyse von „Kunst und Gesellschaft" zurück.
81 Lukács, XI, S. 216

Genesis der Kunst aus den „weltlosen" Formen von Rhythmus, Symmetrie und Proportion und Ornamentik[82]. Damit geht er über Hegel hinaus, der „die äußere Schönheit der abstrakten Form und abstrakten Einheit des sinnlichen Stoffs" im Rahmen des Naturschönen, dessen Mängel allererst die Notwendigkeit des Kunstschönen produzieren sollen, behandelt und sie nach der logischen Stufenfolge seiner Naturphilosophie: Mechanik, Physik, Organik, entwickelt hatte[83]. Die im Begriff des Begriffs implizierte idealistische Prämisse setzt bei Hegel nun nicht nur die naturphilosophische Hierarchie a priori fest, sondern sie bestimmt auch, sobald deren Kulminationspunkt, die lebendige organische Ganzheit, erreicht ist, welcher von deren zugleich identischen und nichtidentischen Seiten, Seele und Leib, Innerlichkeit und Äußerlichkeit, der Vorrang zu gebühren habe: der Begiff, der „als alleinige Macht" zu ‚herrschen' hat, die Seele als die ideelle Einheit und Bedeutung der realen Glieder[84]. Die Tatsache, daß sich der Organismus durch Reproduktion am Leben erhält, wird von Hegel mit der Annahme einer geistigen Kraft erklärt; diese idealistische Genesis des Sinnlichen aus dem Geistigen aber ist selbst Projektion aus einem bestimmten Modell des Ästhetischen, in dem die Realität als Erscheinung gesetzt ist, die „nicht unmittelbar ihr Sein an ihr selbst hat, sondern in ihrem Dasein zugleich negativ gesezt ist"[85]. Soll der Organismus als Leben erst durch Negation der Negation sich affirmativ werden, so ist die Seele nicht nur die Negation, sondern auch die „Bildnerin" der von Hegel als Individualitäten bezeichneten Glieder. Hegel formuliert den „Idealismus der Lebendigkeit"[86] aus der Perspektive des Seelisch-Innerlichen:

„Die Seele, als dieses Ideelle macht *sich* scheinen, indem sie die *nur* äußere Realität des Leibes stets zum Scheinen herabsetzt und damit selber objektiv in der Körperlichkeit erscheint."[87],

wie des Sinnlich-Äußerlichen:

„Im lebendigen Organismus aber haben wir ein Äußeres, in welchem das Innere erscheint, indem das Äußere sich an ihm selbst als dies Innere zeigt, das sein Begriff ist."[88]

82 Cf. Kap. IV „Die abstrakten Formen der ästhetischen Widerspiegelung der Wirklichkeit", XI, S. 253 ff.
83 Ästhetik I, 13, S. 178 ff.
84 a. a. O., S. 162
85 a. a. O., S. 164
86 a. a. O., S. 163
87 a. a. O., S. 166
88 a. a. O., S. 164

Schon in der Naturschönheit, die Hegel an die Lebendigkeit des Organismus „als die sinnlich objektive Idee" bindet[89], ist also der Schönheitsbegriff an die Herrschaft eines Innern über ein Äußeres geknüpft, an die Degradation des Äußeren zum bloßen Medium. Zugleich aber läßt Hegel das Naturschöne nur als Vorstufe des Kunstschönen gelten, da jene Degradation des Sinnlichen hier erst unmittelbar, d. h. nicht als Resultat des Selbstbewußtseins erscheint, daher nur *„für uns,* für das die Schönheit auffassende *Bewußtsein"* existiert[90]. Den eigentlichen Begriff des Schönen bindet Hegel an die Entfaltung der im tierischen Organismus nur an sich, als unbestimmtes Einheitsmoment existenten Seele, des Inneren zu selbständiger, selbstbewußter und bestimmter Gestalt, d. h. an die Genesis des „bewußte(n) Ich", des Selbstseins[91].

Nun weiß natürlich auch Lukács, daß der Idealismus der Lebendigkeit einem bestimmten Begriff des Ästhetischen entlehnt ist. Aber die Methode der undialektischen Trennung von objektiven und idealistischen Momenten der Hegelschen Philosophie, die deren materialistischer Umstülpung zugrundeliegt, bewirkt, daß der Hegelsche Begriff des Ästhetischen in seinen Grundzügen umstandslos in die konservative materialistische Kunsttheorie eingeht[92]. Der einfachen Prozedur der Supposition des viel gerügten Weltgeist-Demiurgos durch die menschliche Gattung korrespondiert genau die Koppelung der abstrakten Widerspiegelungsformen an Formen der gesellschaftlichen Arbeit statt an Natur. Rhythmus, Symmetrie, Proportion und Ornamentik entstehen nicht nur nach Lukács aus Bedürfnissen des konkreten Arbeitsprozesses, für den Lukács stets den abstrakten Marxschen Terminus des „Stoffwechsels mit der Natur" verwendet, sondern präformieren durch dessen „Vermittlungsrolle"[93] zugleich alles, was später als ästhetische Formqualität sich in der Kunst konstituieren wird. Zwar ist als Produzent der abstrakten Formen der wirkliche Mensch hinter dem Geist, der sich in die Natur entäußert, hervorgetreten, doch bleibt auf der Grundlage des

---

89 Ästhetik I, 13, S. 167
90 ibid.
91 a. a. O., S. 177
92 Die entscheidende Stelle bei Lukács lautet: „Der Satz „Kein Objekt ohne Subjekt", der erkenntnistheoretisch eine rein idealistische Bedeutung hat, ist fundamental für die Subjekt-Objekt-Beziehung in der Ästhetik." (XI, S. 558)
93 Lukács, XI, S. 291

abstrakten Arbeitsbegriffs das gesamte Problem der ästhetischen Form bei Lukács wie bei Hegel beschränkt auf die utilitätsorientierte optimale Organisation vorgegebener Inhalte. Daß aber Arbeit als Überlistung der Natur immer an die Anerkennung von deren Gesetzlichkeit gebunden bleibt, bestimmt ihren Charakter: den der Unterwerfung, wie ihr Produkt: Nicht nur darin folgt Lukács Hegel, daß sein Begriff der ästhetischen Organisation das Verhältnis der Teile zum Ganzen im Kunstwerk als eines der Unterwerfung beschreibt[94], sondern auch darin, daß er es, Triumph der Dialektik, als Organismus bekennt[95]. Die Möglichkeit, daß das Subjekt, erst recht das ästhetische, die Gewalt, die es „welten-ordnend"[96] übt, revoziere, bleibt bei Lukács wie Hegel im allgemeinen ungedacht, obwohl sie doch den wesentlichen Antrieb des dialektischen Denkens bildet, das seine Gegenstände freihalten will von definitorischer Fixierung, die sie vergewaltigt. Aus diesem Grunde ist das Problem der ästhetischen Form für Lukács wie für Hegel unlösbar, weil Form, beschränkt auf ihre Funktionalität, die der Organisation, ihren dialektischen Gegenpol, Dysfunktionalität, einbüßt[97]. Das wird voll ablesbar erst dort, wo Lukács unter Rekurs auf die Momente des Hegelschen Begriffs die für ihn zentralen ästhetischen Kategorien Besonderheit und Typik expliziert, die seinen Begriff des Realismus begründen.

Ehe aber davon die Rede sein kann, muß Lukács' Begriff der Spezifität der ästhetischen Arbeit, die sich nach ihren abstrakt-formalen Anfängen im realen Arbeitsprozeß verselbständigt, analysiert werden. Er ist nach der Prämisse der Widerspiegelungstheorie vorgezeichnet als inhaltliche Entfaltung des in den abstrakten Formen implizierten „keimhafte(n) An sich des Ästhetischen‘[98]: Kunst verbindet in ständiger Parallelität zur aktuellen Form der gesellschaftichen Praxis das

---

[94] Lukács spricht von „reibungslose(r) Einfügung der Teile und Details in den Gesamtplan" (XI, S. 425).

[95] In Bestimmungen wie der organischen Einheit

[96] Lukács, XI, S. 282

[97] Lukács' Blindheit vor der problematischen Rolle des Subjekts im Ästhetischen, die er nur als Entäußerung und deren Negation kennt, wird schlagend daran, daß er den Rhytmus, Figur der Herrschaft par excellence, mit den Kategorien „Inhaltslosigkeit" und „Subjektlosigkeit" charakterisiert (XI, S. 283), als sei diese Form nicht sedimentierter Gehalt.

[98] Lukács, XI, S. 262

Moment der Arbeit, Humanisierung der Natur mit dem der ebenfalls aus der Alltagserfahrung aufsteigenden Mimesis, Widerspiegelung der Wirklichkeit:

„Ästhetisch wird zwar die Welt, so w ie sie an sich ist, widergespiegelt und gestaltet, das An-sich-Sein ist aber in unaufhebbarer Weise auf den Menschen, auf seine gesellschaftlich entstandenen und sich gesellschaftlich entfaltenden Gattungsbedürfnisse bezogen."[99]

Dafür, daß sein Begriff der „Wahrheit" der Kunst nicht nur photographische „Reproduktion", sondern auch „Gestaltung einer Welt des Menschen" einschließt[100] — hieraus wird die Wesen-Erscheinung-Dialektik abgeleitet —, kann wiederum Hegel als Quelle gelten, demzufolge Kunst „die Wahrheit in Weise sinnlicher Gestaltung für das Bewußtsein hinstellt"[101], d. h. kraft der in ihr geleisteten Arbeit die Wirklichkeit als Heimat des Menschen bewußt macht, als seine eigene Welt. Mit ähnlichen Begriffen wie Hegel beschreibt Lukács die Kunst als „elementare Notwendigkeit des Lebens"[102]:

„Das Bewußtsein erobert die an sich seiende Welt für den Menschen. Indem es ihr Ansich in ein Für-uns verwandelt, schafft es den eigentlichen realen Spielraum für die welterobernde Praxis, für die Verwandlung der Wirklichkeit in ein fruchtbringendes Tätigkeitsfeld des Menschen. Seine gesellschaftliche Notwendigkeit ist also unmittelbar evident. Es gehört jedoch — mit der Entfaltung der Kultur in steigendem Maße — zum Besitzergreifen der Welt durch den Menschen, daß er die faktisch und praktisch beherrschte Außenwelt auch zu sich selbst in Beziehung bringe, daß er mit dieser Eroberung auch seine Heimat erwerbe. Dieses Bedürfnis ist ebenso elementar, wie jenes, das zur selbständigen Ausbildung der Wissenschaften geführt hat. Daß die Mittel zu seiner Befriedigung nicht ausschließlich die der Kunst waren und auch noch nicht sind, kann keinen Beweis gegen diese menschliche Funktion der Kunst ergeben."[103]

---

99 a. a. O., S. 305
100 ibid.
101 Ästhetik I, 13, S. 140

102 Lukács, XI, S. 615
103 Lukács, XI, S. 615 f.

Ungebrochen nimmt Lukács den Hegelschen Begriff der von der Kunst für das Bewußtsein zu schaffenden Heimat auf, obwohl er doch genau sieht, daß die gesellschaftliche Arbeit, mit der die Kunstentwicklung d' accord gehen soll, die gesellschaftlichen Widersprüche, Klassendifferenzen mitproduziert hat, die jene Heimat bisher verhindert haben. Die Rückkehr des geschichtsphilosophischen Optimismus restituiert zugleich den affirmativen Charakter des Kunstbegriffs: Kunst hat „die tiefste Wahrheit des Lebens" zu enthüllen, „daß die umgebende Welt, die aus ihr stammenden Konflikte und Geschicke für den Menschen keinen rohen und äußerlichen Zufall repräsentieren, sondern daß die Gesamtheit dieser Phänomene erst die echtesten und wichtigsten inneren Möglichkeiten des Menschen zur Entfaltung bringt, und ihn, wenn auch zuweilen in tragischer Weise, zu dem macht, was er eigentlich — zugleich als Produkt einer weltgeschichtlichen Entwicklung — im Innersten ist"[104]. Daß die Welt in ihrem jeweiligen Sosein als Heimat erlebbar gemacht werden könne, kennzeichnet Lukács' Begriff der Heimat als einen der Versöhnung mit dem Gegebenen und gibt, evident an der Hommage ans Tragische, den kritischen Impuls preis, daß Heimat erst herzustellen wäre, keineswegs automatisches Resultat von Naturbeherrschung sein kann. Die an Lukács' Formbegriff evident gewordene Signatur der Herrschaft setzt sich im Inhaltsbegriff notwendig fort. In der emphatisch postulierten Priorität des Inhalts der auf bloße Vermittlungsfunktion reduzierten Form gegenüber reproduziert sich die Hegelsche Hierarchie der Formen des absoluten Geistes, die Lukács auf die idealistische Identifikation von Vergegenständlichung und Entfremdung zurückführt[105]. Wie die „Grundlagen" übernimmt Lukács von Hegel die Warnung vor dem Isolieren des objektiven oder subjektiven Moments der künstlerischen Vergegenständlichung, vor der „bedingungslose(n) Hingebung an die Wirklichkeit" wie vor dem „leidenschaftlichen Wunsch, sie zu übertreffen", als den Komplementärformen „metaphysischer Einseitigkeit"[106], weil er „die Sehnsucht nach Integrität des Menschen"[107] als sich stufenweise progredierend, in der Wirklichkeit entfaltend behauptet. Nur aufgrund dieser geschichtsphilosophischen Perspektive kann Lukács den Realismus als „grundlegende Charakteristik der gestaltenden Kunst

---

104 a. a. O., S. 527
105 a. a. O., S. 553
106 Lukács, XI, S. 554
107 a. a. O., S. 535

überhaupt" bezeichnen[108], ohne zu bemerken, daß er damit der Hegelschen These von der Vernünftigkeit des Wirklichen bedenklich nahe kommt. Vergessen ist der Gedanke, daß der vielbeschworenen diesseitigen Wirklichkeit die Treue nur hielte, wer ihre Falschheit beim Namen nennte. Da sich für Lukács die Wahrheit in jeder Gesellschaftsstufe finden läßt, sofern man diese nur in ihrer genetisch-historischen Totalität betrachte, bringt er es über sich, in der Kunst „das Ideal einer inneren Gesundheit" zu suchen[109] und gleichzeitig ihren Antiutopismus emphatisch zu behaupten[110]. Die Rüge, die er Hegel erteilt, vermöge des Idealismus nicht zur „philosophischen Klärung des Entstehens von etwas radikal Neuem" zu gelangen[111], schlägt auf ihn selbst zurück — und stellt das Neue, in dessen Namen der Marxismus als neue Klassik begriffen wird, selbst als solches in Frage. Daß die Kunst „die Perspektiven der Zukunft" nur „in der Form einer angedeuteten, mehr oder weniger sichtbar gemachten Bewegungsrichtung der gestalteten Gegenwart" darstellen könne und müsse[112], diskreditiert freilich nicht die Kunst, sondern die ihr inadäquate Inhalts-Ästhetik. Nirgends wohl wird Lukács' Konservatismus deutlicher als in der Rückwärtsgewandtheit, mit der er die Enthüllung des historisch Gattungsmäßigen als Funktion der Kunst benennt und dazu — wie später Jaques d' Hondt — auf den Begriff der „Er-Innerung" aus der Phänomenologie zurückgreift; statt des Protests gegen sinnloses Leid und Not der Geschichte wird deren Anerkennung durch das in ihr sich bildende menschliche Selbstbewußtsein gefordert:

„Die ,Er-Innerung' ist wirklich jene Form der Verinnerlichung, in welcher und durch welche der einzelne Mensch — und in ihm die Menschheit — Vergangenheit und Gegenwart als eigenes Werk, als ihm zukommendes Schicksal (!) sich zu eigen machen kann."[113]

Solche Verinnerlichung ist der genaue Gegenpol zu dem Bewußtsein von Nöten, auf dessen Bedeutung für den Hegelschen Kunstbegriff Adorno aufmerksam gemacht hat. Sie widerlegt im Grunde die intendierte Entfetischisierung, weil „die Wahrheit des historischen

---

108 a. a. O., S. 566
109 a. a. O., S. 782
110 a. a. O., S. 586 f.
111 a. a. O., S. 562 f.
112 a. a. O., S. 586
113 Lukács, XI, S. 597

Moments für das Leben der Menschen", durch deren Aufweis Kunst „eine seelische Vorbereitung für die neuen Formen des Lebens" sein soll, das Neue als das „nur keimhaft Vorhandene", „bloß in statu nascendi Befindliche" mit der Kontinuität des Alten quasi organisch versöhnt[114]. Diesem Begriff von Geschichte als organischem Reifeprozeß — trotz behaupteter Kontinuität-Diskontinuität-Dialektik — entspringt der ästhetische Traditionalismus, von dem in einem eigenen Abschnitt die Rede sein soll.

Blicken wir von hieraus zurück auf Hegel, so stellen sich für ihn die qualitativen Unterschiede zwischen den Formen der Selbstrealisation der freien Vernünftigkeit als Entwicklung aus deren Begriff dar, die er aufgrund des abstrakten Arbeitsbegriffs mit der Frage nachvollziehen will, „in welcher Weise das Sinnliche für den Menschen da ist"[115]. Hegel unterscheidet zunächst das Verhältnis der „Begierde" des Subjekts zum Objekt, also die triebhaft-unmittelbare Aneignung entsprechend einem unmittelbaren rezeptiven Bewußtsein vom „rein theoretische(n) Verhältnis zur *Intelligenz*", also das Bewußtsein als „allgemeine Vernunft, die in der Natur sich selber zu finden und dadurch das innere Wesen der Dinge wiederherzustellen strebt, welches die sinnliche Existenz, obschon dasselbe ihren Grund ausmacht, nicht unmittelbar zeigen kann"[116]. In diesem Theorie-Praxis-Dualismus sind die wesentlichen logischen Kategorien impliziert: die Einzelheit des Seins, in der sich Subjekt und Objekt in der durch Begierde bestimmten Praxis gegenüberstehen, und die Allgemeinheit des Wesens in der wissenschaftlichen Theoriebildung, in der das Subjekt die Gesetzlichkeit der Natur durch Abstraktion von der sinnlichen Erscheinungswelt der Einzelheiten erkennt. Dem allgemeinen Gesetz zufolge, daß Gegensatz und Widerspruch ihre Auflösung auf höherer Stufe verlangen, kann sich die freie Vernünftigkeit erst vermöge der dialektischen Vermittlung von Sein und Wesen, Einzelheit und Allgemeinheit, d. h. auf der Stufe der Idee voll realisieren. Die Erkenntnis, daß die Trennung von Subjekt und Objekt, in der sich der wirkliche Prozeß der theoretischen und praktischen Aneignung der Natur als Kampf abspielt, beide Pole als unselbständig und unfrei setzt[117], führt bei Hegel geradewegs zur Notwendigkeit der Kunst, in der die Versöhnung von Subjekt und Objekt statthaben soll.

---

114 a. a. O., S. 848 ff.
115 Ästhetik I, 13, S. 57
116 Ästhetik I, 13, S. 59
117 a. a. O., S. 152 f.

Theorie und Praxis richten ihr Objekt, Natur, ihren Bedürfnissen entsprechend zu, es wird konsumiert, also zerstört, dient durch seine „Aufopferung" der „Selbstbefriedigung" des Subjekts, oder es wird in der Theorie „innerlich verwandelt, aus einem sinnlich Konkreten ein Abstraktum, ein Gedachtes und somit etwas wesentlich anderes (...), als dasselbe Objekt in seiner sinnlichen Erscheinung war"[118]. Doch genau an dieser Stelle, wo für den Dialektiker Hegel die Notwendigkeit der Versöhnung von Subjekt und Objekt evident wird, treibt Hegel die Dialektik nicht konsequent weiter, sondern transponiert sie auf eine andere Ebene. Statt, wie es der Gedankengang erforderte, in der Kunstproduktion selbst eine Weise der Praxis zu sehen, in der die Subjekt-Objekt-Versöhnung antizipiert wird, unterschiebt Hegel an ihrer Stelle die Kunstrezeption. Hätte er hier nicht abgebrochen, wäre er auf die konstitutive immanente Dialektik der Kunst, die Bedeutung des Formprozesses und auf eine andere Bestimmung der Notwendigkeit der Kunst gestoßen. Die Antinomie des Kunstwerks, seine Gegenstände zu formen und doch „frei für sich existieren" zu lassen[119], also die Dialektik von Gewalt und deren Revokation, würde, einmal erkannt, die Notwendigkeit der Kunst mit der realen Herrschaft der Gewalt in Theorie und Praxis begründen. Da Hegel aber Herrschaft über Natur zum Apriori seines gesamten Systems gemacht hat und dementsprechend die Form in der Kunst nur als Derivat und Manifestation eines geistigen Inhalts anerkennt, versagt er sich diesen Gedanken und gibt ihm nur auf der Ebene der Kunstanschauung Raum, um sich freilich noch hier, in diesem Widerschein der Freiheit in Widersprüche zu verwickeln:

„Von dem praktischen Interesse der Begierde unterscheidet sich das Kunstinteresse (also: Ersatz des Interesses der Kunst durch das *an* der Kunst, W. K.) dadurch, daß es seinen Gegenstand frei für sich bestehen läßt, während die Begierde ihn für ihren Nutzen zerstörend verwendet; von der theoretischen Betrachtung wissenschaftlicher Intelligenz dagegen scheidet die Kunstbetrachtung sich in umgekehrter Weise ab, indem sie für den Gegenstand in seiner einzelnen Existenz Interesse hegt und denselben nicht zu seinem allgemeinen Gedanken und Begriff zu verwandeln tätig ist."[120]

118 a. a. O., S. 58 f.
119 Ästhetik I, 13, S. 58 – von der Kunstrezeption!
120 a. a. O., S. 60

Scheint Hegel an dieser Stelle die Form als konstitutives Moment des Kunstgehalts selbst zu begreifen, so widerspricht er damit seinem eigenen Begriff der Kunstwissenschaft, der auf der Degradation von Natur und Kunstform aufbaut. Denn dort, wo er die Kunstwissenschaft als Erfordernis der Moderne beschreibt, kennt er die Form nur als „eine Entfremdung zum Sinnlichen hin", kennzeichnet er Kunstwissenschaft als den Prozeß, in dem der Geist „das Entfremdete zu Gedanken verwandelt", da im Kunstwerk „der Gedanke sich selbst entäußert"[121].

Dieser Widerspruch zeigt zusammen mit dem anderen, daß die Liberalität der Kunstrezeption an die Stelle der Kunstproduktion tritt, daß Hegel das von ihm mit Recht betonte Erkenntnisinteresse der Kunst mit der Kantischen Interesselosigkeit nicht zu vermitteln vermag. Jene Supposition aber ist es, durch die Hegel den alten Kunstbegriff, den seine eigene Argumentation als dialektische zu sprengen drohte, wieder einführt als logisches Ergebnis der Argumentation[122]. Der Sprung zurück in die Sphäre der Kunstproduktion führt zum Resumée:

„In dieser Weise ist das Sinnliche in der Kunst *vergeistigt,* da das *Geistige* in ihr als versinnlicht erscheint."[123]

Die Erkenntnis, daß das Kunstwerk nicht als unmittelbar gegebenes sinnliches Objekt dürfe rezipiert werden, sondern sich in freier Selbständigkeit dem rezipierenden Subjekt gleichsam als Dialogpartner präsentiere, führt bei Hegel nicht zu dem Gedanken, daß es gleicher Freiheit seine Entstehung müsse verdanken, sondern umgekehrt nur einer Vergeistigung des Sinnlichen — mit der Konsequenz, daß das, was den Vorzug der Kunst ausmachen soll, die Vergeistigung, zugleich ihren Mangel begründet, daß sie die Kraft der Vergeistigung einem Material zukommen läßt, das diese gar nicht verdient. Hegels Folgerung, „daß das Sinnliche im Kunstwerk freilich vorhanden sein müsse, aber nur als Oberfläche und *Schein* des Sinnlichen erscheinen dürfe"[124], reduziert erneut die Bedeutung der Kunstform und sanktioniert die Herrschafts-

---

121 a. a. O., S. 28
122 „Hieraus nun folgt, daß . . ." Ästhetik I, 13, S. 60
123 a. a. O., S. 61
124 a. a. O., S. 60

praxis der praktischen und theoretischen Naturaneignung. Deren Vermittlung und Versöhnung hatte die Kunst leisten sollen. Sie hätte, beim Wort genommen, zum Ziel, die Dinge einerseits dem Formprozeß zu unterwerfen (menschliches Leben ohne Naturaneignung und damit -beherrschung ist unmöglich) und andererseits frei für sich bestehen zu lassen (menschliches Leben als bloße Naturbeherrschung führt zur Selbstzerstörung). Hegels These, „das Kunstwerk steht in der *Mitte* zwischen der unmittelbaren Sinnlichkeit und dem ideellen Gedanken"[125], verschweigt unter dem apologetischen Schein, als komme Natur in der so verstandenen Kunst zu sich selbst, das Wesentliche, daß die Kunst die Naturbeherrschung der zu vermittelnden Komplementärformen Theorie und Praxis auf eine intensivere Ebene hebt, indem hier das Sinnliche, die längst degradierte Naturseite der Kunst, sich noch selbst als Produkt des Geistes darstellt.

Daß „die Betrachtung des Schönen liberaler Art (sei), ein Gewährenlassen der Gegenstände als in sich freier und unendlicher, kein Besitzenwollen und Benutzen derselben als nützlich zu endlichen Bedürfnissen und Absichten"[126], das Interesse an der Versöhnung von Subjekt und Objekt also billigt Hegel der Kunstpraxis nur insofern zu, als er sie auf die kategorialen Momente des Begriffs, Einzelheit, Besonderheit und Allgemeinheit, bezieht[127]. Dieser Begriff der Versöhnung der an der Einzelheit orientierten Praxis mit der an der Allgemeinheit orientierten Theorie prägt noch Lukács' Begriff des Besonderen als der zentralen ästhetischen Kategorie sowie den aus ihr abgeleiteten der Totalität als der Versöhnung von Wesen und Erscheinung[128]. Kunst hat bei Hegel wie Lukács das unter der Oberfläche der Erscheinungswelt verborgene Wesen der Wirklichkeit in selbst wieder sinnlich-unmittelbarer Form darzustellen; dies ist der ihnen gemeinsame Formbegriff, dessen Resultat bei Hegel Ideal, bei Lukács Realismus heißt[129]. Die Bewegung, die zu ihm führt, ist die Selbstbeziehung, in der sich die unterschiedenen Bestimmtheiten selbständig realisieren, aber diesen „Schein ihrer *Freiheit* als für sich und *nicht nur* für die *Einheit* hervorgegangener Teile" zugleich als „die durch den Begriff gesetzte

---

125 ibid.
126 Ästhetik I, 13, S. 155 f.
127 a. a. O., S. 147 ff.
128 bei Hegel a. a. O., S. 149 f.
129 Da Hegels Ideal-Begriff die „wahre Realität" meint (a. a. O., S. 151), begreift er sich gleichfalls als Realismus

Notwendigkeit im Zusammengehörigen der besonderen Seiten" haben[130]: Freiheit wird in der Kunstproduktion zum die Notwendigkeit ‚verbergenden' „Schein absichtsloser Zufälligkeit"[131], d. h. zur kalkulierten Erscheinungsform. Paradoxerweise wird die Form für Hegel gerade deshalb sekundär, weil sie als Ausdruck der Zweckrationalität überragende Bedeutung gewinnt; sie hat nicht nur die Funktion, die

130 a. a. O., S. 156
131 a. a. O., S. 157 — Tatsächlich ist es Hegel nicht entgangen, daß die künstlerische Arbeit den allgemeinen Charakter der Arbeit, den der Zweck-Mittel-Relation, ihrem Produkt als Signum seiner Beherrschung mitteilt und dadurch jenem Bereich des verständigen Denkens „von Ursache und Wirkung, Zweck und Mittel und sonstigen Kategorien des beschränkten Denkens" zu verfallen droht (Ästhetik III, 15, S. 242), dem er die Kunst enthoben wissen wollte. Statt nun einzubekennen, daß die Kunst in diesem eminenten Grundwiderspruch sich nur erhalten könne, indem sie ihre unlösbare Gebundenheit an die Zweckrationalität, ans Arbeitsprinzip einbekenne und ihrerseits in ihren Organisationsformen reflektiere, sistiert Hegel die Dialektik von Kunst und Arbeit und verstärkt eben dadurch, daß er es verborgen wissen will, die Macht und Herrschaft des Arbeitsprinzips:
„Die Zweckmäßigkeit gibt ihre Herrschaft über die Objektivität, in welcher der Zweck sich realisiert, offenbar kund. Das Kunstwerk aber kann den Besonderheiten, in deren Entfaltung es den zum Mittelpunkt erwählten Grundinhalt auseinanderlegt, den Schein selbständiger Freiheit zuteilen und muß es tun, weil dies Besondere nichts anderes ist als eben jener Inhalt selber in Form seiner wirklichen, ihm entsprechenden Realität." (III, 15, S. 254)
Paradoxerweise rekurriert Hegel um so stärker auf die nichtunterdrückte Natur als Modell des Ästhetischen, je mehr er sich zum Anwalt der Naturunterdrückung aufwirft: Die „seelenvolle Einheit des Organischen" (III, 15, S. 254) gilt ihm unmetaphorisch als ästhetische Grundstruktur, die frei von „jedem außerhalb der Kunst und des reinen Kunstgenusses liegenden Zweck" lediglich der „Vernunft der Sache" selbst folge (III, 15, S. 268). Der Begriff des organischen Kunstwerks setzt jedoch die organische Totalität als Ansich der objektiven Wirklichkeit selbst voraus, das von der Kunst in ein Füruns umzusetzen wäre; Kunst hat nach Hegel „das äußerlich Existierende mit seinem innersten Wesen in versöhnenden Einklang zu bringen" (III, 15, S. 270); dies ist „das Positive, die Versöhnung (...), welche der Kunst nie fehlen darf" (III, 15, S. 494). Hegel verleugnet, daß die Sache selbst, die auch ihm zufolge Kunst zum Sprechen bringen will, bei ihm eine bereits geschichtsphilosophisch-affirmativ präformierte ist, deren apologetischer Schein sich in der „freien poetischen Organisation des Kunstwerks" (III, 15, S. 265) umso mehr prolongiert, als diese ihre Organisiertheit unter dem Schein des Natürlichen zu verbergen sucht, um „bei aller Absichtlichkeit (...) dennoch den Schein der Absichtslosigkeit und ursprünglichen Freiheit, deren die Kunst bedarf, vollständig bewahren" zu können (III, 15, S. 245). Dies ist — bei Hegel nicht weniger als bei Lukács — der gesellschaftliche Inhalt der aufs Organisch-Natürliche sich berufenden Terminologie, die ihre eigene Unwahrheit bei Hegel schon dadurch einbekennt, daß sie zur Degradation des Natürlichen nicht nur parallel läuft, sondern diese sogar als Kraftzentrum der Kunstgeschichte selbst ausgibt.

Teile zum Ganzen zu organisieren, sondern zugleich die, dem Ganzen die Fiktion des organischen Selbstseins zu verleihen, sich als Form zu verbergen, weil das Kunstwerk als das erscheinen soll, was die Theorie ansonsten ihm abspricht: Subjekt, das sich objektiviert, seinen Zweck in sich hat, „Selbstzweck" ist[132]. Die Liberalität der Kunstbetrachtung ist und bleibt bei Hegel kompensatorischer Ersatz für die der Kunstpraxis, in der sie nur absichtlich produzierter Schein sein darf. Darin dokumentiert sich die Zerreißung des dialektischen Zusammenhangs von Zweckorientiertheit und Zwecklosigkeit in der Kunstproduktion, wodurch dessen gesellschaftliche Funktion verkannt wird: Bei Hegel wie bei Lukács verträgt sich die organische Harmonie des Kunstbegriffs gut mit der gesellschaftlichen Disharmonie.

Die Kantsche Interesselosigkeit, die bei Hegel auf die Seite der Kunstrezeption beschränkt bleibt, wird von Lukács zwar als „bloßes, wenn auch unerläßliches Moment des Ästhetischen" im Sinne der Kunstproduktion anerkannt, kann jedoch auch bei ihm aufgrund des gemeinsamen Arbeitsbegriffs nicht für die Dialektik des Ästhetischen fruchtbar gemacht werden: Statt Revokation des Arbeitsprinzips gilt sie als „notwendige, aber doch nur vorübergehende Suspension der unmittelbaren Zielsetzung der Menschen"[133], die gerade als solche die gesellschaftliche Praxis der Welteroberung besser ermöglichen soll entsprechend dem Bild vom Strom des Alltagslebens, in den Kunst zurückzumünden habe. Lukács' Realismus-Begriff, von dem eingangs die Rede war, nimmt entsprechend den Hegelschen „Schein absichtsloser Zufälligkeit" auf in dem der „vermittelten Unmittelbarkeit", die die Wahrheit der Wirklichkeit zu evozieren hat. Wie bei Hegel konvergieren die Kategorien Inhalt und Form mit denen von Innen und Außen. Beschreibt Hegel die künstlerische Arbeit als die das „Ideal" hervorbringende „Reinigung", als „Zurückführung (...) des äußerlichen Daseins ins Geistige, so daß die äußere Erscheinung als dem Geiste gemäß die Enthüllung desselselben wird"[134], so charakterisiert sie Lukács dadurch, „daß die von der Tätigkeit des Menschengeschlechts durchdrungene Natur – die Natur im Stoffwechsel mit der Gesellschaft – ein derartiges Verhältnis von Innen und Außen verwirklicht, daß alle Erscheinungen der Natur in

---

132 Ästhetik I, 13, S. 155
133 Lukács, XI, S. 656
134 Ästhetik I, 13, S. 206

innigem Zusammenhang mit der Existenz des Menschen stehen, daß deshalb, ganz wörtlich, nicht mehr metaphorisch, ihr Kern unmittelbar die Seele des Menschen berührt, ihr innewohnt: der echte Künstler muß ‚bloß' diese objektiv überall vorhandene Einheit von Innen und Außen bis zur ästhetischen Substantialität steigern, ihre absolute Einheit evokativ bewußt machen"[135]. Der manisch-narzißtische Blick, durch den das Subjekt sich im Anderen wiedererkennen soll erst, nachdem es ihm sein Fürsichsein genommen, es zu seinem Produkt gemacht hat, verrät deutlicher als alles andere das Einverständnis mit der gesellschaftlichen Herrschaft, das Lukács als „bewußte Verbundenheit mit der Gesellschaft" dem Künstler mit autoritärer Geste oktroyieren will[136]. Den objektiven gesellschaftlichen Gehalt dessen, was Lukács goethisierend den Menschen als „Kern oder Schale" nennt[137], jener Kernhaftigkeit, die er vom Künstler und seinem Produkt verlangt, gibt die fast klassische Formulierung preis: „Gestalten bedeutet Sinn geben." Verlangt wird, „die Menschenfeindlichkeit des gegenwärtigen Kapitalismus, die totale Sinnlosigkeit des menschlichen Lebens in ihm künstlerisch auszudrücken"[138]. Daß noch die künstlerische Widerspiegelung der Sinnlosigkeit dieser Sinn verleiht, diese von Lukács nicht mehr eingestandene Konsequenz seines eigenen Kunstbegriffs, liefert den Schlüssel für das Verstehen des Phänomens der modernen Kunst. Verstockt weigert sich Lukács, die von ihr aufgeworfene Sinnfrage dialektisch zu entwickeln, ja er entblödet sich nicht, seine frühere Aversion gegen Kafka zu lockern, nur um diesen wegen seiner vermeintlichen Widerspiegelung des Kapitalismus gegen Beckett auszuspielen[139]. Sehr wohl möglich, daß sich Lukács' Haß auf die Moderne dem geheimen Bewußtsein verdankt, daß in die vielgeschmähte alle Defekte des eigenen, zur Reproduktion des offiziellen Optimismus genötigten Bewußtseins projiziert werden: „Philistertum" als „das widerstandslose Hinnehmen der Begebenheiten der Umwelt"[140], die als gelungene oder unmittelbar vor dem Gelingen stehende Heimat zu

---

135 Lukács, XI, S. 793 f.
136 a. a. O., S. 787
137 a. a. O., S. 778 ff.
138 a. a. O., S. 795 — das vorangegangene Zitat findet sich im folgenden Band XII, S. 838
139 Lukács, XI, S. 795 f.
140 a. a. O., S. 783 f.

gelten hat, und Fetischisierung, deren Begriff, „die fetischisierte Oberfläche als letzte Wahrheit widerstandslos" hinzunehmen[141], gerade der sozialistische Realismus einlöst.

Nur weil er ignoriert, daß die geforderte Totalität der im „Lebensausschnitt" evozierten „Welt" der Kunstwerke[142] seit ihrer selbst schon klassizistischen Formulierung durch Hegel längst zur tendenziell totalen Verdinglichung verkommen ist, kann Lukács die ihr inhärenten Kategorien umstandslos aus der idealistischen Ästhetik übernehmen. Allemal involviert Totalität Versöhnung. Die „organische Einheit der Innerlichkeit des Menschen mit der Außenwelt, der menschlichen Persönlichkeit mit ihrem Schicksal in der Welt", die Lukács als Ziel der künstlerischen Arbeit darstellt, spricht das Geheimnis der „harmonischen Synthese zwischen Subjektivität und Objektivität, zwischen Erscheinung und Wesen"[143] aus: die Versöhnung mit dem Weltzustand, der so, wie er ist, der richtige sein soll, getreu der Hegelschen geschichtsphilosophischen These, „Wer die Welt vernünftig ansieht, den sieht sie auch vernünftig an."[144] Daher setzt sich der Hegelsche parti pris fürs Allgemeine, dessen Rechtsanspruch, von den „Einzelheiten der Erscheinungen" zu abstrahieren, selbst der eher magischen Beschwörung sich verdankt, „daß die wirkliche Welt ist, wie sie sein soll, daß das wahrhaft Gute, die allgemeine göttliche Vernunft auch die Macht ist, sich selbst zu vollbringen"[145], bei Lukács fort, der ihm wie Hegel auf dem Felde der Kunsttheorie alles opfert, was der Rechtfertigung des Gegebenen widerspricht und darum als der Kunst unwürdige partikulare Einzelheit und Zufälligkeit gelten muß:

> „Hier ist es nun die Aufgabe des Kunstwerks, den Gegenstand in seiner Allgemeinheit zu ergreifen und in der äußeren Erscheinung desselben dasjenige fortzulassen, was für den Ausdruck des Inhalts bloß äußerlich und gleichgültig bleiben würde."[146]

Hegels Ideal-Begriff verlangt wie Lukács' Kategorie der Besonderheit den „Charakter des Allgemeinen", der durch die „anschauliche Lebendigkeit" hindurchscheinen muß, und verlangt für „echte Poesie"

---

141 a. a. O., S. 698
142 Lukács, XII, S. 234
143 a. a. O., S. 227 und 229
144 Philosophie der Geschichte, 12, S. 31
145 Philosophie der Geschichte, 12, S. 53
146 Ästhetik I, 13, S. 217

Beschränkung auf die „rechten und dem Begriff der Sache gemäßen Züge"[147]. Dieser längst zum common sense gewordene Begriff der künstlerischen Arbeit hat unmittelbar gesellschaftliche Relevanz. Das Dasein, die Welt der empirischen Realität ist nach Hegel zwar an sich wahr, in seiner schlechten Unmittelbarkeit, der gegebenen Faktizität aber unfähig, diese seine Wahrheit explizit, für sich zu machen. Nimmt Hegels Kunstbegriff derart von Anfang an den kritischen Impuls in sich auf, der sich nicht mit der Faktizität des Soseins abfindet, sondern noch in dessen Mangelhaftigkeit diese potenziell transzendierende Wahrheitsmomente freizusetzen sucht, so gibt er unmittelbar darauf diese dialektische Position wieder auf, indem er das Ideal als Resultat des künstlerischen Reinigungsprozesses interpretiert:

> „Indem die Kunst nun das in dem sonstigen Dasein von der Zufälligkeit und Äußerlichkeit Befleckte zu dieser Harmonie mit seinem wahren Begriffe zurückführt, wirft sie alles, was in der Erscheinung demselben nicht entspricht, beiseite und bringt erst durch diese *Reinigung* das Ideal hervor."[148]

Zu dem, was um der Allgemeinheit des Wesens willen beiseitegelassen wird, gehören auch und gerade die gesellschaftlichen Bedingungen der Lebensprosa, „die Not des Lebens"[149], sofern ihr nicht selbst die höhere geschichtsphilosophische Weihe der tragischen Anerkennung zuteil wird: Dem parti pris fürs Allgemeine entspricht bei Hegel wie Lukács der für die Leid und Not verklärende Tragödie, deren Sinn Hegel in der Analyse des zum Ideal führenden Reinigungsprozesses auf die Formel des „Es ist so!" bringt, Kryptogramm bisheriger historischer Erfahrung[150]. Reinigung, Inbegriff dessen, was Hegel unter künstlerischer Arbeit versteht, spricht dem dialektischen Prozeß der Negation der Negation Hohn. Nicht wird das Negative als konstitutives Moment jedes Positiven anerkannt, vielmehr wird ihm als dem Äußerlich-Zufälligen jeder Ernst abgesprochen. Hat demnach Harmonie als Kunstprodukt zur Voraussetzung, daß „das nur Natürliche des bedürftigen Daseins"[151] als das Unwesentliche ignoriert werde, so ist damit zu rechnen, daß dies

147 ibid.
148 a. a. O., S. 205 f.
149 Ästhetik I, 13, S. 333
150 a. a. O., S. 208
151 a. a. O., S. 206

formell Negierte in dem so gewonnenen Kunstbegriff wiederkehre —
dies zugleich in dem erweiterten Sinne, daß der Ideal-Begriff, zunächst
entwickelt in Konfrontation mit dem naturalistischen Prinzip der
imitatio naturae, unmittelbar gesellschaftliche Relevanz besitzt. Nicht
nur wird die schlechte Wirklichkeit, bloß formal negiert, zugleich in
ihrem Sein bestätigt: indem die Kunst sich zur Realität, die sie mit ihrer
eigenen Wahrheit konfrontieren soll, als Liquidation verhält, perpetuiert
sie die Macht jenes Schicksals, dem sie ihre Objekte durch Idealisierung
hatte entreißen wollen. Das „Schattenreich" des Ideals, das Hegel,
Schillers „Das Ideal und das Leben" aufnehmend, den Geistern als
Heimstatt anbietet, „abgestorben dem unmittelbaren Dasein, abgeschieden von der Bedürftigkeit der natürlichen Existenz, befreit von den
Banden der Abhängigkeit äußerer Einflüsse und aller der Verkehrungen
und Verzerrungen, welche mit der Endlichkeit der Erscheinungen
zusammenhängen"[152], trägt nicht umsonst metaphorisch die Züge des
Totenreichs. Dennoch sollen die Geister, die es bewohnen, „als
lebendige Individualität" erscheinen[153]. Die Paradoxie erweist sich als
eine der Perspektive: Kunst, Schattenreich „der Wirklichkeit und ihren
Schmerzen und Kämpfen gegenüber", ist ihrer Intention auf Wahrheit
nach das völlige Beisichsein des Geistes im nur ihn manifestierenden
Äußeren; das Totenreich wird zum Elysium, dessen „Grundzug" „die
heitere Ruhe und Seligkeit, dies Sichselbstgenügen in der eigenen
Beschlossenheit und Befriedigung" bilden[154]. Dennoch weisen die
strukturellen Gemeinsamkeiten das Reich der Wirklichkeit und das des
Ideals bei Hegel als Komplementärphänomene aus. Die Herrschaft des
Geistes hier steht der des „nur Natürlichen" dort an Strenge nicht nach:
Die Geschlossenheit, zu der die Kunst, alles Fremde gewaltsam
ausschließend, runden soll, hat zu ihrem Modell, paradox genug, eben
jene Natur, deren schicksalhafter Kreislauf der Selbstgenügsamkeit ihre
definitorische Mangelhaftigkeit ausmachen sollte. Der Reinigungsprozeß, dem Kunst die Natur als ihr „äußerliches Element" unterwirft[155],
ist so radikal, daß die Außenseite des ästhetischen Objekts nurmehr als
„Ausdruck des Inhalts"[156] in totaler Unselbständigkeit gelten kann, ja,
daß selbst der Inhalt, die lebendige Individualität, derart präformiert

152 a. a. O., S. 207
153 ibid.

154 Ästhetik I, 13, S. 207 f.
155 a. a. O., S. 212
156 a. a. O., S. 217

sein muß, daß er innerhalb der Kollisionen und Disssonanzen, zu denen er in seiner Selbstrealisisation fortschreitet, die Heiterkeit des unerschütterlichen Aufsichberuhens zu erkennen gibt[157]. Deshalb wird Hegels Explikation des Idealbegriffs zu einem banausischen Katalog von Kunstinhalten, angeordnet in den Kreisen des Allgemeinen und Göttlichen, des Individuell-Menschlichen und der äußerlichen Umwelt gemäß der Grundfrage:

> „in welcher Weise — dem Herausgehen in die Äußerlichkeit und Endlichkeit und somit in das Nicht-Ideale zum Trotz — das Ideale sich dennoch zu erhalten sowie umgekehrt das endliche Dasein die Idealität des Kunstschönen in sich aufzunehmen imstande sei"[158].

Hegels „Individualität" ist Subjekt und Objekt des Zwanges zugleich. Der Zwang, den sie der Natur antut, rächt sich an ihr selbst, soweit auch sie Natur ist; und den Schmerz und die Not, die sich selbst sie antut, hat sie als das Unwahre zu verklären, das, eigenem Antrieb folgend, sich zuletzt in der Heiterkeit und seligen Ruhe der Region des Göttlichen und Absoluten auflöst[159].

Der affirmative Gehalt des Hegelschen Kunstbegriffs perpetuiert sich in der kategorialen Struktur des von Lukács entwickelten. Der Reinigung der Wirklichkeit zum Ideal entspricht bei Lukács das „Aufdecken" des Wesens der Wirklichkeit, des in ihr herrschenden Allgemeinen, das, verhüllt in der Besonderheit, den Ausschluß all dessen postuliert, was als untypisch und zufällig seinem Herrschaftsanspruch sich entzieht. Soll Lukács' ex cathedra verkündeter Bann über das utopische Moment der Kunst, „das Nochnichtseinde, das Kommende, das Zuverwirklichende" dürfe in ihr „nur soweit es im Sein selbst vorhanden ist, als kapillarische Vorarbeit des Zukünftigen, als Vorläufertum, als Wunsch und Sehnsucht, als Ablehnung des gerade Vorhandenen, als Perspektive etc." erscheinen[160], überhaupt einen Sinn haben — denn was wäre nach dem folgenden Katalog nicht „im Sein selbst vorhanden"? — , so den, daß Kunst Vertrauen in die normative Kraft des Faktischen zu vermitteln habe. Dem dient die Restriktion des Utopischen der Kunst aufs „Abbild von etwas, das immer und nie da

---

157 a. a. O., S. 208 f.
158 a. a. O., S. 230
159 Ästhetik I, 13, S. 218 ff.
160 Lukács, XII, S. 238

ist", nämlich der in allen Formen menschlichen und naturalen Seins „immanent vorhandenen, ihnen zutiefst eigenen Komplettheit"[161]. Das Kunstwerk als „eine absolut in sich abgeschlossene, wie eine in sich vollendete Totalität"[162] wird so für Lukács zum „Vorbild"[163], das die unter allen gesellschaftlichen Umständen vorhandene Möglichkeit zur Komplettheit und Vollendung exemplarisch vorexerziert. Die im Hintergrund von Lukács' Argumentation stehende, tatsächlich unverzichtbare Unterscheidung von konkreter und abstrakter Utopie wird durch ihre Beziehung auf den geschichtsphilosophischen Optimismus verfälscht: Nichts verbürgt, daß das Mögliche und Notwendige auch Wirklichkeit werde. Im selben Maße wie Lukács die gesellschaftliche Entfremdung verharmlost, indem er sie für jederzeit überwindbar ausgibt, droht sein Begriff von Kunst der Lüge zu verfallen, als könne Kunst dem Falschen, gegen das sie protestiert, fern aller Dialektik die richtige Alternative entgegenstellen.

Damit verfehlt er eine Erfahrung, die die Hegelsche Ästhetik innerhalb ihrer affirmativen Grundtendenz noch verzeichnet. Der Begriff des Anthropomorphisierens, mit dem Lukács die künstlerische von der wissenschaftlichen Form der Widerspiegelung der Wirklichkeit abhebt, nimmt den des Anthropomorphismus auf, den Hegel zuerst in der eigentlichen, der klassisch-griechischen Kunst konstituiert sieht und der ihm zufolge gerade als gelungene Realisierung des Kunstbegriffs in dialektischem Umschlag die Auflösung der Kunst inauguriert[164]. Die Versöhnung von Innen und Außen durch die zum Ideal führende künstlerische Arbeit krankt nach Hegel gerade an der Unfähigkeit, „Negativität, Schmerz, Unglück zur positiven Einheit und Versöhnung zurückzubringen"[165], d. h. dem Negativen, statt es auszusparen, einen positiven Sinn zu verleihen. Ungeachtet der neuerlichen affirmativen Wendung enthält die Dialektik der klassischen Kunst bei Hegel nicht nur die immanente Kritik des Ideal-Begriffs, sondern sie reflektiert zugleich die Problematik von Lukács' an harmonischer Totalität

---

161 ibid.
162 a. a. O., S. 231
163 a. a. O., S. 238
164 Ästhetik II, 14, S. 109 ff. „Auflösung der Götter durch ihren Anthropomorphismus"
165 a. a. O., S. 26

orientiertem Begriff der anthropomorphisierenden Kunst. Daß das in der Heiterkeit und seligen Ruhe der klassischen Kunst Ausgesparte als „Hauch und Duft der Trauer"[166] gegen den Willen ihrer Schöpfer in sie zurückkehre, diese Spur des mythischen „Schicksals"[167] denunziert fortan alle Kunst, die gleicher Praxis sich bedient. Am Anthropomophisieren, dessen Ziel die Versöhnung von Geist und Natur hatte sein sollen, decouvriert Hegel die Gewalt, die naturhaft-schicksalhaft, Rache der unterdrückten Natur, auf ihre Urheber zurückschlägt. An zentraler Stelle jeweils wird der zentrale Defekt des Hegelschen Systemdenkens, die hierarchische Struktur, beredt, an der Überflügelung der Kunst durch Religion und Philosophie wie an der der Epik durch die Dramatik. Der von Hegel beobachteten Dialektik, daß auf dem Punkt des scheinbar höchsten Triumphs des Geistes über die Natur diese erneut sich durchsetzt, verfällt Lukács um so eher, als er meint, Hegelschen Kunstbegriff reproduzieren zu können ohne dessen hierarchische Sinndetermination: Innerhalb des Prozesses von Auf- und Zudecken des Wesens der Wirklichkeit kann als eigentlich künstlerische Arbeit nur die optimale Disposition und Transposition ins Besondere-Typische sein, denen die Künstler die zuvor von ihnen als verhinderten Gesellschaftswissenschaftlern eruierten allgemeinen Erkenntnisse unterwerfen, d. h. gerade der geheime Formalismus der Inhalts-Ästhetik[168] hat zur Folge, daß Lukács nur den Stoffgehalten als der Ebene des Gesellschaftlichen im Kunstwerk nachjagt. In der Minderschätzung der ästhetischen Form, die doch auch nach Lukács das eigentliche ästhetische Medium sein müßte, restituiert sich die Hegelsche Hierarchie.

Freilich bedarf die von Hegel beobachtete Dialektik der Kunst selbst erst sorgfältiger Analyse, ehe sie für die Theorie fruchtbar gemacht werden kann. Die Kunst hatte Antwort geben sollen auf die Frage, ob die menschliche Wirklichkeit selbst als die Sphäre von Besonderheit und Einzelheit jenes überindividuelle Geistige auszudrücken vermag, in dem der Mensch sich seine höchsten Vorstellungen von sich als das göttliche Absolute darstellt. Es ist die Frage nach der Möglichkeit einer

---

166 a. a. O., S. 85
167 a. a. O., S. 86 und pass.
168 Bekanntlich hat Brecht in der Formalismus-Debatte den Spieß gegen Lukács gekehrt, cf. die Essays über den Realismus 1937–1941, Werksausgabe edition suhrkamp Bd. 19, S. 287 ff.

utopischen Wirklichkeit, in der die Sinnlichkeit nicht mehr die Entfremdung des Geistigen wäre, nach einer Welt der realen Versöhnung. Hegel hat jedoch diese Frage, bevor er sie an die Kunst stellt, schon im negativen Sinne beantwortet, da das Sinnliche als entfremdetes Geistiges für ihn Konstituens der Arbeit des Begriffs ist. Diese aber rächt sich noch am Inhalt des Utopischen selbst: Nicht dem gilt ihre Kritik, daß die Wirklichkeit die in der Kunst antizipierte Hoffnung aufs Bessere brutal negiert, vielmehr wird umgekehrt nach bewährtem Modell dem Opfer selbst die Schuld gegeben, daß es den hohen Geist in die prosaische Wirklichkeit hineinzerre. Nirgends ist Hegel einem adäquaten Begriff des Ästhetischen ferner, als wo er ihm am nächsten kommt. Denn auch für ihn ist die Dialektik des Ästhetischen wesentlich ein Schuldzusammenhang. Doch die Trauer, in der er sich manifestiert, ist keine über die in sich verhärtete Wirklichkeit, Scham und Schuldbewußtsein, daß die Kunst nicht nur die Wirklichkeit, indem sie sie transzendiert, unbehelligt läßt, sondern ihr noch bis in ihre Produktionsweise hinein verhaftet bleibt, vielmehr bekennt in ihr die Utopie sich selbst schuldig, sich mit der Wirklichkeit eingelassen, ein Sein in Seligkeit und heiterer Ruhe antizipiert zu haben:

„Die seligen Götter trauern gleichsam über ihre Seligkeit oder Leiblichkeit; man liest in ihrer Gestaltung das Schicksal, das ihnen bevorsteht und dessen Entwicklung, als wirkliches Hervortreten jenes Widerspruchs der Hoheit und Besonderheit, der Geistigkeit und des sinnlichen Daseins, die klassische Kunst selber ihrem Untergange entgegenführt."[169]

Nur aufgrund der herrschaftlichen Arbeitsmoral des „Ohne Fleiß kein Preis" kann Hegel glauben, Seligkeit durch ihre Identifikation mit der Leiblichkeit diskreditiert zu haben. Hegel kennt nur die Alternative von rastloser Arbeit — deren Prototyp gerade der absolute Geist mit seinem Werkstück, der Weltgeschichte, ist — und der „Philisterempfindung" der Selbstzufriedenheit, „zu der es jeder fertige Mensch bringen muß"[170]. Aber nur darum ist der Haß auf die Glücksperspektive so groß, weil sie stets vom Abgleiten ins Philiströse bedroht ist, vom „Lächeln des Selbstgenügens und gemütlichen Behagens", durch das der Bürger als

---

[169] Ästhetik II, 14, S. 86   [170] ibid.

fertiger Mensch „das Gefühl der Übereinstimmung unserer einzelnen Subjektivität mit dem Zustande unseres bestimmten, uns gegebenen oder durch uns hervorgebrachten Zustandes" zu erkennen gibt[171]. Noch der die moderne Kunst bewegende Widerspruch, daß die Kunst die Glücksperspektive nur negativ-gebrochen, durch Verzicht bewahren kann, läßt sich aus Hegels Argumentation weit über Lukács hinaus eruieren.

Wird damit mittelbar auch die Relation von Kunst und Arbeit problematisiert, so doch innerhalb des durch das Arbeitsmodell vorgegebenen Rahmens, der die Mangelhaftigkeit des künstlerischen Anthropomorphismus auf ungenügende Naturbeherrschung zurückführt: daß „in der klassischen Kunst (...) die Sinnlichkeit nicht getötet und gestorben" ist wie in dem weitergetriebenen Anthropomorphismus der christlichen Gottesvorstellung[172]. Die innere Widersprüchlichkeit im Begriff des Anthropomorphisierens begründet Hegels Schwanken, welcher Kunstgattung in der Hierarchie der einzelnen Künste der Platz des Zentrums gebühre, der Plastik als dem Modell der Versöhnung von Geist und Sinnlichkeit oder der Poesie als der vergeistigtsten Kunstform. Sie erklärt darüberhinaus die schwankende Haltung, die Hegel zu der Frage einnimmt, ob der ideale Weltzustand, den der Kunstbegriff fordert, einer der Kunst oder der gesellschaftlichen Wirklichkeit sei. Ausdrücklich weist Hegel bei Gelegenheit der Analyse des Epischen auf die historische Distanz jenes heroischen Weltzustandes zu seiner epischen Gestaltung:

„Denn etwas anderes ist eine an sich in ihrem wirklichen Dasein poetische Nationalität, etwas anderes die Poesie als das vorstellende Bewußtsein von poetischen Stoffen und als künstlerische Darstellung solch einer Welt. Das Bedürfnis, sich darin als *Vorstellung* zu ergehen, die Bildung der Kunst tritt notwendig später auf als das Leben und der Geist selbst, der sich unbefangen in seinem unmittelbar poetischen Dasein zu Hause findet."[173]

Hegel bindet die Genesis der Kunst hier an den prekären historischen Augenblick zwischen dem Nicht-Mehr einer unmittelbar-unreflektierten Zugehörigkeit zur alten Gesellschaftsformation und dem Noch-Nicht

171 a. a. O., S. 85 f.   172 Ästhetik II, 14, S. 24   173 Ästhetik III, 15, S. 333

der Ausbildung der neuen[174], d. h. an einem historischen Übergangspunkt soll Kunst das Alte aus der Perspektive des alten Bewußtseins gestalten und damit für die Erinnerung festhalten. Ironischerweise plaudert Hegel damit aus der Schule von — Lukács, der bekanntlich an zahlreichen Stellen seines Werkes die Fruchtbarkeit gesellschaftlicher Widersprüche für die künstlerische Produktion betont hat: daß das aus dem Lebensstrom herauswachsende Neue stets aus dessen Perspektive erfahren wird. Hegels These von der Dialektik von Sprengung und Bewahrung der Distanz der Kunst zu ihren der Wirklichkeit entnommenen Stoffen teilt die Zwiespältigkeit aller Rückphantasien: Daß die Versöhnung von Geist und Natur, Individuum und Allgemeinheit einst stattfand, macht ihre künftige Verwirklichung, Interesse der Kunst nach Hegel, um so aussichtsloser. Daher droht bei Hegel die Distanz von Kunst und Wirklichkeit zu schwinden, Kunst zum bloßen Abbild zu verkommen, Vorbereitung der Lukácsschen Vermittlung von „Abbild" und „Vorbild". Schon bei Hegel sind Kunst, Religion und Philosophie tendenziell als Reproduktionsformen begriffen; sie reproduzieren zwar nicht unmittelbar historisch-gesellschaftliche Verhältnisse, wohl aber die Explikation des Geistes, die an sich schon in seinem Begriff enthalten und an der menschlichen Geschichte ablesbar werden soll. Daher sind Kunst- und Gesellschaftsgeschichte nur zwei Seiten eines Prozesses mit identischem Inhalt, wobei schon hier die Formen des absoluten Geistes als Bewußtseinsformen die vorgegebenen historischen Inhalte reproduzieren:

„Der Gegensatz von Natur und Geist ist an und für sich notwendig. Denn der Begriff des Geistes als wahrhafter Totalität ist, wie wir schon früher sahen, *an sich* nur dies, sich zu trennen, in sich als Objektivität und in sich als Subjekt, um sich durch diesen Gegensatz aus der Natur herzukommen und sodann als Überwinder und Macht derselben frei und heiter gegen sie zu sein. Dies Hauptmoment im Wesen des Geistes selbst ist daher auch ein Hauptmoment in der Vorstellung, welche er sich von sich selber gibt. Geschichtlicher-, wirklicherweise zeigt sich dieser Übergang als die vorgeschrittene Umbildung des Naturmenschen zum rechtlichen Zustande, zu Eigentum, Gesetzen, Verfassung, politischem Leben; göttlicher-, ewiger-

---

[174] a. a. O., S. 334 f.

weise ist dies die Vorstellung von der Besiegung der Naturmächte durch die geistig individuellen Götter."[175]

Was Hegel hier anhand des das Klassische konstituierenden Kampfes der alten und neuen Götter entwickelt, ist schon der materialistische Widerspiegelungsgedanke in nuce, der nur durch den gesamtidealistischen Rahmen aufgefangen wird. Die klassische Kunst reproduziert, mit Lukács zu sprechen, einen bestimmten Stand des gesellschaftlichen Stoffwechsels mit der Natur. Darum gilt in der Analyse der griechischen Welt, wie sie die Geschichtsphilosophie entwickelt, die Kunst als das „objektive Kunstwerk" nur als die andere Seite des „subjektive(n) Kunstwerk(s)", der Sittlichkeit, mit der zusammen sie in das „politische Kunstwerk", die Polis-Demokratie, eingeht[176]. Hegel argumentiert stets auf drei Ebenen: 1) der des Geistes, der sich entäußert und in sich zurückkehrt, 2) der der Geschichte, in der sich dieser Prozeß realisiert, und 3) der des absoluten Geistes, der als menschliche Reflexion beide Seiten des Prozesses identifiziert. Da jedoch die Ebene der realen Geschichte das für die Reflexion entscheidende Beobachtungsfeld bleibt, ist es für die materialistische Ästhetik so verführerisch, an Hegel unmittelbar anzuknüpfen und lediglich den idealistischen Rahmen fortzulassen. Dabei wird jedoch leicht übersehen, daß der Idealismus keineswegs nur Rahmen, sondern der durchgängig bestimmende Grundzug der „Ästhetik" ist. Er bestimmt den Künstler zum reproduzierenden Organon des allemal historisch vorgegeben Sinnzusammenhangs. Materialistische Ästhetik dagegen müßte sich gerade um des untrennbaren: dialektischen Zusammenhangs von Kunst und Gesellschaft von der Inhaltspriorität lösen; denn deren Objektivitätskriterium ist jeweils der von der Kunst zu reproduzierende Stand des gesamtgesellschaftlichen Bewußtseins, das sie als sinnvolles und sinngebendes Resultat des Geschichtsprozesses begreift, statt seinen Sinn aus der Perspektive des fortgeschrittenen Bewußtseins in Frage zu stellen. Die Widerspiegelungstheorie ist, wenigstens auf dem Felde des Ästhetischen, ein Relikt sistierter idealistischer Dialektik, weil sie, auch wo sie es anders will, ans Einverständnis mit dem Widergespiegelten gebunden bleibt. Ihren Objektivitätsanspruch widerlegt sie selbst dadurch, daß sie ihrem Gegenstand, der solchem Einverständnis wesentlich sich weigert, nicht

175 Ästhetik II, 14, S. 62   176 Philosophie der Geschichte, 12, S. 295

gerecht wird. Schon Hegels Begriff der „künsterischen Phantasie" als „das Vernünftige, das als Geist nur ist, insofern es sich zum Bewußtsein tätig hervortreibt, doch, was es in sich trägt, erst in sinnlicher Form vor sich hinstellt"[177], bereitet im einschränkenden „erst", in dem der Begriff des Sinnlichen als Entfremdung des Geistes nachschwingt, den aberwitzigen Kunstbegriff der revolutionären russischen Demokraten vor, den vom „Denken in Bildern"[178], von dem sich die traditionellmarxistische Ästhetik nie ganz freigemacht hat. Zwar ist Hegel bemüht, zwischen den Vorstellungen vom poeta doctus und vom naturhaftunbewußten Genie zu vermitteln, aber dieser Vermittlungsversuch bleibt durch die vorausgesetzte Degradation der Natur banausisch. Ein solcher hätte vor allem auf dem Moment der Sensibilität des Künstlers zu insistieren, die sich mit dem Vorgefundenen nicht abfindet, kraft eines noch nicht völlig verdinglichten Bewußtseins unter ihm fast physisch leidet, auf dem Zusammenhang von nichtverdinglichtem Bewußtsein, Verweigerung des gesellschaftlich postulierten Triebverzichts, von Eros und Kreativität, schließlich auf dem antizipatorischen Sinn der Offenheit des Kunstwerks, dem Festigkeit eines eindeutig fixierten Sinns und planvoll gerundete Abgeschlossenheit der Tod wären. Bei Hegel bleibt Kunst „eine Weise zugleich instinktartiger Produktion"[179], deren Produkt doch zugleich, widersprüchlich genug, in seiner klassischen Form „in sich selber durchweg deutlich und klar zu sein"[180] hat. Klarheit, die als Verstandesprodukt vor der philosophischen Dialektik zu Protest geht, heißt gegenüber der „Zweideutigkeit", „Unsicherheit" und „Ungewißheit" der symbolischen Kunst die gelungene Identität von „Bedeutung" und „äußerer Gestalt" bzw. „Bild"[181].

177 Ästhetik I, 13, S. 62
178 Cf. Belinski: Ausgewählte philosophische Schriften. — Moskau 1950, S. 487
179 Ästhetik I, 13, S. 63
180 a. a. O., S. 401
181 ibid. — Tatsächlich kennzeichnet Hegel die prosaische im Unterschied zur poetischen Darstellung durch claritas: „Im allgemeinen können wir deshalb als Gesetz für die prosaische Vorstellung einerseits die *Richtigkeit,* andererseits die deutliche *Bestimmtheit* und klare *Verständlichkeit* aufstellen, während das Metaphorische und Bildliche überhaupt relativ immer undeutlich und unrichtig ist." (Ästhetik III, 15, S. 280). Da jedoch die Inhalts-Ästhetik davon ausgeht, „daß es *eine* Grundidee sei, zu deren Darstellung das Kunstwerk überhaupt unternommen wird" (III, 15, S. 253), kann sie die zur Zweckrationalität antithetische Funktion des Rätselcharakters der Kunst nicht einlösen, sondern transportiert sie in die mimetische Funktion der Reproduktion der Einzelheit und Allgemeinheit versöh-

Materialistische Hegel-Kritik hätte nicht an dem affirmativen Begriff der klassischen Kunst anzusetzen, sondern an dem von Hegel selbst depravierten der symbolischen Kunst: Die Auflösung des Rätsels der Kunst, als die sich Hegel der Übergang vom Symbolischen zum Klassischen darstellt, ist abzulehnen, da der Rätselcharakter der Kunst konstitutiv zu dieser selbst gehört. Ungewollt beschreibt dies Vecchi in seiner Rekapitulation von Hegels Begriff des Symbolischen:

> „L' unica soluzione che possiamo dare noi è nel comprendere la razionalità della impossibilità di dare una soluzione."[182]

Der darin implizierte Kunstbegriff, den die avantgardistische Kunst erheischt, stellte jene Reduktion der Kunst auf Füranderessein in Frage, die Hegel dem Kunstwerk auferlegt, indem er ihm jedes Fürsichsein abspricht:

> „Wie sehr es nun auch eine in sich übereinstimmende und abgerundete Welt bilden mag, so ist das Kunstwerk selbst doch als wirkliches, vereinzeltes Objekt nicht *für sich*, sondern *für uns*, für ein Publikum, welches das Kunstwerk anschaut und es genießt."[183]

Mit Recht insistiert Hegel darauf, daß das Kunstwerk erst in der Rezeption voll realisiert wird[184] — aber er sieht nicht, daß es in seiner

---

nenden anschaulichen Totalität. Wie später Lukács geht Hegel von einer ursprünglich undifferenzierten Subjekt-Objekt-Relation aus („die *ursprüngliche* Poesie des Vorstellens"), von der sich erst später das an der Einzelheit haftende gewöhnliche Bewußtsein und die aufs Allgemeine gehende Ratio trennen. Die Kunst hat dann beide Sphären im Medium des Bildes zu versöhnen, indem sie „statt des abstrakten Wesens die konkrete Wirklichkeit desselben, statt der zufälligen Existenz eine solche Erscheinung vor Augen führt, in welcher wir unmittelbar durch das Äußere selbst und dessen Individualität ungetrennt davon das Substantielle erkennen und somit den Begriff der Sache wie deren Dasein als ein und dieselbe Totalität im Innern der Vorstellung vor uns haben" (III, 15, S. 276 f.). Hegels Begriff des Kunstwerks „als eine in sich selbständige, in sich geschlossene Welt" (III, 15, S. 231) nimmt Lukács' Kategorie der „eigenen Welt" der Kunstwerke vorweg.

182 Vecchi, a. a. O., S. 142
183 Ästhetik I, 13, S. 341
184 „Und so ist jedes Kunstwerk ein Zwiegespräch mit jedem, welcher davorsteht." (a. a. O., S. 341)

Funktion, Sein für anderes zu sein – und die teilt es mit aller Warenproduktion –, nicht aufgeht, sondern ebenso gegenläufige Tendenzen entwickelt. Der abstrakte Arbeitsbegriff erweist seine Macht noch daran, daß er die Dialektik von Gebrauchswert und Tauschwert aussetzt, die im Kunstwerk die von Heteronomie und Autonomie ist. Hegel wird dem Gedanken untreu, daß die Situation des Zwiegesprächs zwei Subjekte voraussetzt, die mehr verbindet als die einseitige Konsumbeziehung, wie sie das böse Wort vom Kunstgenuß setzt. Daß dieser in Wahrheit Selbstgenuß sei in der Aneignung der Ware Kunst – der Rezipient solle sich im Kunstwerk wiederfinden, heißt nichts anderes als: das Kunstwerk, beschränkt aufs Reproduktive, dürfe nicht andere Möglichkeiten als die gegebenen, diese sprengende, damit leichter Rezeption sich entziehende Innovationen gestalten –, zeigt sich an den Folgerungen, die aus dem unreflektierten Füruns der Kunstwerke gezogen werden. Unreflektiert bleibt das Kernproblem, daß das Wir, das darin leichthin gesetzt wird, noch gar nicht existiert, allenfalls in der entfremdeten Form des „Betriebs" (Adorno), in dem „wir" alle zu Hause sind, weil wir die Solidarität des Wir verlernt haben. Hegel, dem solches Wir noch als Gemeinschaft der Gebildeten am Rande des Betriebs erscheinen mochte, hat doch offensichtlich schon seine Zweifel an ihr. Nicht nur daß er die Kunst der „Remission des Geistes" überläßt, während er vom philosophisch Interessierten die asketische Konzentration der Arbeit des Begriffs verlangt, er stellt bereits Postulate ans Kunstwerk, die jene des sozialistischen Realismus vorwegnehmen. Er läßt das Kunstwerk die Beute eines Publikums werden, das sich in ihm wohl und heimisch fühlen will:

„Wie die Charaktere des Kunstwerks in ihrer Außenwelt zu Hause sind, verlangen auch wir für uns die gleiche Harmonie mit ihnen und ihrer Umgebung."[185]

Hinter der egalitäten Forderung:

„daß Kunstwerke nicht für das Studium und die Gelehrsamkeit zu verfertigen sind, sondern daß sie ohne diesen Umweg weitläufiger entlegener Kenntnisse unmittelbar durch sich selber verständlich und

---

185 Ästhetik I, 13, S. 342

genießbar sein müssen. Denn die Kunst ist nicht für einen kleinen abgeschlossenen Kreis weniger vorzugsweise Gebildeter, sondern für die Nation im großen und ganzen da."[186]

verbirgt sich bereits das Theorem von der Volkstümlichkeit, das immer die Erniedrigung dessen einschloß, für den es scheinbar eintrat. Die leichverdauliche und -genießbare Kost, die man ihm allenfalls glaubt zumuten zu können, soll ihm in seiner Erniedrigung vorspiegeln, auch ihm sei das Höhere nicht ganz verschlossen: So wird Kunst ans Bestehende verraten. Mit der Forderung, „Das allererste ist und bleibt die unmittelbare Verständlichkeit (...).“[187], entsagt Hegel genau jener Waffen, die seine Philosophie vor dem Zugriff des Zeitgeistes bewahren sollten: der Kritik von Unmittelbarkeit und zweckorientierter Ratio. Da Hegel in der geschichtlichen Bedingtheit des Kunstwerks lediglich die „zeitliche sterbliche Seite" sieht, von der der allgemeine Ideengehalt unbehelligt bleibe, betont er nicht nur „das Recht, Umarbeitungen zu verlangen", sondern zitiert er auch zustimmend, daß „jetzt z. B. die Engländer aus Shakespeareschen Stücken nur die Szenen (geben), welche an und für sich vortrefflich und aus sich selber verständlich sind, indem sie nicht den Pedantismus unserer Ästhetiker haben, daß dem Volke alle die fremdgewordenen Äußerlichkeiten, an denen es keinen Anteil mehr nehmen kann, vor Augen gebracht werden sollen"[188]. Damit aber gibt Hegel gleichsam augenzwinkernd zu verstehen, daß sein eigener Begriff der organischen Ganzheit des Kunstwerks gar nicht so ernst gemeint

---

186 a. a. O., S. 353
187 a. a. O., S. 355 — Wie zwiespältig Hegel in dieser Frage ist, zeigt seine Behandlung des Verhältnisses des dramatischen Kunstwerks zum Publikum. Er, der dem Künstler nichts anderes zur „Pflicht" macht, „als der Wahrheit und dem Genius zu folgen, der ihn treibt und welchem, wenn er nur rechter Art ist, der Sieg wie überall, wo es sich um Wahrheit handelt, in letzter Instanz nicht fehlen wird" (III, 15, S. 503), konzediert gleichwohl, „daß hin und wieder sogar, um vollständig zu gefallen (!), ein Talent im Schlechten und eine gewisse Schamlosigkeit in Rücksicht auf die reinen Forderungen echter Kunst nötig sein kann" (III, 15, S. 496). Daß Hegel die von ihm als prinzipiell erachtete Identität von Wahrheit und begriffsadäquater Kunstform so leichthin aufzugeben vermag, verdeutlicht, daß er sie nicht dialektisch denkt. Der Widerspruch meldet nicht nur insgeheim Zweifel am Siegesoptimismus der Wahrheit wie an dem definitorischen Schönheitsbegriff an, er decouvriert auch das unvermittelte Füranderessein: Nur in der Form des Fürsich, das nicht gefallen will, wäre das Füruns noch zu retten.
188 Ästhetik I, 13, S. 358

gewesen sei. Als reines Sein für anderes wird das Kunstwerk zur Ware, die man zu besserem Konsum getrost ihres schwerverdaulichen Ballastes entkleiden kann. Weil dem die symbolische Kunst nicht sich fügt, wird sie von Hegel zur Vorkunst degradiert: Menetekel des Schicksals, das der Kunst en bloc von der Philosophie droht.

Georg Lukács hat die Gefahren, die dem Kunstbegriff durch die Beschränkung aufs Sein für anderes drohen, zu umgehen versucht, indem er das Kunstwerk tatsächlich „von allen anderen Widerspiegelungen und Objektivationen" dadurch unterscheidet, daß „seine allgemeinste Form das Fürsichsein ist"[189]. Die Kategorie des Fürsichseins geht jedoch, eingeschlossen in den Begriff von Kunst als Arbeit, auf die Vermittlung des Ansich der naturalen und gesellschaftlichen Realität mit dem Füruns, dem geschichtlichen Aneignungsprozeß, und füllt damit wie bei Hegel lediglich die Lücke, die die auf die Einzelheit gehende praktische und die auf die Allgemeinheit gehende wissenschaftliche Aneignung der Natur läßt[190]; Fürsichsein ist bei Lukács die elementare kategoriale Bestimmung des Begriffs der Besonderheit. Die vermittelte Unmittelbarkeit, in der die Kunst nach Lukács ihre Inhalte entfaltet, hat zum Ziel, das Ansich der widergespiegelten Wirklichkeit zugleich als „Produkt der gemeinsamen Tätigkeit aller Menschen, der Menschheit"[191] unmittelbar evokativ bewußt zu machen, „Selbstbewußtsein" zu erzeugen[192]. Das Fürsichsein ist also für Lukács nicht die Weise des Kunstwerks, sich von seiner Wirklichkeit um derentwillen zu distanzieren, sondern dient als inhaltsästhetische Kategorie gerade umgekehrt, der Hegelschen Ästhetik auch darin treubleibend, der Versöhnung seines Füranderesseins, der Einstimmung in den Geschichtsprozeß, d. h. es ist primär eine geschichtsphilosophische Kategorie. Kunst gilt als „ein eigenartiges Zwischenreich, das den unmittelbaren Anschein des Lebens mit dem Durchsichtigwerden der Erscheinungswelt, mit dem Glanz des Wesens (!) organisch vereinigt"[193]. Unbekümmert darum, daß das glanzvolle Wesen nicht erst

---

189 Lukács, XII, S. 325
190 Cf. hierzu und zum folgenden Kap. 13 „Ansich-Füruns-Fürsich", XII, S. 267 ff.
191 Lukács, XII, S. 297
192 a. a. O., S. 304
193 a. a. O., S. 303

heute als gesellschaftliches Unwesen durchschaut ist, prolongiert Lukács die Hegelsche Kunstdefinition vom sinnlichen Scheinen der Idee, die wie alle Definitionen ihren Gegenstand unterm Klarheitsideal heillos verdinglicht. Auch Lukács übersieht mit seiner Warnung, die Werkindividualität, magische Tendenzen aufnehmend, zum Subjekt, zum Fürsichsein zu hypostasieren[194], die prekäre Dialektik des Füranderesseins: daß das Engagement der Kunst für anderes im Zeichen des Tauschprinzips nicht mehr unmittelbar, sondern in bestimmter, rettender Negation in Hermetik, die Aufkündigung des Füranderesseins, sich zurückzieht. Der verzweifelten, magischer Beschwörung tatsächlich nicht unähnlichen Distanzierung der modernen Kunst von der Wirklichkeit, mit der sie noch als Negation verbunden bleibt, antwortet Lukács mit der Hegelschen Remission des Geistes: Das Kunstwerk „schenkt" die aristotelische Reinigung der Leidenschaften, in der Lebenspraxis „Preis harter und andauernder Anstrengungen", als Erhöhung ins Selbstbewußtsein „gewissermaßen umsonst, man könnte sagen als Gnade"[195]. Nicht nur bringt Lukács noch das Fürsichsein in die von ihm kategoriell aufgehobene Zweck-Mittel-Rationalität ein: als „Vehikel der Universalität"[196], sondern die Sistierung der dem Kunstwerk eigenen Dialektik von Autonomie und Heteronomie, Distanzierung von und Partizipation an der gesellschaftlichen Realität schlägt noch der „Gnade" des in der Rezeption erfahrenen Selbstbewußtseins Wunden: Die metaphysische Erhöhung der Hegelschen Liberalität der Kunstrezeption trägt selbst nicht die Signatur der Freiheit, sondern des Zwanges, der sich als Vertrauen auf die „Allmacht der künstlerischen Formen" zu erkennen gibt[197]. Vor der der pseudomaterialistischen Inhalts-Ästhetik eigenen Gefahr, das Kunstwerk zum „bloßen Dokument der Weltkenntnis" zu depravieren[198], flüchtet Lukács in falsche Unmittelbarkeit, konstruiert er eine prästabilierte Harmonie zwischen der vermittelten Unmittelbarkeit der eigenen Welt der Kunstwerke und ihrer unmittelbar-

---

194 a. a. O., S. 329
195 Lukács, XII, S. 326 f. — Cf. Hegel: „Die harte Rinde der Natur und gewöhnlichen Welt machen es dem Geiste saurer, zur Idee durchzudringen, als die Werke der Kunst." (Ästhetik I, 13, S. 23)
196 Lukács, XII, S. 328
197 a. a. O., S. 314
198 a. a. O., S. 314

richtigen, weil evokativ-zwangshaften Rezeption[199]. Darum kann er die Eigengesetzlichkeit, die immanente Logizität des Kunstwerks, um deren Rettung es ihm geht, nicht begrifflich erfassen, schlägt sie bei ihm auf dem Punkt ihrer höchsten Autonomie in Heteronomie, Sein für anderes um, wird die Dialektik zum Nacheinander des Auf- und Zudeckens in der Produktion und in umgekehrter Reihenfolge der unmittelbaren Evokation und gedanklich vermittelten Selbstbewußtwerdung in der Rezeption. Die identifikatorische Gleichsetzung von Kunst und Arbeit

---

[199] Dies ist einer der Hauptpunkte in der Lukács-Kritik von W. Mittenzwei (Marxismus und Realismus. Die Brecht-Lukács-Debatte. – In: Das Argument 46 (1968). S. 12–43) und H. Gallas (Ausarbeitung einer marxistischen Literaturtheorie im BPRS und die Rolle von Georg Lukács. – In: Alternative 67/68 (1969). S. 148–173); Gallas spricht vom „wirkungsästhetische(n) Irrtum Lukács'" (a. a. O., S. 159). Beide Autoren haben das Ziel, Lukács als bürgerlichen Theoretiker zu erweisen und die Defekte seiner Theorie darauf zurückzuführen, daß sie dem bürgerlichen Bewußtsein verhaftet bleibe. Dem wäre insoweit zuzustimmen. Die Metakritik hätte jedoch dort anzusetzen, wo Mittenzwei und Gallas Brecht gegen Lukács ausspielen und die komplementären Defekte von dessen Theorie ignorieren. Ohne die Kontroverse hier zu vertiefen, ist darauf hinzuweisen, daß Mittenzwei und Gallas die Dialektik des Ästhetischen und der Funktionalität nicht reflektieren; ihre Kritik am Determinismus des geschichtsphilosophischen Optimismus, seiner geheimen Neigung zur Passivität, vergißt naiv die Problematik der Veränderbarkeit, über die Brechts Stücke ihr Publikum belehren wollen, abgesehen von den Kompromissen, die die ästhetische Radikalität als selbst schon gesellschaftliche zugunsten der beweiskräftigen Zuspitzung ihrer These eingehen muß. Freilich argumentieren Mittenzwei und Gallas weit unreflektierter als Brecht selbst (cf. die subtile Analyse von Adorno: Engagement. – In: Noten zur Literatur III. – Frankfurt/M 1965. S. 109–135): Wenn Gallas der moralischen Empörung als der Lukácsschen Kunstfunktion die Information über die wahren Zusammenhänge bei Brecht gegenüberstellt (a. a. O., S. 168) und damit die Preisgabe jenes Grundzugs des Ästhetischen, daß es eindeutiger Fixierung sich entzieht, befürwortet, entgeht ihr die Paradoxie, daß das, was vom Ästhetischen dann noch übrigbleibt, genau die Bedingungen des Lukácsschen „Zudeckens" erfüllt; es wird zum Spiel mit vorab bekannten Stoffen und Thesen, die letztlich allesamt auf die eine abstrakte zusammenschrumpfen, daß, was ist, veränderbar ist, die sie illustrieren. Der kritische Impuls, mit dem Brecht die repressive Lukácssche unmittelbare Identität von Wesen und Erscheinung durchs Verfremdungsprinzip sprengt, verliert im Kompromiß mit der marxistischen Abbildtheorie tendenziell seine Resistenzkraft gegen das allgemeine Unwesen: Es wird verharmlost, wenn die Frage, „in welcher Richtung die Veränderungen in den gesellschaftlichen Gesamtbeziehungen vorgenommen werden müssen, damit sie zur Erleichterung der menschlichen Existenz führen", mit der Aufhellung der „dialektischen Bewegungsgesetze des sozialen Getriebes", des „Kausalnexus" sich beantwortet glaubt, wenn in autoritärem Duktus Maßnahmen zur „Meisterung" der Existenz gefordert werden (Mittenzwei, a. a. O., S. 32).

betrügt bis in die Details um einen adäquaten Kunstbegriff und stellt gerade das in Frage, worum es ihr geht: die Erfahrung der gesellschaftlichen Funktion des Kunstwerks. Davon soll im folgenden Abschnitt die Rede sein.

2. Kunst und Gesellschaft

a) Hegel

Dort, wo Hegel die Reflexionsbestimmtheit als Charakteristikum der Kunst seiner Zeit entwickelt, formuliert er das allgemeine Gesetz, daß die Kunst von der „ganze(n) geistige(n) Bildung", wie sie ihre jeweilige Zeit beherrsche, nicht abstrahieren könne[200]. Die These von der Bedingtheit der Kunst durch den jeweiligen Stand des gesellschaftlichen Bewußtseins bleibt jedoch beim Progreßdenker Hegel bezogen auf die Uneinholbarkeit der Vergangenheit, sie ist spezielle Kritik romantischer Tendenzen nach Rückwärts. Die Hegelsche Philosophie versagt sich den Blick auf die Zukunft, als sei das Neue vermöge dialektischer Konsequenz stets im rechten Augenblick zur Stelle. Die der Kunst von Hegel und seinen materialistischen Nachfahren auferlegte Heteronomie verkürzt die ihr gleichzeitig zugestandene kritische Position, die falsche Unmittelbarkeit des alltäglichen Bewußtseins, seinen Anspruch „als das Wahre und Wirkliche" durch einen vermittelten „Schein" zu destruieren, der „selbst durch sich hindurchdeutet und auf ein Geistiges, welches durch ihn soll zur Vorstellung kommen, aus sich hinweist"[201]! Denn eingesperrt ins Gegebene, dessen Sinn, den idealistischen Geist oder das materialistische Menschheitssubjekt, es zu eruieren hätte, verfiele das Kunstwerk eben jener Verdinglichung des schicksalhaften Stromes der Geschichte, gegen die sie antreten sollte.

Der Grund dafür, daß Hegel die Explikation des Ideal-Begriffs wie die alte querelle primär als Konfrontation von klassisch-antiker und modern-romantischer Kunst durchführt, ist die Frage — und sie enthüllt sich als Grund- und Anstoßfrage seiner Ästhetik — nach dem Verhältnis von Kunst und bürgerlicher Gesellschaft. Der Kunst in ihrer abstrakten Allgemeinheit vindizierte Hegel das Pathos gesamtgesellschaftlicher

---

200 Ästhetik I, 13, S. 25
201 a. a. O., S. 23

Arbeit mit dem Ziel, in der empirischen Realität ihre Vernünftigkeit freizusetzen, sie dem Menschen zur Heimat zu gestalten. Das Resultat aber dieses gesamtgesellschaftlichen Prozesses, wie es Hegel diagnostizierte, ist nicht die Vernünftigkeit des Wirklichen, vielmehr die System gewordene und nur durch ein übergeordnetes System mühsam in Grenzen gehaltene Unvernunft selbst. So wenig jedoch leitet Hegel aus seinem Befund die fortwährende, ja dringender werdende Notwendigkeit der Kunst ab, als er die Auflösung der bürgerlichen Gesellschaft, ihren Untergang an den eigenen Prinzipien, ohne eine sie inaugurierende gesellschaftliche Gegenkraft zu kennen, als Notwendigkeit des dialektischen Prozesses auszusprechen vermochte; der affirmativen Wendung der Rechtsphilosophie, deren Diagnose der bürgerlichen Gesellschaft die „Ästhetik" aufnimmt, entspricht die Schlußfolgerung, „unsere Gegenwart (sei) ihrem allgemeinen Zustande nach der Kunst nicht günstig"[203]. Verhängnisvoll genug jedoch gibt dieser Satz die antithetische und antizipatorische Funktion preis, die Hegel der Kunst als Kritik der Empirie konzediert hatte, und damit tendenziell der Widerspiegelungstheorie freie Bahn; scheint doch die Organisation der Arbeit und das durch sie bedingte Verhältnis von Individuum und Gesellschaft unmittelbar Art und Qualität der künstlerischen Produktion zu bestimmen, die jene nur reproduziert[204]. Tatsächlich steht die Hegelsche Ästhetik vor dem Umschlag in eine materialistische Kunsttheorie. Denn die Beschreibung der Heroenzeit, expliziert an Kunstinhalten, wird von Hegel unmittelbar mit der Beschreibung der Wirklichkeit der bürgerlichen Gesellschaft konfrontiert nach Maßgabe der Vernünftigkeit der Welteinrichtung des gesellschaftlichen Konnexes. Hegel ist weit entfernt davon, aus der Not der Wirklichkeit, der gesellschaftlichen Unvernunft, die er in der bürgerlichen Gesellschaft am Werk sieht, den Ausweg in einer Rückphantasie der heilen Welt des Mythos zu suchen; dem steht überall seine Kritik der Romantik und des Rousseauismus entgegen. Durchaus interpretiert er im Gegenbild zur Gegenwart den Mythos, wie er ihn zumal bei Homer und den Tragikern liest, als Aufklärung – ohne die Züge des Rohen und Barbarischen zu übersehen, wie es glänzend die Interpretation der Goetheschen Iphigenie im Gegensatz zur Auffassung

---

[203] Ästhetik I, 13, S. 25
[204] Schon Hegel liest Homer als historisch-lebendige „Quelle" der griechischen Frühgeschichte im Sinne des Historismus (Ästhetik III, 15, S. 346).

der Tragiker bestätigt[205]. Zugleich aber sieht er jenes Dunkel-Barbarische der Naturverfallenheit des Mythos als einen Grundzug auch der eigenen Zeit, vor dem das Insistieren auf der Wirklichkeit gewordenen Vernunft selbst magischer Beschwörung näher scheint als die Reflexivität, die noch auf die Ratio selbst Anwendung finden soll. Sie findet Hegel wieder in der Interpretation der Iphigenie, die hochbedeutsam auch deswegen ist, weil sie eben der Tragödie die Absage erteilt, die Hegel, die Dialektik des Negativen in sinnstiftender Affirmation aufgehen zu lassen, in den Mittelpunkt seiner Ästhetik hatte stellen wollen. Daß die Versöhnung mit den Naturgewalten, mit denen der Mythos, selber schon Aufklärung, die Subjekte im Kampf zeigt, in dem sie als einzige wirksame Waffe die Ratio führen, möglich sei ohne Gewalt durch Selbstreflexion der Ratio — nicht durch Diebstahl und Betrug im Dienste einer höheren Macht wie bei Euripides —, daß erst dann der Fluch, den die Herrschaft der Zweck-Mittel-Rationalität über die menschlichen Beziehungen gelegt, sich löse, das ist der geheime Kraftquell nicht nur der Iphigenie-Interpretation, sondern auch der Explikation des Ideal-Begriffs. Charakteristisch, daß Hegel sie in der Form der Parallele von Antike und Moderne durchführt: Die Trias von (antiker) Kunst, (christlicher) Religion und (modern-spekulativer) Philosophie als den Formen, in denen sich Weltanschauung als Bewußtsein der in der dialektischen Subjekt-Objekt-Vermittlung gewonnenen Totatlität artikuliert, weicht in der Kunstphilosophie einer durchaus widersprüchlichen Konnotation. Deren quasi offizielle Gestalt, die Trias von Symbolik, Klassik und Romantik, notiert den Zusammenhang von christlich-mittelalterlicher und profan-moderner Kunst unterm Signum der Herrschaft von Subjektivität und Rationalität, während in der Durchführung der mächtigere Gegenstrom Antike und Mittelalter eng zusammenrückt unterm Zeichen der Herrschaft des Mythos und — wesentlicher — der gesellschaftlichen Produktionsweise; nur vor diesem Hintergrund wird die Novität der Moderne adäquat faßbar. Der Bruch zwischen beiden Formen des Romantischen, zwischen Mythos und Aufklärung, einfacher Produktion von Gebrauchswerten und der universal vermittelten von Tauschwerten (um Späteres vorwegzunehmen), läßt sich bei Hegel historisch fassen; es ist die Reformation, die den Wendepunkt zwischen traditionalen und moder-

---

205 Ästhetik I, 13, S. 297 ff.

nen Gesellschaften und ihren Bewußtseinsformen markiert. Die Möglichkeit einer solchen idealistischen Grenzziehung sollte aber nicht über die innere Widersprüchlichkeit des Begriffs des Romantischen hinwegtäuschen, in der eine historische Grunderfahrung eingeschlossen ist. Die Analyse des Romantischen schließt mit der „formellen Selbständigkeit der individuellen Besonderheiten"[206]: Der allgemeine historische Befund, daß der Prozeß der Selbstbewußtwerdung und Selbstrealisation des Subjekts ein Individuum zum Resultat hat, das seine Abhängigkeit von den ihm fremd und feindlich gegenüberstehenden Naturgewalten nur um den Preis der Abhängigkeit vom Gesellschaftsganzen, genauer: vom Markt, überwunden hat, nähert die Ratio des Marktes der des mythischen Schicksals im Zeichen der Herrschaft und dechiffriert die stringente Logik des Geschichtsverlaufs selbst als naturhaft-zwangshafte; die Arbeit der Geschichte, bestimmt, das Individuum freizusetzen, läßt genau an dem Punkt, wo die Realisierung als möglich erscheint, das Individuum zur Formalie werden[207]. Hegel beschreibt die bürgerliche Gesellschaft als einen idealwidrigen „Zustand der *allgemeinen Bildung*"[208], der nicht nur durch Arbeitsteilung, wechselseitige Abhängigkeit aller, sondern als Klassengesellschaft charakterisiert ist. Die „industrielle Bildung" produziert nicht mehr Gebrauchsgüter für

---

206 Ästhetik II, 14, S. 195 ff.
207 Die Geschichtsphilosophie entwickelt die Kunstformen aus der Trias von Selbstlosigkeit, Individualität und Subjektivität (12, S. 293). Mit bürgerlicher Kälte registriert Hegel dort die Auslöschung der freien Individualität, konkreter Existenz und versucht, ihr einen affirmativen Sinn zu geben: Sie muß in die Zucht der römischen Legionen genommen werden. Nun hat die Geschichtsphilosophie ein wesentliches Strukturmerkmal mit der „Ästhetik" gemeinsam, insofern als wie dort die Poesie die einzelnen Künste so hier die germanische Welt die Prinzipien der ihr vorausgegangenen Entwicklungsstufen der orientalischen und griechischen Welt gleichsam in Abbreviatur rekapituliert. Nach der These von der „bestimmte(n) Wiederholung der früheren Epochen" im germanischen Reich (12, S. 417) treten die Zeit Karls des Großen, der Reformation und der Moderne in Korrespondenz zum Perserreich, zur griechischen und zur modernen Welt (ibid.). Geschichtsphilosophisch gilt „die Blüte der schönen Künste" „nach der langen folgenreichen und furchtbaren Nacht des Mittelalters" (12, S. 491) als Analogon zur griechischen Welt und zugleich als Faktor der Auflösung des Mittelalters, der seinerseits einer der konstitutiv-kunstlosen Zucht der römischen Legionen vergleichbaren Disziplinierung bedarf. Dieser Rekapitulationsgedanke ist noch in der Dreistufigkeit der romantischen Kunstform zu erkennen und klärt die Heterogenität des im Begriff des Romantischen Synthetisierten.
208 Ästhetik I, 13, S. 336

den unmittelbaren Konsum, sondern „mehr und mehr nur maschinenmäßig nach allgemeinen Normen", „in meist mechanischer und dadurch formeller Weise" Waren für den Markt[209]. Diese Arbeit, die nicht mehr den Charakter der Selbstverwirklichung des Subjekts trägt, produziert darüberhinaus gesellschaftliche Verhältnisse, einerseits „die härteste Grausamkeit der Armut", andererseits Reichtum für einzelne, „so daß sie von der Arbeit für ihre Bedürfnisse befreit sind und sich nun höheren Interessen hingeben können", wobei jedoch der einzelne die Befreiung von „allen Zufälligkeiten des Erwerbs" und vom unmittelbaren Kontakt mit dem „Schmutz des Gewinnes" mit der komplementären Entfremdung bezahlt, daß „er nun aber auch in seiner nächsten Umgebung nicht in der Weise heimisch (ist), daß sie als sein eigenes Werk erscheint"[210]. Diese Analyse, die die bürgerliche Gesellschaft als in direktem Gegensatz zu jenem emphatischen Arbeitsbegriff der Objektivierung des Subjekts stehend diagnostiziert und damit wesentliche Momente der Marxschen Kritik der Entfremdung antizipiert, enthält für Hegel noch keine gesellschaftliche Gegenkraft. Wir sehen auf der einen Seite ein stumpf-maschinenmäßig produzierendes Proletariat, das in unvorstellbarer Armut dahinvegetiert und allein um seiner physischen Subsistenzmittel willen arbeitet, das zwar Reichtum produziert, aber in Form von Waren, die ihm nicht gehören, in denen es sich nicht selbst wiedererkennen kann, auf der anderen Seite die Klasse der Reichen, die sich auf Waren stützt, die sie nicht selbst produziert hat, in denen sie sich folglich genauso w enig wiedererkennen kann, die ihr vielmehr als „tote oder durch die Gewohnheit abgetötete Dinge"[211] gegenübertreten, deren höhere Interessen folglich, isoliert von der Wirklichkeit, in der Luft schweben. Nicht jedoch scheint Hegel zu sehen, wie sehr angesichts solcher Verhältnisse seine eigene Arbeitsmoral zur Ideologie wird, wie sehr gerade sie „die tieferen Interessen und Kräfte"[212] verhindert, die sich logisch aus der Bewährung der Arbeit zur physischen Bedürfnisbefriedigung entfalten sollten. Der tiefere Zusammenhang — und ihn zeigt deutlich die Struktur seiner eigenen Systemphilosophie —, daß Arbeit als Selbstzweck und Wert an sich immer auch den Besitz als eben solchen mitsetzt, wird von Hegel, der auf dem philosophischen Felde den festen Besitzkategorien den Kampf

---

209 a. a. O., S. 337
210 ibid.

211 Ästhetik I, 13, S. 338
212 a. a. O., S. 336

ansagt, nicht weiter reflektiert; eben darum vermag er jene Züge des Ästhetischen nicht zu erkennen, die das Syndrom von Arbeit, Besitz und Herrschaft aufzusprengen suchen. Seinem Satz von der „Not und Bedürftigkeit (...), deren Beseitigung gerade von der Kunst gefordert wird"[213], gibt Hegel nicht den Sinn, daß die Kunst durch ihre Gestaltungen diese Forderung für die Wirklichkeit aufstelle, sondern den, daß solche Beseitigung von der Kunst in ihrem Felde gefordert werde, daß die Kunst Not und Bedürftigkeit aus ihrem Gedächtnis steichen müsse; das konterkariert jenem von Adorno so häufig, jedoch stets ohne Quellenangabe zitierten „Bewußtsein von Nöten", dem Hegel die Kunst verpflichtet habe.

Da nun Hegel andererseits den Bezug zur gesellschaftlichen Realität als für die Kunst konstitutiv betrachtet, bleibt ihm nur der Rückzug auf den heroischen Weltzustand als die Zeit, in der Arbeit noch die Weise der Selbstverwirklichung des Subjekts gewesen sei. Die Besonderheit der Hegelschen Konzeption des Heroenzeitalters als der Mitte „zwischen den goldenen idyllischen Zeiten und den vollkommen ausgebildeten allseitigen Vermittlungen der bürgerlichen Gesellschaft"[214] besteht nicht nur darin, daß die Möglichkeit nicht entfremdeter Arbeit und unbehinderter Selbstverwirklichung durch sie auf eine gewesene, einmalig-unwiederholbare historische Epoche projeziert wird, sondern darin auch, daß sie ihrerseits den postulierten idealen Kunstinhalt zur Idylle verklärt. Hegel analysiert Homers Heroen bei der Arbeit:

„In einem solchen Zustande hat der Mensch in allem, was er benutzt und womit er sich umgibt, das Gefühl, daß er es aus sich selber hervorgebracht und es dadurch in den äußeren Dingen mit dem Seinigen und nicht mit entfremdeten Gegenständen zu tun hat, die außer seiner eigenen Späre, in welcher er Herr ist, liegen. Allerdings muß dann die Tätigkeit für das Herbeischaffen und Formieren des Materials nicht als eine saure Mühe, sondern als eine leichte, befriedigende Arbeit erscheinen, der sich kein Hindernis und kein Mißlingen in den Weg stellt. (...) In dieser Weise allein sind die Mittel der Befriedigung noch nicht zu einer bloß äußerlichen Sache heruntergesunken; wir sehen ihr lebendiges Entstehen noch selber und das lebendige Bewußtsein des Wertes, welchen der Mensch

---

213 a. a. O., S. 335   214 Ästhetik I, 13, S. 337

darauf legt, da er in ihnen nicht tote oder durch die Gewohnheit abgetötete Dinge, sondern seine eigenen nächsten Hervorbringungen hat."[215]

„Harmonie und Selbständigkeit" setzen nach Hegel voraus, „daß alles und jedes menschlich hervorgebracht und benutzt, zugleich von dem Menschen selbst, der es braucht, bereitet und genossen wird"[216]. Nur um den Preis der Robinsonade, der fiktiven Isolation von der gesellschaftlichen Umwelt gewinnt Hegel sein Bild der unmittelbaren Selbständigkeit der Heroen, und das mit gutem Grund: Odysseus, der „sich sein großes Ehebett selbst gezimmert (hat)"[217], ist Hobbyschreiner[218]. Daß die Kunst Arbeit nur als „leichte, befriedigende" darstellen solle, geht direkt an die Adresse derer, die die körperliche Arbeit aufgrund bestehender Herrschaftsverhältnisse zu leisten haben. An ihrem Gegenbild, dem individuell, nur für sich und insofern unabhängig und selbständig Produzierenden, erweist Hegels Kritik der Entfremdung der bürgerlichen Gesellschaft ihre Schwäche; primär wirft ihr Hegel vor, daß sie kollektive, gesellschaftliche Produktion ist[219]. Das allein auf sich gestellte Individuum, das alles nur sich selbst verdankt, ist eine moderne bürgerliche Erfindung; insofern ist Hegels mythischer Heros eher ein idealisierter Bürger, der die Welt für sich, seinen Selbstgenuß in Besitz nimmt und sich dabei den Anschein der Durchführung höherer, geistiger Interessen gibt. Hegel, der die Malaise der bürgerlichen Gesellschaft zu scharf durchschaute, um den Bürger in seiner Lieblingsmaske, der des Helden, auftreten zu lassen — insofern ist für ihn die antikisierende Mode der bürgerlichen Emanzipationsphase vorbei —, zeigt umgekehrt den Heros in der Maske des Citoyen.

Die „geistige Wirklichkeit"[220], das „geistige Dasein"[221], auf das der Begriff des allgemeinen Weltzustandes geht, meint die Formen, in denen

---

215 a. a. O., S. 338
216 a. a. O., S. 339
217 ibid.
218 Horkheimer/Adorno: Dialektik der Aufklärung. — Frankfurt/M 1969. S. 82
219 Das führt u. a. zu der grotesken Kritik an Vossens Idylle „Luise", in der die Personen Kaffee und Zucker, also ausländische und mannigfach vermittelte Produkte konsumieren, während sie in Goethes „Hermann und Dorothea" heimischen, selbstgezogenen Wein trinken (Ästhetik I, 13, S. 339 f.)
220 Ästhetik I, 13, S. 235
221 a. a. O., S. 257

sich der Geist objektiviert, d. h. die allgemeinen gesellschaftlichen Verhältnisse, wie sie sich Hegel als Recht, Moralität und Sittlichkeit darstellen. Der Punkt, an dem Hegel seinen Vergleich des antiken und modernen Weltzustandes ansetzt, ist das Verhältnis der inidviduellen Subjektivität zu den objektiven Formen des gesellschaftlichen Zusammenlebens. Während diese im „Staatsleben" selbständige, „von der besonderen Individualität und Subjektivität des Gemüts und Charakters" unabhängige Gestalt, die „Form einer *gesetzlichen* Ordnung" besitzen, weiß das Subjekt des Heroenzeitalters sie als sein eigenes Werk, als „das Eigene seines *Charakters und Gemüts*"[222]. Will denn Hegel „von dem allgemeinen Weltzustande fordern, daß er in Form der Selbständigkeit erscheinen solle, um die Gestalt des Ideals in sich aufnehmen zu können"[223], so umschreibt die Kategorie der Selbständigkeit das Subjekt, den Heros, als unmittelbare Quelle und Norm von Recht und Sittlichkeit, d. h. die „Einheit und Durchdringung der Individualität und Allgemeinheit, indem ebensosehr das Allgemeine durch das Einzelne erst konkrete Realität gewinnt, als das einzelne und besondere Subjekt in dem Allgemeinen erst die unerschütterliche Basis und den echten Gehalt seiner Wirklichkeit findet"[224]. Der ideale Weltzustand setzt also die Einheit von Subjektivität und Substantialität voraus, und zwar in der Wirklichkeit selbst. Insofern nimmt Selbständigkeit die Kategorien „Selbstgenügsamkeit, Ruhe und Seligkeit des Ideals" wieder auf und in noch unmittelbarer Form die Versöhnung und Vermittlung von Subjekt und Objekt im Denken vorweg[225]. Die Selbständigkeit aber, in der das heroische Subjekt das substantielle Allgemeine von Recht und Sittlichkeit — in Unmittelbarkeit, d. h. zufällig-willkürlich — realisiert, ist nur durch die Unselbständigkeit anderer Individuen, deren Anerkennung und Unterwerfung erst die individuelle Arbeit in den Rang des Allgemeinen erhebt[226]. Werden die „Heroen in einem vorgesetzlichen Zeitalter (...) selber Stifter von Staaten, so daß Recht und Ordnung, Gesetz und Sitte von ihnen

---

222 Ästhetik I, 13, S. 238 f.
223 a. a. O., S. 236
224 a. a. O., S. 237
225 a. a. O., S. 236 ff.
226 Das Privileg „der vollkommenen Freiheit des Willens und Hervorbringens" kommt nur dem „Stand der Fürsten" zu (a. a. O., S. 251).

ausgehen und sich als ihr individuelles Werk, das an sie geknüpft bleibt, verwirklichen", so hat „das Rechte und Sittliche" nach Hegels erstaunlicher Analyse seinen Ursprung in partikulärer „Willkür"[227]. Heroen sind aufgrund einer gewissen Wohlhabenheit dem Arbeitszwang um der physischen Subsistenz willen enthoben, und nur ihre privilegierte Stellung ist es, die ihrem Wollen und Tun Allgemeinheit verschafft: Das Allgemeine ist Herrschaftsprodukt. Dies ist der gemeinsame Grundzug von Heroenzeitalter und bürgerlicher Gesellschaft, den Hegel zu verdecken bemüht ist; daß der Heros Sozietät angeblich erst schafft, verbirgt die sozialen Voraussetzungen seines Heroentums. Der bürgerliche Staat aber, in dem „das Allgemeine als solches herrscht in seiner Allgemeinheit, in welcher die Lebendigkeit des Individuellen als aufgehoben oder als nebensächlich und gleichgültig erscheint"[228], wäre nach der Konsequenz der Hegelschen Parallele nichts als die institutionalisierte Willkür, im Widerspruch zu seiner Bestimmung, Objektivation der „allgemeinen, vernünftigen Bestimmungen der Freiheit" zu sein[229], Selbstzweck, der Unterordnung verlangt und dem es völlig gleichgültig ist, ob das Individuum sich freiwillig ihm anschließt, sich dem Zwang fügt oder durch Strafe zur Unterwerfung gebracht wird.

Das Bild des Heros bleibt in der Hegelschen Parallele von antiker und moderner Gesellschaft notwendig zwiespältig. Hegel sieht in den Inhalten der antiken Kunst nichtentfremdete Arbeit exemplarisch gestaltet. Sie gilt ihm als reale Voraussetzung des Kunstschönen und begründet dessen Aktualität und Relevanz auch und gerade für die bürgerliche Gesellschaft:

„Das Interesse nun aber und Bedürfnis solch einer wirklichen, individuellen Totalität und lebendigen Selbständigkeit wird und kann uns nie verlassen, wir mögen die Wesentlichkeit und Entwicklung der Zustände in dem ausgebildeten bürgerlichen und politischen Leben als noch so ersprießlich und vernünftig anerkennen."[230]

Der Bruch zwischen Subjektivität und gesellschaftlicher Objektivität, der Verlust der Selbständigkeit ist es, den Hegel hier für den notwendigen Niedergang der Kunst verantwortlich macht; wenn Frei-

227 a. a. O., S. 243 f.
228 Ästhetik I, 13, S. 242
229 a. a. O., S. 239
230 a. a. O., S. 255

heit nur noch als moralisch-subjektive ist, „an dieser Beschränkung durch bestehende Verhältnisse (...) alle Unabhängigkeit zu Schanden (wird)"[231], so ist das Darstellungsprinzip der Kunst, die unmittelbare Identität des Besonderen und Allgemeinen, von der Wirklichkeit überholt; unter den gegebenen Verhältnissen Ideale gestalten zu wollen, wäre nach Hegel Lüge. Angesichts der als notwendiges und vernünftiges Resultat des Geschichtsprozesses begriffenen bürgerlichen Gesellschaft ist aber auch das vom Kunstgenuß zu befriedigende Bedürfnis nach Totalität und Selbständigkeit kompensatorischer Ersatz, ohne daß deshalb jedoch die Legitimität des Bedürfnisses selbst in Frage gestellt wäre. Dennoch scheint Hegel diese seine These von der Vernünftigkeit des Bedürfnisses zurücknehmende Konsequenz zu ziehen. Indem er Selbständigkeit als Resultat eines Prozesses der „Verselbständigung" und „Individualisierung", als Negation einer gegebenen Einheit analysiert[232], für die „das Ungeheuer der Entzweiung"[233] bereits konstitutiv sei, widerlegt er einerseits sein eigenes harmonisches Bild der heroischen Robinsonade als Abstraktion von der realen Unterdrückung, um andererseits Selbständigkeit als unauflöslich an partikulär-willkürliche Herrschaft gebunden zu disqualifizieren: Daß die bürgerliche Gesellschaft Totalität und Selbständigkeit verhindert, soll als ihr freiheitlicher Rechtstitel verstanden werden. Weil Hegel versöhnte, herrschaftsfreie Selbständigkeit nicht kennt, nur die Notwendigkeit sieht, die kommerzielle Selbständigkeit des Bourgeois durch ein für sich seiendes Allgemeines zu zügeln, neigt sich in seiner Ästhetik in der Diskussion um den Rang von Epos und Tragödie die Schale der letzteren zu, die Selbständigkeit nur als selbst zu negierende Negation anerkennt.

In Hegels Perspektive ist der Geschichtsverlauf weitgehend bestimmt durch die fortschreitende Auslöschung der fruchtbaren Dialektik von Individualität und Sozietät, die irreversibel auf den Ort der Genesis der Geschichte beschränkt wird, die Negation der abstrakten, geschichtslosen Harmonie, in der der Mensch nichts als Naturwesen war, einer „Harmonie der Mächte"[234], die zugleich die Züge der „Barbarei und Grausamkeit" trug[235]. Die heroische Individualität hat sich nicht nur an der Unterwerfung der Natur, sondern an ihrem eigenen Untergang zu

---

231 a. a. O., S. 252
232 Ästhetik I, 13, S. 292
233 a. a. O., S. 258

234 ibid.
235 a. a. O., S. 251

bewähren, der nicht nur der einer sich zum Allgemeinen und Herrschenden aufwerfenden Besonderheit ist, sondern auch der der aus Selbstbestimmung und Selbstverwirklichung resultierenden Totalität. Die Hegelsche Apologie jener Dialektik, daß die nichtentfremdete Arbeit der Heroen den vom Individuum isolierten Staat, die Bedingungen entfremdeter Arbeit selbst produziert, impliziert ihre eigene Kritik, die am Pathos der Naturbeherrschung, der die intendierte Umgestaltung der Objektivität zur Heimat nicht gelingt. Die Einsicht in diese Dialektik erzwingt die Absage an die romantischen Versuche, in der mythischen Vergangenheit die von der Gegenwart verweigerte versöhnte Welt aufzufinden, nicht jedoch die Affirmation, der unversöhnten Recht zu geben. Eben diese Wendung vollzieht jedoch Hegel mit seinem Kunstbegriff wie dessen historischer Entfaltung. Gegenüber einem „Dasein (...), das schlechthin nicht ist, wie es sein soll", wird „die Macht der Idee und des Idealen" aufgerufen; „denn Macht besteht nur darin, sich im Negativen seiner zu erhalten."[236] Weil „das menschliche Leben überhaupt" quasi ontologisch nur „ein Leben des Streits, der Kämpfe und Schmerzen" sein könne[237], wird das Versöhnungsinteresse der Kunst selbst zur — ausgerechnet im Ästhetischen gestellten — Machtfrage. Dies ist die Paradoxie des Hegelschen Kunstbegriffs: Bestimmt, Natur und Geist, Objekt und Subjekt zu versöhnen, soll die Kunst zugleich der ihre eigenen Interessen und Prinzipien negierenden gesellschaftlichen Entwicklung Recht und Sinn geben. Die Hierarchie der einzelnen Künste folgt dem Prinzip der fortschreitenden Liquidation der Natur und der Versöhnung mit den gesellschaftlichen Widersprüchen um eines proportional immer totaler werdenden Allgemeinen willen, das am Ende nicht mehr künstlerisch vermittelbar ist. Das kritische Moment, das der Absage an die harmonische Totalität angesichts einer ihr nicht entsprechenden Wirklichkeit eignet, wird zuletzt von dem Allgemeinen aufgefangen, das die Kunst zwar nicht mehr selbst gestaltet, aber unmittelbar im Rezipienten evoziert: der Katharsis als dem Sinnerlebnis der dargestellten Opfergänge.

Hegels Kategorie der Kollision als der „Veränderung des ohne sie harmonischen Zustands, welche selbst wieder zu verändern ist"[238], ist gewissermaßen staatserhaltend und harmonistisch. Die „ungetrübte

---

237 a. a. O., S. 234
238 Ästhetik I, 13, S. 267   236 Ästhetik I, 13, S. 234

Einigkeit, Ruhe und Vollendung in sich selbst", mit denen Hegel das Ideal charakterisiert hatte, lassen „Verletzungen" der Harmonie des Weltzustandes nur für jene Künste zu, die sich nicht im Medium der „unmittelbare(n) Anschauung", sondern dem der „inneren Vorstellung" konstituieren, und erlaubt um der „freie(n) Schönheit" des Ideals willen „die Entzweiung und deren Kampf nur (...), damit sich aus ihr durch Lösung der Konflikte die Harmonie als Resultat ergebe und in dieser Weise erst in ihrer vollständigen Wesentlichkeit hervorsteche"[239]. Dem schlechten Zustand der prosaischen Wirklichkeit also, der den Anstoß zur Kunstproduktion gibt, soll Kunst als seine Wahrheit entlocken, Versöhnung sei in ihm „das an und für sich Vollbrachte und stets sich Vollbringende"[240]. Das Negative duldet Hegel nur als Vehikel der Affirmation. Kein Gedanke bei ihm, daß Kunst gerade um ihrer Intention auf Versöhnung willen jeden Schein der erreichten Versöhnung ausschließen müsse. Geschichtsphilosophische Affirmation und Kunstfremdheit folgen einer Logik: Nirgends entfernt sich Hegel so weit von seinem Gegenstand, der Kunst, und nirgends propagiert er unumwundener die Maxime, es in gesellschaftlichen Konflikten mit den stärkeren Bataillonen zu halten, als in jenem trocken-pedantischen Katalog, der die Literaturgeschichte auf „Fälle" abklopft, die auf ihre Idealgerechtigkeit überprüft werden. Unter den „drei Fälle(n)" von Konflikten, „deren Grundlage die natürliche Geburt ausmacht"[241], behandelt Hegel auf breiterem Raum den, „daß Unterschieden der Geburt, welche an sich ein *Unrecht* enthalten, dennoch durch *Sitte oder Gesetz* die Gewalt einer unüberwindlichen *Schranke* zugeteilt wird, so daß sie gleichsam als ein zur Natur gewordenes Unrecht auftreten und dadurch Kollisionen veranlassen"[242]. Hegel rekurriert damit auf alle vorbürgerlichen Gesellschaftsformen, rassische Diskriminierung (Antisemitismus), ja noch auf die privilegierte Stellung des Adels innerhalb der bürgerlichen Gesellschaft. Sein Urteil[243] trifft das Unrecht vernichtend, mag auch das aufklärerische Pathos, mit dem Hegel es anprangert und dem Kampf gegen es „absolute Berechtigung" konzediert[244], die

---

239 a. a. O., S. 267 f.   241 a. a. O., S. 270
240 a. a. O., S. 82   242 Ästhetik I, 13, S. 272
243 freilich eingeschränkt hinsichtlich des Adels in der bürgerlichen Gesellschaft: „Notwendige Gliederung des gesamten Staatslebens" (a. a. O., S. 272)
244 a. a. O., S. 275

Klassengegensätze in „unseren heutigen Verhältnissen" ignorieren entsprechend Hegels liberalem Gesellschaftsbild, das naiv-apologetisch die Aufstiegschancen nach „Anlage, Talent, Geschicklichkeit und Bildung allein" bemißt[245]. Dort aber, wo der Kampf erfolglos sein muß, empfiehlt Hegel den quietistischen Rückzug „in die *formelle* Selbständigkeit der subjektiven Freiheit":

> „Denn dem Notwendigen muß sich der vernünftige Mensch, insofern er die Kraft desselben zu beugen nicht die Mittel hat, unterwerfen, d. h. er muß nicht dagegen reagieren, sondern das Unvermeidliche ruhig über sich ergehen lassen; er muß das Interesse und Bedürfnis, welches an solcher Schranke zugrunde geht, aufgeben und so das Unüberwindliche mit dem stillen Mut der Passivität und Duldung ertragen."[246]

Schon bei Hegel gewinnt der Begriff des Unästhetischen seine spezifisch bürgerlich-borniette Dimension des Unterdrückten; unästhetisch ist immer das Opfer, über das das Tabu verhängt wird. Als „etwas Unästhetisches (...), das dem Begriff des Ideals widerspricht", wird so von Hegel das Unrecht als „eine Situation des Unglücks und des in sich selber Falschen" ebenso aus der Kunst ausgeschlossen[247] wie „das Böse", das subjektive Korrelat zum objektiven Unrecht, „weil aus demselben nichts als selber nur Negatives, Zerstörung und Unglück herauskommt, während uns die echte Kunst den Anblick einer Harmonie in sich darbieten soll"[248]. Damit enthüllt sich die Reinigung der prosaischen Wirklichkeit zum Ideal als Ideologie; Kunst wird zum schönen harmonischen Schein des Wahren, weil sie das Falsche ignoriert oder als stets im Wahren aufgehend darstellt.

Hegels Forderung an die ideale Handlung, „Interessen idealer Art müssen sich bekämpfen, so daß Macht auftritt gegen Macht", kennt „die wesentlichen Bedürfnisse der menschlichen Brust, die in sich selbst notwendigen Zwecke des Handelns" gerade um ihrer Herkunft aus dem Absolut-Göttlichen willen nur als antinomische „Gewalten"[249]. Die Einheit der Identität und Nichtidentität der Götter und Menschen, die in Hegels Theorie der Handlung „das echt ideale Verhältnis" beinhal-

---

245 a. a. O., S. 273
246 a. a. O., S. 275
247 ibid.
248 Ästhetik I, 13, S. 289
249 a. a. O., S. 286 f.

tet[250], impliziert a priori die Struktur der Tragödie; sie zielt auf Aufhebung der Individualität, deren Rückkehr ins Allgemeine kraft des immanenten Widerspruchs, daß Individuelles sich Überindividuelles zum Zweck seiner Handlung macht. Die Tragödie antizipiert den Geschichtsprozeß von Genesis und Untergang der Individualität als notwendigen und vernünftigen Verlauf; die von ihr postulierte Verinnerlichung der allgemeinen, also gesellschaftlichen Mächte ist Einübung in die Praxis gesellschaftlicher Anpassung, wie sie der Staat verlangt, in dessen Gleichgültigkeit gegen die Beherrschten der Rechtsanspruch des mythischen Schicksals fortlebt.

Dennoch erschöpft sich Hegels Theorie der Handlung nicht in solcher Einübung. Anzumerken ist eine merkwürdige Konkurrenz zwischen den beiden konkretesten Kategorien, denen von Pathos und Charakter. Das „Pathos", unter dem Hegel „den wesentlichen vernünftigen Gehalt (...), der im menschlichen Selbst gegenwärtig ist und das ganze Gemüt erfüllt und durchdringt", versteht, soll „den eigentlichen Mittelpunkt, die echte Domäne der Kunst" darstellen[251], aber auch sein Subjekt, der „Charakter" als „totale Individualität", beansprucht den Rang des „eigentlichen Mittelpunkt(s) der idealen Kunstdarstellung" für sich[252]. Charakter ist Hegels konkreteste ästhetische Kategorie, „insofern er die bisher betrachteten Seiten als Momente seiner eigenen Totalität in sich verbirgt"; als im Handeln „sich auf sich beziehende *subjektive Einzelheit*" ist er konkrete Vermittlung des Allgemeinen und Besonderen: Das Göttliche ist das Pathos seines Innern und verleiht ihm die Ruhe und Festigkeit der individuellen Selbständigkeit[253]. Darüberhinaus fordert Hegel für den Charakter nicht nur die Durchdrungenheit von einem Pathos, sondern Totalität in sich, „Reichtum" und „Vielseitigkeit der edlen menschlichen Natur": „der ganze Olymp ist versammelt in seiner Brust."[254] Insofern rühmt er an den homerischen Charakteren, daß „jeder (...) ein Ganzes (ist), eine Welt für sich, jeder ein voller lebendiger Mensch und nicht etwa nur die allegorische Abstraktion irgendeines vereinzelten Charakterzuges"[255]. Dieser Totalitätsanspruch

250 a. a. O., S. 295
251 a. a. O., S. 302
252 Ästhetik I, 13, S. 306
253 ibid.
254 a. a. O., S. 307 f.
255 a. a. O., S. 308 — dagegen halte man Hegels eigene Interpretation der „Antigone" als „Hauptgegensatz (...) des *Staats*, des sittlichen Lebens in seiner geistigen Allgemeinheit, und der *Familie* als der natürlichen Sittlichkeit" (III, 15, S. 544).

aber ist von der dramatischen Poesie, zumal der Tragödie, auf die als ihren Höhepunkt die Analyse steuerte[256], nicht einlösbar. Der leichthin gesprochene Satz:

„Für die Darstellung solcher totaler Charaktere eignet sich vor allem die epische Poesie, weniger die dramatische und lyrische."[257],

offenbart auf dem Höhepunkt der Analyse die ganze Problematik der Hegelschen Ästhetik. Hier, wo der Kreis der Künste sich schließen sollte in der Tragödie als der Kunst par excellence, wo die Kategorien aufgehen sollten in der reichsten und konkretesten, wird die ganze Bewegung zurückgenommen; am Ende steht nicht Versöhnung, sondern offener Widerspruch. Es ist, als werde sich die Hegelsche Ästhetik blitzartig ihrer eigenen Widersinnigkeit bewußt, indem die Explikation den Begriff des Ideals als des sinnlichen Scheinens der Idee seiner Widersprüchlichkeit überführt. Sollte die Kunst als Kritik an der unvernünftigen Positivität der gegebenen Verhältnisse im Bilde vernünftiger Wirklichkeit Versöhnung antizipieren, so hat die Explikation des Ideal-Begriffs zum Ergebnis, daß solche Versöhnung nur aufgrund fortschreitender Elimination der sinnlichen Wirklichkeit, eines konsequenten Vergeistigungsprozesses möglich sei. Als Kern dieses Prozesses, den die Kategorien Kollision, Handlung und Pathos beschreiben, läßt sich die Arbeit dechiffrieren, wie sie Hegel als Subjektwerden der Substanz begreift. Mit ihr, der die sinnliche Wirklichkeit unterworfen ist, ist nicht nur die Genesis der Individualität gesetzt, sondern auch die wachsende Auszehrung der Objektwelt, die von ihr subjektiviert wird, sowie, wesentlicher noch, daß Arbeit als partikulare ihren Versöhnungsanspruch notwendig selbst negiert und zugleich eine neue Objektwelt produziert, die ihr als solche nicht mehr gehört. Hinter dieser widersprüchlichen Konzeption verbergen sich zwei verschiedene Arbeitsbegriffe, die, auf die Kunstinhalte angewendet, zur Hochschätzung entweder des Dramas, genauer: der Tragödie, oder des Epos führen, ein Gegensatz, der auf anderer Ebene dort wiederkehrt, wo Hegel die Kunst nicht als Vorstufe, sondern Komplement der Philosophie bezeichnet.

---

256 „Das Drama muß, weil es seinem Inhalte wie seiner Form nach sich zur vollendetsten Totalität ausbildet, als die höchste Stufe der Poesie und der Kunst überhaupt angesehen werden." (III, 15, S. 474)
257 Ästhetik I, 13, S. 309

Die Arbeit, wie sie Hegel in der dramatischen Poesie gestaltet sieht[258], ist zweckbestimmtes rationales Handeln, dessen Kriterium nicht das Subjekt, sondern der es bestimmende allgemeine, höhere „Zweck" bildet; dieser „steht höher als die partikuläre Breite des Individuums, das nur als lebendiges Organ und belebender Träger erscheint"[259]. Die Arbeit geschieht hier um der Arbeit willen, und das, was ihr den Anschein des Höheren verleiht, ist der Verzicht auf persönliches Glück und volle Entfaltung des Selbst sowie die Bereitschaft zum Selbstopfer. Beherrschung der inneren und äußeren Natur und Unterwerfung unter die Sache denunzieren die Sittlichkeit, in deren Namen die tragischen Heroen antreten, wider Hegel als unsittliche Gewalt. Aber die Schuld hierfür sucht das Opfer noch in sich selbst; das Allgemeine bleibt unangetastet und wird institutionalisiert als konventionelle Sittlichkeit, Recht und Staat, auf die als für sich seiende Allgemeinheit nun die arbeitsteilige Gesellschaft sich bezieht. Dieser Prozeß ist es, den Hegel dem Drama reserviert, dem er um dieser Prozessualität willen höchsten Wert beimißt – um zugleich erkennen zu müssen, daß seine Konsequenz auf die Negation des Kunstanspruchs führt, die Wirklichkeit der Idee in individuierter Form zu explizieren. Das Drama droht zum spirituellen Ideenspiel zu werden, in dem nicht wirkliche Menschen, sondern überindividuelle Pathé herrschen, die Versöhnung allenfalls als gedachte zulassen. Hegel kommt in der Kunsttheorie nicht über den Widerspruch hinaus, daß er „die Versöhnung des Absoluten im Sinnlichen und Erscheinenden" nur als „Befreiung des Geistes vom Gehalt und den Formen der Endlichkeit" begreifen kann[260]. Dem, daß der Widerspruch von real unversöhnter gesellschaftlicher Realität und gedachter Versöhnung zu einer Ontologie der Entfremdung sich versteift, verdankt die ihn affirmativ verklärende Tragödie ihre Hochschätzung, „damit sich da, wo für den gewöhnlichen Blick nur Dunkelheit, Zufall und Verwirrung zu herrschen scheint, für ihn das wirkliche Sichvollführen des an und für sich Vernünftigen und Wirklichen selber offenbare"[261].

---

258 Bekanntlich weiß Hegel das Drama als „das Produkt eines schon in sich ausgebildeten nationalen Lebens", das erst „in den mittleren und späteren Entwicklungsepochen des nationalen Daseins möglich wird" (III, 15, S. 476).
259 Ästhetik III, 15, S. 479
260 Ästhetik III, 15, S. 573
261 a. a. O., S. 481

Kann Hegel aufgrund seines Arbeitsbegriffs die Tragödie nur als Vorform des spekulativen Denkens begreifen, das die immanente Vernünftigkeit der Wirklichkeit einholen soll, so ist ihm doch ein gegenläufiger Arbeitsbegriff nicht ganz fremd, der ihn momentan zur Höherschätzung der Epik führt. Es ist eine Arbeit, die nicht um ihrer selbst willen getan wird und den Menschen nicht notwendig vereinseitigt, sondern eine, die Mittel nur ist für die Entfaltung der subjektiven Totalität, ihres Reichtums an Anlagen und Fähigkeiten. Von ihr aus stellt sich jene Arbeit um der Arbeit willen als entfremdete dar, als Ebene der Unterdrückung des Menschen; das Ziel, um dessentwillen der ganze Prozeß der Explikation des Ideal-Begriffs in Gang gebracht wird: der Charakter als das Wirklichkeitwerden der subjektiven Totalität, droht mit der scheinbaren Adaequatio immer ferner zu rücken, da die Arbeit, die für sie eingesetzt wird, sich zunehmend verselbständigt. Während die Bahn der Tragödie so schon das Schicksal der Individualität vorzeichnet, Gewinn und Verlust des partikulären, spezialisierten Selbst, und es überdies affirmativ verklärt, steht das Epos in Hegels Sicht kritisch gegen den Zeitlauf, den es mit dem Gegenbild der charaktervollen individuellen Totalität konfrontiert; denn sie, die das vernünftige Ziel der Geschichte hatte sein sollen, wird von dieser gerade verhindert.

Hegel selbt verwischt im Fortgang diese Konsequenz, indem er den qualitativen Unterschied zu einem quantitativen erklärt und Totalität des Charakters auch von dem dramatischen Helden fordert. Freilich forciert er im Grunde nur den Widerspruch, wenn er zur Korrektur die konkretere Kategorie des Charakters mit den abstrakteren von Pathos und Handlung konfrontiert. Er spricht von einer „Totalität als *solcher*", die dem „Ideal in seiner Bestimmtheit" noch nicht adäquat sei, „wodurch sich die nähere Forderung der *Besonderheit und Individualität* des Charakters herzuträgt"[262]. Damit aber werden Totalität und Individualität, zuvor im Begriff des Charakters als identisch gesetzt, erneut in Gegensatz zueinander gebracht — um der petitio principii willen, der Hegelschen Arbeitsmoral:

„Die *Handlung* besonders in ihrem Konflikt und ihrer Reaktion macht den Anspruch auf Beschränkung und Bestimmtheit der

---

[262] Ästhetik I, 13, S. 309

Gestalt. Deshalb sind auch die dramatischen Helden größtenteils einfacher in sich als die epischen. Die feste Bestimmtheit nun kommt durch das besondere Pathos hervor, das sich zum wesentlichen, hervorstechenden Charakterzuge macht und zu bestimmten Zwecken, Entschlüssen und Handlungen führt."[263]

Hegel verlangt menschliche Bewährung an Aufgaben als Kunstinhalt, kein Glücksstreben, wie es die „Totalität als solche" setzt, die im Grunde nur der Heiterkeit und seligen Ruhe der Götterindividuen konzediert wird. Totalität wird im Drama vielmehr zum affirmativen Korrektiv, daß das eine „Hauptpathos", dem der Held zu folgen hat, das Individuum durchaus nicht „zur bloßen abstrakten Form" mache, sondern in einem konkreten, lebendigen Menschen Platz greife, so daß „innerhalb der Bestimmtheit (...) die volle Lebendigkeit und Fülle bewahrt" bleiben[264]. Die Stilisation des Charakters zum pathetischen Charakter setzt die Tragödie — Hegels Beispiel ist Sophokles — in ihre alten Rechte ein und impliziert die Versicherung, keineswegs schließe Arbeitsteilung ein volles Menschenleben aus, eher sei das Gegenteil der Fall. In diesem Sinne nimmt Hegel den allgemeinen Begriff der unmittelbaren Selbständigkeit, mit dem er den idealen heroischen Weltzustand charakterisiert hatte, auf als „Festigkeit und Entschiedenheit" des Charakters, der um des ihn beseelenden Pathos willen in seiner Vielseitigkeit „sich selbst gleich und getreu" bleibe[265].

Die Abstraktion, die Hegel am Epos wie an der ihm weltanschaulich am nächsten stehenden Skulptur[266] beobachtet, ist von der dem Drama eigenen wesentlich verschieden. Die „selige Ruhe und Befriedigung", die Hegel an Epos und Skulptur bemerkt, verdankt sich dem Ausschluß des „Irdische(n) mit der Not und dem Drang seiner mannigfachen Verflechtungen, Kämpfe und Gegensätze"[267], während das Drama umgekehrt seine Aufnahme des „Prinzip(s) der Entwicklung"[268] mit

---

263 Ästhetik I, 13, S. 309 — deutlicher noch in der Analyse des Dramas: „So ist das Drama erstens abstrakter als das Epos." (III, 15, S. 479); man denke dagegen an das Postulat der Konkretheit, das die Kunst vor der Philosophie auszeichnen soll.
264 Ästhetik I, 13, S. 309
265 a. a. O., S. 311 f.
266 Ästhetik III, 15, S. 394
267 Ästhetik I, 13, S. 232
268 a. a. O., S. 233

dem Verzicht auf eine sinnlich darstellbare konkrete Totalität bezahlt: Die Hegelsche Quintessenz der alten Tragödie, „erschüttert durch das Los der Helden, versöhnt in der Sache"[269], ist bereits über die Kunst hinaus und spricht zugleich der seligen Ruhe und Befriedigung die Legitimität ab. Die Absage des Dramas an den „Überfluß" des Epischen, seine Konzentration auf „den *einen* Zweck"[270] nimmt mit der künstlerischen Form auch das dem Ästhetischen eingesenkte Glücksverlangen in Zucht. Etwas davon ist noch an Hegels Bemerkung zu spüren, daß „die Geistigkeit gerade zugleich den Mangel dieses letzten Kunstgebiets (der Poesie, W. K.) aus(macht)"[271]. Hegels grundrichtige Kritik an der Rokoko-Idylle, die die schöne freie Individualität in einem arkadischen Freiraum jenseits der gesellschaftlichen Realität restituieren will[272], weiß wohl darum, daß die Unwahrheit der Idylle noch auf das Epos in seiner spezifischen Abstraktheit zurückschlägt, das von jener nur durch seinen Totalitätsanspruch und die dargestellten „tiefere(n) Interessen" sich abhebt[273], übersieht aber geflissentlich die Legitimation der Sehnsucht nach dem besseren, befriedeten Leben. Daß der Umschlag von deren Wahrheitsgehalt in Unwahrheit daraus resultiert, daß die Kunst sie im Widerspruch zur realen allgemeinen Bildung als in gesellschaftlicher Exklusivität befriedigt darstellt, d. h. verrät, diese Kritik trifft weit härter noch die bei Hegel höchste Gattung selbst, die Tragödie: Als Organon der geschichtsphilosophischen Lehre von dem harmonisch-befriedigenden historischen Progreß überwindet sie die epische Abstraktion nur scheinbar, indem sie die Exklusivität der Idylle sprengt und wider besseres Wissen der gesellschaftlichen Realität Vernünftigkeit attestiert, das Unvernünftige zum auszuschließenden Zufälligen erklärt. Der verdeckte Bruch zwischen Wesen und Erscheinung, deren Identität Kunst in sinnlich-unmittelbarer Form darstellen sollte, öffnet sich darin wieder, daß sich die geschichtsphilosophische Lehre den Kunstmitteln selbst zu entziehen beginnt.

Das Verhältnis von Kunst und Gesellschaft steht daher in der Hegelschen Theorie nicht nur unmittelbar vor dem Umschlag in eine Art Widerspiegelungstheorie, die Kunst als Quelle der Volksgeister zu rezipieren erlaubt, sondern der Begriff der Quelle impliziert auch bereits

---

269 Ästhetik III, 15, S. 547
270 Ästhetik I, 15, S. 479
271 Ästhetik III, 15, S. 235

272 Ästhetik I, 13, S. 335 f.
273 a. a. O., S. 338 f.

alle Kriterien von Kunst als Ideologie, in der die intendierte kritische Auflösung des gewöhnlichen Bewußtseins zergeht. Die Hegelsche Ästhetik gibt dies damit noch selbst preis, daß der ideale Weltzustand, in dem der allgemeine Kunstbegriff nicht nur die epischen, sondern auch die tragischen Heroen ansiedelt, für die letzteren längst nicht mehr als solcher existiert, sondern nur noch als Fiktion aufrechterhalten wird, um das Heroentum überhaupt noch darstellbar zu machen[274]. Daß die Kunst nun nach Hegel mit der Genesis der bürgerlichen Gesellschaft ihren Rang einbüßt, impliziert sowohl, daß sie ihrer geschichtsphilosophisch-affirmativen Funktion zunehmend nicht mehr gerecht wird, wie, daß ihr Versöhnungsanspruch in der ihr eigenen vermittelt-unmittelbaren Form immer offener zur Fiktion wird. Hegel versperrt sich den Blick auf die Kunst und ihre weitere Entwicklung, weil er ihre gesellschaftskritische Funktion nur im Rahmen allgemeiner Affirmation anerkennt und, aufgrund des Arbeitsbegriffs, in seiner eigentlich ästhetischen Dimension, der künstlerischen Form, auch gar nicht erkennen kann. Darum wendet er den Blick zurück zur „wirklichen individuellen Totalität und lebendigen Selbständigkeit" des idealen Weltzustands der im Epos widergespiegelten frühen Antike, deren „Interesse und Bedürfnis" uns nie verlassen könne. Der Klassizismus verrät die Unangemessenheit der Hegelschen Kunsttheorie noch einmal überdeutlich. Denn die Kritik an der Abstraktheit der klassischen Kunstform, ihrem mangelhaften Anthropomorphismus — ohnehin als getreue Widerspiegelung der gesellschaftlichen Realität der Zeit verstanden[275] — gilt bei Hegel gerade nicht der Affirmation, die sich dem Ausschluß des Negativen verdankt, sondern einem Mangel an Affirmation, der Unfähigkeit, „Negativität, Schmerz, Unglück zur positiven Einheit und Versöhnung zurückzubringen"[277], „weil sie statt der Bewegung und aus der Entgegensetzung erworbenen Versöhnung jener unendlichen Subjektivität, nur die ungetrübte Harmonie der bestimmten freien Individualität in ihrem adäquaten Dasein, diese Ruhe in ihrer Realität, dieses Glück, diese Befriedigung und Größe in sich selbst, diese

---

274 Während das Drama „Produkt eines schon in sich ausgebildeten nationalen Lebens" ist (III, 15, S. 476), steht die Welt des Epos „auf einer niederen Stufe der Entwicklung und Ausbildung" (III, 15, S. 336 — cf. zur Bestimmung der „Mittelzeit" a. a. O., S. 332 f.).
276 Ästhetik II, 14, S. 25 f.
277 Ästhetik II, 14, S. 26

ewige Heiterkeit und Seligkeit zu ihrem Element hat, die selbst im Unglück und Schmerz das sichere Beruhen auf sich nicht verliert"[278].

b) Lukács

Die Widersprüchlichkeit der Hegelschen Konzeption des Verhältnisses von Kunst und Gesellschaft bedurfte der genaueren Analyse nicht nur deshalb, weil ihre Aporie auf Defekte des Kunstbegriffs selbst verweist, sondern auch, weil sie Licht wirft auf die Problematik der Lukácsschen Ästhetik, die ungeachtet der intendierten materialistischen Umstülpung mit den grundlegenden Hegelschen Kategorien auch die Defekte der Theorie übernimmt. Hegels Aporie bestand darin, daß er der Kunst die kritische Funktion zuwies, das an Einzelheiten und Oberflächenerscheinungen haftende alltägliche Bewußtsein zu durchstoßen, das unter ihnen verborgene Allgemeine, das Wesen, aufzudecken, um jedoch andererseits zugleich erkennen zu müssen, daß die derart im Bild gewonnene Wahrheit der Wirklichkeit in wachsenden Widerspruch zu der Realität der sich entfaltenden bürgerlichen Gesellschaft geriet. Der Kunstbegriff, der die kritische Funktion ineins als affirmative setzt: als Versöhnung mit der in ihrem vernünftigen Wesen durchschauten Wirklichkeit, widerlegt sich angesichts der Moderne selbst. Vor der dialektischen Konsequenz, die in der Moderne erfahrene Unwahrheit des Kunstbegriffs diesem selbst anzulasten und von ihr aus rückwirkend die Kunst der Vergangenheit zu problematisieren, flüchtet Hegel in die Vergangenheitslehre: Statt seines sich als inadäquat erweisenden Kunstbegriffs opfert er die Kunst, obwohl ihr zentrales Stimulans, ein Dasein, das schlechterdings nicht ist, wie es sein soll, alles andere als im Verschwinden begriffen ist.

Dieser Hegelschen Aporie entgeht auch Lukács trotz aller Anstrengungen nicht, ja er fällt hinter Hegel zurück, indem er die in dessen Vergangenheitslehre implizierte historische Erfahrung von der Antinomie des Ästhetischen ignoriert und nicht nur, sub verbo Realismus, dessen Flucht in den Klassizismus reproduziert, sondern diesen auch zur Norm der künstlerischen Produktion zu erheben bemüht ist. Unwiderruflich bleibt bei Lukács jenes Allgemeine, das Kunst auch ihm zufolge aufzudecken hätte, an den affirmativen Sinn gebunden, den

278 a. a. O., S. 24

Hegel ihm zugeteilt hatte, um sich noch der gesellschaftskritischen Funktion mitzuteilen, die Lukács, nicht zufällig wie Hegel der Tragödie zentrale Bedeutung einräumend, mit der aristotelischen Kategorie der Katharsis auf den Begriff bringen will. Aus diesem Grund kommt der Katharsis-Begriff, der „das bestimmende Prinzip für die wichtige soziale Funktion der Kunst" abgeben soll[279], nicht über die Hegelsche Widersprüchlichkeit hinaus. Daß er überdies auch „ein entscheidendes Kriterium der künstlerischen Vollendung" zu bilden berufen sei[280], rekapituliert das Hegelsche Muster, das die Reinigung der Leidenschaften — um den Preis der Individualität — identisch weiß mit der Reinigung der Wirklichkeit zum Ideal — um den Preis der Destruktion des Formbegriffs nicht minder als um den der Ausklammerung der realen Unterdrückung und Not als des Unästhetischen. Lukács' Katharsis-Begriff versteht sich als Vereinigung der erkenntnistheoretischen und der ethischen Dimension des Ästhetischen, die als solche jedoch nur aufgrund der vorausgesetzten hegelianisierenden Geschichtsphilosophie möglich ist. Lukács beruft sich für den Bedeutungsgehalt seiner zentralen Kategorie auf klassische Vorbilder, auf Lessings Aristoteles-Interpretation der „Verwandlung der Leidenschaften in tugenhafte Fertigkeiten"[281] sowie auf Goethes „offenbares Geheimnis"[282]. Die Erkenntnisfunktion der künstlerischen Wesensaufdeckung heißt nun bei Lukács nichts anderes als, daß das Wesen selbst in der bürgerlichen Gesellschaft, die immer wieder als Welt der totalen Sinnlosigkeit und Unmenschlichkeit ausgegeben wird, eine „dem Menschen zugehörige, dem Menschen angemessene Welt" sei[283]. Das Allgemeine, kraft dessen Vermittlung die Kunst zur kritischen Instanz werden soll, die „das was sonst vielleicht stummes Geschehen, dumpf hingenommene Faktizität gewesen und geblieben wäre", vernehmbar macht und so „die Wahrheit des historischen Moments für das Leben der Menschen" ausspricht[284], ist wie bei Hegel kritisch und affirmativ zugleich. Nur darum aber kann

---

279 Lukács, XI, S. 828
280 ibid.
281 Lukács, XI, S. 811
282 a. a. O., S. 826 — „In der Unmittelbarkeit des Kunstwerks ist das Wesen, die Allgemeinheit zugleich verborgen und offenkundig."
283 a. a. O., S. 693
284 a. a. O., S. 849 — darum nennt Lukács die Kunst hier eine „vox humana".

seine Enthüllung noch der allgemeinen Unwahrheit Wahrheit, der Unmenschlichkeit Menschlichkeit abgewinnen, weil sie der Logik des Geschichtsprozesses vertraut; sie setzt auf das in der gesellschaftlichen Wirklichkeit „nur keimhaft Vorhandene", „bloß in statu nascendi Befindliche"[285], als ließe es sich als ohnehin bestehender Faktor in die Kalkulation einbeziehen. Die vermittelt-unmittelbare Identität von Wesen und Erscheinung läuft im Ästhetischen allemal auf die Versöhnung mit dem Gegebenen hinaus; ihr Wahrheitsbegriff macht sich der Verharmlosung der herrschenden Unwahrheit und Unmenschlichkeit schuldig.

Das wird bei Lukács unmittelbar dadurch evident, daß das Allgemeine, dessen Totalität Kunst im Medium der Besonderheit darstellen soll, zugleich als Organon ihrer ethischen Funktion, der Katharsis, begriffen wird. Es verliert dabei noch die letzten negativ-kritischen Implikate, die ihm erkenntnistheoretisch konzediert werden, um umstandslos zur positiven Sinnmitte verklärt zu werden. Kraft ihrer Allgemeinheit gerät Kunst mit Lukács in die „Rolle eines Regulators, der gegen alle die volle Entfaltung des Menschseins hindernden Tendenzen dem Rezipienten „die wahre Einheit und Ganzheit des allseitigen Menschen", „die Allseitigkeit des Menschen" als „Ziel eines unendlichen Annäherungsprozesses" vorstellt[286]. Die ethische Dimension der Katharsis-Theorie bei Lukács nimmt zwei wesentliche Gedanken von Hegel auf: Das Kunstbedürfnis resultiert aus dem realen Fehlen von Totalität und Selbständigkeit; dieses Bedürfnis ist jedoch von der Kunst nicht mehr – wie in den exemplarischen Werken der griechischen Antike – unmittelbar zu befriedigen, sondern nur noch durch die an der Kunst schockhaft erfahrene Erkenntnis, daß Totalität nur einem Subjekt, der gesamten Menschheit in ihrer Geschichte, zukomme und nur durch reflektierte „Er-Innerung" annäherungsweise eingeholt werden könne. Weil demnach der Kompromiß in den Begriff der Totalität selbst eingeht, der bei Lukács wie Hegel zwischen der individuellen Entfaltung des Selbst und der Geschichte des Menschheitssubjekts changiert, wird das der Kunst verordnete „Ideal einer inneren Gesundheit"[287] – der Arzt Kunst ist ironischerweise sein eigener Patient – zur mit der Realität versöhnenden scheinhaften Mitte, ohne daß sich der affirmative Schein seiner Schuldhaftigkeit bewußt würde. Die von Lukács als

285 ibid.   286 Lukács, XI, S. 813 ff.   287 a. a. O., S. 782

ethische Funktion der Kunst ausgegebene „Verwandlung des Verhaltens der Menschen zum Leben"[288], die er mit Rilkes Beschreibung des archaischen Apollotorsos in den Appell „Du mußt dein Leben ändern" faßt[289], meint im allgemeinsten Sinne „ein derartiges Durchrütteln der Subjektivität des Rezeptiven, daß seine im Leben sich betätigenden Leidenschaften neue Inhalte, eine neue Richtung erhalten, daß sie derart gereinigt, zu seiner seelischen Grundlage von ‚tugendhaften Fertigkeiten' werden"[290]. Die Sublimationstheorie, immer auch eine der Disziplinierung, verrät überdeutlich die bürgerliche Herkunft der Lukácsschen Theorie. Als Mittel der Disziplinierung des Trieblebens dient Kunst bei Lukács gerade der Unterdrückung der intendierten Totalität, die erst als Preis für die gesellschaftlich nützliche Arbeit versprochen wird, für die Aufhebung der individuellen Partikularität ins Allgemeine. Darum ist auch für Lukács die Tragödie „die prägnanteste, die eigentlichste Form der Katharsis", in der „das Schicksal, das aus der Umwelt sich zusammenbraut, sich im Laufe der tragischen Verwicklung zu einer eigenen Notwendigkeit der betroffenen Person, zu ihrem eigenen Schicksal entwickelt"[291]. Nur deshalb kann er die Kunst zum Mittel der Erziehung zum nützlichen Mitglied der Gesellschaft degradieren, weil er Sinnlosigkeit und Unmenschlichkeit, ungetrübt von der Erfahrung der Dialektik der Aufklärung, den „gewissen Krankheiten des Fortschritts" zurechnet. In paradoxer Umkehrung wirft Lukács der modernen Kunst die „Tendenz zur totalen Enthumanisierung der Wirklichkeit" durch Zerschneidung des Zusammenhangs von Mensch, gesellschaftlicher Umwelt und Dingwelt vor[292], darin weit idealistischer als der seines Idealismus wegen von ihm gerügte Hegel. Das als Entfetischisierung gerühmte Gerede von der stets und unter allen Umständen möglichen ethischen Substantialität – „der Mensch als Kern" – macht die herbeizitierte „Basis des Gattungsschicksals"[293] zum Fetisch, in dem sich der Schein einer übergreifenden sinnstiftenden Ordnung des Fortschritts manifestieren soll. Die goethisierende Formel von der Kernhaftigkeit des Menschen gibt ihre eigene Unwahrheit damit preis, daß die gemeinte ethische Substantialität zugleich als „angemessene Widerspiegelung der Welt", – mit Heines Wort über Goethe –

288 a. a. O., S. 848
289 a. a. O., S. 818
290 ibid.

291 Lukács, XI, S. 819
292 a. a. O., S. 779 f.
293 a. a. O., S. 795

„Spiegel der Welt" sein soll[294]; denn in einer Zeit des auf die Spitze getriebenen Widerspruchs von gesellschaftlicher Realität und ethischem Verhalten ist die im Rahmen des Gegebenen verharrende Ethik Anpassungsmaxime. Nicht erst die Dialektik von Individuum und Gesellschaft, schon ein Blick auf die moderne Kunst könnte ihn über die Anstrengungen belehren, denen ein ethisches Bewußtsein sich unterziehen muß, um sich in der allgemeinen Unmoral, an der es notwendig immer auch selbst partizipiert, zu erhalten. Der falsche Glanz, der Adornos Erfahrung, daß es kein richtiges Leben im falschen gebe, überstrahlt, kann seine Herkunft aus dem bürgerlichen Flitter und Kitsch, der die positiven Seiten zu sehen wünscht, nicht verbergen. Der Haß auf die Moderne, der Lukács unfähig macht, die Dialektik des Ästhetischen an der modernen Kunst, die problematische Rettung des Sinns durch seine bestimmte Negation, des Richtigen, das seine Verstricktheit ins Falsche einbekennt, zu begreifen, ist der alte bürgerliche, der schon bei Hegel über alles den erwünschten Sinn in Frage Stellende das Verdikt des Unästhetischen spricht. Die Dialektik des Lukácsschen Realismus-Konzepts besteht darin, daß die postulierte „Treue der Wirklichkeit gegenüber"[295] in Untreue umschlägt, indem sie der Wirklichkeit in ihrer jeweiligen Gestalt historische Berechtigung konzediert. Die Rückkehr des Fetischcharakters jedoch, gegen den Kunst auch nach Lukács antreten soll, erweist sich nicht nur daran, daß sie das Neue ihm zufolge wieder „‚natürlich' in der Gestaltung darbietet"[296], also in jener vermittelten Unmittelbarkeit, sondern auch daran, daß dessen Erfahrung sich als „Suggestion" vollzieht[297], durch die „die ästhetisch gereinigten (!) und ästhetisch homogen gemachten Lebensinhalte"[298] dem auf der Ebene der „Hinnahme" und „Kontemplation" verharrenden Rezipienten, der bei Lukács immer der Rezeptive heißt, aufgezwungen werden[299]: Wie bei Hegel erscheint bei ihm die Kunst immer dort als „Macht", wo es um ihren affirmativen Sinn geht.

Die der Inhalts-Ästhetik seit Hegel eigene Begründung des Ästhetischen auf die Wesen-Erscheinung-Identität läßt die antithetische Funktion, die der Kunst gegenüber der Gesellschaft zugebilligt wird, im gleichen Augenblick schwinden, da das Wesen vorab als latente

---

[294] a. a. O., S. 792
[295] Lukács, XI, S. 801
[296] a. a. O., S. 818

[297] a. a. O., S. 845
[298] a. a. O., S. 803
[299] a. a. O., S. 806 f.

Sinnebene bestimmt ist. Der Haß gilt der modernen Kunst, die solcher kategorialen Festlegung deutlicher als die vergangene sich entzieht, und läßt nur den Ausweg auf den an bewährten Vorbildern orientierten Klassizismus. Schon Hegel, der die unmittelbare Selbständigkeit der Heroen einer Zeit zuweist, die nach eigenem Zeugnis ein für allemal vorbei ist, meint von ihrem Prinzip aus sich „gegen viele Erscheinungen besonders der neueren Kunst wenden" zu müssen und beklagt deren „Mangel an innerer substantieller Gediegenheit des Charakters"[300]. Die Hegel entlehnte Insistenz auf der gesellschaftlichen Bedingtheit der Kunst bricht sich in dialektischer Umkehrung gerade dort Bahn, wo Lukács die Autonomie des Kunstwerks beschwört und als sein Wertkriterium die Frage nennt, „wie umfassend und intensiv die Bezugnahme des Werks auf das Menschsein des Menschen ist"[301]; denn die Totalität der eigenen Welt des Kunstwerks, ihrem Selbstverständnis nach eine reproduktive, vindiziert der gesellschaftlichen Wirklichkeit nicht nur ihr geschichtliches Recht, sondern auch ihre spezifische Form der Ermöglichung sinnvollen Menschseins. Darin rächt es sich, daß sich Lukács wie sein Mentor Hegel die Analyse der Dialektik von gesellschaftlicher Bedingtheit und Autonomie der Kunst erspart. Denn in der allgemeinen Bestimmung der Katharsis als „das Erlebnis der eigentlichen Wirklichkeit des menschlichen Lebens, dessen Vergleich mit dem des Alltags in der Wirkung des Werks eine Reinigung der Leidenschaften hervorruft", um in ihrem Nachher dann ins Ethische umzuschlagen", ist die Autonomie des Kunstwerks reduziert auf das Hinauswachsen „über jenes Niveau, das im Alltagsleben überhaupt erreichbar ist"[302]. Das kathartische Erlebnis als „ein resolutes Sicherheben über die unmittelbare Partikularität des Alltagsmenschen"[303] weiß sich mit der „Allgemeinheit des Gattungsmäßigen"[304] einig, wie es sich bisher geschichtlich realisiert hat, d. h. das bloße Faktum der Gesellschaftlichkeit der Geschichte dient als ihr ausreichender Rechtstitel; nicht die Kritik des bisherigen Ganges der Geschichte, sondern deren Verinnerlichung konstituiert bei Lukács das Selbstbewußtsein der Gattung, von dem die Befreiung erhofft wird. Damit hängt, wie später zu zeigen sein wird, sein Verhältnis zur künstlerischen Tradition unmittelbar ebenso zusam-

300 Ästhetik I, 13, S. 312 ff.
301 Lukács, XI, S. 835   303 a. a. O., S. 549
302 Lukács, XII, S. 395 f. 304 a. a. O., S. 558

men wie der geheime Ästhetizismus seiner Theorie, derzufolge „je organischer die immanente ästhetische Vollendung eines Kunstwerks ist, es desto besser den sozialen Auftrag, der es ins Leben rief, zu erfüllen imstande ist"[305]. Von dem affirmativen Sinn dieses sozialen Auftrags, die Welt als selbstgeschaffene Heimat des Menschen zu gestalten, war im vorangegangenen Abschnitt die Rede. Nennt Lukács „Wissenschaft wie Kunst (. . .) Organe der Menschheit, von ihr zu dem Zweck geschaffen und in ständiges Funktionieren versetzt (!), um das Diesseits für die Menschheit zu erobern"[306], so werden alle Zweifel an der ungehemmten Fortschrittsgläubigkeit einem zynischen Nihilismus zugeschlagen, letzte Auflösungserscheinung der religiösen Transzendenz[307]. Kein Gedanke bei Lukács, daß die Kunst die „allseitige Humanität"[308] verriete, wollte sie sie der gesellschaftlichen Wirklichkeit als deren Wesensspiegel vorhalten, daß sie sie wider den ideologischen Schein des Gelungenen allenfalls vermöge dessen Negation zu retten vermöchte. Diese Anstrengungen einer ihrer eigenen Fragwürdigkeit innegewordenen Kunst, alles andere als jenseitsbezogen, gelten Lukács allein deshalb schon als pseudoreligiöse, weil sie die Vorstellung eines im Gegebenen auffindbaren Sinns um der Rettung des Sinns willen bis in ihren eigenen affirmativen Kern aufkündigen und Verzweiflung und Angst artikulieren vor dem gesellschaftlichen Allgemeinen.

Die negative Dimension der Hegelschen Geschichtsphilosophie bleibt Lukács ebenso unbekannt wie die — freilich weit schwächer ausgebildete — des Kunstbegriffs. Weil auch er die Kunst auf geschichtsphilosophischen Sinn gestaltende Inhalte untersucht, ist er nicht nur wie Hegel unfähig, die eigentlich ästhetische Dimension der künstlerischen Form zu begreifen, sondern reproduziert er auch gegen seinen erklärten Willen dessen Hierarchie der einzelnen Kunstgattungen. In der These von der Gunst oder Ungunst der gesellschaftlichen Verhältnisse für künstlerische Blütezeiten, affirmativ in höchster Potenz, lebt Hegels

---

305 Lukács, XII, S. 676
306 a. a. O., S. 846
307 a. a. O., S. 759 ff. — für die Offenlegung der „unmittelbaren weltanschaulichen Basis" beruft sich Lukács freilich nur auf Benns Theorie des Doppellebens (a. a. O., S. 770) und auf entsprechende von ihm schon in der „Zerstörung der Vernunft" analysierte Phänomene bei Heidegger, Carl Schmitt, Jünger, von Salomon (a. a. O., S. 771, Anm.): auch eine Art von Kunstkritik!
308 a. a. O., S. 764

Begriff des allgemeinen Weltzustandes bis hin zu seiner Explikation zu Charakter und Pathos fort. Wohl bleibt die Gestalt des Heros, nach Hegels soziologischem Befund längst obsolet, wenn auch fortwährender Inhalt eines gesellschaftlichen Bedürfnisses, bei Lukács im Hintergrund der Analyse, sie ist aber angesprochen im Ideal der menschlichen Komplettheit, das er von der Kunst fordert; denn „das Allgemeine" soll „in der ästhetischen Sphäre als eine wichtige, oft geradezu entscheidende Macht des Lebens" erscheinen[309], d. h. als das einen Charakter bestimmende Pathos. Darum weist Lukács das Wesen des eigentlichen Ästhetischen als des Realistisch-Symbolischen „an den typischsten Phänomenen der gestalteten Mimetik" nach, „an der Gestalt des nackten und des tragischen Menschen"[310]. Durchaus antikisierend im Hegelschen Sinne, erhalten in Lukács' Theorie Skulptur und Tragödie den Rang der klassischen Künste par excellence, freilich auch hier mit der entscheidenden Nuancierung, daß „das menschliche Bewußtsein für die adäquate Widerspiegelung der Allgemeinheit nur ein einziges wirklich angemessenes Organ ausgebildet hat: die Sprache"; darum bezieht sich Lukács „vor allem auf die Literatur"[311]. Gegenüber der nur „physischen Gestalt gewissermaßen des sichtbaren Menschen an sich, in seinem von allen fremden Bestimmungen befreiten, nur aus ihm selbst bestehenden, nur auf ihn selbst begründeten Dasein" — Hegels individuelle, freie und schöne Selbständigkeit der Heroen — vermittelt die tragische Bewährung „aller seiner physischen und psychischen, denkerischen und moralischen Kräfte (...) in Kollisionen"[312] die weiterreichende Lehre von der dem Lukácsschen Kunstprinzip entsprechenden Aufhebung der partikulären Persönlichkeit in einer überprivaten, immanenten Ethik[313]. Die Theorie der evokativen Steigerung der Individualität zur weltumfassenden Besonderheit, ohnehin nur an der Literatur voll einlösbar, ignoriert, daß sie sich unterm Signum des Fortschrittsgedankens für eben jenes Allgemeine stark macht, das

---

309 Lukács, XII, S. 245
310 a. a. O., S. 746
311 a. a. O., S. 245 f.
312 Lukács, XII, S. 741
313 a. a. O., S. 746 ff. — Hegel spricht vom Sieg des „ewig Substantielle(n)", „indem es von der streitenden Individualität nur die falsche Einseitigkeit abstreift, das Positive aber, was sie gewollt, in seiner nicht mehr zwiespältigen, affirmativen Vermittlung als das zu Erhaltende darstellt" (III, 15, S. 527).

Individualität zur Formalie des reibungslosen Funktionierens gemacht hat. Bezeichnend, daß Lukács in der Verallgemeinerungstendenz der Sprache nur das positive Moment der Weltaneignung, nicht aber das Problem der drohenden Verdinglichung erkennt — Hofmannsthals Chandos-Brief reduziert sich bei ihm auf den Ausdruck eines um die desorientierte Partikularität kreisenden Subjektivismus[314].

Da die Inhalts-Ästhetik ihrer kategorialen Struktur nach Literaturtheorie, Theorie der klassischen Dramatik und Epik ist, hat sie besondere Schwierigkeiten damit, die beanspruchte Kompetenz für die nichtliterarischen Künste zu erweisen. Das gilt zumal für Architektur und Musik, die schon im Hegelschen System den Rang der Vor- bzw. Nach-Kunst erhalten und auch bei Lukács zusammen mit Kunstgewerbe, Film und Gartenbau unter der Rubrik „Grenzfragen der ästhetischen Mimesis" behandelt werden[315]. Lukács' Verhältnis zu Hegels historisch-systematischer Hierarchie der einzelnen Künste ist nun dadurch bestimmt, daß er sie auf ihren rationalen Kern untersuchen will:

> „Was Hegel meint, daß gewisse Perioden bestimmte Künste zu herrschenden erheben und daß ihre gesellschaftlich-geschichtliche Rolle in ihnen für sie selbst bestimmte Möglichkeiten zu einer höheren Entfaltung bringt, ist ein richtiger und tiefer Gedanke; in die architektonische Konstruktion eines idealistischen Systems eingebaut, muß diese Konzeption jedoch den wirklichen historischen Ablauf gedanklich vergewaltigen."[316]

Kaum steht anzunehmen, daß damit zureichend bestimmt ist, „was Hegel letzthin meint", daß sich der Schnitt zwischen Lebendigem und Totem, Richtigem und Falschem so klar führen lasse. Gerade die idealistische Systemkonzeption gibt zu erkennen, daß der ihr zugrundeliegende Kunstbegriff der Form-Inhalt-Identität vor den Künsten, die

---

314 Lukács, XI, S. 779 f. — Über den Kontext, in dem er zu sehen wäre, belehrt Adorno: in dem des allgemeinen, alle Künste betreffenden „Zerfalls der Materialien", in dem er den „Triumph ihres Füranderesseins" dechiffriert (Ästhetische Theorie, S. 31).
315 Lukács, XII, S. 330 ff.
316 Lukács, XII, S. 373 f.

nicht auf Inhalte reduzierbar sind, sich als inadäquat erweist; Hegel leitet daraus die Umkehrung ab, daß diese Künste dem Kunstbegriff nicht adäquat sind, und bestimmt danach ihren historisch-systematischen Ort. Lukács, der den Hegelschen Kunstbegriff aufnimmt, verwischt lediglich diese Umkehrung, indem er sie als genuin-historische Erfahrung ausgibt. Die banausische bürgerliche Vorstellung, daß die Kunst jeweils so gut oder schlecht sei wie ihre Zeit, erlaubt ihm, die materialistische Umstülpung Hegels zu behaupten und trotzdem Musik und Architektur weiterhin den Stellenwert von Grenzgebieten zuzuweisen. Auch die inhaltsästhetische Rettung dieser Künste durch die Theorie der gedoppelten Mimesis[317] kann den Rangunterschied nicht verwischen, daß die Literatur „das höchste geistige Leben des Menschen (. . . .) durch das ins Dichterische umgegossene Wort direkt", die anderen Künste nur „indirekt" zum Ausdruck bringen können[318]. Lukács reproduziert den Hegelschen Rekurs auf die Innerlichkeit, „das subjektivste, innerlichste Wesen des Menschen"[319] als das historisch späte Produkt der Objektaneignung, ohne zu bemerken, daß derselbe Prozeß der „Steigerung der Arbeitsproduktivität"[320] gerade die Aushöhlung der Subjektivität betreibt, daß die Theorie der doppelten Mimesis die Musik gerade zum Einverständnis mit diesem Prozeß verhielte. Solches Einverständnis ist trotz aller anders lautender Beteuerungen die geheime Bedeutung der geschichtsphilosophisch gerechtfertigten Katharsis. Das macht Lukács' Theorie der Architektur vollends deutlich. In ihr, der er den „Ausschluß jeder Negativität"[321], der „Kämpfe innerhalb der jeweiligen Gesellschaft" bescheinigt, findet er Marxens Wort „am ausgeprägtesten" bestätigt, „daß die herrschenden Ideen einer Zeit die Ideen der herrschenden Klasse sind"[322]. Das kritische Potential, das ihr Lukács gleichwohl konzedieren will, um sie überhaupt als Kunst zu retten, verkehrt sich in der

---

317 Die Musik ist „Mimesis der Mimesis" (XII, S. 363) als „Abbildung der die Wirklichkeit abbildenden Gefühle und Empfindungen" (XII, S. 366 f.), die Architektur „ästhetische Mimesis" der desanthropomorphisierenden, also naturwissenschaftlichen Widerspiegelung (XII, S. 430 f.).
318 a. a. O., S. 506
319 Lukács, XII, S. 366
320 a. a. O., S. 340
321 a. a. O., S. 441
322 a. a. O., S. 439

Beschreibung der kathartischen Wirkung in sein eigenes Gegenteil. Katharsis hier als

> „die plötzliche ruckweise Erhebung des partikularen Einzelmenschen in jene Atmosphäre, auf jene Höhe, von wo aus die Macht des allgemein Gesellschaftlichen, die im sozialen Zusammenleben und -wirken der Menschen waltet, in erschütternder Weise erlebbar wird. Aber nicht als Macht, die den Menschen feindlich oder drohend gegenüberstehen würde, vielmehr als seine eigene, die er freilich in seiner bloßen Partikularität nicht zu besitzen vermag, sondern bloß infolge seines Aufgehens in die konkret allgemeine Einheit seines jeweiligen konkreten Kollektivs."[323],

stellt nicht nur wie Hegel die Machtfrage in der Kunst, sondern will noch dem Machtausdruck der jeweils Herrschenden das Machtgefühl der Unterdrückten abgewinnen: Lukács steht der bürgerlichen Renaissance-Ideologie nicht fern. Daraus erklärt sich seine aggressive Hilflosigkeit gegenüber der modernen Architektur. Wo generell schon die Dialektik des Ästhetischen sistiert wird, läßt sich die des Funktionalismus nicht erfahren. Für ihn hält die soziologistische Inhalts-Ästhetik mit ihrer These, die westliche Architektur sei „einen dem Wesen nach unmenschlichen Kapitalismus zu bejahen gezwungen"[324], die Spitzmarke des „die Öde und Leere des kapitalistischen Lebens" objektivierenden „Technizismus" bereit, um ihn als ebenso kunstfeindliches Komplementärphänomen des „Eklektizismus" auszuweisen[325]. Eine Theorie jedoch, die Intentionen und Leistungen des Bauhauses auf eine Stufe mit Mietskaserne, Bahnhof und Kirche mit gotischer Fassade stellt, gesteht ihre eigene Inkompetenz ein. Lukács gewinnt seine Architekturvorstellung aus den „ausgezeichneten Betrachtungen Leopold Zieglers über Brunelleschis Kuppel der Kirche Santa Maria del Fiore in Florenz", wonach „das ästhetische Wesen des architektonischen Raumes" auf der Grundlage einer an sich ästhetisch neutralen technologischen Konstruktion im „Weglassen einer ganzen Reihe von konstruktiv-technologisch unentbehrlichen Momenten aus dem System der Sichtbarkeit" be-

---

323 a. a. O., S. 442
324 Lukács, XII, S. 455
325 a. a. O., S. 453 ff.

steht[326]. Abgesehen von der Paradoxie, daß ausgerechnet Lukács, der Hegel Vergewaltigung der Historie vorwirft, vom ästhetischen Wesen spricht und dies Wesen obendrein an einem einzigen, historisch entlegenen Modell festmacht, kann der Terminus des Weglassens kaum die ihm aufgeladene Bestimmung der bestimmten Negation erfüllen: Schon das Prinzip des der Sichtbarkeit Entziehens impliziert die gerügte Fassade, während einzig das radikale Eingeständnis des Technologischen dessen bestimmte Negation ermöglichte. Die Reflexion auf diese Dialektik hätte Lukács nicht allein den Blick auf den modernen, seiner eigenen Problematik bewußten Funktionalismus geöffnet, sondern auch den auf die Bedeutung der ästhetischen Form, ihrer Dialektik von Autonomie und Heteronomie. Daß der Architektur die Möglichkeit zur „innere(n) Opposition" abgesprochen wird[327], macht sie im Grunde nur zum Extremfall, der die Fragwürdigkeit der Theorie der anderen Künste evident macht; denn im Rahmen der Inhalts-Ästhetik sind auch deren Ideen notwendig die der herrschenden Klasse. Sollte Lukács' Bann gegen den „Technizismus" daher rühren, daß er ihm zu wenig affirmativ im Sinne der Hegelschen Begrifflichkeit ist? Jedenfalls begründet erst die Sistierung der Dialektik um der geschichtsphilosophischen Rechtfertigung des je Gegebenen willen die Hierarchie der einzelnen Künste zwischen den Polen Literatur und Architektur. Solche von Hegel übernommene, wenn auch tunlichst verborgene, Hierarchie wäre die gesellschaftliche Bedingtheit des Lukácsschen Denkens, die dieser auf seinen Gegenstand, die Kunst, projeziert.

3. Kunst und Natur

Die Hegel-Lukácssche Sicht auf das Problem der Naturschönheit, das Verhältnis von Kunst und Natur ist durch die undialektische Begründung des Kunstbegriffs auf den der Arbeit bereits vorbestimmt. Wir können uns deshalb in der Analyse kürzer fassen.

Hegel gibt schon in der Einleitung zur „Ästhetik" eine Vorbestimmung der Kunst „als das erste versöhnende Mittelglied zwischen dem bloß Äußerlichen, Sinnlichen und Vergänglichen und dem reinen

---

326 a. a. O., S. 422 ff.
327 a. a. O., S. 457

Gedanken, zwischen der Natur und endlichen Wirklichkeit und der unendlichen Freiheit des begreifenden Denkens"; die Kunst erhält die Funktion, diesen „Bruch" zwischen Geist und Natur „zu heilen", jene Kluft, die der Geist zwischen einem gedanklich-übersinnlichen „Jenseits" und einem endlich-sinnlichen „Diesseits" dem „unmittelbaren Bewußtsein und der gegenwärtigen Empfindung" aufreißt[328]. Der Gedanke einer Vermittlung zwischen dem an der Realität orientierten unmittelbaren Bewußtsein und dem am Begriff orientierten spekulativen Denken, zurückgenommen durch die Konzeption des alle seine Vorformen in sich begreifenden spekulativen Denkens als der höchsten Vermittlung, korrespondiert der schon früher analysierten Stelle, an der Hegel indirekt eine Mangelhaftigkeit des spekulativen Denkens — die, nur Denken zu sein — konzediert hatte. Ungeachtet des darin aufscheinenden Bedürfnisses nach realer Versöhnung bezeichnet jedoch schon der Terminus des „ersten versöhnenden Mittelgliedes" mithilfe der Ordnungszahl das Vorläufige, Vorstufenhafte der dem Ästhetischen möglichen Versöhnung. Da Hegel zudem Kunst, wie gezeigt, als Form geistiger Arbeit, der Aneignung der in die Objektrolle gedrängten Natur begreift, kann er diese Vergeistigung nur dadurch als Versöhnung reklamieren, daß er sie als eigenes stummes Bedürfnis der Natur selbst ausgibt. Die Möglichkeit dazu gibt der objektive Idealismus, demzufolge „die nur äußere geistlose Natur"[329] eine Entäußerungsform des Geistes ist, „die Idee in *der* Form, durch den absoluten Geist als das Andere des Geistes gesetzt zu sein"[330]. A priori wird der Natur von Hegel Selbstsein abgesprochen. Gerade daß sie unmittelbar ihren Begriff als Produkt und Entäußerungsform des absoluten Geistes verleugnet, erscheint als ihre Unwahrheit und ihr Mangel. In Hegels Terminologie ist es der Mangel an „ideelle(r) Subjektivität"[331], d. h. die Unfähigkeit, objektiv realisierte Unterschiede der geistigen Substanz zu idealisieren, sie, ohne sie ihrer relativen Selbständigkeit zu berauben, zugleich zu negieren und als Elemente einer lebendigen Einheit erscheinen zu lassen, der die Natur zur bloßen Objektivität werden läßt, statt daß sie sich als Erscheinungsform des Geistes darstellte. Die Natur ist also nicht nur eine abstrakte Objektivität, sondern eben deshalb auch das Objekt, das der Geist

---

328 Ästhetik I, 13, S. 21
329 Ästhetik I, 13, S. 27
330 a. a. O., S. 128
331 a. a. O., S. 190

allererst sich gemäß zu machen hat: Rettung und Unterdrückung der Natur werden bei Hegel identisch und mit dem Hinweis auf die eigene Tendenz der Natur auf stete Annäherung an den Begriff gerechtfertigt. Insofern nimmt das Idealisieren als Kunstvorgang und als geschichtlicher Arbeitsprozeß den im Nebeneinander der verschieden hohen Naturformen ablesbaren Idealisierungsprozeß auf. Mit der Idee des „objektiven Idealismus" setzt die Verschmelzung des organizistischen Denkens mit dem Modell des Ästhetischen ein. Denn wie die Natur ihre höchste Stufe im Organismus erreicht, der sich zu einer Totalität von Unterschieden expliziert, die als Glieder eines Ganzen nur in diesem und durch diesen Existenz haben und als äußere Erscheinung, Form nur ihre Seele, ihre innere Einheit durchscheinen lassen, so ist das Ideal der Kunst dort erreicht, wo alles Sinnliche nur die Erscheinungsform des Geistes ist, der es durchherrscht und organisiert. Hat nach Hegel so die Objektivität eine Erscheinungsform des Geistes zu werden, um ihre an sich vorhandene Wahrheit und Vernünftigkeit einzulösen, so kann sie doch nie ihre fundamentale Bestimmung, überhaupt Objektivität, d. h. das Andere des Geistes zu sein, überspringen. Wenn aber Natur ihre Wahrheit nicht in sich, sondern außer sich hat, so sind damit sämtliche Formen der menschlichen Aneignung der Natur gerechtfertigt, da im Grunde Natur aufhören muß, Natur zu sein, um ihre Wahrheit einzulösen. Der menschliche Geist hat dann die Natur für sich zu dem zu machen, was sie an sich als Entäußerungsform des absoluten Geistes bewußtlos immer schon ist: „ein Produkt (....), dem die Macht einer Grenze und Schranke genommen ist"[332]. Uns kommt es hier weniger auf die idealistische Verkehrung an, daß das Resultat — die Aneignung der Natur durch die Arbeit der Geschichte — zur Voraussetzung des Prozesses gemacht wird, als auf die Grundstruktur des Subjekt-Objekt-Verhältnisses, die die der Herrschaft ist. Solange Natur existiert „als unüberwundenes (!) beschränkendes Anderssein, auf welches, als auf ein vorgefundenes Objekt, der Geist als das Subjektive in seiner Existenz des Wissens und Wollens bezogen bleibt und nur die andere Seite zur Natur zu bilden vermag"[333], sind nach Hegel noch beide Seiten, Natur und Geist, unwahr, endlich. Soll nun die Wahrheit darin liegen, daß der Geist „sich zwar in sich besondert und negiert, aber diese Besonderung

---

332 Ästhetik I, 13, S. 128
333 a. a. O., S. 129

und Negation seiner als *die durch ihn gesetzte* ebenso aufhebt und, statt darin eine Grenze und Schranke zu haben, mit seinem Anderen sich in freier Allgemeinheit mit sich selbst zusammenschließt"[334], so setzt diese versöhnte, freie Allgemeinheit die Subjektivierung des Objekts, d. h. die Umkehrung der Beherrschung voraus. Die Dialektik von Beherrschtwerden durch die Natur und Beherrschung der Natur: daß „der Geist sein Recht und seine Würde nun allein in der Rechtlosigkeit und Mißhandlung der Natur behauptet, der er die Not und Gewalt heimgibt, welche er von ihr erfahren hat", von Hegel an dem Kantischen Dualismus von Vernunft und Sinnlichkeit erfaßt, ist für ihn offiziell kein reales, sondern ein Problem der „allgemeinen Bildung", dessen Gegensätze von der spekulativen Philosophie versöhnt und vermittelt würden[335]. Wie aber kann das, was Erscheinungsform und notwendige Durchgangsstufe des Geistes sein soll, unwahr werden, „sich gegen die Totalität und Einheit in sich (verselbständigen)" ,bis zur Entgegensetzung gegen den wahren Begriff verkümmern"[336], wenn ihm gleichzeitig mit dem Hinweis auf die absolute Notwendigkeit der Naturgesetze jede Selbständigkeit abgesprochen wird? Hegels Antwort nimmt die Paradoxie auf: Die Unselbständigkeit, Unfreiheit und Endlichkeit, das Kreisen der Natur in sich ist gerade ihre unwahre Verselbständigung. Die Dialektik, daß das Beharren auf dem isolierten Selbst gerade die Bildung des Selbstseins verhindert und den Naturzwang perpetuiert, ist eine tiefe Kritik des Solipsismus und als solche an unserer Stelle eine Projektion gesellschaftlicher in die Problematik der Natur. Daß aber diese Dialektik auch die gegenläufige Bewegung impliziert, daß die Brechung des Naturzwangs, in der sich das freie Selbst konstituieren soll, als Gewalttat nur tiefer in diesen hineinführt, demonstriert Hegels Philosophie als System, das sich auf seiner hierarchischen Spitze abschlußhaft aus der wirklichen Welt in die reine Luft des Gedankens zurückzieht und Selbstsein nur einem Absoluten konzediert, als dessen bewußtlose Agenten die wirklichen Subjekte in der entfalteten Realität des bürgerlichen Staates zwangshaft-naturhaft funktionieren.

Hegels Begriff der Natur als die der Aufhebung harrende Selbstentfremdung des Geistes schlägt nicht nur dem Begriff des Naturschönen,

---

334 Ästhetik I, 13, S. 129
335 a. a. O., S. 81
336 a. a. O., S. 151

sondern auch der Theorie des Ästhetischen tödliche Wunden. Naturschönheit ist ihrer Unbestimmtheit, Partikularität und Zufälligkeit wegen für ihn kein Attribut der Sache selbst, sondern nur „ein Reflex des dem Geiste angehörigen Schönen", reduziert auf „dem gewöhnlichen Leben" angehörende Vorstellungen[337]. Wenn Schönheit begrenzt wird auf das Durchscheinenlassen eines geistigen Gehalts durch seine äußerliche, zum Mittel herabgesetzte Erscheinungsform, dann ist die Erfahrung von Naturschönheit in der Tat nur als Resultat der Reflexion, die als gliedernder Verstand oder als „*sinnvolle* Anschauung der Naturgebilde" möglich ist[338], oder als Produkt der emotionalen Projektion denkbar. Objektivierbare Naturerfahrung kennt Hegel nur unter dem „Gesichtspunkt der Nützlichkeit"[339]. Nicht kommt es ihm in den Sinn, daß es eine Naturerfahrung geben könne, in der die Distanz von Subjekt und Objekt momentan schwindet, in der die Natur nicht mehr nur als Mittel der Realisation des Subjekts, sondern als Ebene der Herrschafts- und Zweckfreiheit erfahren, an ihr die Notwendigkeit echter Versöhnung erfaßt wird.

Nach Hegel „gehört auch das Kunstwerk, in welchem der Gedanke sich selbst entäußert, zum Bereich des begreifenden Denkens, und der Geist, indem er es der wissenschaftlichen Betrachtung unterwirft, befriedigt darin nur das Bedürfnis seiner eigensten Natur": „Die Kunst (...) erhält in der Wissenschaft erst ihre echte Bewährung."[340] Nun sieht Hegel seine These, die Kunst komme erst in der wissenschaftlichen Transposition in begriffliches Denken zu sich selbst, selbst durch den Einwand gefährdet, daß der Gedanke das Kunstschöne, „um sich in seiner Weise zu betätigen, zu zerstören genötigt ist"[341]. Er weist jedoch diesen Einwand mit leichter Hand ab. Das Problem ist für ihn ebensowenig wie das der Unterdrückung der Natur durch Arbeit existent, weil es sein logischer Kunstbegriff a priori ausschließt: Wie die Kunst „die nur äußere geistlose Natur", ihr Material, „mit Geist durchdringt", d. h. sie als das nimmt, was sie unter dem Schein ihrer Unmittelbarkeit an sich ist: „eine Entwicklung des Begriffs aus sich selber, eine Entfremdung zum Sinnlichen hin", so ist Kunstinterpretation der Vorgang, in dem „das Entfremdete zu Gedanken verwandelt

---

337 Ästhetik I, 13, S. 15
338 a. a. O., S. 173
339 a. a. O., S. 15
340 a. a. O., S. 28
341 a. a. O., S. 27

und so zu sich zurück(ge)führt" wird[342]. Nicht will es Hegel eingehen, daß, Form und Material des Kunstwerks als Formen der Selbstentfremdung des Geistes zu begreifen, das Kunstwerk zerstört, das dann nur als unvollkommener Ausdruck des Gedankens erscheint und dem jedes Selbstsein abgesprochen wird. Wieder rächt sich die Sistierung der Dialektik: Um Natur vor jedem unreflektierten Rousseauismus, Kunst vor dem Irrationalismus zu retten, gibt er beide im Namen der vernünftigen Gestaltung der Wirklichkeit der gängigen gesellschaftlichen Praxis, der sie tendenziell liquidierenden Affirmation der Unterdrückung preis. Darum kann er seinen systemsprengenden Gedanken, in der Kunstproduktion eine Alternative zur Beherrschung der Natur durch naturwissenschaftliche Theorie und Arbeitspraxis, „für die in ihrer Endlichkeit beharrende unfreie Intelligenz" und „die Endlichkeit des Wollens" zu sehen[343], nicht einlösen. Will das Kunstwerk jene Seiten sich entfalten lassen, die im Arbeitsleben an der Entfaltung gehindert werden, soll unterdrückte Natur im Kunstwerk sich aussprechen, muß es den Zwang, den es als geistige Arbeit auf sein Material ausübt, gleichzeitig zurückzunehmen versuchen, muß es innerhalb der Formung sich zugleich als Form revozieren. Es tritt der von Hegel ignorierte Fall ein, daß der Geist als zwangshafter als die Ebene der Entfremdung begriffen wird. Die Lösung kann hier freilich nicht die formale Negation der Hegelschen Spiritualisierung sein: Rückfall in blinde Natur, sondern nurmehr ein seiner Zwangshaftigkeit Bewußtwerden des Geistes. Der Formprozeß, der sich so als Formung außerkünstlerischer Materialien und deren Revokation begreift, erscheint dann als die zentrale Ebene des Ästhetischen, von der aus die Frage nach dem Gehalt des Werkes zu stellen wäre.

Herrschaftsdenken, kunstfremde Inhalts-Ästhetik und Negation des Naturschönen bilden in ihrer impliziten Affirmation des gesellschaftlichen status quo eine Trias. Ernst Bloch, der bei Gelegenheit der „Ästhetik" die Problematik der Hegelschen Degradation des Naturschönen zum „gänzlich durchpassierten Vorbei" durchaus erkennt, geht ihr mit dem die herrschaftlichen Züge in Hegels animistischen Naturmetaphern verkennenden Hinweis auf die Naturphilosophie, die durchaus nicht nur an Natur als Rohstoff orientiert sei, aus dem Wege, da er

---

[342] Ästhetik I, 13, S. 27 f.
[343] a. a. O., S. 152

selbst aufgrund der Idee vom Telos der Subjekt-Objektivierung deren eine Seite, den „Lokalpatriotismus der menschlichen Arbeit" in Hegels Theorie von Geschichte und Kultur, zu schätzen weiß[344]. Für Lukács schließlich ist Naturschönheit nur noch ein um seiner philosophiegeschichtlichen Bedeutung willen in einem eigenen Kapitel behandeltes Randproblem[345], das mit dem Hinweis auf den Stoffwechsel der Gesellschaft mit der Natur für ihn zureichend bestimmt ist[346]. Das, was bei Bloch wenigstens noch als Problem existiert, die Frage nach einem nicht in den universalen Verwertungsprozeß einbezogenen Ansich der Natur, erscheint bei Lukács als Scheinproblem: Dem starren Blick aufs „Zurückweichen der Naturschranke"[347] wird das vom Bewußtsein unabhängige Ansich der Natur lediglich zum aufzulösenden Gegenstand der Naturwissenschaft – „naturhafte" Objektivität –, während Naturerlebnisse stets klassenspezifisch durchs durch den jeweiligen Stand der Produktivkräfte bedingte „gesellschaftliche Gegebensein der Natur" bestimmt sind – „gesellschaftliche" Objektivität[348]. Die definitorisch historisch-gesellschaftliche Bindung von Naturschönheit an jeweils „eine Etappe der Unterwerfung der Natur unter der Herrschaft des vergesellschafteten Menschen"[349] negiert, den status quo verabsolutierend, deren Fürsichsein und leugnet zugleich jeden inneren Bezug zum Kunstschönen[350]. Auch in dieser Frage verharrt Lukács ganz auf dem Boden der Hegelschen Ästhetik, um jedoch alle dem bezogenen parti pris widersprechenden Momente, die bei Hegel nicht zum Tragen kommen: an der Spitze das der Versöhnungsintention des Ästhetischen, wegzulassen.

Dem gilt verstärkt Adornos Metakritik, auf die wir um des Zusammenhangs willen schon hier rekurrieren: daß „Hegels objektiver Idealismus (...) in der Ästhetik zur krassen, nahezu unreflektierten Parteinahme für subjektiven Geist" werde[351], daß Hegel mit dem, was er „dem Naturschönen als Mangel vorrechnet, *das dem festen Begriff sich Entziehende*", gerade „die Substanz des Schönen selbst" verfehle[352]. Das philosophische Versagen vor dem Schönen wird zum Mal des ästhetisch wie gesellschaftlich Reaktionären bei Hegel. Ästhetisch

---

344 E. Bloch: Subjekt-Objekt, S. 300 f.
345 Lukács, XII, S. 575
346 a. a. O., S. 673
347 a. a. O., S. 625

348 a. a. O., S. 626
349 Lukács, XII, S. 673 f.
350 a. a. O., S. 671
351 Th. W. Adorno: Ästhetische Theorie, S. 117

„macht er sich borniert gleichgültig gegen das zentrale Motiv von Kunst, nach ihrer Wahrheit beim Entgleitenden, Hinfälligen zu tasten", verfehlt er die Erfahrung des als „Fessel der Subjektivität" mißverstanden Nichtidentischen als „Telos des ästhetischen Subjekts, als dessen Emanzipation"; die gesellschaftliche Implikation wird daran sichtbar, daß er den „herrschaftlichen Geist" statt als Instrument als „Gehalt von Kunst" versteht[353]. Adornos „zweite Reflexion" wendet sich so gegen „das Ausdörren alles nicht vom Subjekt Durchherrschten" durch den Idealismus — und seine Erben wie Lukács —, demzufolge „nichts in der Welt zu achten sei, als was das autonome Subjekt sich selbst verdankt"[354]. Adornos These, Kunst ahme „nicht Natur nach, auch nicht einzelnes Naturschönes, doch das Naturschöne an sich"[355], sie wolle „einlösen, was Natur verspricht"[356], gründet sich darauf, daß Naturerfahrung sich „auf Natur einzig als Erscheinung, nie als Stoff von Arbeit und Reproduktion des Lebens, geschweige denn als das Substrat der Wissenschaft" bezieht, vielmehr sich durch „Lossage von den Zwecken der Selbsterhaltung" wie Kunsterfahrung als „eine von Bildern" vollzieht[357]. Die Bestimmung des Naturschönen jenseits „intentionaler Vermenschlichung"[358] als dessen, „was als mehr erscheint, denn was es buchstäblich an Ort und Stelle ist", und das „wahrgenommen wird (...) ebenso als zwingend Verbindliches wie als Unverständliches, das seine Auflösung fragend erwartet"[359], als „die Spur des Nichtidentischen an den Dingen im Bann universaler Identität"[360] enthält in sich bereits alle wesentlichen strukturellen Bestimmungen des Kustschönen, dessen Dialektik gerade darin besteht, daß es, untrennbar an entfremdete, naturbeherrschende Ratio gebunden, dem Nichtidentischen, dem Mehr, als in ihm der Fall ist, zum Ausdruck verhelfen will, um wie Natur zur Chiffre von Versöhnung im Unversöhnten zu werden.

---

352 a. a. O., S. 118
353 a. a. O., S. 119
354 a. a. O., S. 98 f.
355 Adorno: Ästhetische Theorie, S. 113
356 a. a. O., S. 103
357 a. a. O., S. 103
358 a. a. O., S. 115
359 a. a. O., S. 111
360 a. a. O., S. 114

4. Kunst und Tradition

Wir hatten schon Gelegenheit, darauf hinzuweisen, daß der Hegelschen Ästhetik ein antitraditionalistischer Zug bei allem Klassizismus nicht fremd sei. Hegel weiß jedes Kunstwerk unlösbar an seine Zeit gebunden, und zwar in widersprüchlichem Sinne: Das Kunstwerk ist ein gesellschaftliches Produkt, insofern die jeweilige Gesellschaft ihre „Weltanschauungsweise" in ihm durchsetzt; es erschöpft sich jedoch nicht in seiner gesellschaftlichen Faktizität, insofern es „durch jeden Fortschritt einen Beitrag liefert, sich selber von dem dargestellten Inhalt zu befreien", d. h. es wirkt als aufklärerische Potenz mit dem Interesse, daß „nichts Dunkles und Innerliches mehr übrigbleibt"[361]. Die Kunstwerke stehen Hegel zufolge gerade aufgrund ihrer aufklärerischen Funktion in einem Konkurrenzverhältnis: Das „wahre Bedürfnis", einen „jedesmal für ein besonderes Volk, eine besondere Zeit bestimmten Gehalt", der einmal künstlerisch artikuliert ist, „wieder aufzunehmen, erwacht nur mit dem Bedürfnis, sich *gegen* den bisher allein gültigen Gehalt zu kehren"[362]. Ist in diesem Sinne die Gesellschaftlichkeit des Kunstwerks auch für Hegel konstitutiv, müßte seine Theorie das Problem des Veraltens der Werke mitreflektieren. Hegel entgeht dieser Konsequenz nur durch die bürgerliche Aufteilung des Kunstwerks in eine zeitbedingte, vergängliche und eine allgemeine, ewige Seite:

„Denn mag dann auch der Stoff seiner näheren Gestalt nach aus längst entflohenen Zeiten genommen sein, die bleibende Grundlage ist das Menschliche des Geistes, welches das wahrhaft Bleibende und Mächtige überhaupt ist und seine Wirkung nicht verfehlen kann, da *diese* Objektivität auch den Gehalt und die Erfüllung unseres eigenen Innern ausmacht. Das bloß historisch Äußere dagegen ist die vergängliche Seite, und mit dieser müssen wir uns bei fernliegenden Kunstwerken zu versöhnen suchen und selbst bei Kunstwerken der eigenen Zeit darüber wegzusehen wissen."[363]

Seine konkrete gesellschaftliche Funktion, die das Kunstwerk demnach mit dem Schwinden seiner spezifischen Entstehungsbedingungen an

---

361 Ästhetik II, 14, S. 234
362 ibid.
363 Ästhetik I, 13, S. 361

eine menschheitliche abtritt, wird von Hegel durchaus widersprüchlich notiert: als „das Substantielle, die innerste Wahrheit seines (des Künstlers, W. K.) Bewußtseins"[364] und als bloß äußerlich-vergängliche Seite. An griechischen Götterskulpturen wie an mitelalterlichen Marienbildnissen erkennt Hegel, daß „es uns kein wahrer Ernst mit solchem Stoffe" ist[365]. Hegels Verhältnis zur Tradition klärt sich erst dann, wenn man es aus der Perspektive der Vergangenheitslehre betrachtet. Weil Hegel seine Gegenwart als Wirklichkeit gewordene Vernunft, als die Geschichtsepoche begreift, in der nach Ausweis der Geschichtsphilosophie endlich „alle frei" sind und die darum der Kunstproduktion nicht mehr bedarf, die bei aller Tendenz auf Befreiung von eingewöhnten Vorstellungen immer noch in diese eingebunden bleibt, gibt er der Kunstphilosophie die Möglichkeit, im heiteren Abschied vom Ernst der Kunst in dieser die eigene Vorgeschichte zu rekapitulieren.:

> „Die *Wissenschaft* der Kunst ist darum in unserer Zeit noch viel mehr Bedürfnis als zu den Zeiten, in welchen die Kunst für sich als Kunst schon volle Befriedigung gewährte. Die Kunst lädt uns zur denkenden Betrachtung ein, und zwar nicht zu dem Zweck, Kunst wieder hervorzurufen, sondern, was die Kunst sei, wissenschaftlich zu erkennen."[366]

Der befreiten Menschheit fällt die Kunst der Vergangenheit zu, indem „wir die Gegenwart überhaupt als eine Folge derjenigen Begebenheiten ansehen können, in deren Kette die dargestellten Charaktere oder Taten ein wesentliches Glied ausmachen"[367]. Erst dann wird die menschheitliche Funktion der Kunst erfahrbar, wenn es ihrer gesellschaftlichen nicht mehr bedarf.

Hegels Traditionsbegriff kritisch zu verstehen, heißt wie bei der Vergangenheitslehre auf der ihm selbst nicht unbekannten Fragwürdigkeit der Affirmation der bürgerlichen Gesellschaft als dem Telos des geschichtlichen Progresses im Bewußtsein der Freiheit zu insistieren: Der unbefreiten Menschheit steht es schlecht an, die Kunst auf ihren affirmativen Gehalt zu bringen, als bedürfe sie des negativen nicht mehr.

364 Ästhetik II, 14, S. 233
365 ibid.
366 Ästhetik I, 13, S. 25 f.

Hegel selbst wendet sich an einer der hellsten Stellen seiner Ästhetik gegen „die nebulose Vorstellung vom Idealischen neuerer Zeit", als sei „die Seite der Äußerlichkeit das ganz Gleichgültige", als ließe die Kunst sich „als geistige Macht" ansehen, „welche uns über die ganze Sphäre der Bedürfnisse, Not und Abhängigkeit erheben und von dem Verstand und Witze, den der Mensch in diesem Felde zu verschwenden gewohnt ist, befreien solle"[368]. Zwar soll die Kunst, soweit sie den Ideal-Begriff expliziert — und das ist Hegel zufolge in extenso nur der Poesie möglich, die eben deshalb philosophischem Denken sich annähert —, das Negative nur als sich selbst negierend darstellen, dennoch impliziert der Gedanke, daß eben das Negative, die Mangelhaftigkeit der gewöhnlichen Welt in ihrer historischen Veränderung den Anstoß zur Kunstproduktion gibt, das Weitere, daß Kunst ohne die sie inaugurierende gesellschaftliche Funktion sich adäquat nicht erfahren lasse. Hegels Forderung, die Kunst solle „die heutige Gegenwärtigkeit des Geistes kundgebe(n)", die Erkenntnis, „Kunstwahrheit" setze „diese lebendige Gegenwärtigkeit" voraus, überläßt die Vergangenheit dem „fahl und fahler"[369].

Dennoch bleibt Hegels Stellung zur Kunsttradition auch dort zwiespältig, wo er gegen romantische Tendenzen auf der Irreversibilität der Geschichte insistiert. Wohl weiß er, daß Kunst nur „in nationaler und temporärer Eigentümlichkeit" erfaßt werden kann, soll der drohenden Abstraktheit entgangen werden[370]. Andererseits will er „im allgemeinen (...) behaupten, daß ein dramatisches Werk, je mehr es, statt substantiell-menschliche Interessen zu behandeln, sich ganz spezifische Charaktere und Leidenschaften, wie sie nur durch bestimmte nationale Zeitrichtungen bedingt sind, zum Inhalt erwählt, bei aller sonstigen Vortrefflichkeit um desto vergänglicher sein werde"[371]. Die Kunstgeschichte produziert nach Hegel ein doppeltes: einerseits ein mit wachsender historischer Distanz Unverständlichwerden der Werke der Vergangenheit, andererseits durch das „Hinausrücken aus der Unmittelbarkeit und Gegenwart durch die Erinnerung (...) jene Verallgemeinerung des Stoffs (...), deren die Kunst nicht entbehren kann"[372]. Statt diese Dialektik von Wachsen und Schwinden der Distanz zu reflek-

367 a. a. O., S. 352
368 a. a. O., S. 318
369 Ästhetik II, 14, S. 238 f.

370 Ästhetik III, 15, S. 247
371 a. a. O., S. 499
372 Ästhetik I, 13, S. 342

tieren, löst Hegel sie auf; er entscheidet sich für die Verallgemeinerung, deren Kern gerade das Affirmativwerden des einst kritischen Gehalts ist, und erklärt das, was die Distanz begründet, diese selbst zum bloßen Produkt der Historie bestimmend, zu bloßen „Partikularitäten", die das Kunstwerk „von den Eigentümlichkeiten anderer Völker und Jahrhunderte abscheiden"[373]. Unterdessen dürfte die Erfahrung der modernen Kunst jenen Schein der unmittelbaren Verständlichkeit der je gegenwärtigen Werke aufgelöst und damit die negative Funktion der von Beginn an konstitutiven Distanz der Kunst zur gegebenen Wirklichkeit sichtbar gemacht haben. Sie gilt es als solche philosophisch zu begreifen, nicht durch einen „breiten Apparat geographischer, historischer, ja selbst philosophischer Notizen, Kenntnisse und Erkenntnisse" zu überbrücken[374]. Die bürgerliche Fiktion, als bleibe das „Substantielle, wenn es echter (!) Art ist, (...) allen Zeiten klar"[375], spricht, weil sie das Besondere, dem doch das Allgemeine seine Entstehung verdanken soll, im Namen des Partikulären ausschließt, der Dialektik Hohn. Gegen den falschen Wertbegriff der Dauer, der die Kunst auf ihren affirmativen Gehalt fixiert, ist auf einer eigenen Erfahrung Hegels aus der Geschichtsphilosophie zu insistieren:

> „Zuvörderst muß hier das Vorurteil entfernt werden, als wenn die Dauer, gegen das Vergehen gehalten, etwas Vortrefflicheres wäre: die unvergänglichen Berge sind nicht vorzüglicher als die schnell entblätterte Rose in ihrem verduftenden Leben."[376]

Es ist ein immer wiederholter Grundfehler der Hegelianer, daß sie den antitraditionalistischen Zug des Hegelschen Denkens ignorieren und die Dialektik von Autonomie und Heteronomie des Kunstwerks mit der von Historizität und Überzeitlichkeit identifizieren. Wo die Resistenzkraft der Kunst ihrer jeweiligen gesellschaftlichen Realität gegenüber nicht als konstitutives Moment ihrer ästhetischen Form begriffen, das Verhältnis von Kunst und Gesellschaft vielmehr in die Form eines Bedingungsverhältnisses wie in der Widerspiegelungstheorie gebracht wird, wird jene Widerstandskraft aus der Gegenwart in die Zukunft projeziert: Nicht dem gesellschaftlichen Unrecht, sondern ihrem eige-

---

373 Ästhetik I, 13, S. 342
374 a. a. O., S. 343
375 a. a. O., S. 360
376 Philosophie der Geschichte, 12, S. 273

nen Veralten leisten die Kunstwerke dann Widerstand. Die Dialektik der Theorie von der totalen Heteronomie der Kunst – Kunst als Überbauphänomen – ist der Umschlag in ein seiner eigenen Problematik im Unterschied zu der bekämpften Kunstrichtung nicht mehr bewußtes l'art pour l'art. Deutlich bezeugt dies der Hegelianer Lukács. Auch für ihn bildet die Dauer das entscheidende Wertkriterium. So wie in „Grenzfällen" – Lukács erwähnt Petöfi, Majakowski, Daumier – „echte" Kunstwerke die in ihnen ästhetisch mitgesetzte „erste unmittelbar-praktische explosive Wirksamkeit" mit dem Schwinden des von ihnen anvisierten bestimmten historischen Augenblicks einbüßen, so bleibt Lukács zufolge allgemein der menschheitliche Bezug des „echten" Kunstwerks in seiner Dauerwirkung erhalten trotz des Schwindens seiner spezifischen Wirklichkeit, ja „ – freilich nur in den bedeutendsten Fällen – offenbart sich der menschheitliche Kern insofern noch reiner, als die konkreten gesellschaftlichen Bestimmungen durch die dazwischenliegende historische Entwicklung notwendig verblassen, von ihrer unmittelbaren Konkretheit, mit der sie auf ihre Zeitgenossen gewirkt haben, viel einbüßen müssen"[377]. Die Wiederkehr der – bei Hegel freilich gar nicht so eindeutigen – Dichotomie von Allgemeinheit und Partikularität, impliziter Widerruf der gesellschaftlich-antithetischen Funktion des Kunstwerks, ist umso erstaunlicher, als Lukács es 150 Jahre nach Hegel wahrlich besser wissen müßte – und an der Nachbarschaft zur Ziegler-Kurellaschen „edlen Einfalt und stillen Größe" kaum Freude haben dürfte. Im vielpropagierten Antritt des „klassischen Erbes" droht Autonomie auf die Ebene der Verfügbarkeit herabzusinken, die dem Bürgertum umso energischer von den pseudomaterialistischen Erbwaltern bestritten wird, als diese ihrer geheimen Verwandtschaft mit den Apologeten von Rechts innewerden. Idealistisch wie nur einer feiert Lukács – und mit ihm seine Nachbeter – als Erbe des Hegelschen Humanus die Kunst als „vox humana", die in einer als unmenschlich ausgegebenen Welt ungebrochen das Lied des menschlichen Fortschritts erklingen läßt. Hegels Gedanke, daß die Kunst ihre menschheitliche Funktion erst in einer Zeit gewinne, die ihrer gesellschaftlichen – und das heißt: der Kunst selbst – nicht mehr bedürfe, findet sich bei Lukács in die Gleichsetzung des Gesellschaftlichen und Menschheitlichen aufgelöst, indem er die „menschheitliche Funktion

---

377 Lukács, XI, S. 839

der Kunst[378] mithilfe der Hegelschen Kategorie der „Erinnerung" als der aufbewahrenden Aufhebung der als die eigene begriffenen Vergangenheit ins eigene Innere auf den Begriff zu bringen sucht: „Als ‚Er-Innerung' des in ihrer Entwicklung zurückgelegten Wesens und dessen Etappen"[379] wird die Kunst, bei Hegel noch widersprüchlich Verdrängung und Bewußtsein von Nöten, darauf eingeschworen, „etwas sinnfällig" zu machen, „was im Gedächtnis der Menschheit weiterzuleben wert ist und was die Menschen in zeitlich und räumlich weiten Erfahrungen, unter historisch völlig veränderten Umständen mit dem Gefühlsakzent: nostra causa agitur erleben können"[380]. Dem liegt auch hier wieder das von Hegel übernommene geschichtsphilosophische Vorurteil zugrunde, daß sich das Humane der Gattung „als Ergebnis ihrer Kämpfe durchsetzt"[381]. Von diesem antizipierten Telos aus, das in seiner Fixation die Hegelsche Abgeschlossenheit von System und Historie reproduziert, wird die Kunst auf ihr affirmatives Sein reduziert. Seine Konzeption der Kunst als ‚Speicher' für „alle menschlichen Werte der Vergangenheit"[382] läßt Lukács prinzipiell keinen Unterschied zwischen der Rezeption von in „einer endgültig versunkenen Welt" entstandenen und der von zeitgenössischen Werken erkennen[383], da alle auf Abruf zur Vermittlung von Selbstbewußtsein bereitstehen. Nur darum kann Lukács die „Dauer" als „das Aufgenommenwerden in die Bewußtseinsentwicklung der Menschengattung" zum Wahrheitskriterium des Kunstwerks erklären, weil er Kunst vorab zum „subjektiven" Reflektor des „objektiven", durch die Dialektik von Produktivkräften und Produktionsverhältnissen vorangetriebenen Geschichtsprozesses gemacht hat, „der sich unabhängig vom Bewußtsein der an ihm Beteiligten abspielt"[384].

Aus der Kritik dieses gleichermaßen ästhetisch wie gesellschaftlich Reaktionären ist Adornos scharfer Antitraditionalismus herzuleiten, der insofern zugleich die von uns nachgewiesene kritische Dimension des Hegelschen Denkens, ohne auf es zu rekurrieren, gegen dessen eigene affirmative Wendung aufnimmt. Die Doppeldeutigkeit der Adornoschen Lehre vom Veralten der Kunstwerke, daß einerseits „Weltgeist unterm

---

378 Lukács, XI, S. 615 f.
379 a. a. O., S. 598
380 a. a. O., S. 610
381 a. a. O., S. 595
382 a. a. O., S. 848
383 a. a. O., S. 839
384 Lukács, XII, S. 303 f.

fortwährenden Bann das alte Unwahre bestätigt und tradiert", andererseits „die Meriten eines Werkes, sein Formniveau, seine inwendige Gefügtheit (...) erst dann erkennbar zu werden (pflegen), wenn das Material veraltet oder wenn das Sensorium gegen die auffälligsten Merkmale der Fassade abgestumpft sind"[385], daß also die Kunstwerke einerseits Geschichte nur als mit der Entfremdung von ihrer Genesis wachsende Schrumpfung ihres Wahrheitsgehalts haben, der andererseits in demselben Prozeß erst soll erkennbar werden, läßt sich nicht ganz in die Dialektik von steigender Repression und wachsendem „Potential von Freiheit" auflösen, in der Adorno die Verschränkung von „Herrschaft als herrschender Ansicht mit der sich entfaltenden Wahrheit der Werke" lokalisiert, indem das Urteil der Geschichte fortschreitender Verdinglichung zum Trotz „vielfach" der wahren Qualität entspricht[386]. Adornos radikaler Antitraditionalismus, der die Kunst der Vergangenheit „erst einer befreiten, versöhnten Menschheit" als wahrheitsgemäß erfahrbar verheißt[387], verlegt aus grundberechtigter Aversion gegen die bürgerlichen Besitzkategorien nachgebildeten Begriffe der Dauer und des Klassischen einer Rettung des Klassischen den Weg, als stimmte er mit der Klassifikation eines Werkes zum klassischen überein. Damit aber gäbe er an entscheidender Stelle den Gewinn seiner methodischen Innovation grundlos preis, von der Problematik des Fortgeschrittensten auf die des Vorausgegangenen zu schließen. Deren Erkenntnis, „Stimmt heute nichts mehr, so darum, weil das Stimmen von einst falsch war"[388], erlaubt gerade, in der Erhebung eines Werkes zum klassischen den Versuch, es unschädlich zu machen, zu dechiffrieren und seine Wahrheit dort, wo es nicht mehr stimmig ist, freizusetzen.

In der Tat hat Adorno selbst in der 1966 edierten Arbeit „Über Tradition"[389] eben diese Möglichkeit des Benjaminschen „Gegen-den-Strich-Lesens", das Interesse für „das am Weg liegen Gebliebene, Vernachlässigte, Besiegte, das unter dem Namen des Veraltens sich zusammenfaßt", als „das wahrhafte Thema der Besinnung auf Tradition" bezeichnet[390]. Adornos Reflexion auf Tradition geht aus deren

385 Adorno: Ästhetische Theorie S. 290 f.
386 a. a. O., S. 291
387 a. a. O., S. 290
388 Adorno: Ästhetische Theorie, S. 236
389 jetzt in: Adorno: Ohne Leitbild. Parva Aesthetica. — Frankfurt/M 3. Aufl. 1969. S. 29—41. Cf. auch Ästhetische Theorie, S. 290
390 Adorno: Ohne Leitbild, S. 37

Widersprüchlichkeit in der bürgerlichen Gesellschaft aus: Tradition, die „strengen Sinnes unvereinbar" ist mit bürgerlicher Gesellschaft, ihrem „Prinzip des Tausches von Äquivalenten", ihrem Funktionalismus der totalen Ersetzbarkeit, wird in ihr zum ästhetischen Surrogat, das die immer irrationaler werdende Zweckrationalität als rational verfügtes Irrationales rechtfertigen soll[391]. Schon an der Hegelschen Bestimmung der Auflösungsphase der romantischen Kunstform durch die freie Verfügbarkeit über alle Formen und Inhalte der Vergangenheit[392] bemerkt Adorno den „bürgerlichen Geist des Disponierens"[393]. Von solcher Zurichtung zum Herrschaftsinstrument wäre Tradition zu befreien. Befreiung jedoch verheißt nicht die formale Negation eines abstrakten Antitraditionalismus, der als bloßes Komplement „des falschen Reichtums", „Apotheose des bürgerlichen Puritanismus" die Geschäfte des Funktionalismus besorgte, sondern allenfalls das Bewußtsein, daß Tradition immer auch geschichtliche Potenz ist, an der die „Spur (...) vergangenen Leidens" erfahrbar wird[394]. Erst vor dem Hintergrund dieses „unauflöslichen Widerspruch(s)" von Tradition,

„keine ist gegenwärtig und zu beschwören; ist aber eine jegliche ausgelöscht, so beginnt der Einmarsch in die Unmenschlichkeit."[395],

klärt sich der Sinn des Adornoschen Antitraditionalismus: Er bringt den Antitraditionalismus der fortgeschrittensten künstlerischen Praxis, erfahren am Phänomen der Mode, auf den philosophischen Begriff der bestimmten Negation, die zugleich die Rettung des Negierten, der Tradition, ermöglicht. Die an der künstlerischen Produktion der Moderne gewonnene Erfahrung, „Wiederzukehren vermag Tradition einzig in dem, was unerbittlich ihr sich versagt."[396], bestimmt auch den philosophischen Blick auf die in der Kunstgeschichte sedimentierte Tradition: als „ein Verhalten, das Tradition ins Bewußtsein hebt, ohne ihr sich zu beugen", das sie „ebenso vor der Furie des Verschwindens zu

---

[391] a. a. O., S. 29 ff.
[392] Ästhetik II, 14, S. 234 ff.
[393] Adorno: Ohne Leitbild, S. 32 — dagegen steht freilich das kritische Moment, daß Hegel daraus alles andere als einen Aufschwung der Kunst ableitet.
[394] a. a. O., S. 34 f.
[395] Adorno: Ohne Leitbild, S. 35
[396] a. a. O., S. 41

behüten, wie ihrer nicht minder mythischen Autorität zu entreißen" bemüht ist³⁹⁷. Ein solcher Antitraditionalismus um der Tradition willen sprengt die Hegel-Lukácssche sinnstiftende Kontinuität des geschichtlichen Prozesses auf und verweigert jenes Heimatgefühl, das Hegel und mit ihm Lukács in der Kunsterfahrung hergestellt wissen wollten. Der Auslöschung der Distanz durch falsche Unmittelbarkeit hält Adorno als Kriterium einer „Tradition, der allein noch zu folgen wäre", die „correspondance" entgegen, vermöge deren das scheinbare Kontinuum der Geschichte im vollen Bewußtsein der unüberbrückbaren Distanz aufgesprengt wird, Vergangenes und Gegenwärtiges sich wechselseitig beleuchten³⁹⁸. Solcher correspondance müßten freilich auch jene Werke fähig sein, die offiziell als klassische der Tradition oder dem Kulturerbe zugerechnet werden, deren Qualität jedoch darin nicht aufgeht, Sinnbezüge dort zu vermitteln, wo keine mehr sind: Auch sie vermöchte Kritik aufzubewahren, die das Unklassische an ihnen evident macht.

Andererseits reflektiert Adorno, auch hier bemüht, das Ästhetische aus der Perspektive der Werke selbst, nicht bloß aus der ihrer Rezeption zu entfalten, mit seinem Antitraditionalismus einen eigenen Zug der Werke selbst, den ihrer Lebensgeschichte:

„Die Kunstwerke wandeln sich keineswegs allein mit dem, was verdinglichtes Bewußtsein für die nach geschichtlicher Lage sich ändernde Einstellung der Menschen zu den Kunstwerken hält. Solche Änderung ist äußerlich gegenüber der, welche sich in den Werken an sich zuträgt: die Ablösung einer ihrer Schichten nach der anderen, unabsehbar im Augenblick ihres Erscheinens: die Determination solcher Veränderung durch ihr hervortretendes und damit sich abspaltendes Formgesetz; die Verhärtung der transparent gewordenen Werke, ihr Veralten, ihr Verstummen. Am Ende ist ihre Entfaltung eins mit ihrem Zerfall."³⁹⁹

Die These von der eigenen Lebensgeschichte der Werke ist aus der Kritik zweier bürgerlicher Grundvorstellungen von Kunstwerk und

---

397 a. a. O., S. 37
398 a. a. O., S. 36 — ein philosophisches Modell für solche „Beziehung durch Distanz" (ibid.) bilden die Exkurse der „Dialektik der Aufklärung" über die Odyssee und die Schriften de Sades.
399 Adorno: Ästhetische Theorie, S. 266

Kunstgeschichte entwickelt. Zu Protest geht einerseits die nicht erst seit Hegel geläufige Aufteilung des Kunstwerks in eine zeitbedingt-vergängliche und eine menschheitlich-überzeitliche Seite, derzufolge am Kunstwerk nur die Außenseite dem geschichtlichen Prozeß unterworfen sei, andererseits die Begründung der Geschichte eines Werkes auf die ihm äußerliche, von ihm unabhängige historisch-gesellschaftliche oder, nach bürgerlicher Terminologie, Kulturgeschichte, d. h. die Legitimation der faktischen Rezeptionsgeschichte zum Kunstrichter. Tatsächlich pflegen beide Vorstellungen dahingehend synthetisiert zu werden, daß die Rezeptionsgeschichte eine Skala von ästhetischen Werten produziere, an ihrer Spitze einen Kanon klassischer Werke, die um ihres unvergänglichen Gehalts willen unendlich rezipierbar und interpretierbar seien. Diese Symbiose von gesellschaftlich interessiertem, verordnetem Ewigkeitswert und schlechter Unendlichkeit setzt die Sektion des Kunstwerks, also seine Todeserklärung voraus. Die von Adorno gegen sie vorgetragene Konzeption einer eigenen Lebensgeschichte der Werke ist nun nicht wiederum plan organizistisch zu nehmen: daß, was lebe, sterben müsse, sondern aus der Dialektik der Werke zu verstehen. Adorno, der sie als gesellschaftliche Antithesis zur Gesellschaft begreift, insistiert darauf, daß sie in ihrer Objektivation den Prozeß gegen ihre jeweils herrschende Gesellschaft anstrengen, deren Antagonismen in sich austragen; und diese Prozessualität innerhalb des fixierten Werkes ist es, die seine Lebensgeschichte begründen soll: Sie brächte den eigenen „Zeitkern"[400], „seine immanente Zeitlichkeit"[401] nach außen. Als solche ist sie mit der faktischen Rezeptionsgeschichte ebensowenig identisch wie total verschieden. Adornos leicht hingeworfene Bemerkung: „Dabei ist im übrigen von der Rezeption nicht schematisch abzusehen."[402], darf jedoch nicht darüber hinwegtäuschen, daß auch die im Kunstwerk immanente Geschichte, in Analogie zur Hegelschen Realisation des Begriffs, realiter Rezeptionsgeschichte ist:

„Werden aber die fertigen Werke erst, was sie sind, weil ihr Sein ein Werden ist, so sind sie ihrerseits auf Formen verwiesen, in denen jener Prozeß sich kristallisiert: Interpretation, Kommentar, Kritik.

---

400 Adorno: Ästhetische Theorie, S. 264
401 a. a. O., S. 266
402 a. a. O., S. 288

Sie sind nicht bloß an die Werke von denen herangebracht, die mit ihnen sich beschäftigen, sondern der Schauplatz der geschichtlichen Bewegung der Werke an sich und darum Formen eigenen Rechts. Sie dienen dem Wahrheitsgehalt der Werke als einem diese Überschreitenden und scheiden ihn — die Aufgabe der Kritik — von den Momenten seiner Unwahrheit. Daß in ihnen die Entfaltung der Werke glücke, dazu müssen jene Formen bis zur Philosophie sich schärfen."[403]

Ohne daß eine klare Trennung möglich wäre in jedem Fall, wäre demnach innerhalb der Rezeptionsgeschichte zu unterscheiden zwischen einer Rezeption, die dem Kunstwerk von außen angetan wird im Interesse der Erhaltung des gesellschaftlichen status quo, und einer, die den dem Kunstwerk immanenten Prozeß mit der gegebenen Faktizität philosophisch reflektiert. Das „Veralten" der Kunstwerke ist demnach hier kein Terminus für die ideologisch-repressive Funktion der bürgerlichen Kunstgeschichte gegen das ihr Mißliebige wie im Traditions-Aufsatz, sondern das eigene Schicksal der Werke, ihre Vergänglichkeit: Tot sind Werke, deren Prozessualität nicht mehr reaktualisierbar ist; lebendig sind sie, solange sie als antithetisch erfahren werden vom gegenwärtigen Bewußtsein, als Fremdes und Befremdendes [404]. Damit expliziert Adorno den gesellschaftlichen Gehalt der Hegelschen Bestimmung, wonach „der Geist (...) sich nur so lange in den Gegenständen herum(arbeitet), solange noch ein Geheimes, Nichtoffenbares darin ist"[405]. Antitraditionalismus in diesem Sinne, eingedenk der Geschichtlichkeit des mit dem kritischen identifizierten Wahrheitsgehalts der Kunstwerke, ist die Konsequenz aus dem Tod vergangener Werke, dergegenuber „Bildung" als „inventarisierende(s) Bewußtsein der künstlerischen Vergangenheit"[406] Leichenfledderei wäre:
„Werke mögen uninterpretierbar werden, verstummen; vielfach werden sie schlecht; überhaupt dürfte die innere Veränderung von Werken meist ein Absinken, ihren Sturz in die Ideologie involvieren. Es gibt immer weniger Gutes aus der Vergangenheit. Der Vorrat der

---

403 a. a. O., S. 289
404 Adorno: Ästhetische Theorie S. 274
405 Ästhetik II, 14, S. 234
406 Adorno: Ästhetische Theorie, S. 290

Kultur schrumpft: die Neutralisierung zum Vorrat ist der auswendige Aspekt des inwendigen Zerfalls der Werke."[407]

Keineswegs unproblematisch ist diese Theorie der Lebensgeschichte des Kunstwerks, weil sie der faktischen Rezeptionsgeschichte, begriffen als Außenseite eines dem Werk immanenten Prozesses, wider Willen doch noch partikuläres Recht zu geben droht. Manches, das zum Vorrat gerechnet wird, enthält Potenzen, die sich seiner Inventarisierung im imaginären Museum widersetzen. Vor der drohenden Abstraktheit, davor, Todesurteile zu vollstrecken, schützt den Antitraditionalismus nur die das Problem lösende Spezifikation: Durch seine Konkretheit muß sich der Antitraditionalismus der philosophischen Ästhetik von der „Abstraktheit" unterscheiden, die Adorno zufolge die Wendung gegenwärtiger Kunst gegen „Tradition als solche" bezeichnet[408]. Die Insistenz auf der Differenz von Theorie und Gegenstand, die Adornos ästhetische Sensibilität — wohlgemerkt der entscheidende, sie am meisten auszeichnende Grundzug der Ästhetischen Theorie — zuweilen zurückdrängt, gibt die Forderung, das zum Objekt des Bildungsgeschwätzes Verkommene an ästhetischer Tradition ruhen zu lassen, ebenso an die Kunst zurück wie jene mit einem großen „vielleicht" versehene Hoffnung auf Resurrektion der Toten in „einer befreiten, versöhnten Menschheit".

Nur dann läßt das Problem des Verhältnisses von Kunst und Tradition philosophisch adäquat sich begreifen, wenn die Dialektik von Eingebundenheit und Distanz zur Empirie entfaltet wird. Ein undialektisches Verhältnis zur künstlerischen Tradition im positiven oder negativen Sinne verweist stets auf einen affirmativen Kunstbegriff. Die traditionell-marxistische Ästhetik, an ihrer Spitze Lukács extrahiert diesen aus Hegels Ästhetik und gibt eben damit, daß sie im Einverständnis mit der Sistierung der Dialektik all die Züge, die sie bei Hegel virtuell aufsprengen, ignoriert, zu erkennen, daß sie ihrer eigenen Methode, dem historisch-dialektischen Materialismus, untreu wird. Die auch von ihr vorgenommene Unterscheidung von „Lebendigem" und „Totem" in Hegels Philosophie ist ein Indiz für den Tatbestand, daß sie sich nie von der bekämpften bürgerlichen Ideologie völlig gelöst hat. Unbekümmert reproduziert sie mit den traditionellen Kategorien auch deren Inhalte;

---

407 a. a. O., S. 289
408 a. a. O., S. 38

das Motto, das Lukács für seine Ästhetik gewählt hat: „Sie wissen es nicht, aber sie tun es.", und von dem er sich paradoxerweise das Gute erwartet, schlägt auf ihn selbst zurück. Dies soll zum Schluß noch einmal anhand der Konfrontation von Lukács' Begriff der Katharsis und Adornos Begriff der Erschütterung nachgewiesen werden, der aus der Kritik jenes gewonnen ist. Die „Selbstkritik der Subjektivität", die Lukács zufolge im kathartischen Erlebnis enthalten ist[409], meint als ihr Resultat die Aufhebung des partikulären individuellen Selbst in das Allgemeine der Gattung, zu deren nützlichem Mitglied das Subjekt werden soll; gefordert wird die Identifikation mit der Geschichte als dem Produkt der eigenen Macht. Der Determinismus, als sei Geschichte vorab so angelegt, daß jedes Subjekt zu dem Seinen komme, schlägt angesichts der ihn eklatant widerlegenden Wirklichkeit in blinden Voluntarismus um, als komme es nur aufs Subjekt an, sich das ihm Zukommende zu verschaffen. Adornos Kritik dechiffriert die Katharsis als „eine Reinigungsaktion gegen die Affekte, einverstanden mit Unterdrückung" und sieht in ihr „eigentlich der Kunst schon das Prinzip (imputiert), welches am Ende die Kulturindustrie in die Gewalt nimmt und verwaltet"[410]. Sein Gegenbegriff der „Erschütterung" nimmt das Moment, daß das Ich „als erschüttertes der eigenen Beschränktheit und Endlichkeit innewird"[411], nicht dazu auf, es ins Trugbild einer stets möglichen Totalität oder gar in die Affirmation einer Universalität aufzulösen, die sich als logisches Produkt der arbeitsteiligen Gesellschaft geriert, sondern um ihm auf den Grund der Zweckrationalität: den der gesellschaftlich seit je postulierten „Selbsterhaltung" durch Arbeit, durch Unterdrückung der äußeren und inneren Natur, zu gehen. Die Selbstermächtigung des geschwächten Ich, die Lukács wider alle historische Erfahrung als greifbar vorgaukelt, perpetuiert nur dessen Ohnmacht, die schon der psychologische Augenblick der angenommenen Verzauberung durchs Ästhetische anzeigt. Adornos Kategorie der Erschütterung geht auf eine andere Erfahrung:

„Ergriffen wird das Ich von dem unmetaphorischen, den ästhetischen Schein zerbrechenden Bewußtsein: daß es nicht das letzte, selber scheinhaft sei. Das verwandelt die Kunst dem Subjekt in das, was sie

409 Lukács, XI, S. 818
410 Adorno: Ästhetische Theorie, S. 354
411 a. a. O., S. 364

an sich ist, den geschichtlichen Sprecher unterdrückter Natur, kritisch am Ende gegen das Ichprinzip, den inwendigen Agenten von Unterdrückung. Die subjektive Erfahrung wider das Ich ist ein Moment der objektiven Wahrheit von Kunst. Wer dagegen Kunstwerke erlebt, indem er sie auf sich bezieht, erlebt sie nicht; was fürs Erlebnis gilt, ist kulturell angedrehtes Surrogat."[412]

---

[412] a. a. O., S. 364 f.

EXKURS:
GOLDMANNS „GENETISCHE STRUKTURALISTISCHE LITERATURSOZIOLOGIE"

Lucien Goldmann hat seinem zuerst 1966 veröffentlichten Aufsatz über „Genets Bühnenstücke"[1] einen Katalog der wichtigsten erkenntnistheoretischen und methodologischen Voraussetzungen vorangestellt, die er in seinen vorausgegangenen literatursoziologischen Arbeiten entwickelt hat und die als Gegenmodell zum an inhaltlichen Homologien orientierten Vulgärsoziologismus konzipiert sind. Die „genetische strukturalistische Literatursoziologie"[2], die derart durch den Rekurs auf den Psychologen Jean Piaget die degradierte Kunstsoziologie wieder zum Mittelpunkt der Literaturwissenschaft machen soll, erweist sich jedoch bei genauerer Analyse lediglich als Modifizierung des soziologistischen Äquivalentmodells, indem der inhaltliche Bezug von gesellschaftlicher Realität und Kunstwirklichkeit durch die Homologie der kategorialen Bewußtseinsstrukturen von Sozietät und Werk ersetzt wird:

„Die Beziehung zwischen gesellschaftlichem Leben und literarischem Schaffen betrifft nicht den Inhalt der beiden, sondern nur die *kategoriale Struktur*, die sowohl das wirkliche Bewußtsein einer bestimmten sozialen Gruppe als auch die vom Schriftsteller geschaffene, imaginäre Welt bestimmt."[3]

Im Grunde verengt Goldmann das ohnehin deterministische Basis-Überbau-Schema der traditionell-marxistischen Ästhetik nur noch weiter, gerade weil er es auch auf die ästhetischen Spitzenprodukte ausdehnen will, die dem herkömmlichen Soziologismus schwer zugänglich waren; die „soziale Seinsgebundenheit des Schaffens", die er durch den Vergleich der in der gesellschaftlichen Wirklichkeit herrschenden mit den Strukturen der Kunstform auch und gerade auf der Ebene „der äußersten dichterischen Freiheit und Phantasie" nachweisen will,

---

1 In: Alternative 49/50. – Berlin 1966. S. 123–139
2 a. a. O., S. 123
3 ibid.

beschreibt er selbst nach dem Modell der Reflexologie als einen nur soziologisch erklärbaren psychischen Prozeß, der sich nicht bewußt, sondern automatisch abspielt „in derselben Art, wie wir uns der Muskel- und Nervenstrukturen, die den besonderen Charakter unserer Bewegungen bestimmen, nicht bewußt sind"[4]. Und dieser Automatismus wird — Gipfel der Absurdität — als sinn- und einheitsstiftendes Formprinzip zum ästhetischen Wertmaßstab erklärt[5]. Selbst wenn man die von Goldmann konzedierten Einschränkungen des Übertragungsautomatismus — „bis auf wenige Ausnahmen" — in Rechnung stellt, wonach es nur „im besten Fall" (sic!) zur Homologie der Leben und Werk bestimmenden Bewußtseinsstrukturen kommt, bleibt die Tatsache bestehen, daß sein Kunstbegriff von seinen Voraussetzungen aus rein affirmativ ist, indem

1. die kategoriale Struktur des Kunstwerks die Bewußtseinsstruktur einer sozialen Gruppe, der der Autor angehört oder zu der er tendiert, lediglich reproduzieren kann und
2. der ästhetische Wert gerade in die reproduktive Explikation der im außerästhetischen Bereich herrschenden Bewußtseinsstruktur verlegt wird.

Die genetische strukturalistische Literatursoziologie des Lukács-Schülers Goldmann kommt bei geänderter Terminologie — sinnvolle Struktur statt Totalität — zu genau derselben Ideologiekritik wie Lukács mit der Konsequenz, daß sie ihren Gegenstand, wie hier Genets Bühnenstücke, „abgesehen von seinem unzweifelhaften (?!) künstlerischen Wert" behandelt und ihn aufgrund des obwaltenden Kausalmechanismus zum Instrument der „Erforschung der Bewußtseins- und Seinsstruktur der sozialen Gruppen" degradiert[6]. Der Genet-Aufsatz unterscheidet die Literatur des vom Kapitalismus zwar frustrierten, aber in ihn integrierten kleinbürgerlichen Mittelstandes — z. B. Jonesco — von der einer „engere(n) Schicht von Arbeitern, gebildetem Mittelstand und schöpferischen Intellektuellen, welche bewußt und entschlossen die im Entstehen begriffene Form des Kapitalismus ablehnen und sich die Frage nach der Möglichkeit eines Weges zu einer freiheitlichen menschlichen Ordnung ernstlich stellen" und zu denen, neben einzelnem

---

4 a. a. O., S. 124
5 ibid.
6 a. a. O., S. 135

von Robbe-Grillet, Beckett und Genet gezählt werden⁷. Goldmanns soziologischer Strukturalismus modifiziert den Lukácsschen Inhaltismus nur insofern, als er den Widerspiegelungs-Realismus konsequent auch auf die Avantgarde anwendet, da er — wie schon der frühe und der späte Lukács — auf dessen realistische Färbung verzichtet.

Goldmanns Konzept stößt jedoch dort auf Schwierigkeiten, wo es ihm nicht gelingt, die ästhetischen Strukturen unmittelbar auf ein Kollektivbewußtsein zurückzuführen. Es ist bezeichnend, daß er auf diese Schwierigkeit nicht mit einer Überprüfung seiner Reduktionsmethode antwortet, sondern mit einem Rückgriff auf die Krisentheorie. Dies ist der Preis dafür, daß die antithetische Funktion der Kunst gegenüber der Gesellschaft, die ihr doch Goldmann auch zubilligen will, durch den Homologie-Begriff vorab ausgeschlossen wird. Wenn in „Zur Soziologie des Romans"⁸ die Struktur der Romanform als in „genauer Homologie" zur „Struktur des Warentausches in der liberalen Marktwirtschaft" stehend begriffen wird — dem Implizitwerden der Gebrauchswerte entspricht das der Werte, die der Held im Roman selbst nur nicht-authentisch, vermittelt sucht, da die gesellschaftliche Umwelt sie ignoriert — ⁹, wenn also durch die „direkte Übertragung des ökonomischen Verhaltens auf das literarische Schaffen"¹⁰ die Geschichte der Romanform lediglich die Entfaltung des Tauschprinzips und der Verdinglichung reproduziert, so erscheint nun nicht mehr ein hypostasiertes Kollektivbewußtsein, sondern die ökonomische Faktizität selbst als kunstschöpferisch. Die Authentizität, die Goldmann der nicht mehr nach dem Schema der nach dem Klassenbewußtsein fragenden Ideologiekritik analysierbaren modernen Kunst zubilligt, spricht ihr im selben Augenblick jede Dignität als ästhetisch-gesellschaftliche Gegenkraft ab. Die Reduktion der Avantgarde auf „eine gefühlsmäßige, nicht begrifflich formulierte Unzufriedenheit und ein gefühlsmäßiges, nicht konzeptualisiertes Streben nach direkter Orientierung auf qualitative Werte", das Goldmann primär „innerhalb der Mittelschichten, der die meisten Romanschriftsteller entstammen", ansiedelt¹¹, wird ursächlich mit der

---

7 a. a. O., S. 125
8 Wir zitieren nach dem Teilvorabdruck in: Alternative 49/50 (1966). S. 140—149
9 a. a. O., S. 141 f.
10 a. a. O., S. 145
11 a. a. O., S. 146

Integration des Proletariats im Westen verknüpft, damit, daß es „keine einzige soziale Gruppe mehr" gebe, die der Verdinglichung eine aufhebende Theorie und Praxis entgegensetze, sowie mit der Marxschen These von der Kulturfeindlichkeit des Kapitalismus, die Goldmann mit der Formel vom „radikal a-ästhetischen" Charakter des bürgerlichen Denkens[12] aufnimmt. Der Reduktionismus kann die ästhetische Dialektik von Autonomie und sozialer Faktizität und damit den Grundzug der Avantgarde nicht begrifflich fassen.

Die Grundprinzipien von Goldmanns Kunstvorstellung ließen sich schon an dem frühen Aufsatz „Dialektischer Materialismus und Literaturgeschichte" von 1947[13] nachweisen: die Faktorentheorie[14], der Reflexcharakter des Bewußtseins[15] und die Reduktion des Ästhetischen auf die gefühlhaft-bildliche Reproduktion einer klassenspezifischen Weltsicht[16]. Wir wollen hier nur noch kurz auf den „Begriff der sinnvollen Struktur in der Kulturgeschichte" eingehen, den Goldmann im gleichnamigen Aufsatz von 1958 entwickelt[17] und als entscheidendes heuristisches Instrument seiner Theorie bezeichnet hat. Sinnvolle Struktur impliziert an sich schon ein Moment der Überbetonung der finalen Geschlossenheit des Kunstwerks: Sie setzt die „Existenz einer inneren Finalität"[18] voraus, die alle Teilmomente in einen kohärenten strukturellen Gesamtzusammenhang einordnet — Goldmann zitiert charakteristischerweise Piagets Definition der Struktur, die verlangt, daß „die Besonderheiten der Elemente vollkommen oder teilweise von denen der Totalität abhängen"[19]. Durch Lukács' Vermittlung tauchen hier die Charakteristika des Hegelschen Totalitätsbegriffs wieder auf, der am Modell der teleologisch ausgerichteten organischen Ganzheit orientiert ist und wie bei Goldmann die geschichts-philosophische Perspektive begründet (also das Hegelsche Erbteil, besser: Hypothek des Marxismus). Der Begriff der sinnvollen Struktur hat daher für Gold-

---

12 a. a. O., S. 149
13 In: Goldmann: Dialektische Untersuchungen. — Neuwied-Berlin 1966. S. 49—69
14 a. a. O., S. 49
15 a. a. O., S. 51
16 a. a. O., S. 55
17 In: Goldmann: Dialektische Untersuchungen. — Neuwied-Berlin 1966, S. 121—132
18 a. a. O., S. 121
19 a. a. O., S. 121, Anm 1

mann „eine zugleich theoretische als auch normative Funktion"[20], d. h. der Nachweis, daß sich alle Elemente in die sinnvolle Gesamtstruktur mit „*Notwendigkeit*"[21] einfügen, soll zugleich das Kriterium des ästhetischen oder philosophischen Wertes eines Werkes sein. Damit aber ist sowohl der heuristische Wert des Widerspruchs getilgt[22] wie die Möglichkeit, die Geschlossenheit eines Gruppenbewußtseins zu transzendieren. Dieser ästhetische Wert ist seinem Wesen nach repressiv und darüberhinaus aufgrund seiner ausschließlichen Orientierung an dem Moment von Geschlossenheit und Dominanz des Ganzen über die Teile relativistisch:

„Das heißt natürlich nicht, daß dies das *einzige* Kriterium für die Beurteilung des Werkes wäre. In der Philosophie existiert in der Tat noch (!) das Kriterium des *Wahrheitsgehalts* und in der Kunst das des *Realismus*. Dennoch bleibt die Tatsache bestehen, daß eine wissenschaftliche Theorie zwar in dem Augenblick, da sie sich als falsch erweist, jeden Wert verliert, ein begriffliches System jedoch irrig sein kann, ohne seinen philosophischen Wert zu verlieren, genau wie eine literarische Schöpfung oder ein Gemälde jedem Realismus fremd gegenüberstehen kann (obwohl dies in der modernen Gesellschaft nur bei einigen romantischen Werken der Fall ist), ohne etwas von seinem ästhetischen Wert einzubüßen."[23]

Der Degradation des ästhetischen Werts auf das Maß der strukturellen Kohärenz[24], mit der eine beliebige kollektive Weltsicht reproduziert wird — so findet Goldmanns Racine-Interpretation ihr Telos in der Einfügung des Racineschen Werkes in die umfassendere Gesamtstruktur des Jansenismus —, entspricht der Zynismus des geschichtsphilosophischen Modells, das die Verstehbarkeit des historischen Zusammenhangs mit der Aura des Sinnvollen erfüllt: Die Geschichte wird gerechtfertigt durch die hypostasierte Finalität „auf eine transparente Endgesellschaft"[25].

20 a. a. O., S. 123
21 a. a. O., S. 121
22 Cf. sein Pascal-Zitat, a. a. O., S. 123
23 a. a. O., S. 123 f., Anm. 3
24 a. a. O., S. 125
25 a. a. O., S. 125

V HEGELS DIALEKTIK BEIM WORT GENOMMEN
(Adornos Ästhetische Theorie)

1. Ernst Blochs Konzeption des „offenen Systems"

Dagegen, unsere Ausgangsfrage, wie denn Hegel zu lesen sei, mit dem Postulat der Trennung von „Lebendigem" und „Totem" in seiner Philosophie zu beantworten, hat sich nicht erst Adorno, sondern auch Ernst Bloch zeit seines Lebens gewandt. Auf sein Programm des „offenen Systems", der auf die Füße gestellten Enzyklopädie, mit dem er auf die mißverständliche Engelssche Formel von der Trennung von Methode und System bei Hegel antwortet, ist daher noch kurz einzugehen, ehe Adornos Reflexionen über eine adäquate Form der Hegel-Rezeption analysiert werden. Wer sich vorab des Unterschieds der beiden Ansätze versichern will, vergleiche den unterschiedlichen Ton der Reden, die zum selben Anlaß, Hegels 125. Todestag, von Bloch und Adorno gehalten wurden[1], Adornos bescheiden-unmutvolle Abwehr jeglicher „Würdigung" Hegels mit dem „unverschämten Anspruch", „daß, wer das fragwürdige Glück besitzt, später zu leben, und wer von Berufs wegen mit dem befaßt ist, über den er zu reden hat, darum auch souverän dem Toten seine Stelle zuweisen und damit gewissermaßen über ihn sich stellen dürfe"[2], mit Blochs imperialer Attitude, „Brauchbares (!) an Hegels Systematik umzufunktionieren"[3], im Bewußtsein der direkten Kontinuität von Hegel zu Marx „alles Vergänglich-Ideologische an diesen Werken aufzulösen, damit es nicht weiter störe und verführe, sondern eben als bloße Hülle auf der historischen Strecke bleibe", so daß dann „das echte Problem" darunter sichtbar werde[4]. Der Unterschied der Haltungen ist mehr als individual-psychologisch:

---

1 Th. W. Adorno: Aspekte. — In: Adorno: Drei Studien zu Hegel. — Frankfurt/M 3. Aufl. 1969. S. 11—65. E. Bloch: Hegel und die Gewalt des Systems. — In: Bloch: Über Methode und System bei Hegel. — Frankfurt/M 1970. S. 70—89
2 Adorno, a. a. O., S. 13
3 Bloch, a. a. O., S. 84
4 Bloch: Aussprache über Hegel (1951), a. a. O., S. 8

im Sachlichen selbst begründet. Die Analyse wird zeigen, daß Adornos Bescheidenheit, die nicht rhetorischer Topos, sondern Gehalt seiner philosophischen Auseinandersetzung mit Hegel ist, in einer weit radikaleren Hegel-Kritik resultiert, als Bloch sie durchführt. Adornos Mahnung, „Alle Würdigungen fallen unter das Urteil aus der Vorrede der Phänomenologie des Geistes, das über jene ergeht, die nur darum über den Sachen sind, weil sie nicht in den Sachen sind"[5], gilt auch noch für Bloch. Gerade sein Denken, das über den Verdacht orthodoxer Standpunktphilosophie ebenso erhaben ist wie seine Hegel-Interpretation über den eines akademischen Klassizismus, das vielmehr hinaus will ins ungedeckte Neue, zeigt die Gefahr, an entscheidenden Stellen bei Hegel stehenzubleiben, d. h. hinter ihn zurückfallen. Damit ist es zu erklären, daß Bloch trotz aller Mahnung, „nicht marxistisch bloßem Bann eines Klassizismus zu verfallen", das Problem des Ästhetischen mit klassizistischer Implikation angeht, mit „Maß an Hegels Ästhetik, diesem Wunderbau der Reife"[6]: Bloch kommt über den Widerspruch nicht hinaus, daß die von ihm geforderte neue Ästhetik „trotz wie wegen Picasso, Schönberg, Döblin, Brecht"[7] ihre Maßstäbe der Hegelschen entnehmen soll, die doch gerade das nicht zu leisten vermag, was Ästhetik nach Ausweis von „Subjekt-Objekt" zu leisten hätte, die Wahrheit des Gebrochenen, vom offiziellen „Kulturbild" Ausgekreisten zu begreifen[8]. Derselbe Bloch, der schon in der Moskauer Expressionismus-Debatte den Wahrheitsanspruch der modernen Kunst vehement gegen Lukács verteidigt hatte, liefert dort, wo seine Theorie auf Systematisches geht, Lukács' hegelianisierender Ästhetik ihre Rechtfertigung.

Dieser Zwiespalt ist nur durch eine Analyse des „offenen Systems" zu begreifen, mit dessen Hilfe Bloch seine Hegel-Rettung betreibt:

„Systematisches bleibt philosophisch unerläßlich. Nur muß es marxistisch umfunktioniert werden, als Zweites außer der Hegelschen Dialektik, das auf die Füße zu stellen ist. Also im Gang auf materiellem Boden und im schlechthin noch Offenen seines tendenz-

---

5 Adorno, a. a. O., S. 13
6 Bloch, Methode und System, S. 66
7 a. a. O., S. 67
8 Bloch, Subjekt-Objekt, S. 469 f.

haft-materiellen Wegs darzustellen ist. Gerade in Verehrung für den Systemgedanken selber, dessen letzter, riesiger Zeuge Hegel ist, erhebt sich so das Problem eines nicht-geschlossenen, sondern *offenen Systems der Welt*. Darin ist die Welt wahrheitsgemäß ebenso ein im Gang befindliches unabgeschlossenes Experiment wie das — im offenen System abgebildete — Totum, das in der Experimentwelt im Schwange befindlich ist und auf das sie überall tendiert. Wobei jedoch dieses Totum, obwohl in omnibus relucens, noch nirgends fertig gegeben ist, sondern in ungeheurer Schwebe seiner Verwirklichung, Manifestierung sich befindet, — als ein allemal noch utopisches Totum (des nicht nur Zusammenhang-Seins, sondern letzthinnigen Fürsich-Seins)."[9]

Blochs Argument, das Engelssche Trennungspostulat lasse nicht eine vom Systeminhalt isolierbare, dann wirklich als der von Hegel verächtlich gemachte „Pfiff" lernbare Methode unberührt, meine vielmehr den Methode und System gleichermaßen durchfurchenden inneren Widerspruch, daß das dialektische System aufgrund der Anagnorisis-Idee („Er-Innerung") in zyklischer Geschlossenheit und letztendiger Statik terminiere[10], zielt auf die Rettung des System-Begriffs. System meint bei Bloch mehr als Widerspiegelung des empirisch konstatierbaren, historisch gewordenen allseitigen Vermittlungszusammenhangs, es begreift im Prädikat des Offenen die Zukunftsperspektive ein, und zwar eine inhaltliche konkrete „vom Eingedenken einer human-gelingenden Welt und ihrer Entelechie her"[11]. Die Kategorie des offenen Systems, dessen „Bildkriterium", das der „Expedition", im Unterschied zu den „drei Bildkriterien" des geschlossenen Hegelschen Systems, „Gesichertheit, Wohlgeordnetheit, Geschlossenheit"[12], Bloch nicht zufällig seiner Interpretation der Phänomenologie entlehnt, ist an der Marxschen Kritik der Phänomenologie gewonnen, auf die hin Bloch Hegel interpretiert: Hegel auf die Füße stellen heißt auch für Blochs vereinheitlichende Interpretation[13] die Entzifferung des Selbst als „der

9 Bloch, Methode und System, S. 82
10 a. a. O., S. 55 ff.
11 Bloch, Subjekt-Objekt, S. 462
12 a. a. O., S. 462 und 472 f.
13 Nach Bloch ist „auch ein so weitschichtiges Werk wie das Hegelsche ein einziges, konkret ausgereiftes Buch" (Subjekt-Objekt, S. 37).

arbeitende Mensch, der seine Produktion endlich begreift und sie aus der Selbstentfremdung herausführt"[14]. Bloch verlegt das Telos des Fürsichseins gegen Hegels apologetische These von dessen Erreichtsein in der Gegenwart in eine zu erkämpfende real-mögliche Zukunft, um von diesem gedanklich antizipierten Telos eines „noch utopischen Totum(s) der Realität"[15] Totalität ins System einzubringen. Die solcherart den Begriff des offenen Systems konstituierende konkrete Utopie ist eine Retrospektive vom antizipierten historischen Ort aus, deren innere Paradoxie — freilich Moment allen Denkens nach Vorwärts — sich all ihren inhaltlichen Momenten mitteilt. Indem auch das offene System auf die Annahme einer im Geschichtsprozeß sich durchgängig erhaltenden „Tendenz" mit aussagbarem „Zielinhalt": „das Fürsichsein, die absolut vermittelte Identität", angewiesen ist[16], verfehlt es sowohl das Gegenwärtige, das es bei aller Kritik zum tendenziell Besseren verharmlost, als auch das Neue, das es zum notwendigen Resultat des Alten verzerrt. Die materialistische Umstülpung des Systemgedankens will statt der spiritualistischen „Aufhebung des Objekts schlechthin" die „Aufhebung jener Gegenständlichkeit, mit der der Mensch behaftet ist als mit einer fremden"[17]; sie weiß als rationalen Kern des Systems die Perspektive des Fürsichseins, „mithin das Ende des Objekts am befreiten Subjekt, das Ende des Subjekts am unentfremdeten Objekt"[18]. Woher dieses Wissen stammt, gibt Bloch unverhofft preis, indem er „die Gewalt des Hegelschen Systems", ihren Zwangscharakter total ignorierend, als Positivum rühmt: „Sie lehrt nicht zuletzt den Archetyp des Hauses im Philosophischen, ohne den kein Wandern auskommt und kein noch so offener Prozeß."[19] Daß das Sprachgefühl des Sprachgewaltigen die Unversöhnbarkeit der Topographie der Gewalt mit dem Bild des Heimat bedeutenden Hauses nicht registriert, signalisiert evident die Insuffizienz der Theorie, die als dialektische allemal Gewalt als Mal der Unwahrheit, entfremdeter Ratio dechiffrie-

---

14 Subjekt-Objekt, S. 42 — in der Ausgabe Berlin (DDR) 1951 heißt es „sich aus der Selbstentfremdung herausführt" (S. 37)
15 a. a. O., S. 108
16 a. a. O., S. 499
17 a. a. O., S. 106 — im Original gesperrt
18 a. a. O., S. 510, cf. Methode und System, S. 59
19 Methode und System, S. 89

ren sollte. Unreflektiert geht sie vom geschlossenen Hegelschen System in das offene Blochsche ein, das sich durch die emphatisch beschworene „Invariable der Richtung", der es „seine Strenge" verdankt[20], als gleichermaßen geschlossen zu erkennen gibt. Angesichts der den Blochschen Realismus-Begriff prägenden gut Hegelschen Identität des Empirischen und Postulativen sind Gesichertheit, Wohlgeordnetheit und Abgeschlossenheit nicht nur „Fremdkörper in der Systematisierung"[21], die bei Hegel ins Mythische zurückschlage, sondern tendenziell vermöge des Entelechie-Gedankens auch dem offenen System immanent.

Blochs hoffnungsvoller Schwur auf die historische Intentions-Einheit neglegiert die von Adorno aufgewiesene Dialektik der Aufklärung, derzufolge die intendierte Identität des seine Welt durch Arbeit humanisierenden Subjekts noch das Mal von Naturbeherrschung trug, das ihm in der Totalität der Intentions-Einheit erst recht erhalten bliebe. Der Triumphzug des sich als Subjekt begreifenden Menschen zur Selbstidentität, dessen Gefährdung Bloch nicht als immanent versteht, droht zur wirklichen „Schädelstätte", und zwar nicht nur des Geistes zu werden, als die der Ausgang der Phänomenologie die Geschichte versteht. Daher der antinaturale Impetus, der auch noch bei Bloch sich gegen dessen Willen durchsetzt und der ihn die Züge des Herrschaftlichen in Hegels Philosophie übersehen läßt:

„Tiere wiederholen das erprobte Fabrikmuster ihres Leibs und Lebens notwendig, daher sind sie so seiend, aber auch so eingebunden. Menschen können an diesem Eingebundenen nur sehr ungefähr teilnehmen, sie tun es als die übliche Dutzendware. (...) Der Mensch ist wirklich das Umwege machende Tier, doch auch auf verstockte und schuldhaft törichte Weise, nicht nur auf listreiche. Sonst liefe das ganze äußere Leben so leicht und friedlich, wie es jetzt bestenfalls unter Freunden vor sich geht."[22]

Die Unterscheidung von Tier und Mensch nimmt die Marxsche Bestimmung des menschlichen „Gattungslebens" aus den Ökonomisch-

---

20 Bloch, Subjekt-Objekt, S. 470
21 a. a. O., S. 469
22 a. a. O., S. 511

Philosophischen Manuskripten auf[23]. Läßt sich der bei Bloch anklingende Gedanke des Zur-Ware-Werdens des Menschen auf den Marxschen Argumentationszusammenhang der entfremdeten, weil unter dem Diktat des Privateigentums stehenden, Arbeit zurückführen, so verwundert dessen Transposition auf die Tierwelt umso mehr, wenn anders man den Terminus vom „Fabrikmuster" des Tierorganismus bei dem stets um Sprachpräzision bemühten Bloch nicht als metaphorischen Lapsus verstehen will. Dazu besteht jedoch bei dem pathetischen Arbeitsethos, das die Prävalenz des die Natur humanisierenden Subjekts impliziert, trotz gegenläufiger Tendenzen in Blochs Philosophie kein Anlaß. Die an der zuletzt angeführten Stelle von Bloch artikulierte Dichotomie des Verstockten und des Listreichen ist undialektisch, da das Listreiche als Prinzip der Naturbearbeitung und -beherrschung, stets auf dem Sprung, sich Selbstzweck zu werden, selbst verstockt ist, Freundlichkeit nicht herstellen kann. Die gegenläufigen Tendenzen, die Blochs Auseinandersetzung mit Hegels Naturphilosophie zur einseitigen Affirmation der Naturbeherrschung aufweist, bleiben wegen der sein Geschichtsbild konstituierenden Intentions-Einheit auf utopische Totalität postulativ: So wenig das antizipierte konkret-utopische Telos im Intentionalen bisheriger Historie aufgehen dürfte, um wirkliches Novum zu sein, so sehr müßte das Prinzip der Naturbeherrschung konkreter Korrektur unterworfen werden, die nicht selbst wieder im Zeichen des Arbeitsbegriffs stehen dürfte.

Der Einspruch gegen die „quantitativ-mechanische Denkgewohnheit", die Reduktion aufs kapitalisierbare Quantum in „einer Art Betriebskalkulation der Natur", den Bloch an Hegels Naturphilosophie unter Hinweis auf Engels' „Dialektik der Natur" notiert und der ihm trotz aller Phantastik „Hegels dialektisch-qualitative Naturphilosphie" erbwürdig erscheinen läßt, ist ebenso brüchig wie der Rekurs auf aristotelisch-thomistische Quellen, deren an „Qualitätsnatur" orientierte „vorkapitalistische Denkweisen" an den auch von Bloch geschätzten Gedanken einer „quantitativ uneinebbaren Hierarchie der Natur" gebun-

---

[23] „Die Universalität des Menschen erscheint praktisch eben in der Universalität, die die ganze Natur zu seinem *unorganischen* Körper macht. (...) Die freie bewußte Tätigkeit ist der Gattungscharakter des Menschen. (...) Die bewußte Lebenstätigkeit unterscheidet den Menschen unmittelbar von der tierischen Lebenstätigkeit." (ed. Hillmann. – Reinbek 1966. S. 56 f.).

den sind²⁴. Daß gerade der hierarische Naturbegriff, Legitimation der Verfügbarmachung von Natur, jeden Gedanken an ein qualitatives Ansich der Natur versperrt, bleibt Bloch verborgen. Dies ist der Grund für den von ihm zwar erkannten, aber nicht zureichend, nur aus dem Idealismus begründeten „Bruch" an Hegels Übergang von der Idee in ihr Anderssein, die Natur, dessen Willkür Bloch keineswegs umsonst und nicht als erster mit „fürstliche(r) Laune", absolutistischem „Wille(n) des Monarchen" parallelisiert²⁵ und der den Gedanken an Versöhnung der Natur versperrt. Die Übertragung des Herrschaftsdenkens auf die beherrschte Natur kennzeichnet Hegels Naturbestimmungen, Zufälligkeit, Äußerlichkeit, äußere Notwendigkeit, die zum negativen Anlaß für den Geist werden, Natur daraus zu befreien ²⁶, da gerade „das Alogische (zur Erkennbarkeit nicht oder nicht ganz Zureichende)"²⁷ an der Objektbeschaffenheit ihr ständiges Ärgernis ist. Solange das vom Subjekt-Pathos, dessen eigene Naturseite auch von Bloch nicht traktiert wird, getragene Hierarchie-Denken den Naturbegriff bestimmt, bleibt die Blochsche Utopie der Naturheimat²⁸ im Bereich des bloßen Sollens, vermag die Reflexion „das problematische ‚Subjekt'" der Natur²⁹ nicht einzuholen.

Das Gewaltsame der die Geschichte für Hegel wie — materalistisch gewendet — für Bloch konstituierenden einheitlichen Intention auf Subjekt-Objektivierung wird nicht nur am Fehlen des dialektischen Gegenpols, der Objekt-Subjektivierung sichtbar, sondern auch und vor allem an den von Bloch affirmierten Hegelschen Metaphern des Verzehrens und Verdauens für den Erkenntnisvorgang, an der Apotheose des — einen Ausdruck von Adorno zu gebrauchen — „barbarischen Appetits der Gattung", deren Scheu vorm Objekt für Hegel wie für Bloch beispielhaft die Tiere überwinden. Bloch rekurriert auf den schon genannten Zusatz zum § 246 der Einleitung in die Naturphilosophie:

24 Subjekt-Objekt, S. 206 ff.
25 a. a. O., S. 203 f.
26 Enzyklopädie II, 9, § 246 Zus.
27 Subjekt-Objekt, S. 217 — Bloch vergißt den Zusatz, welcher Art Erkennbarkeit in diesem Zusammenhang ist.
28 „die Natur als Ilias und, obwohl Hegel das nicht wahrhaben wollte und konnte, humanisierte Natur als möglicher *Schauplatz* für ein Ithaka, an dem die historische Odyssee landet" (Subjekt-Objekt, S. 216)
29 Subjekt-Objekt, S. 216

> „Hegel zieht, mit einer robusten Wendung, gegen den angeblich unüberwindlichen Abstand zwischen Subjekt und Objekt (d. h. das Kantsche Erkenntnisproblem, W. K.) den Appetit der Tiere heran, wenn sie frischweg aufs Objekt losgehen und es auffressen. Das Ding an sich wird von ihnen sogleich als das erfaßt, was es ist, als Ding für uns; es wird mit den Zähnen erfaßt. Und bleiben noch Knochen, die dem Zahn des Begriffs widerstehen (!), so werden sie vom vernunftstolzen Hegel als wertlos weggeworfen und nicht als undurchdringlich verehrt."[30]

Nun ist zwar nach Hegel an der von Bloch angesprochenen Stelle „der Mangel der Begierde (...) nicht der, daß sie gegen die Dinge realistisch ist, sondern allzu idealistisch" (sic!), insofern im praktischen Verhalten „dieser absolut idealistische Glauben liegt, daß die einzelnen Dinge nichts an sich sind", doch bleibt auch in Aufhebung dieses Mangels durch die theoretische, vom unmittelbaren Sein der Objekte zurücktretende Arbeit des Begriffs, die die Kategorie der Einzelheit mit der der in der Naturwissenschaft herrschenden Allgemeinheit philosophisch zur konkreten Besonderheit vermittelt, die Bestimmung von Natur als Füranderessein zentral. Von beiden Polen aus ist nach Hegel „die Absicht" der Naturphilosophie, „die Natur zu fassen, zu begreifen, zum Unsrigen zu machen, daß sie uns nicht ein Fremdes, Jenseitiges sei", nur auf gewaltsamem Wege zu erreichen: „Erst wenn man dem Proteus Gewalt antut, d. h. sich an die sinnliche Erscheinung nicht kehrt, wird er gezwungen, die Wahrheit zu sagen." Viel bewußter als die meisten materialistischen Denker dechiffriert der Idealist Hegel hier das wahre Antlitz der bisherigen „Humanisierung" der Natur. Impliziert ist die Instrumentalisierung von Vernunft. Das identische Selbst ist nur durch Liquidation des Nichtidentischen, dessen einzige Funktion ist, ad maiorem ideae oder hominis gloriam liquidiert zu werden; was dem Füranderessein, auf das die Objektwelt reduziert wird, sich entzieht, verfällt der Ignoranz. Dies, nicht Versöhnung ist der reale Kern des abstrakten Arbeitsethos des Begriffs. Die Negation des unmittelbaren Selbst, nach der Enzyklopädie Voraussetzung der Erkenntnis des Objekts und des Selbst in ihm als seinem Produkt, geschieht nach dem Modell der List: Entäußerung an die Sache, nicht um diese zu dem

---

30 Subjekt-Objekt, S. 41

Ihren kommen zu lassen, sondern um sie desto ungehinderter verzehren zu können.

Solcher Konzeption ist technologische Rationalität nicht so fremd, wie es ihr philosophisches Bewußtsein wollte. Subjekt-Objektivierung, eindeutig als Fortschritt ausgegeben, wird zum Wert an sich. Notiert Bloch an der Enzyklopädie „ein Imperatorisches: wie Beute folgen die unterworfenen Objekte dem Triumphator nach"[31], so wird er an der Sistierung der Dialektik im abschlußhaften System gleichwohl nur des Moments ihrer Unwahrheit gewahr:

> „Ökonomisch ist dieses Ineinander von Dynamik und letzthinniger Statik in dem damaligen deutschen Ineinander von Kapitalismus und feudalem Stillstand begründet. Davon gibt das Hegelsche — sonst nirgends in Europa möglich gewesene — Zugleich aus Prozeß und Antiquariat einen ideologischen Reflex, so schlecht auch der restaurierende Kreis zu Fluß und Fortschritt stimmt."[32]

In Blochs Unterscheidung des prozessualen und des abgeschlossenen Systems reproduziert sich die alte Trennung von „Lebendigem" und „Totem" in Hegels Philosophie, die sein Versuch, auch das System auf die Füße zu stellen, hatte überwinden wollen: Weil er, was er verflüssigen wollte, erneut verfestigt — und seine programmatische These vom Ersten und Zweiten, das auf die Füße zu stellen sei, nimmt das methodisch vorweg —, entgeht ihm die Dialektik von Wahrheit und Unwahrheit des widersprüchlichen Gehalts des Hegelschen Systemdenkens. Die Lehre vom ideologischen Reflex des Ökonomischen, ihrerseits nur zu verstehen als Reflex des Vertrauens auf den historischen Progreß, dem der Kapitalismus kraft der Entfesselung der Produktivkräfte als prozessuale Dynamik quand même erscheint, ist einseitig am Aspekt des Technologischen orientiert. Sie reflektiert nicht, daß die ungehinderte kapitalistische Dynamik in sich das Moment von Statik, ja Regression haben könnte: Nicht als hätte Hegel nicht gewußt, daß die Geschichte weiterginge, ihm zeigte sich kein Novum. Im schärfsten Widerspruch zu Blochs Interpretation der Abgeschlossenheit des Systems bei Hegel als regressiv aufs Feudale steht Adornos Kritik, die das

---

31 Subjekt-Objekt, S. 182
32 a. a. O., S. 184

vermeintlich bloß Regressive, dessen Wahrheitsmoment entziffernd, zugleich als Antizipierendes in widersprüchlichem Sinne begreift: als Antizipation der Versöhnung wie der wachsenden Geschlossenheit der real unversöhnten bürgerlichen Gesellschaft. Erst wenn diese Dialektik des utopischen und des analytischen Moments des Hegelschen Systembegriffs erfahren ist, läßt sich seine noch in der höchsten Unwahrheit enthaltene Wahrheit entschlüsseln:

> „Dieser Systembegriff impliziert die zum Alleinschließenden, Absoluten entfaltete Identität von Subjekt und Objekt, und die Wahrheit des Systems stürzt mit jener Identität. Sie aber, die volle Versöhnung durch den Geist inmitten der real antagonistischen Welt, ist bloße Behauptung. Die philosophische Antizipation frevelt an der realen; was immer ihr widerspricht, schiebt sie als philosophie-unwürdig der faulen Existenz zu. Aber lückenloses System und vollbrachte Versöhnung sind nicht das Gleiche, sondern selber der Widerspruch: die Einheit des Systems rührt her von unversöhnter Gewalt. Die vom Hegelschen System begriffene Welt hat sich buchstäblich als System, nämlich das einer radikal vergesellschafteten Gesellschaft, erst heute, nach hundertfünfundzwanzig Jahren, satanisch bewiesen. Zum Großartigsten der Hegelschen Leistung rechnet, daß er aus dem Begriff jenen Systemcharakter der Gesellschaft herauslas, längst ehe dieser im Umkreis von Hegels eigener Erfahrung, dem in der bürgerlichen Entwicklung weit zurückgebliebenen Deutschland, sich durchsetzen konnte."[33]

Der keineswegs feudal-, vielmehr kapitalistisch-gesellschaftliche Charakter der Geschlossenheit des Systems — und Adorno kann sich für seine These auf Hegels Analyse der antagonistischen bürgerlichen Gesellschaft in der Rechtsphilosophie und deren verzweifelten „Gewaltstreich" in der Staatsphilosophie berufen[34] — hat an Wahrheit und Unwahrheit zugleich teil, indem er „kraft jener Thesis der Identität der Vernunft mit dem Seienden (...) die Welt, deren Theodizee sein Programm bildet, zugleich auch in ihrer Ganzheit, ihrem Zusammenhang als einen Schuldzusammenhang postuliert": „Noch der falsche Anspruch, sie sei

---

33 Adorno, Aspekte, S. 40
34 Adorno, Aspekte, S. 42

gleichwohl die gute, enthält in sich den legitimen, es solle die tatsächliche Welt nicht bloß in der ihr entgegenstehenden Idee, sondern leibhaftig zur guten und versöhnten werden. Geht schließlich das Hegelsche System durch die eigene Konsequenz in die Unwahrheit über, so wird damit nicht sowohl, wie die Selbstgerechtigkeit der positiven Wissenschaften es möchte, das Urteil über Hegel gesprochen als vielmehr das über die Wirklichkeit."[35] Andererseits gilt aber auch:

„Die Ruhe der Bewegung aber, das Absolute, meint am Ende auch bei ihm nichts anderes als das versöhnte Leben, das des gestillten Triebes, das keinen Mangel mehr kennt und nicht die Arbeit, der allein es doch ihre Versöhnung dankt. Die Wahrheit Hegels hat danach ihren Ort nicht außerhalb des Systems, sondern sie haftet an diesem ebenso wie die Unwahrheit. Denn diese Unwahrheit ist keine andere als die Unwahrheit des Systems der Gesellschaft, die das Substrat seiner Philosophie ausmacht."[36]

Weil Bloch die Dialektik des Offenen und Geschlossenen bei Hegel in Antithetik auflöst, gerät ihm sein eigener Begriff des offenen Systems ebenso zurück ins Geschlossene, wie er nicht über die Konstatierung der Widersprüche bei Hegel hinauskommt. Die Diremption „zwischen Hegel als Freund und Denker des *Geschehens* und Hegel als Reichsverwalter der *Geschichte*", „Hegel als dialektischer Denker" und „Hegel als forschender Antiquar"[37] wird ihm erklärbar nur vermöge der Reduktion auf die Dichotomie „kapitalistisch beschleunigte(r) Entfesselung der Produktivkräfte" und „stationäre(r) vorkapitalistische(r) Welt"[38], auf die Hegel sich aufgrund „der gesellschaftlichen Schranke" seiner Philosophie und der „Verabsolutierung dieser Schranke" zurückgezogen hätte[39]: Als hätte sich Hegel Sukkurs holen müssen bei dem „weithin bis 1789 bestehende(n) Glaube(n) an einen ordo sempiternus rerum, an eine vorgeordnete ewige Ordnung der Dinge"[40], als machte nicht der Kapitalismus diesen Glauben, säkularisiert, selbst zum Fetisch von der

---

35 a. a. O., S. 43
36 a. a. O., S. 44
37 Bloch, Subjekt-Objekt, S. 227
38 a. a. O., S. 229
39 Subjekt-Objekt, S. 228
40 a. a. O., S. 229

quasi naturgesetzlichen Ordnung der gesellschaftlichen Verhältnisse, als reduzierte nicht das Tauschprinzip alles aufs Immergleiche. Darüberhinaus – nicht dahinter zurück – verweist das utopisch-postulative Moment des unwahren Abschlusses auf das Telos eines von Hegel nicht angebbaren Andersseins, dem nicht mehr das historische Gewaltprinzip eignete, das Bloch mit Recht an den „Siebenmeilenstiefeln des Begriffs" in der Hegelschen Geschichtsphilosophie dechiffriert, an der „erhabene(n) Eile (...), die völlig verwandt an Cäsars Gewaltmärsche und Eroberungen erinnert"[41].

Bloch wie Adorno gehen vom Ineinander von regressiven und progressiven Elementen in Hegels Philosphie aus mit dem Ziel der Rettung ihres Wahrheitsgehalts bzw. – verräterisch genug – des Antritts ihres Kulturerbes. Bloch erkennt das Zugleich von Mythos und Aufklärung, aber er beschreibt ihren Zusammenhang nicht als dialektischen Umschlag, sondern als Mischung: „Nachklang des dicksten Astralmythos kann sich hier unerkannt mit größter Aufklärung mischen."[42] Dies ist jedoch lediglich die petitio principii der Idee des offenen Systems: Nur wenn sich das mythische Element der Systematik als ein vom Idealismus hervorgerufener „Schaden"[43], gar als „Fremdkörper" von der richtigen Grundschicht der Dialektik ablösen läßt, ist materialistische Dialektik in der Form des offenen Systems denkbar. Widerspricht jedoch an sich schon solches Schichtendenken Blochs eigener Abwehr formal-schematischer Dialektik, so versuchte unsere Analyse nachzuweisen, daß die Übernahme hierarchisch-systematischer Dialektik das inhaltliche Moment bloßer Subjekt-Objektivierung zum Schaden ihres Erkenntnisinteresses, des Novum, impliziert. Daher ist der intendierten „Ordnung der Freiheit auf dem Marsch"[44] vom offenen System her keine Wahlverwandschaft zum künstlerischen Avantgardismus eigen, wie sie abseits des Systems im Kampf ums Humane Bloch tief empfindet. Die Entzifferung der Dialektik von Mythos und Aufklärung in Hegels Philosophie heißt, deren Umschlagspunkt, die einseitige Subjekt-Objektivierung, ständig zu reflektieren, heißt aber auch, das Mythische nicht als abhebbare Schicht oder Hülle abzutun, sondern das noch in ihm waltende Wahrheitsmoment freizu-

---

41 a. a. O., S. 230
42 a. a. O., S. 469
43 a. a. O., S. 458 f.
44 Subjekt-Objekt, S. 500

setzen. Nur dann ist über das traditionell-marxistische Bild von der Hegelschen Ästhetik hinauszukommen, das auch Bloch in dem ihr gewidmeten Kapitel in „Subjekt-Objekt" reproduziert: mit Hochschätzung für die Inhalts-Ästhetik und deren hierarchische Anordnung unter gleichzeitiger Abwehr der Kantschen Form-Ästhetik, in deren Kategorie der Interesselosigkeit Bloch nur die Gefahr des Formalismus erkennt.

2. Adornos Theorie der „Rettung" Hegels

Die Forderungen, die sich aus der Kritik sowohl der bürgerlichen wie der traditionell-marxistischen Hegel-Rezeption ergeben:
(1) die Dialektik gegen ihre Sistierung bei Hegel zu radikalisieren und die traditionellen Kategorien kritisch aufzulösen,
(2) ästhetische Reflexion an der fortgeschrittensten Produktionsweise, der avantgardistischen Kunst, anzusetzen und ihre manifeste Problematik retrospektiv als Schlüssel für die in traditioneller Kunst latente zu benutzen,
(3) statt der über der Sache stehenden, sie a priori fixierenden Systematik die Sache selbst durch begrifflich-dialektische Vermittlung der Konfiguration ihrer Momente zum Sprechen zu bringen,
(4) die Inhalts-Ästhetik, die Kunst als Surrogat für Metaphysik und Ontologie, als unmittelbaren Ausdruck des Subjekts oder als bloßen fait social, gar Herrschaftsideologie versteht, durch Reflexion auf den gesellschaftlichen Gehalt der Form in Frage zu stellen, d. h. zugleich nach dem Problem der Autonomie des Kunstwerks – die Kantsche Problematik – zu fragen,

machen den zentralen Gehalt von Adornos „Ästhetischer Theorie" aus, die uns als die wichtigste moderne Arbeit zur Ästhetik und als die fundierteste Kritik der Hegelschen Ästhetik erscheint. „Geschichtsphilosophisch determinierte Kunsttheorie"[45] aufgrund „der dialektischen Methode, daß sie bei jener Spaltung des Deduktiven und Induktiven nicht sich beruhigt, die dinghaft verhärtetes Denken durchherrscht"[46], ist die Theorie als Ganzes zugleich durchgehend als Hegel-Kritik zu lesen. Der zentrale Gedanke dieser Kritik, über deren allgemeine

---

45 Adorno, Ästhetische Theorie, Frühe Einleitung, S. 508
46 a. a. O., S. 510

Kriterien Adorno schon zuvor in den „Drei Studien zu Hegel" Auskunft gegeben hatte, ist der der Rettung Hegels:

> „Hegel retten – und nicht Erneuerung, bloß Rettung ziemt ihm gegenüber – heißt daher, seiner Philosophie dort sich zu stellen, wo sie am wehesten tut; dort, wo ihre Unwahrheit offenbar ist, die Wahrheit ihr zu entreißen."[47]

Dieser Gedanke, entwickelt in der Auseinandersetzung mit dem permanenten Skandalon der Hegelschen Philosophie, der Lehre von der Vernünftigkeit des Wirklichen, mißt die Hegelsche Philosophie an ihrem Anspruch, denkende Betrachtung ihrer Gegenstände in deren Prozessualität zu sein: nicht um ihr subaltern vorzurechnen, an welchen Punkten sie die Prozessualität stillstellt, sondern um das noch in solcher Sistierung implizierte prozessuale Moment dialektisch zu entfalten. So ist die Lehre von der Identität des Wirklichen und Vernünftigen, die auch Adorno scharf kritisiert, doch mehr als „Apologetik und Resignation" des Bürgers Hegel vor der von ihm so widersprüchlich charakterisierten bürgerlichen Gesellschaft; konträr zu abstrakten Utopien läßt sie sich Adorno zufolge dechiffrieren als „die bürgerliche Charaktermaske, welche die Utopie vorgebunden hat, um nicht sogleich erkannt und ereilt zu werden; um nicht in der Ohnmacht zu verbleiben"[48]. Das klärt den Begriff „immanenter Kritik"[49], vermöge deren nach Adorno Hegels Philosophie einzig sich retten ließe und die er zugleich als adäquate Methode der gedanklichen Vermittlung der Kunstkritik postuliert[50]. Immanente Kritik verlangt von der Hegel-Rezeption, daß sie sich ganz an Hegels Denken entäußert und ihn immer dann beim Wort nimmt, wenn er seinem eigenen dialektischen Denken, der stärksten Kritik an Verdinglichung, untreu wird. Immanente Kritik ist gleich weit entfernt von der virtuellen Tautologie und ideologischen Rancune bloßer Werkimmanenz wie vom Kausaldeterminismus des Soziologismus[51]; sie entziffert die Dialektik von künstlerischen oder philosophischen Werken und ihrer jeweiligen Gesellschaft in der Konfiguration der Werke selbst.

---

47 Adorno, Erfahrungsgehalt, S. 99
48 Adorno, Aspekte, S. 60
49 Adorno, Erfahrungsgehalt, S. 71 und pass.
50 Adorno, Ästh. Theorie, Frühe Einl., S. 515 und pass.
51 a. a. O., S. 518

Vermittelt sie selbst schon ihrem Begriff nach dialektisch Immanenz, Adornos metapsychologischer Lehre von der „Erschütterung" durch Kunsterfahrung zufolge „ein Memento der Liquidation des Ichs", des puren Selbsterhaltungstriebs[52], mit Kritik, der Distanz vom Erkenntnisobjekt, so vermag sie Unwahrheiten im Gehalt als objektiv-gesellschaftlich bestimmte Verletzungen der eigenen Logik des Gegenstandes zu erkennen; daß aber Unwahres ein Wahres aussage über die Gesellschaft, der es entstammt, hilft zugleich über die Aporie der Gesellschaftsbedingtheit hinweg, indem Kritik zum Namen der „Philosophie" wird, „die nichts anderes ist als der Gedanke, der sich nicht abbremsen läßt"[53].

Damit überwindet immanente Kritik jenes „Trennen von Schafen und Böcken innerhalb der Hegelschen Philosophie"[54], das bürgerliche wie traditionell-marxistische Hegel-Rezeption ihrem Gegenstand inadäquat machte. Adornos Wort über die Hegelsche Ästhetik: „Sie wäre erst zur ungeschmälerten Dialektik zu treiben,"[55], präzisiert den Gedanken der Hegel-Rettung auf dem Gebiet des Ästhetischen: Nicht sind die Hegelschen Kategorien abstrakt zu negieren, vielmehr zu verflüssigen kraft jener dialektischen Aufhebung, deren sie selbst harren; Adorno nennt „die motivierte und konkrete Auflösung der gängigen ästhetischen Kategorien", die „zugleich die verwandelte Wahrheit jener Kategorien frei(setzt)", die allein noch übrige „Gestalt aktueller Ästhetik"[56]. Solche Auflösung der Kategorien, wie sie die Ästhetische Theorie unternimmt, reflektiert ein Dreifaches. Sie versucht das Unrecht gutzumachen, das alles Denken den Gegenständen zufügt, die seine Kategorien immer schon fixieren; dies ist der Grundsachverhalt, auf den die dialektische Kritik der Ratio und die die Ästhetische Theorie bis in ihre Form beeinflussende Theorie der zweiten Reflektion reflektiert und dem die allgemeine Bestimmung philosophischen Bewußtseins durch „die Aufgabe" gilt, „das in der Wissenschaft Geronnene durch deren Selbstbesinnung wiederum zu verflüssigen, in das zu retrovertieren, woraus es die Wissenschaft entfernte"[57]. Zweitens

---

52 Ästhetische Theorie S. 364 f.
53 Ästhetische Theorie, Paralipomena, S. 391
54 Erfahrungsgehalt, S. 71
55 Ästh. Theorie, Frühe Einl., S. 529
56 a. a. O., S. 507
57 Erfahrungsgehalt, S. 89

versagen die traditionellen Kategorien vor den Werken der modernen Kunst. Das wirft drittens rückwirkend Licht auf ihre weniger offenbare Inadäquatheit vergangener Kunst gegenüber, ein Kunstfremdes, das nicht ihrer kategorialen Beschaffenheit allein, sondern einlenkendem Verzicht auf Entäußerung an die Sache anzulasten wäre. In allen Bestimmungen, die Hegel − und nach ihm etwa Lukács − vom Kunstschönen und seinen geschichtlichen Realisationsformen entwickelt, ist ein Wahrheitsmoment enthalten, das aber, fixiert zum Positivum, in Unwahrheit umschlägt. Sie geben jedoch ihre Unwahrheit noch dadurch selbst preis, daß sie additiver Bestimmungen bedürfen. Hegel, der mit großem Recht die Kunst als Form geistiger Arbeit entwickelt, um sie der feudalen Theorie vom formalen Spiel zu entreißen, ihr jedoch im Gespür, daß sie im Medium der Arbeit nicht. aufgeht, nicht ganz ohne Geringschätzung eine Naturseite als unwillkürliches Produzieren des Talents konzediert, verzichtet damit auf die dialektische Entfaltung seines Gegenstandes, opfert gerade das, was sein Nichtidentisches ausmacht; das setzt sich in dem Begriff des Kunstwerks als Produkt fort: Statt ihn anzuerkennen, regredieren Hegel wie Lukács, das Fehlen dialektischer Vermittlung auch hier überspielend, auf den Schein des Organischen, der mindestens von moderner Kunst längst decouvriert ist, um der preisgegebenen Spezifität des Ästhetischen dennoch: unvermittelt mächtig zu werden.

3. Ratio und zweite Reflexion

In der Forderung nach „Selbstbesinnung", nach „Reflexion der Reflexion" vermöge der Bewegung des Begriffs, der „more scientifico festgehalten" und zugleich, konfrontiert mit dem unter ihm Befaßten und von ihm notwendig Verstümmelten, als mit der Sache nicht identisch begriffen und more dialectico verändert wird, weiß sich Adorno der Grunderfahrung des Hegelschen Begriffs von Dialektik verpflichtet[58]. Die Dialektik von Identität und Nichtidentität des Begriffs mit seinem Erkenntnisgegenstand verändert konsequent den Erkenntnisbegriff selbst. Daß der Gegenstand erfahren wird nur in der Bewegung, die das Denken vollzieht, geht in die Form der philosophischen Analyse selbst ein. Über das Problem der Disposition seiner

---

58 Cf. Erfahrungsgehalt, bes. S. 85 ff.

Ästhetischen Theorie äußerte Adorno, nach einer Mitteilung der Herausgeber, brieflich:

„Das Buch muß gleichsam konzentrisch in gleichgewichtigen, parataktischen Teilen geschrieben werden, die um einen Mittelpunkt angeordnet sind, den sie durch ihre Konstellation ausdrücken."[59]

Darin ist der Hegelsche Begriff von Dialektik, der sich bei diesem durchaus noch widersprüchlich in den Bahnen eines argumentativen Kontinuums zum System realisierte, konsequent radikalisiert. Solche Radikalisierung aber ist vermittelt durch die Erfahrung des Ästhetischen, an dem radikalisierte Dialektik ihr Modell hat[60]. Das bedingt das Aporetische seiner Philosophie, dem sie nicht entgehen, nur es selbst noch zum Sprechen verhalten kann. Denn die „Konfiguration von Erscheinendem", in der Adorno den mit Kritik identifizierten „Geist" des Kunstwerks lokalisiert[61], bleibt qualitativ verschieden von der Konstellation der Begriffe, durch die Philosophie dem Nichtidentischen ihres Gegenstandes mit gleicher kritischer Intention zum Sprechen verhelfen will, einem Nichtidentischen, das sich dem generalisierenden sprachlichen Duktus gerade entzieht. Paradox ließe sich der Gehalt von Adornos Ästhetischer Theorie als — im Wortsinn — Methode benennen; das verweist auf einen von ihr reflektierten Defekt wie auf ihren Anspruch: Sie leidet an ihrer Abstraktheit, Philosophie zu sein, und insistiert auf der Herstellung von Verhältnissen, die ihrer nicht mehr bedürften. Darin konvergiert sie mit Kunst, wie Adorno sie begreift. Die Bedeutung, die die Erfahrung des Ästhetischen für Adornos Philosophie besitzt, scheint die Hegelsche Lehre von der Überflügelung der schönen Kunst durch Gedanken und Reflexion umzukehren: Ästhetizismus ist zum gängigen Schlagwort der Adorno-Kritik geworden. Der Vorwurf ist so billig wie subaltern, da er das Aufeinanderverwiesensein von Kunst und Philosophie, auf dem Adorno emphatisch beharrt, unterschlägt: daß auch die Kunst der Philosophie bedarf, die ihren kritischen, objektiv-gesellschaftlichen Gehalt gedanklich vermittelt:

59 Ästh Theorie, Editorisches Nachwort, S. 541
60 Die Herausgeber haben im Nachwort speziell auf die Erfahrung Hölderlins verwiesen, cf. Parataxis. Zur späten Lyrik Hölderlins. — In: Adorno: Noten zur Literatur III. — Frankfurt/M 1965. S. 156—209
61 Ästhetische Theorie, S. 135

„Wie jedoch das Hegelsche Modell der immanenten Analyse nicht bei sich selbst verbleibt, sondern mit der eigenen Kraft des Gegenstandes diesen durchbricht; über die monadologische Geschlossenheit des Einzelbegriffs hinaustreibt, indem es diesen achtet, so dürfte es auch um die immanente Analyse von Dichtungen stehen. Worauf diese zielen und worauf Philosophie zielt, ist das Gleiche, der Wahrheitsgehalt. Zu ihm geleitet der Widerspruch, daß jegliches Werk rein aus sich verstanden werden will, aber keines rein aus sich verstanden werden kann."[62]

Der Adornoschen Ästhetik ist die monadologische Geschlossenheit ihrer Gegenstände nicht das letzte Wort, vielmehr die Figur ihres gesellschaftlichen Gehalts. Die Konvergenz von Kunst und Philosophie in ihrem Wahrheitsgehalt sucht Adorno in dem Prozeß auf, den das Kunstwerk mit seiner gesellschaftlichen Wirklichkeit austrägt und in dem es sich allererst konstituiert. Daß aber dieser Gehalt wesentlich verschieden sei von dem seit der idealistischen Ästhetik mit dem Inhalt identifizierten Stoff, dem sich die Idee des Werkes eindeutig sollte abgewinnen lassen, kritisiert den Begriff diskursiver Ratio als kunstfremd und verknüpft die Frage nach dem Wahrheitsgehalt von Kunst und Philosophie mit der, ob es ihnen gelingt, etwas von dem gutzumachen, was dinghaft verhärtetes Denken den Dingen antut.

Reflexion der Reflexion, die die Male der Naturbeherrschung an den definitorisch verfestigten Begriffen einbekennt, ist identisch mit dem in der Vorrede zur „Dialektik der Aufklärung" geforderten „positiven Begriff" von Aufklärung, „der sie aus ihrer Verstrickung in blinder Herrschaft löst"[63] und seinerseits an Hegels Begriff der „bestimmten Negation" orientiert ist[64]. Seine Herrschaft negierende Kraft bekennt die Ästhetische Theorie als „zweite Reflexion" ein, die als nichtentfremdete Ratio das leistet, was die frühe Einleitung von Ästhetik verlangte, „jenes nicht der Fall Seiende an der Kunst zu denken"[65], die „Bestimmung des Geistes an den Kunstwerken"[66]. Adornos ästhetische Kategorie des Geistes der Kunstwerke als des „Nichtfaktische(n) an

62 Parataxis, S. 160
63 Horkheimer/Adorno: Dialektik der Aufklärung, S. 6
64 a. a. O., S. 30
65 Ästhetische Theorie, Frühe Einl., S. 499
66 a. a. O., S. 513

ihrer Faktizität"⁶⁷ ist an der dialektischen Kritik des Hegelschen Geistbegriffs gewonnen und markiert den Konvergenzpunkt von Kunst und Philosophie, zweiter Reflexion. Geist ist einerseits das synthetisierende Formprinzip: Objektiv als „Gehalt" der Kunstwerke, der „durch den ihnen immanenten Prozeß von Verdinglichung" — im Sinne der Objektivierung, die ihre Elemente „zu einem sich selbst Gleichen, mit sich Identischen macht" — sie „zu einem Anderen als Dinglichen macht", „Geist der Sache selbst, der durch die Erscheinung erscheint", hat er seinen „Ort" in der „Konfiguration von Erscheinendem", ist er die „Spannung zwischen den Elementen des Kunstwerks". Andererseits — und auf dies vom Idealismus und seinen materialistischen Nachfolgern um den Preis der Verdinglichung ignorierte Moment zielt zweite Reflexion — geht der Geist nicht in der mit sich selbst identischen Geschlossenheit der Werktotalität auf, vielmehr wird er, indem er die Form selbst kritisch aufsprengt, zur „bestimmten Negation der bestehenden Welteinrichtung", deren Identifizierungsmechanismen er mit seiner synthetisierenden Materialbeherrschung selbst notwendig mit dem Material übernimmt⁶⁸. Dieses Modell einer die Einheit des Kunstwerks durchwaltenden Dialektik von Einheit stiftenden und Einheit sprengenden, zentripetalen und zentrifugalen Kräften, gewonnen an der Erfahrung der Moderne, aber auch am Fragmentcharakter großer Spätwerke, ist die schärfste Kritik am organizistischen Kunstbegriff der Hegelschen „Geistesmetaphysik"⁶⁹. Adornos Kritik, Hegel hypostasiere seinen Kunstbegriff als den eines Seienden, „das durch seine Konfigurationen ein Geistiges wird", seiner Konzeption des Idealismus als allgemeine Bstimmung⁷⁰, ist auch Lukács nicht fremd, der dem Idealismus vorwirft, „nicht hinreichend analysierte Beobachtungen" über Kunstwerke „unkritisch zu Kategorien der objektiven Wirklichkeit und der Beziehung des Menschen zu ihr hypostasiert" zu haben⁷¹. Lukács' Kritik bleibt jedoch oberflächlich, da sie sich nur auf die affirmative Verklärung der Empirie durch die Philosophie bezieht, ohne die Preisgabe des ästhetischen Wahrheitsmoments, der Geistigkeit des Kunstwerks, durch Hegel zu bemerken. Wie dieser konzediert

---

67 Ästhetische Theorie, S. 134
68 Ästhetische Theorie, S. 134 ff.
69 a. a. O., S. 140
70 ibid.
71 Lukács, XII, S. 321 f.

Lukács dem Kunstwerk Vollkommenheit im Sinne organischer Vollendung, organischer Subjekt-Objekt-Identität. Der Anspruch des erfüllten Sinnes, der ihr eignet, verweist angesichts der ihr eklatant widersprechenden Realität auch sie zurück auf eine geschichtslogische Systematik, aus der sie deduziert ist. Dieser gilt die Lukácssche Kategorie des durch die Erscheinungswelt zugleich sichtbaren und verdeckten Wesens, die unterm Stichwort der fortschrittlichen Tendenzen die alte Hegelsche „Verdinglichung des Geistes im Kunstwerk zu dessen fixierbarer Idee" betreibt „auf Kosten des ästhetischen Attributs der Vieldeutigkeit"[72]. Gegen die affirmative Lehre von der Identität von Geist und Sinnlichkeit bei Hegel, Wesen und Erscheinung bei Lukács insistiert Adorno auf der Dialektik der Identität und Nichtidentität von Geist und Erscheinung im Kunstwerk. Geist ist sowohl die die Erscheinung durch Formung konstituierende naturbeherrschende Ratio wie deren Reflexion in dem, worin er über die Faktizität der Konfiguration hinausgeht. Adornos emphatischer Begriff von Kunst, sie sei naturbeherrschende Ratio sowohl wie deren tendenzielle Kritik, indem „sie die Gewalttat der Rationalität durch deren Emanzipation von dem, was ihr in der Empirie ihr unabdingbares Material dünkt, revoziert", reflektiert den Kantschen Schönheitsbegriff als der Zweckmäßigkeit ohne Zweck, auf seinen gesellschaftlichen Gehalt gebracht, kritisch gegen Hegel und bestimmt die Konvergenz mit der philosophischen Tendenz auf „zweite Reflexion des naturbeherrschenden Geistes"[73].

Entgegen der abstrakten Aufkündigung der Ratio, wie sie bstimmte bürgerliche Kunsttheoretiker im Namen irrationalistischer Wesensschau propagieren, insistiert Adorno auf ihrer vollen Einlösung aufgrund der Analyse der historischen Dialektik von Mythos und Aufklärung: daß Ratio selbst in Irrationalismus umschlägt, wo sie nicht auf sich selbst reflektiert, wo sie, einst Medium der Befreiung von Naturgewalten, zum Herrschaftsinstrument degradiert wird. Auch darin meldet sich unüberhörbar ein Anspruch der Hegelschen Philosophie an:

„Hegel hat, in der Sprache der Erkenntnistheorie und der aus ihr extrapolierten der spekulativen Metaphysik, ausgesprochen, daß die verdinglichte und rationalisierte Gesellschaft des bürgerlichen Zeital-

---

72 Ästhetische Theorie, S. 140 f.
73 a. a. O., S. 209

ters, in der die naturbeherrschende Vernunft sich vollendete, zu einer menschenwürdigen werden könnte, nicht, indem sie auf ältere, vorarbeitsteilige, irrationalere Stadien regrediert, sondern indem sie ihre Rationalität auf sich selbst anwendet, mit anderen Worten, der Male von Unvernunft heilend noch an ihrer eigenen Vernunft innewird, aber auch der Spur des Vernünftigen am Unvernünftigen. Unterdessen ist der Aspekt der Unvernunft in den mit universaler Katastrophe drohenden Konsequenzen der modernen Rationalität offenbar geworden. Der Schopenhaueraner Richard Wagner hat im Parsifal jene Erfahrung Hegels auf den antiken Topos gebracht: die Wunde schließt der Speer nur, der sie schlug."[74]

Solche Ratio-Kritik um der Ratio willen hat prononciert gesellschaftlichen Charakter: Sie artikuliert sich als kritisches Bewußtsein einer Gesellschaft, die zur Prolongierung ihrer Herrschaftsverhältnisse Ratio auf ein Mittel der Ausdehnung ihrer wissenschaftlich-technischen Verfügungsgewalt reduziert, in der Technik und Wissenschaft, einst Kräfte der Emanzipation, selbst zur Ideologie werden[75]. Die Erfahrung dieses Umschlags problematisiert das, was Adorno „richtiges Bewußtsein" nennt: „seitdem das Potential von Freiheit aufging, das fortgeschrittenste Bewußtsein der Widersprüche im Horizont ihrer möglichen Versöhnung"[76]. Das Problematische, das der Rede vom richtigen Bewußtsein eignet, geht in die Kategorie des Avancierten, Modernen ein. Schon durch seine Voraussetzung in der Arbeitsteilung bleibt es unwiderruflich ans Kritisierte gekoppelt, hat es teil am verdinglichten Bewußtsein. Durch die Perspektive der möglichen Versöhnung, ohne die es das Gegebene nicht zu transzendieren vermöchte, frevelt es an der Versöhnung, indem es die Realität unversöhnt läßt; es gibt keine partikuläre „Versöhnung inmitten des Unversöhnten"[77]. Diese Widersprüchlichkeit konstituiert Adorno zufolge sowohl Philosophie als auch Kunst; ob sie in ihnen ausgetragen wird, entscheidet über ihren Wahrheitsanspruch.

---

74 Erfahrungsgehalt, S. 90
75 Cf. J. Habermas: Technik und Wissenschaft als „Ideologie. — Frankfurt/M 1968
76 Ästhetische Theorie, S. 285
77 a. a. O., S. 283

Das, was philosophisches Bewußtsein als zweite Reflexion leistet, ihr gesellschaftlicher Gehalt, kann im Kunstwerk nicht im Stofflich-Inhaltlichen aufgesucht werden, wie es eine an traditionellen literarischen Werken orientierte Ästhetik verheißt. Reflexion darauf hat auf „das Unterscheidende der Kunst"[78], auf Form auszugehen:

> „In der Dialektik von Form und Inhalt neigt, wider Hegel, die Schale auch darum sich auf die Seite der Form, weil der Inhalt, dessen Rettung seine Ästhetik nicht zum letzten sich angelegen sein läßt, unterdessen zum Abguß jener Verdinglichung verkam, gegen die der Hegelschen Lehre zufolge Kunst Einspruch erhebt, zur positivistischen Gegebenheit."[79]

Der scheinbare Rekurs auf die Kantsche Form-Ästhetik erfüllt das Postulat der Hegel-Rettung: Indem Form selbst aufgrund ihrer dialektischen Struktur als sedimentierter Inhalt, als „Ort des gesellschaftlichen Gehalts"[80] begriffen wird, in ihr sich erst statt in direkter Stellungnahme wahrhaft die „gesellschaftlichen Kämpfe, Klassenverhältnisse" abdrücken[81], wird Hegels Begriff der Kunst als eines Geistigen erfüllt. So wenig Adorno Kants und Hegels Theorien in strenger Disjunktion denkt, so wenig scheint ihm deren glättende Synthese denkbar[82]. Vielmehr gilt auch hier:

> „Durchzuführen wäre, was in den Theorien Kants und Hegels auf Einlösung durch die zweite Reflexion wartet. Die Kündigung der Tradition der philosophischen Ästhetik müßte dieser zu dem Ihren verhelfen."[83]

Registriert Adorno zufolge das Kantsche Philosophem der Zweckmäßigkeit ohne Zweck, daß die ästhetische Form die naturbeherrschende Ratio, nach deren Muster sie ihre Materialien zweckmäßig organisiert, durch ihre auf unmittelbare Praxis verzichtende Distanz von der

---

78 Ästhetische Theorie, S. 211
79 a. a. O., S. 218
80 a. a. O., S. 342
81 a. a. O., S. 344
82 a. a. O., Frühe Einl., S. 528
83 a. a. O., Frühe Einl., S. 510

Empirie, ihre Zwecklosigkeit zugleich revoziert[84], so bleibt die Theorie doch noch im Subjektiven und Formalen stehen. Mehr als subjektiv Veranstaltetes: „objektive Bestimmung" wird Form erst als das, was „ebenso Desiderate dessen (erfüllt), woran subjektive Tätigkeit stattfindet"[85]. Damit konvergiert Adornos Begriff der ästhetischen Form mit dem des Geistes der Kunstwerke. Daß die rationale Organisation, kraft deren das Kunstwerk sich überhaupt erst in Distanz von der Empirie als autonom, als Sein sui generis konstituiert, im Rahmen der bürgerlichen Dichotomie von Arbeit und Freizeit die Gesetze der draußen herrschenden Zweckrationalität reproduziert, verlangt die Selbstreflexion der Form: Die geforderte Bestimmung des „Geistes der Kunstwerke" ginge auf ein subjektiv vermitteltes Objektives, dessen Ausdruck von der herrschenden Zweckrationalität und ihren Identifikationsmechanismen unterdrückt wird. Wie Philosophie ihr Aporetisches: daß ihre Begriffe, ohne die sie nicht wäre, das, worauf sie gehen, tendenziell zum bloßen Objekt fixieren, als ihre Schuld einbekennen muß, so Kunst als die ihre: daß sie durch ihre Integration die einzelnen Momente, denen sie durch den Kontext zur Sprache verhelfen will, immer auch verstümmelt. Daher als Gegenbild zum „Mythos vom Prokrustes", in dem Adorno „etwas von der philosophischen Urgeschichte der Kunst erzählt" sieht[86], „die Homerische Erzählung von der Penelope, die nächtens auftrennt, was sie des Tages gewirkt hat" als „eine ihrer selbst unbewußte Allegorie der Kunst"[87].

Die Frage nach der Objektivität der Form führt auf die von Adorno ins Zentrum gerückte, scheinbar antiquiert formulierte „ästhetische Paradoxie schlechthin: wie kann Machen ein nicht Gemachtes erscheinen lassen; wie kann, was dem eigenen Begriff nach nicht wahr ist, doch wahr sein"[88]. Die Antwort auf sie sucht die Ästhetische Theorie, Hegel kritisierend, in der Analyse der Dialektik der Vergeistigung. Sie sucht etwas von dem gutzumachen, was Hegels Kunstbegriff als der Vergeistigung des Sinnlichen und vice versa der Idee der Versöhnung angetan hatte; darum ist die Kritik des Hegelschen Begriffs des Kunstschönen zugleich die Metakritik seiner Kritik des Naturschönen. Die Reflexion auf Rationalität:

---

84 a. a. O., S. 209 f.
85 Ästhetische Theorie, S. 214   87 a. a. O., S. 278
86 a. a. O., S. 217   88 a. a. O., S. 164

„Denn der Zweck aller Rationalität, des Inbegriffs der naturbeherrschenden Mittel, wäre, was nicht wiederum Mittel ist, ein Nichtrationales also. Eben diese Irrationalität versteckt und verleugnet die kapitalistische Gesellschaft, und dagegen repräsentiert Kunst Wahrheit im doppelten Verstande; in dem, daß sie das von Rationalität verschüttete Bild ihres Zwecks festhält, und indem sie das Bestehende seiner Irrationalität überführt."[89],

reflektiert in der doppelten Fassung des Begriffs der Irrationalität die Dialektik der Aufklärung, das Fortleben des Naturzwangs in Form der gesellschaftlichen Verhältnisse, um emphatisch an dem Zweck von Rationalität festzuhalten. Ihm hält Kunst die Treue durch den „Prozeß von Vergeistigung": um „gerade durch ihre fortschreitende Vergeistigung, durch Trennung von Natur, diese Trennung, an der sie leidet und die sie inspiriert, (zu) revozieren"[90]. So wenig die Hegelsche Philosophie naturbeherrschende Ratio, Verstand, durch deren dialektische Kritik abstrakt außer Kraft setzt, so wenig gibt Kunst ihre Logizität, Form, auf, vielmehr setzt sie Logizität als Mittel ein, ihren Gegenständen zum Ausdruck zu verhelfen. Dazu taugt ihr so wenig wie Philosophie diskursive Logik allein: Sie wird um des Geformten willen als diesem inadäquat ebenso suspendiert wie aufrechterhalten; sie bestimmt sich nach Maßgabe ihrer bestimmten Negation, der Abweichungen[91].

Daß jedoch Kunst als zweckmäßig Organisiertes, das keinem Zweck sich fügt, bereits „Kritik an der praktischen Setzung von Zwecken" wäre und durch ihre Objektivation einstehe für „die Idee einer anderen Zweckmäßigkeit als der von Menschen gesetzten", daß sie damit „Partei für die unterdrückte Natur" ergreift, „Glück" zu ihrem Telos macht[92], erlaubt nicht wiederum eine starre Dichotomie von rationalen Mitteln und irrationalem Zweck. Adornos Abbreviatur: „Glück ist Feind der Rationalität, Zweck, und bedarf doch ihrer als Mittel."[93], ist für sich genommen mißverständlich; sie bedarf als Korrektivs des Begriffs der „ungeschälerten Rationalität"[94]. Der unabdingbare Doppelcharakter

89 Ästhetische Theorie, S. 86
90 a. a. O., S. 141
91 Cf. die Arbeit „Valérys Abweichungen". — In: Noten zur Literatur II. — Frankfurt/M 1961. S. 42—94
92 Ästhetische Theorie, Paralipomena, S. 428 f.
93 Ästhetische Theorie, Paralipomena, S. 429
94 ibid.

der Rationalität, Einspruch gegen Herrschaft und Herrschaftsinstrument zu sein, öffnet den Weg zur Freiheit des Objekts nur durch die Extreme hindurch, durch Beherrschung des Beherrschenden. Damit übt sie Kritik an jener halbierten Rationalität, die zur Aufrechterhaltung schlecht-irrational gewordener Produktionsverhältnisse dient. Gerade weil Rationalität hier wie dort als Mittel fungiert, kommt der Analyse ihrer Differenz größte Bedeutung zu.

Rationalität als Inbegriff der naturbeherrschenden Mittel bleibt unverzichtbar als Prinzip der Selbsterhaltung, ohne daß diesem deshalb das letzte Wort bleiben müßte:

„Erst das starke und entfaltete Subjekt, Produkt aller Naturbeherrschung und ihres Unrechts, hat auch die Kraft, vorm Objekt zurückzutreten und seine Selbstsetzung zu revozieren."[95]

Die Fähigkeit, Gegenstände nicht als bloße Aktionsobjekte des subjektiven Geistes, sondern als Unverwechselbares, Nichtidentisches wahrzunehmen, erinnern die Kunstwerke nach Adorno durch ihre Identität, dadurch, daß die Integration ihrer Stoffschichten und Details diesen keine Gewalt antut, sondern ihnen durch die Konstellation, in die sie sie bringt, zukommen läßt, „was ihnen draußen verweigert wird", sie von dem befreit, „wozu ihre dinghaft-auswendige Erfahrung sie zurichtet"[96]. Für das an der Realität, was „jenseits des Schleiers" wäre, „den das Zusammenspiel von Institutionen und falschem Bedürfnis webt"[97], wählt Adorno die Kategorie des Ansich, die jedoch im dialektischen Kontext eine andere Bedeutung als im subjektiven sowohl wie objektiven Idealismus erhält. Hegels Kant-Kritik, die Lehre von der Unerkennbarkeit des Wesens der Objekte sei bloße Mystifikation, deren Nebel sich in der Dialektik von Wesen und Erscheinung, der historisch-prozessualen Realisierung des Ansich bis zum erreichten Anundfürsich auflöse, wird von Adorno selbst radikalisiert. Daß Kants Kategorie des Ansich diesseits ihres erkenntnistheoretischen Interesses auf etwas an der Natur geht, was jenseits intentionaler Vermenschlichung, unterschlägt der Hegelsche parti pris für subjektiven Geist; das Einverständnis

---

95 a. a. O., S. 397
96 Ästhetische Theorie, S. 14
97 a. a. O., S. 35

mit Naturbeherrschung, das seinem Versöhnungsinteresse eklatant widerspricht, steht seinem eigenen Begriff nach zur Kritik an – als dialektische vollzieht sie sich bei Adorno als reflektierte Restitution des Kantschen Begriffs des Erhabenen. Daß tatsächlich die Fremdheit der Natur, die Kant als ihr Ansich noch konstitutiv dünkte, angesichts ihrer totalen Beherrschbarkeit zum wesenlosen Schein zerging, bekundet ebenso den Hegelschen Realismus wie es den Optimismus einer zur Heimat gestalteten Welt Lügen straft. Der Schauder, mit dem Kant, weniger optimistisch, vor dieser eben beginnenden Prozessualität zurückzuckt, flüchtet bei ihm sich jedoch in die Statik eines immer Seienden, leichte Beute des Prozeßdenkers Hegel. Adorno versucht, Natur in der Dialektik mit Gesellschaft zu denken, ohne die Kantsche Kategorie des Ansich, befreit von ihren repressiven Zügen, als den Intentionen Enthobenes preiszugeben. Das sprengt nicht nur die traditionelle Alternative von Beherrschtwerden durch die Natur oder Beherrschung der Natur, sondern transformiert zugleich die Kategorie des Ansich aus der Metaphysik des Ursprungs in den historischen Prospekt, in dem der Hegelsche Versöhnungsgedanke aufgehoben ist: Was Natur an sich wäre, ist ihre unexplizierte Möglichkeit, kein Sein hinter dem Seienden, sondern ein noch nicht Seiendes, das zu seiner Realisierung der Interaktion mit der Gesellschaft bedarf. Auf es verweist Kunst:

„Das Kunstwerk, durch und durch ϑέσει, ein Menschliches, vertritt, was φύσει, kein bloßes fürs Subjekt, was, kantisch gesprochen, Ding an sich wäre."[98]

Am Gegenpol des „Geistes" artikuliert dieser Gedanke einer antizipierenden Stellvertretung der Kunst für „Natur durch ihre Abschaffung in effigie"[99] deren dialektische Struktur. Weil Natur, noch in ihrer Funktion als extrazivilisatorisches Residuum, in der herrschenden Gesellschaft nur als Objekt der Unterwerfung wahrgenommen und im Namen der Wissenschaft den Identifikationsmechanismen eingefügt wird, kann Kunst der Unterdrückten die Treue nur dadurch halten, daß sie, feind jedem abstrakten Rousseauismus, von ihr zurücktritt und in sich den Prozeß mit der naturbeherrschenden Ratio austrägt. Anders als

---

98 Ästhetische Theorie, S. 99
99 Ästhetische Theorie, S. 104

in der Hegelschen Geistmetaphysik gilt die Dialektik der Vergeistigung bei Adorno nicht dem Triumph des Geistes, der die Versöhnung mit seinem Anderen nur als Gewalttat kennt, sondern dem von ihm Unterdrückten. Daß Adorno es auf den Begriff des Ansich bringt, meint keinen Rekurs auf vermeintlich unberührte Natur, sondern ist als bestimmte Negation gesellschaftlicher Praxis zu verstehen, die Natur nur als auszubeutende visiert. In solcher Kritik wird ein anderer Praxisbegriff ahnbar, der den mittlerweile heillos verderbten Begriff der „Kultur" mit seinem Wortsinn ruft: als Pflege:

„Technik, die, nach einem letztlich der bürgerlichen Sexualmoral entlehnten Schema, Natur soll geschändet haben, wäre unter veränderten Produktionsverhältnissen ebenso fähig, ihr beizustehen und auf der armen Erde ihr zu dem zu helfen, wohin sie vielleicht möchte."[100]

Kaum ließe sich endgültige Klarheit darüber gewinnen, wieweit der metaphysische Impuls, der Adorno der Natur sprachlose Subjektivität zuerkennen läßt, mehr sei als metaphorische Rede; allemal haftet antizipierendem Denken, das aus konkreter Kritik des Gegebenen erwächst, Metaphorisches an. Hinzuweisen ist hier schon darauf, daß Naturunterdrückung bei Adorno als Folge der gesellschaftlichen Herrschaftsverhältnisse gedacht ist, beide vor dem Prospekt dessen gesehen, daß sie realiter sich selbst überflüssig machen. Freilich: ohne deshalb zu verschwinden. Das ist der Ansatzpunkt für Adornos Denken. Vor animistischer Fehldeutung jedoch ist das problematische Subjekt der Natur zu bewahren: Auch bei Adorno ist das Intentionale, „Wohin Natur vielleicht möchte", nur als Moment dessen zu begreifen, was bei ihm — nicht ohne Grund vage — Glück, befriedete Gesellschaft heißt, die der Unterdrückung der äußeren und inneren Natur weitgehend ledig geworden ist. Deshalb bedarf die Realisierung dessen, was Natur an sich ist, „menschlicher Pflege"[101]; sie ist zu erwarten erst von der nicht mehr durch die Produktionsverhältnisse gefesselten Produktivkraft Geist. Adornos Begriff der künstlerischen Form als der „gewaltlose(n) Synthesis des Zerstreuten" tastet mit der von ihm selbst als „metapho-

---

100 a. a. O., S. 107
101 Ästhetische Theorie, S. 107

risch" bezeichneten „Wendung", „Form an den Kunstwerken sei all das, worin die Hand ihre Spur hinterließ, worüber sie hinwegging"[102], nach dem, wodurch Kunst durch bestimmte Kritik ihres Amoralischen: der sie ans Draußen kettenden herrschaftlichen Ratio, zur Antizipation gewaltloser Praxis und damit mehr als reproduktiv-affirmativer Ausdruck des gesellschaftlich präformierten Subjekts zu werden vermöchte. Je ungewisser in der Moderne die vom Idealismus und seinen Nachfolgern als sicher behauptete Realisierung des Ansich wurde, desto mehr wuchs die Entfernung von Natur, die Bewegung zum Metaphorischen, das sich selbst nicht mehr dingfest identifizieren läßt. Ästhetische Mehrdeutigkeit, bei Hegel tendenziell zur Eindeutigkeit verdinglicht, wird in Adornos Theorie nicht nur zum Korrektiv von dessen Geistbegriff, sondern scheinbar paradox erst zum Garanten der ästhetischen Objektivität. Die Kritik des Ausschlusses des Naturschönen aus der Ästhetik, den Hegel mit dessen Unbestimmtheit und Subjektivität begründet hatte, ist die an unreflektierter Ratio, die auf Bestimmtheit und Klarheit auch dort pocht, wo diese zu Protest gehen. Stattdessen bemüht sich Adorno, den Grund solcher Unbestimmtheit bestimmt anzugeben. Der „Vorrang des Objekts in der subjektiven Erfahrung", die Weise seiner Wahrnehmung „als zwingend Verbindliches wie als Unverständliches, das seine Auflösung fragend erwartet"[103], markieren als Konvergenzpunkt des Natur- und Kunstschönen eine herrschaftsfreie Interaktion von Subjekt und Objekt, die von der kommunikativen Sprache nicht eingeholt werden kann, da sie auf „die Spur des Nichtidentischen an den Dingen im Bann universaler Identität" geht[104]. Daß aber „kein Nichtidentisches positiv da" sei[105], läßt der Kunst, die aufs nur mit sich selbst identische Besondere geht, nur die Möglichkeit der bestimmten Negation des Allgemeinen; das Neue geht in sie ein nur als „Sehnsucht nach dem Neuen"[106]. Das bedingt das objektive Bedürfnis wie die Aporie der Ästhetik:

„Deshalb bedarf Kunst der Philosophie, die sie interpretiert, um zu sagen, was sie nicht sagen kann, während es doch nur von Kunst gesagt werden kann, indem sie es nicht sagt."[107]

---

102 a. a. O., S. 216
103 Ästhetische Theorie, S. 111
104 a. a. O., S. 114

105 ibid.
106 a. a. O., S. 55
107 a. a. O., S. 113

Die Sprache der Sprachlosigkeit, auf die Adornos paradoxale Formulierung geht, ist von Philosophie nicht wegzuerklären, sondern auf ihr gesellschaftliches Warum zu befragen.

Die Natur- und Kunstschönes vermittelnde Theorie, daß „Kunst nicht Natur nach(ahmt), auch nicht einzelnes Naturschönes, doch das Naturschöne an sich"[108], behält prospektiven Charakter; die antizipierte Versöhnung, am Naturschönen erfahren, wäre „gegen herrschendes Prinzip wie gegen diffuses Auseinander ein Anderes"[109]. Dadurch erhält der Gedanke der Nachahmung des Naturschönen an sich, dessen partielle Erfahrung in Enklaven der Zivilisation selbst affirmativ wird, seine paradoxe Fassung in der Konfrontation mit seinem antizipatorischen Charakter:

„Das Ansichsein, dem die Kunstwerke nachhängen, ist nicht Imitation eines Wirklichen sondern Vorwegnahme eines Ansichseins, das noch gar nicht ist, eines Unbekannten und durchs Subjekt hindurch sich Bestimmenden."[110]

Solche Spannung von Nachahmung und Antizipation ist das Klima der Ästhetischen Theorie. Sie ist durch keine Synthese zu glätten, zu der sich die Hegelsche Ästhetik vorschnell herbeiließ, da sie mit „fast der gesamten Tradition ästhetischer Besinnung" „die der Kunst immanente Dialektik von Rationalität und Mimesis unterschlagen hat"[111]. Hegels Kritik an der Mimesis-Theorie, der er seinen Begriff der künstlerischen Arbeit entgegensetzte, traf mit unverzichtbarem Recht die gesellschaftliche Konstellation von feudalem Divertissement und Festlegung der Kunst aufs Seiende, verfehlte aber im bürgerlichen parti pris für die Arbeit des sich die Objektwelt aneignenden Subjekts den seiner eigenen Philosophie nicht fremden mimetischen Impuls der die Dinge nicht zurichtenden denkenden Betrachtung, des Zurücktretens von den Objekten, durch das sie erfahrbar würden. Weil er es sich mit der Mimesis-Theorie zu leicht macht, sie nur lächerlich macht am Beispiel von Büttners Affen[112], statt ihrer reflektierten Form nachzusinnen, wird seine Kritik unkritisch: Paradox wird gerade ihr großer Verächter zum geheimen Verkünder der Mimesis; das plaudert Lukács' Widerspiege-

108 a. a. O., S. 113
109 a. a. O., S. 115
110 a. a. O., S. 121

111 Ästhetische Theorie, S. 86
112 Ästhetik I, 13, S. 66

lungstheorie aus. Hegels philosophische Formel von der Identität des Wirklichen und Vernünftigen wird in der Kunsttheorie rein apologetisch, weil der aus ihr entwickelte Ideal-Begriff die Abscheidung des Unvernünftigen als des Zufälligen fordert. Darin überlebt Mimesis bei Hegel, daß das Produkt der künstlerischen Arbeit gleichwohl ein Organisches sein soll, aber nur als ideologische Version der gelungenen Organizität des gesellschaftlichen Wesens. Mimesis wird bei Hegel Mimikry ans gesellschaftliche System; ihre Rückkehr signalisiert zugleich die Insuffizienz der Ortsbestimmung der Rationalität im Kunstwerk. Adornos Rettung der Mimesis nimmt die Hegelsche Kritik an deren älterer Form auf, nachdem schon die „Dialektik der Aufklärung" das rationale Moment an magischer Mimesis als Form von Praxis dechiffriert hatte. Daß ästhetische Mimesis mit fortschreitender Naturbeherrschung, von der sie sich ablöst, zu deren Korrektiv werde als „nichtbegriffliche Affinität des subjektiv Hervorgebrachten zu seinem Anderen, nicht Gesetzten"[113], vermag sie nicht als Regression auf Irrationalität, sondern nur im Durchgang durch subjektive Ratio. Ist, radikal in der Moderne, der Kultus der Unmittelbarkeit, intakter Natur als gesellschaftliches Pseudos erkannt, bleibt der Mimesis einzig der Ausweg der Radikalisierung ihres rationalen Moments; ohne Objekt in der Wirklichkeit wird sie zur Mimesis von Nichtvorhandenem, indem Kunst „die Elemente des Wirklichen aus ihrem primären Zusammenhang heraus(reißt) und (...) sie so weit in sich (verändert), bis sie von sich aus abermals einer Einheit fähig werden, wie sie draußen heteronom ihnen auferlegt ward und drinnen nicht weniger ihnen widerfährt"[114]. Hält Adorno, getreu der Erfahrung, daß inmitten universaler Schuld partielle Schuldlosigkeit unmöglich ist, das Moment der Heteronomie im autonomen Werk fest, so registriert dies die Fehlbarkeit der auf Objektives gehenden Subjektivität, ästhetisch regulierbar allein durch den „polemische(n) Eingriff des Subjekts in die subjektive Vernunft", den „Überschuß seiner Manifestation über das, worin es sich negieren möchte"[115]; darin gibt Ratio Rechenschaft als zweite Reflexion.

Verharrt philosophisch das Modell der Naturbeherrschung im Rahmen abstrakter Negation, so ist die Trennung von Geist und Natur so

---

113 Ästhetische Theorie, S. 86 f.
114 a. a. O., S. 91
115 a. a. O., S. 92

absolut nicht, wie sie in der Behauptung ihrer puren Nichtidentität gesetzt wird: Stets hat sich Adornos Philosophie auf das Regressiv-Naturwüchsige der bürgerlichen Gesellschaft hinzuweisen bemüht. Lehrt Dialektik die Einheit von Identität und Nichtidentität, so setzt der Widerruf der Trennung allererst Trennung voraus[116]. Deshalb beharrt Kunst, Feind verdinglichter Rationalität, auf Rationalität und Verdinglichung und gibt damit zugleich zu erkennen, daß Rationalität, Technik und Praxis nicht notwendig ans Prinzip der Herrschaft gebunden sind. Das meint die Dialektik der Vergeistigung:

„Kunst möchte gerade durch ihre fortschreitende Vergeistigung, durch Trennung von Natur, diese Trennung, an der sie leidet und die sie inspiriert, revozieren."[117]

Darum ist Kunst nicht Nachahmung von etwas, sondern eher die eines anderen Verhaltens zum Objekt als des gewohnten, durch das auch das Objekt ein anderes würde. Maßstab des Geistes im Kunstwerk ist, ob „er aus dem zu Konstruierenden, den mimetischen Impulsen, aufsteigt, ihnen sich anschmiegt, anstatt daß er ihnen souverän zudiktiert würde"[118]. Wird das Kunstwerk Adorno zufolge kraft des dialektischen Prozesses, den es zwischen Konfiguration und Mimesis austrägt, zur „vom Identitätszwang befreite(n) Sichselbstgleichheit"[119], so wird es kraft seiner Autonomie zum Versöhnung verheißenden Vorschein, freilich nicht ohne den Makel der Vorspiegelung. In der opaken Formulierung, Kunstwerke machten „nichts nach als sich"[120], ist der immanente Prozeßcharakter mit seiner Scheinhaftigkeit zusammengedacht.

Die Ästhetische Theorie ist als Entfaltung dessen zu begreifen, was an den Kunstwerken mit Grund zweite Reflexion genannt werden kann. Sie ist zuinnerst ebenso gesellschaftlichen Charakters wie die naturbeherrschende Ratio, die sie als spezifischen Produktionsverhältnissen entstammend reflektiert. Daher ist die Spaltung von Subjekt und Objekt, Geist und Natur, stets auch die zwischen den Subjekten. Jedoch ist Adornos Denken Kritik auch an der Marxschen Entfremdungstheorie, die zwischen Hegelschem Arbeitsethos und dem Telos der Identität von vollendetem Naturalismus und vollendetem Humanismus nicht zu

116 a. a. O., S. 86
117 Ästhetische Theorie, S. 141
118 a. a. O., S. 180
119 a. a. O., S. 190
120 ibid.

vermitteln vermochte. Der Begriff der Produktionsverhältnisse erschöpft sich bei Adorno nicht länger — wie tendenziell im traditionellen Marxismus — in dem von Eigentumsverhältnissen. Melden die Kunstwerke durch ihre Konstellation die Forderung nach einer „Umlenkung der technischen Produktivkräfte" an, „welche diese nicht länger bloß an den gewollten Zwecken sondern ebenso an der Natur mißt, die da technisch geformt wird", so ist der Begriff der „Entfesselung der Produktivkräfte (...), nach Abschaffung des Mangels," bei Adorno nicht identisch mit „quantitativer Steigerung der Produktion", vielmehr geht er auf die Möglichkeit „einer friedlich gewordenen Technik"[121]. Keineswegs ist Adorno, wie seine eiligen Kritiker ihm vorhalten, das Wissen darum fremd, daß der repressive Charakter des Verhältnisses des Menschen zur Natur „die Unterdrückung von Menschen fortsetzt, nicht umgekehrt"[122]; noch aber haben Herrschaft und Entfremdung Veränderungen der Eigentumsverhältnisse überdauert. Die „zum geistigen Prinzip sublimierte" Herrschaft[123] in Theorie und Praxis des sozialistischen Realismus bezeugt materielle Herrschaft. Die historische Dialektik von Gesellschaft und Natur konkretisiert das, was Adorno als sprachlose Sprache der Objekte an Kunst entziffert, das, wodurch sie als subjektive Arbeit über die Subjektivität des individuellen Produzenten hinausgeht, als Gesellschaftliches. Die Ästhetische Theorie antwortet auf die reale Atomisierung der Subjekte im kollektiv organisierten Produktionsprozeß nicht mit der Marxschen Konzeption der „Klasse an sich", die zur „Klasse für sich" werde, gerade weil sie festhält am konkret utopischen Moment, das Kunst als Gestalt der ungeschlichteten gesellschaftlichen Antagonismen bewahrt. Diese Problematik, Zentrum der Adorno-Kritik, ist später eigens zu diskutieren. Vermöge der Kraft der bestimmten Negation begreift Adorno Kunst emphatisch als subjektiv vermittelte Sprache einer antizipierten befriedeten, gesellschaftlicher Herrschaft ledig gewordenen Gesamtgesellschaft:

„Die Erinnerungsspur der Mimesis, die jedes Kunstwerk sucht, ist stets auch Antezipation eines Zustands jenseits der Spaltung zwischen dem einzelnen und den anderen."[124]

Nur auf der Grundlage ihres konkreten gesellschaftlichen Gehalts verliert Adornos „Idee von Kunst als der Wiederherstellung unter-

121 Ästhetische Theorie, S. 75 f.
122 a. a. O., S. 76
123 a. a. O., S. 79
124 a. a. O., S. 198

drückter und in die geschichtliche Dynamik verflochtener Natur"[125] ihre abstrakt-chiliastische Färbung. Ebensowenig ist der Begriff der Natur, in der kommunikativen Sprache bloßes Aktionsobjekt, strikt wörtlich zu nehmen wie das anamnetische Moment — nicht zuletzt besteht die Schwierigkeit der Adornoschen Philosophie in deren Bemühung, der diskursiven Sprache, auf die sie angewiesen ist, etwas von der Erfahrung der Gegenstände zurückzuerstatten, die jene verdinglicht. Anamnetisch wird Mimesis konträr zum abstrakten retournons im Eingedenken der historischen Bahn von Rationalität, ihrer Opfer; zur bestimmten Negation wird sie durch die Erfahrung der „Bedürftigkeit, die als Figur dem geschichtlich Seienden eingeschrieben ist"[126]. Rettung der Mimesis ist möglich nur in einer deren Widersprüchlichkeit einbekennenden Theorie:

„Nicht für sich, dem Bewußtsein nach, jedoch an sich will, was ist, das Andere, und das Kunstwerk ist die Sprache solchen Willens und sein Gehalt so substantiell wie er. Die Elemente jenes Anderen sind in der Realität versammelt, sie müßten nur, um ein Geringes versetzt, in neue Konstellation treten, um ihre rechte Stelle zu finden. Weniger als daß sie imitierten, machen die Kunstwerke der Realität diese Versetzung vor. Umzukehren wäre am Ende die Nachahmungslehre; in einem sublimierten Sinn soll die Realität die Kunstwerke nachahmen. Daß aber die Kunstwerke da sind, deutet darauf hin, daß das Nichtseiende sein könnte. Die Wirklichkeit der Kunstwerke zeugt für die Möglichkeit des Möglichen. Worauf die Sehnsucht an den Kunstwerken geht — die Wirklichkeit dessen, was nicht ist — , das verwandelt sich ihr in Erinnerung. In ihr vermählt sich was ist, als Gewesenes, dem Nichtseienden, weil das Gewesene nicht mehr ist. Seit der Platonischen Anamnesis ist vom noch nicht Seienden im Eingedenken geträumt worden, das allein Utopie konkretisiert, ohne sie an Dasein zu verraten. Dem bleibt der Schein gesellt: auch damals ist es nie gewesen.'[127]

---

125 Ästhetische Theorie, S. 198, d. h. „Die Natur, deren imago Kunst nachhängt, ist noch gar nicht." (ibid.)
126 ibid.
127 a. a. O., S. 199 f.

Die allgemeine Bestimmung jedoch, „Kunst ist tatsächlich die Welt noch einmal, dieser so gleich wie ungleich" [128], bedarf der konkreten historisch-dialektischen Entfaltung. Nicht nur daß „der reine mimetische Impuls – das Glück einer Welt noch einmal – (...) unterm System vollkommener Zweckrationalität zum Unerträglichen angewachsen (ist)"[129], verstellt ist in der Moderne auch die Vermittlung des noch nicht Seienden durchs Gewesene, falscher Konkretheit verdächtig. Die Paradoxie, daß autonome, von Religion gelöste Kunstwerke, um noch nicht Seiendes zur Sprache zu bringen, auf Seiendes einzig angewiesen sind, erlaubt ihnen Wahrheitsgehalt nur als „ein Negatives": zu „sagen, was mehr ist als das Seiende, einzig, indem sie zur Konstellation bringen, wie es ist, ‚Comment c'est'."[130] Auf dem Punkt jedoch, wo Adornos Analyse zur traditionellen, in der Widerspiegelungstheorie fortgesetzten Mimesis-Vorstellung zurückzukehren scheint, ist sie ihr vermöge der Bewegung des Begriffs am entferntesten: Mimesis weder an vermeintliche Natur noch an das progressive Tendenzen implizierende gesellschaftliche Wesen, Mimesis vielmehr an das gesellschaftliche Unwesen, an Verdinglichung. Nach Adornos dialektischer Theorie werden die Kunstwerke heute nur durch Verdinglichung, in der die Gewalt der Rationalität gegen die Dinge fortlebt, zur Kritik an Verdinglichung, die Kunst zugleich transzendiert, indem sie „ihrer eigenen Identität mit sich folgt" und damit „dem Nichtidentischen sich gleich(macht)"[131]. Das meint der vielgescholtene Satz über Kunst im gegenwärtigen Stand der Gesellschaft: „Ihr allein noch möglicher parti pris ist der für den Tod, ist kritisch und metaphysisch in eins."[132] Mimesis wird bestimmt als eine ans gesellschaftliche Verhalten der Unterdrückung; der teleologische Unterschied ist jedoch – mit einer Lieblingswendung Adornos – einer ums Ganze: Gilt der Geist draußen der Zurichtung der Objekte zu ihrer besseren Verfügbarkeit, so in den Kunstwerken der Anstrengung, die gesellschaftlich verunstalteten Dinge, freilich tödlich für ihre falsche Unmittelbarkeit, in einen Kontext einzubringen, dessen Identität ihr Nichtidentisches allererst möglich macht. Durch ihre Versöhnung antizipierende „Verhaltensweise"[133] werden die Kunstwerke durch ihre reflektierte Heteronomie hindurch

128 a. a. O., Frühe Einl., S. 499
129 Ästhetische Theorie, Frühe Einl., S. 503 f.
130 a. a. O., S. 200 f.
131 a. a. O., S. 202
132 a. a. O., S. 201
133 Ästhetische Theorie, S. 202

selbst zu einem Nichtidentischen, zum Ansich: Darein, daß „es durch seine Form antezipiert, was endlich es selber wäre", verlegt Adorno das utopische Moment des Kunstwerks — mit der Konsequenz, daß noch der Charakter der Unvertauschbarkeit, bedroht vom ideologischen Glauben, die Vertauschbarkeit „wäre nicht universal",„,seinen tödlichsten Feind, Vertauschbarkeit, (...) absorbieren (muß)"¹³⁴. Auf diese von der Gesellschaft erzwungene negative Struktur geht die Bestimmung von Kunst als „Versprechen des Glücks, das gebrochen wird"¹³⁵.

4. Autonomie und Heteronomie

Die Hegelsche Ästhetik ist widersprüchlich auch darin, daß sie emphatisch auf der Zweckfreiheit insistiert, andererseits aber, bei der Besinnung auf die Autonomie als historisches Resultat des Säkularisierungsprozesses, die geschwundene Verbindlichkeit der Stoffe und Formen in der Moderne als Motiv für den Verlust der Substantialität des Ästhetischen in der Moderne bezeichnet: Allgemeine und konkrethistorische Reflexion des Autonomieprinzips klaffen bei Hegel auseinander. Seine Kritik heteronomer Bindung betrifft die Theorie der imitatio naturae ebenso wie die Ausrichtung der Ästhetik auf die Emotionalität oder Moralität des Rezipienten[136]. Der Begriff der autonomen Kunst wird im Gegenzug von Hegel jedoch nicht aus der Kunst selbst, sondern aus der Erkenntnis- und Moralkritik entwickelt; Kunst gilt Hegel als eine der Weisen der Überwindung der Aufspaltung des Subjekts in Pflicht und Neigung, Geist und Sinnlichkeit bzw. Natur, als Figur der Versöhnung:

> „Hiergegen steht zu behaupten, daß die Kunst die *Wahrheit* in Form der sinnlichen Kunstgestaltung zu enthüllen, jenen versöhnten Gegensatz darzustellen berufen sei und somit ihren Endzweck in sich, in dieser Darstellung und Enthüllung selber habe."[137]

Autonomie, Wahrheitsanspruch und Versöhnung bilden derart in der Hegelschen Ästhetik eine Trias — mit dem entscheidenden Zusatz, daß

---

134 a. a. O., S. 203
135 a. a. O., S. 205
136 Ästhetik I, 13, S. 64 ff.
137 Ästhetik I, 13, S. 82

deren Begriff von der Philosophie vorgegeben ist, welche „die denkende Einsicht in das Wesen des Gegensatzes (gibt), insofern sie zeigt, wie das, was Wahrheit ist, nur die Auflösung desselben ist, und zwar in der Weise, daß nicht etwa der Gegensatz und seine Seiten *gar nicht*, sondern daß sie in Versöhnung sind"[138]. Die affirmative Kopula, mit der Hegel in der oben zitierten Autonomie-Bestimmung Kunst auf die Realität der Versöhnung einschwört, unmittelbare Konsequenz des Satzes, von der Identität von Vernunft und Wirklichkeit, ist Resultat des idealistischen quid pro quo, der Transformation ästhetischer Kategorien auf Politisch-Gesellschaftliches, das dann rückwirkend die ästhetischen Kategorien rechtfertigen soll. Dennoch widerlegt Hegel bereits in der allgemeinen Vorklärung seinen Versöhnungsbegriff selbst: In der Bestimmung, Kunst habe „die Wahrheit in Form der sinnlichen Kunstgestaltung zu enthüllen", meldet sich unüberhörbar die Disjunktion von Geist und Natur an, die Kunst versöhnen sollte; die Diremption von Wahrheitsanspruch als dem Gehalt von Kunst und ihrer sinnlichen Form geht der Kunst selbst ans Leben — nicht ohne auch das behauptete Sein der Versöhnung in Frage zu stellen. Daß aber Wahrheit und Versöhnung der Kunst nur darstellbar werden durch die Absage an die empirische Welt der Zwecke, spricht letztlich doch das Urteil über die Realität, zu deren Affirmation Kunst berufen sein sollte.

Das Ineinander von Affirmation und Kritik, das die Hegelsche Ästhetik insgesamt bestimmt, perpetuiert sich dort, wo Hegel den Autonomie-Begriff historisch-inhaltlich von seinem Gegensatz aus dialektisch zu konstituieren versucht. Indem er Kunst an die ihr jeweils vorgeordneten, religiös fundierten „Weltanschauungen" bzw. Volksgeister bindet, denen sie zum „künstlerisch gemäßen Ausdruck" zu verhelfen habe[139], formuliert er zuerst, in freilich idealistischer Form, ihre gesellschaftliche Bedingtheit. Seine Reflexion auf diese verdient Beachtung nicht nur, weil sie Wahrheits- und Versöhnungsanspruch, ohne zu relativieren, historisiert, sondern darüberhinaus, weil sie einen tiefen Einschnitt zwischen aller vorbürgerlichen und bürgerlichen Kunst markiert. Traditionale Kunst wird von Hegel durch „unmittelbare Identität" des künstlerischen und gesamtgesellschaftlichen Bewußtseins charakterisiert; ihr verdankt sie die über die individuelle Subjektivität

---

138 ibid.
139 Ästhetik II, 14, S. 232

hinausgehende, durch sie vermittelte Objektivität. Die heteronome Bindung wird ihr aufgrund ihrer Naturwüchsigkeit in der geschlossenen Gesellschaft nicht bewußt[140]. Einen „schlechthin entgegengesetzten Standpunkt" repräsentiert dagegen nach Hegel die Kunst „in der neuesten Zeit": Entsprechend dem Stand des gesamtgesellschaftlichen Bewußtseins, das Hegel vorschnell mit dem avanciertesten philosophischen identifiziert, ist die Kunst keiner religiös fundierten Weltanschauung mehr verpflichtet, die ihr die Stoffe und damit implizit ihre Behandlungsweisen vorgäbe. Mit dem Verlust von deren Verbindlichkeit verfalle jedoch die Kunst auf dem Status ihrer vollendeten Autonomie der „Relativität"; daß dem Künstler nunmehr „jeder Stoff (...) gleichgültig sein" dürfe, bedroht Kunst nach dem Verlust eines Maßstabs für ihre Objektivität mit dem Odium objektiver Gleichgültigkeit[141]. Damit verändert sich die Kantsche Kategorie der Zwecklosigkeit, die Hegel als konstitutiv für Kunst: Bedingung der ihr möglichen Wahrheit, interpretiert hatte; Hegel weiß sie als ein Verhältnis zum Objekt „seiner selbst wegen", das „dem Gegenstande seinen Zweck in sich selber zu haben vergönnt"[142]; dem widerspräche die moderne, gleichgültige Stellung zum Objekt, das auf die Funktion reduziert wäre, die Bewährung „subjektiver Geschicklichkeit" zu ermöglichen[143]. Paradox liquidiert in der Hegelschen Theorie die gesellschaftliche Autonomie die ästhetische. Der Widerspruch, Signal für das Zurückzucken der Hegelschen Philosophie vor der Kontamination ihres idealistischen Freiheitsbegriffs mit der gesellschaftlichen Realität, wird freilich von Hegel als Resultat, als Telos des sich realisierenden Kunstbegriffs selbst ausgegeben. Hegels Konzeption der Kunstgeschichte als der Geschichte ihrer Befreiung von der Sinnlichkeit, eingeordnet in den größeren Zusammenhang der Naturaneignung, läßt der Kunst keinen Raum mehr in der total aufgeklärten Wirklichkeit. Die Auflösung des Geheimnisses an der Objektwelt, das jedes Kunstwerk motivieren soll, aber ist jeweils der subjektive Geist, der sie sich aneignet[144]; daher Kunstgeschichte zugleich als Befreiung von Stoffen. Deren Begriff widerspricht jedoch

140 a. a. O., S. 232 f.
141 a. a. O., S. 234 f.
142 Ästhetik I, 13, S. 86
143 Ästhetik II, 14, S. 235
144 Ästhetik II, 14, S. 234

eklatant dem des ästhetischen Verhaltens als dem Interesse an den Gegenständen um ihrer selbst willen.

Daß Hegels Ästhetik in der Banausie eines Abtuns von Stoffen terminiert, in einem mit der fortschreitenden gesellschaftlichen Naturaneignung einverstandenen Rationalismus, verweist auf den Mangel an dialektischer Vermittlung von ästhetischer und gesellschaftlicher Autonomie, von Zweckfreiheit und gesellschaftlicher Bedingtheit. Keineswegs ist die ästhetische Autonomie, die Freiheit von metaästhetischen Zwecken, derart unproblematisch zu behaupten; Resultat der bürgerlichen Emanzipation von Religion, ist sie es, die den qualitativen Unterschied zur traditionalen Kunst konstituiert, damit aber selbst ein gesellschaftlich Bedingtes. Weil Hegels Ästhetik als eine von Stoffen gesellschaftliche mit durch den Säkularisierungsprozeß aufgelöster religiös-theologischer Bedingtheit identifiziert, wird sie weder dessen gewahr, daß auch die moderne Kunst ihrer Autonomie nur in der Reflexion ihrer gesellschaftlichen Heteronomie sich nähert, noch jener Züge an traditionaler Kunst, durch die sie sich der Integrationsintention des gesamtgesellschaftlichen Bewußtseins entzieht.

Die These von der naturwüchsigen Identität von traditionaler Kunst und Gesellschaft impliziert jedoch in ihrer affirmativen Fassung das kritische Moment, das die Existenz von Kunst mit gesellschaftlicher Unfreiheit zusammendenkt und Kunstgeschichte, eingefügt ins System und von daher gebrochen, auf die gesamthistorische Tendenz auf die Freiheit aller — einen Gedanken der Geschichtsphilosophie variierend — bezieht. Konsequent wäre daraus zu folgern, daß Kunst sich nicht in der ästhetischen Formung des gegebenen gesellschaftlichen Bewußtseinsstandes erschöpfe, sondern durch ihre Produktion als Erkenntnis über deren Rand hinausstrebe. Wird gegen Hegels Konfundierung von künstlerischer Praxis und naturbeherrschender Ratio an seinem eigenen Begriff von der Sache selbst als dem Gegenstand des ästhetischen Erkenntnisinteresses festgehalten, so wird das kritische Potential des Autonomie-Begriffs sichtbar: In ihm reflektierte traditionale Kunst die ihr heteronom seitens der Theologie auferlegte Erlösungshoffnung als immanente Versöhnung der objektiven Wirklichkeit: daß alles zu dem Seinen komme. Dann ist der Wahrheitsgehalt nicht länger mit dem theologischen Stoff zu kontaminieren, noch geht er mit diesem zugrunde. Dennoch ist die Freiheit der Kunst so problematisch wie der bürgerliche Gedanke der Liberalität, auf den Hegels Wort vom modernen Künstler als „tabula rasa" ihn objektiv bezieht[145]. Die Autonomie der modernen Kunst, die er als freie Verfügung über alle Stoffe und Formen vorstellt, denkt Hegel zwar als Resultat von Reflexion und Kritik, ohne ihr jedoch selbst getreu seiner Relativitäts-These kritischen Gehalt zu konzedieren. Darin bekennt seine Theorie ihr Widersinniges ein, daß der Geist der Kritik, der zur Ablösung von heteronomen Bindungen führt, im Spiel der subjektiven Beliebigkeit terminiert — schreibt damit freilich die gesellschaftliche Geschichte des subjektiven Geistes, seines Triumphes über die Objektwelt als Umschlag des Rationalismus in Irrationalismus.

Ledig ihres Wahrheitsanspruchs und damit ihres Ernstes verkäme vollendet autonome Kunst wiederum zum unterhaltsamen Spiel der Subjektivität, vor dem sie Hegels Kunstbegriff hatte bewahren wollen. Ohne Hegels Gedanken damit abzutun, die Abstraktheit des Autonomie-Begriffs einzuklagen, nimmt Adornos Ästhetische Theorie das in ihm implizierte Wahrheitsmoment auf:

„Durch ihre unvermeidliche Lossage von der Theologie, vom ungeschmälerten Anspruch auf die Wahrheit der Erlösung, eine Säkularisierung, ohne welche Kunst nie sich entfaltet hätte, verdammt sie sich dazu, dem Seienden und Bestehenden einen Zuspruch zu spenden, der, bar der Hoffnung auf ein Anderes, den Bann dessen verstärkt, wovon die Autonomie der Kunst sich befreien möchte."[146]

Das scheinbar Unproblematische der traditionalen Kunst, das sich ihrer heteronomen Bindung verdankt, wird jedoch von Adorno im Gegensatz zu Hegel, der bei ihm sich beruhigt, aufgrund der Problematik der modernen Kunst rückwirkend seiner eigenen Scheinhaftigkeit überführt: Kaum war das, was an traditionaler Kunst die empirische Wirklichkeit transzendiert, unmittelbar mit der theologischen Transzendenz identisch, die sich aufgrund ihrer Abstraktheit mit dem schlechten Zustand der gesellschaftlichen Realität durchaus arrangieren ließ. Das verschärft die Frage nach der Transzendenz des Ästhetischen. Verwirrend scheut Adorno sich nicht, das Vokabular des jüdisch-christlichen Messianismus, dessen Idee der materialistische Hegel-Schüler ihrer affirmativen Ab-

---

145 Ästhetik II, 14, S. 235
146 Ästhetische Theorie, S. 10

straktheit wegen längst den kritischen Abschied gegeben, zu benutzen; in dialektischer Kritik, die Begriffe wie Erlösung, Verheißung, Transzendenz von ihrem Gegenteil her denkt und mit ihm sie vermittelt, büßt es sein Eschatologisches ein. Transzendenz wäre, was jenseits der heute geübten gesellschaftlichen Praxis und gleichwohl durch ihre bestimmte Negation vermittelt wäre; transzendent muß es heißen, weil es nicht in der mittlerweile obsolet gewordenen Perspektive eines bei allen Diskontinuitäten kontinuierlichen Fortschritts aufgeht. Das erst bringt Lukács' hegelianisierende Perspektive des Befreiungskampfes der Kunst, der fortschreitenden Ablösung des Ästhetischen vom Religiös-Theologischen nach Hause: als kritisches Instrument nicht einer gesamtgesellschaftlich-historisch vorprogrammierten Kunstgeschichte, die mit dem krud Stofflichen sich begnügte, sondern als das der im einzelnen Werk, um dessentwillen doch auch die Allgemeinheit der ästhetischen Theoriebildung dazusein hätte, ausgetragenen Prozessualität. Mißachtung solcher Prozessualität, indem Gesellschaftliches von außen ans Kunstwerk herangetragen wird, statt es immanent aus seiner Konstellation zu entfalten, verurteilt Lukács' Reduktion der avantgardistischen Kunst auf ein Pseudotheologumenon als kunstfremd.

Die Frage nach der Möglichkeit der Kunst, die gesellschaftliche Wirklichkeit, der sie angehört, zu transzendieren, bildet den Kraftquell der Ästhetischen Theorie. Ihre Beantwortung entscheidet darüber, ob es gelingt, über die Hegelsche Alternative von vollendet autonomer Kunst, die die Empirie im Spiel subjektiver Willkür überspringt, um ihr umso rettungsloser zu verfallen, und vollendet gesellschaftlich bedingter Kunst, die per definitionem an den bloßen Ausdruck des herrschenden gesellschaftlichen Bewußtseins gebunden bleibt, hinauszukommen. Wie dem insistenten Blick auf die Kunstwerke, geschärft durch die manifeste Problematik der modernen Kunst, wie sie Hegel allenfalls ahnte, so geht dialektischem Denken selbst die Alternative zu Protest; das reißt alle ihr zugeordneten Begriffe und Vorstellungen in den Strudel, zuoberst den Klassizismus, in dem sich das Einverständnis mit heteronomer Bindung am deutlichsten bekundet. Schrumpft die Alternative dialektisch zur Identität zweier Seiten desselben Sachverhalts, der Verdinglichung des Kunstwerks, so führt nur die Vermittlung der von ihr absolut gesetzten Gegensätze zu einem adäquaten Begriff von Kunst – wenn anders Verdinglichung nicht tatsächlich das letzte Wort über sie sein sollte. Solche Vermittlung sucht Adornos These vom

„Doppelcharakter der Kunst als autonom und als fait social"[147] zu leisten. Begriffliche Qualität erlangt die Bestimmung, als welche die These, derart isoliert, erscheint, dadurch, daß sie die Prozessualität ihres Gegenstandes zwischen den genannten Polen mitreflektiert; sie wird konkret erst durch ihre Realisierung — die gesamte Ästhetische Theorie ist Entfaltung des Begriffs —, und die ist allemal historisch, so wenig Invariantenlehre, wie ihre entfalteten Momente einer einzigen Konstellation sich fügten:

„Deutbar ist Kunst nur an ihrem Bewegungsgesetz, nicht durch Invarianten. Sie bestimmt sich im Verhältnis zu dem, was sie nicht ist. Das spezifisch Kunsthafte an ihr ist aus ihrem Anderen: inhaltlich abzuleiten; das allein genügte irgend der Forderung einer materialistisch-dialektischen Ästhetik."[148]

Befreit vom Kausaldeterminismus, ist der Primat des gesellschaftlichen Seins bei Adorno beibehalten, Kunst negativ auf es bezogen als „gesellschaftliche Antithesis zur Gesellschaft, nicht unmittelbar aus dieser zu deduzieren"[149]. Antithetische Kraft gewinnen die Kunstwerke erst durch ihre Autonomie, indem sie von der Empirie zurücktreten und kraft ihrer Form deren Elemente, auf die sie angewiesen sind, in eine neue Konstellation bringen. Ihre Autonomie selbst jedoch ist gesellschaftlich vermittelt durch Arbeitsteilung, ihre Bedingung, wie durch ihre der gesellschaftlichen Wirklichkeit entnommenen Materialien und Verfahrungsweisen. Dadurch wird sie, ungeachtet ihrer kritischen Intention, affirmativ: Sanktionierung der real unveränderten Wirklichkeit durch Verzicht auf Praxis wie durch die Herstellung eines ästhetischen Sinnbezugs. Autonomie, die ihrer Heteronomie nicht bewußt wird, sinkt vollends ins Heteronome hinab; Kunst, „strikt ästhetisch wahrgenommen", wird „ästhetisch nicht recht wahrgenommen"[150]. Das kritisiert l'art pour l'art ebenso wie den Klassizismus und stellt rückwirkend die Wahrnehmung vergangener, unter anderen gesellschaftlichen Verhältnissen entstandener Kunst in Frage. Umgekehrt läßt

---

147 Ästhetische Theorie, S. 16
148 Ästhetische Theorie, S. 12
149 a. a. O., S. 19
150 a. a. O., S. 17

sich daraus, daß in den Kunstwerken der reale Antagonismus von Produktivkräften und Produktionsverhältnissen sich fortsetzt, ebenso wenig die Reduktion des Kunstwerks auf pure Heteronomie: Herrschaftsideologie ableiten. Ihre Autonomie besagt, daß in ihnen Produktivkraft weniger gefesselt ist als draußen: fixiert auf Herrschaftsinteressen, daß sie den Prozeß gegen die Produktionsverhältnisse anzustrengen vermögen; dieser ihnen reservierte Freiheitsspielraum aber bedroht sie zugleich durchs Privileg: Das draußen Versagte droht Kunst zum Reservat zu machen, das in seiner Scheinhaftigkeit die Herrschenden nicht behelligt.

Der von Hegel bemerkte Unterschied von unbewußt gesellschaftlich bedingter traditionaler und autonomer bürgerlicher Kunst erhält in Adornos Analyse, die die Dialektik von Autonomie und Heteronomie reflektiert und das kritische Moment in der Autonomie lokalisiert, einen neuen Stellenwert. Daß die vorbürgerliche Kunst im Unterschied zur modernen „zwar an sich in Widerspruch zu gesellschaftlicher Herrschaft und ihrer Verlängerung in den mores (war), nicht aber für sich"[151], begründet Hegels Erkenntnis der Reflexivität als des Charakteristikums der Moderne: Daß jedes Kunstwerk in der Moderne seine Stellung zur empirischen Gesellschaft reflektieren muß, überschreitet den traditionalen Kunstbegriff, begründet aber in der Tendenz auf — nach traditionellen Maßstäben — Entkunstung der Kunst konträr zur Hegelschen Subjektivismus-Kritik gerade seine Objektivität. Andererseits vermochte die vorbürgerliche Kunst gerade wegen ihrer scheinbar unproblematischen, notfalls erzwungenen Integriertheit sich von ihrer jeweiligen Gesellschaft zu entfernen, d. h. die Integration ermöglichte Distanzierung. Umgekehrt droht die Absage an die gesellschaftlichen Standards moderne Kunst zur Beute der schier unbegrenzten Integrationsfähigkeit der bürgerlichen Gesellschaft werden zu lassen, mit deren Genesis die des Autonomie-Prinzips eng verknüpft ist. Aus dem Widerstand dagegen ist die Geschichte der modernen Kunst abzuleiten. Daher geht in den Begriff der Kunst als fait social sowohl ihre Bestimmung als „Produkt gesellschaftlicher Arbeit des Geistes" ein wie die ihrer „Gegenposition zur Gesellschaft" qua Autonomie[152].

Ohne daß sie im einzelnen ausgeführt würde, setzt Adornos Philosophie der modernen Kunst die Analyse der bürgerlichen Gesellschaft

---

151 Ästhetische Theorie, S. 334
152 a. a. O., S. 335

voraus. Daß in diesem Verzicht ein Objektives sich anmelde, erklärt Adorno in seiner Interpretation des Beckettschen „Endspiels":

> „Die Irrationalität der bürgerlichen Gesellschaft in ihrer Spätphase ist widerspenstig dagegen, sich begreifen zu lassen; das waren noch gute Zeiten, als eine Kritik der politischen Ökonomie dieser Gesellschaft geschrieben werden konnte, die sie bei ihrer eigenen ratio nahm. Denn sie hat diese mittlerweile zum alten Eisen geworfen und virtuell durch unmittelbare Verfügung ersetzt."[153]

Es wäre jedoch verfehlt, dieser Passage die Kapitulation des Begriffs vor der Irrationalität der bürgerlichen Gesellschaft zu entnehmen. Sie registriert im Abstand zu Marx den Verlust jenes geschichtsphilosophischen Optimismus, der die bürgerliche Gesellschaft, ihre Produktionsverhältnisse mit dem Versprechen auf Entfesselung der Produktivkräfte, der Ratio ihrer Genesis, konfrontierte und noch die von ihr produzierte Entfremdung als notwendige Durchgangsstufe und Motor des endgültigen Befreiungskampfes begriff. Grundbegriffe der Marxschen Theorie wie Warenfetischismus und Tauschgesellschaft behalten ihren zentralen Stellenwert bei Adorno, jedoch verschärft dadurch, daß es mit den unter ihnen befaßten Sachverhalten bequem sich leben läßt, ohne daß das verdinglichte Bewußtsein sie registrierte angesichts des materiellen Wohlstands, der, gestaffelt, auch zu den unteren Regionen dringt. Daß Adorno angesichts der wachsenden Tendenz auf Verdinglichung auf dem Kampf für eine Veränderung des Bewußtseins insistiert, ihm als Idealismus vorzurechnen[154], erscheint nachgerade ignorant. Nicht ist es ihm unbekannt, daß Verdinglichung Resultat des gesellschaftlichen Seins ist und, von diesem produziert, die Herrschaft der Verfügenden sichert, vielmehr dechiffriert er selbst den affirmativen Gehalt des geschichtsphilosophischen Determinismus als unreflektierten Idealismus. Wenn anders Geist als Produktivkraft anzuerkennen ist, rechnet seine Subsumption unter einen vagen Überbau selbst der Verdinglichung zu, auf die seine bürgerliche

---

153 Versuch, das Endspiel zu verstehen. – In: Noten zur Literatur II. – Ffm. 1961. S. 188–236. Zit. S. 192
154 Cf. ua. F. Tomberg: Utopie und Negation. Zum ontologischen Hintergrund der Kunsttheorie Theodor. W. Adornos. – In: Argument 26 (1963). S. 36–48

Degradation zum Herrschaftsmittel die Probe macht. Die Alternative von Bewußtseinsveränderung und Seinsveränderung taugt nicht, erst recht nicht in der spätbürgerlichen Gesellschaft, in der „Revolutionen", wenn überhaupt, in der Regel von oben gemacht werden; das ist die Metakritik zu Werckmeisters Kritik von Kunst und Philosophie als Reservat der Revolution[155]. Die Schwierigkeit jedoch, vor die die spätbürgerliche Gesellschaft den philosophischen Begriff nach Adornos Interpretation des „Endspiels" stellt, hat ein fundamentum in re: in der pseudoästhetischen Gestalt dieser Gesellschaft selbst. Sie gleicht paradox der ästhetischen Bewegung im Stillstand, progredierender Kampf um Steigerung der Produktionsziffern und Profitraten, der das Telos von Befriedigung und Befreiung, in deren Namen er sich inaugurierte, längst aus den Augen verloren hat, zum Selbstzweck geworden ist. An einer Bewegung aber, die als Kreisen in sich selbst das Seiende lediglich perpetuiert, gleitet der Begriff ab, der seinen Gegenstand nur durch dessen Anderswerden, vermittelt durch sein Anderes erfährt. Die Abstraktheit und Starre, die Hegel der Natur, Geschichte ihr absprechend, vorhielt, ist die der bürgerlichen Gesellschaft, an der Adorno einzig noch die Bewegung „auf die totale Tauschgesellschaft" hin bemerkt, in der „alles nur für anderes" ist[156].

Die Bestimmung der bürgerlichen Gesellschaft als Tauschgesellschaft verleiht dem in traditioneller Kunst unproblematischen, weil gesellschaftlich sanktionierten, Fürsichsein der modernen Kunstwerke, das sich ihrer Absage an die Empirie und ihre Zwecke verdankt, seinen möglichen kritischen Gehalt. Daß autonome Kunst gesellschaftliche Kritik wortlos schon dadurch übe, daß „sie sich als Eigenes in sich kristallisiert, anstatt bestehenden gesellschaftlichen Normen zu willfahren und als ‚gesellschaftlich nützlich' sich zu qualifizieren"[157], ist jedoch seinerseits so wenig wie irgendeine andere Bestimmung der Ästhetischen Theorie als Positivum aufzufassen: Ästhetische Autonomie ist permanent gefährdet durch ihre Nähe zur bekämpften Tauschgesellschaft, zu deren Tendenz auf Substitution des Gebrauchswertes durch den Tauschwert. Ist tatsächlich der Warencharakter, der freilich auch als

---

155 O. K. Werckmeister: Das Kunstwerk als Negation. Zur geschichtlichen Bestimmung der Kunsttheorie Theodor W. Adornos. — In: Werckmeister: Ende der Ästhetik. — Frankfurt/M 1971, S. 7—32
156 Ästhetische Theorie, S. 335
157 Ästhetische Theorie, S. 335

bloßes Surrogat auf die Fiktion wenigstens eines Gebrauchswerts in der Konsumwelt noch angewiesen ist, „Parodie ästhetischen Scheins"[158], können auch die Kunstwerke dem Bann der Konsumwelt nicht entgehen. Dennoch behält der Kunstmarkt nicht das letzte Wort über sie. So sehr sie unausweichlich schuldhaft am Fetischcharakter der Ware partizipieren, sie blicken über seinen Rand hinaus nur durch seine Radikalisierung; deren Analyse durch Adorno darf als Kernstück einer adäquaten Theorie der avancierten Kunst bezeichnet werden:

> „Konfiguration der Elemente des Kunstwerks zu dessen Ganzem gehorcht immanent Gesetzen, die denen der Gesellschaft draußen verwandt sind. Gesellschaftliche Produktivkräfte sowohl wie Produktionsverhältnisse kehren der bloßen Form nach, ihrer Faktizität entäußert, in den Kunstwerken wieder, weil künstlerische Arbeit gesellschaftliche Arbeit ist; stets sind es auch ihre Produkte. Nicht an sich sind die Produktivkräfte in den Kunstwerken verschieden von den gesellschaftlichen sondern nur durch ihre konstitutive Absentierung von der realen Gesellschaft. (...) Sind tatsächlich die Kunstwerke absolute Ware als jenes gesellschaftliche Produkt, das jeden Schein des Seins für die Gesellschaft abgeworfen hat, den sonst Waren krampfhaft aufrecht erhalten, so geht das bestimmende Produktionsverhältnis, die Warenform, ebenso in die Kunstwerke ein wie die gesellschaftliche Produktivkraft und der Antagonismus zwischen beiden. Die absolute Ware wäre der Ideologie ledig, welche der Warenform innewohnt, die prätendiert, ein Für anderes zu sein, während sie ironisch ein bloßes Für sich: das für die Verfügenden ist. Solcher Umschlag von Ideologie in Wahrheit freilich ist einer des ästhetischen Gehalts, keiner der Stellung der Kunst zur Gesellschaft unmittelbar. Auch die absolute Ware ist verkäuflich geblieben (...)."[159]

Das ist die Kritik an allen undialektischen Versuchen, Kunst unmittelbar auf Gesellschaftliches zu beziehen, statt auf die Kunstwerke sich einzulassen, den Markt über sie zu befragen[160], eine Operation, in der

---

158 a. a. O., S. 33
159 a. a. O., S. 351
160 Musterbeispiel dafür ist die Arbeit des Lukács-Schülers K. Farner: Der Aufstand der Abstrakt-Konkreten oder die „Heilung durch den Geist". Zur Ideologie der spätbürgerlichen Zeit. – Neuwied-Berlin 1970.

pseudomaterialistische Kunstkritik im Einverständnis, einer müsse doch von Kunst „etwas haben", zur Barbarei überläuft. Das Eingeständnis, daß der Kunstmarkt nicht ohne die affirmative Seite der Kunst wäre, tut sie nicht ab, nicht nur weil „nichts in der universal gesellschaftlich vermittelten Welt (...) außerhalb ihres Schuldzusammenhangs (steht)"[161], sondern weil die Kunstwerke noch selbst gegen ihr affirmatives Sein revoltieren[162]. Adornos These von der modernen Kunst als der absoluten Ware, mit der er ihre von Scheinradikalen wie Werckmeister um des Identischen willen verleugnete Distanz zur Kulturindustrie reflektiert[163], gibt sich mit der Hegelschen Lehre, Neues in der Kunst sei nicht möglich, nicht zufrieden. Das Anwachsen der Geschicklichkeit, das Hegel der modernen Kunst allenfalls konzedierte, wird so ambivalent, wie die Kunst ihrem Doppelcharakter gemäß selbst ist. Was Hegel rückwärts gewandt prognostizierte, ist längst zur Kulturindustrie geworden, „ein vom Profit gesteuerter Betrieb (...), der weiterläuft, solange er rentiert und durch Perfektion darüber hinweghilft, daß er schon tot ist"[164]. Andererseits weist die Preisgabe der Vorstellung vom gleichsam organisch-naturhaften Produzieren, hinter der sich stets noch die bewußtlose Mimesis an die herrschenden gesellschaftlichen Normen verbarg, dem Handwerklich-Geschickten, durch das Kunst die gesellschaftlichen Convenus reflektiert, eine ungleich stärkere, jedenfalls sichtbarere Rolle zu in der modernen Kunst. Es faßt sich zusammen in dem, was Adorno — auch hier mit Blick auf die Dialektik der Aufklärung — „Technik" nennt. Bewußte Verfügung über die Mittel ist einer Kunst unabdinglich, die nicht in Affirmation erstarren will und daher, paradox genug, zu ständiger Nouveauté gezwungen ist. Adornos Geschichtsphilosophie des Neuen reflektiert den Warencharakter der Kunst. Daß Nouveauté, für ihn Kennzeichen der Moderne als Negation von „Tradition als solche(r)"[165],

---

161 Ästhetische Theorie, S. 337
162 a. a. O., S. 347 „Die gesteigerte Empfindlichkeit des ästhetischen Sinnes nähert asymptotisch der gesellschaftlich motivierten gegen Kunst sich an."
163 Cf. dazu a. a. O., S. 308 „Die Entdeckung konformistischer Züge im Nonkonformismus jedoch ist unterdessen zur Binsenwahrheit geworden, gut einzig dazu, daß das schlechte Gewissen des Konformismus sich ein Alibi holt bei dem, was es anders will."
164 a. a. O., S. 34
165 Ästhetische Theorie, S. 38

„erst das bürgerliche Prinzip in der Kunst (ratifiziert)", entspricht dem Doppelcharakter der Kunst:

> „Nouveauté ist ästhetisch ein Gewordenes, die von Kunst appropriierte Marke der Konsumgüter, durch welche sie vom immergleichen Angebot sich unterscheiden, anreizen, fügsam dem Verwertungsbedürfnis des Kapitals, das, wofern es sich nicht expandiert, in der Zirkulationssprache: etwas Neues bietet, ins Hintertreffen gerät. Das Neue ist das ästhetische Signum der erweiterten Reproduktion, auch mit deren Versprechen ungeschmälerter Fülle."[166]

Ist aber das Neue in der Tauschgesellschaft dem Fetischcharakter der Ware verhaftet darin, daß unter seinem Schein das Immergleiche sich perpetuiert, daß es überdies ohne den Appell an traditionale Bewußtseinsformen nicht auskommt, so kann das Kunstwerk, um jene absolute Ware zu werden, weder in den Rekurs zum alten Wahren sich retten noch das Neue als positiven Sinn seiner Bilderwelt sich einverleiben. Die „Mimesis ans Verhärtete und Entfremdete"[167], in der Adorno das Signum der Moderne erkennt, ist als Produkt der künstlerischen Technik mehr als realistisches Abbild der abstrakt gewordenen „Beziehungen der Menschen"[168]: durch Verweigerung von Sinn, der auf die Realität zurückschlüge, Rettung des Sinns, der eine andere Wirklichkeit voraussetzte, eines wahrhaft Neuen, das kryptogrammatisch aus dem „Bild des Untergangs"[169] redet. Adorno hat die Gefahr notiert, daß die Kategorie des Neuen „als abstrakte Negation der des Beständigen mit dieser zusammen(fällt)", selbst zur „Invarianz" wird[170]. Die Antinomie der Kategorie reflektiert jedoch die des unter ihr befaßten Sachverhalts, die Unsagbarkeit des Neuen, das Kunst sagen will. Im Zeichen der mit der bürgerlichen Emanzipation gewonnenen ästhetischen Autonomie wird das Beständige, Tradition zur heteronomen Bindung, zur Fessel der ästhetischen Produktivkraft, ohne daß innerhalb der bürgerlichen Gesellschaft das Telos des Neuen sich angeben ließe:

166 a. a. O., S. 39
167 ibid.
168 a. a. O., S. 54
169 a. a. O., S. 56
170 Ästhetische Theorie, S. 404 (Paralip.)

„Reine Produktivkraft wie die ästhetische, einmal vom heteronomen Diktat befreit, ist objektiv das Gegenbild der gefesselten, aber auch das Paradigma des verhängnisvollen Tuns um seiner selbst willen."[171]

Unverständlich bleibt diese Passage, wenn man ihren Begriff der reinen Produktivkraft nicht mit dem ihm entgegenstehenden der Produktionsverhältnisse konfrontiert, die auch und gerade in der bürgerlichen Gesellschaft ins Kunstwerk eingehen; so wenig wie in der Gesellschaft gibt es im Kunstwerk reine Produktivkraft als inselhaftes Idyll. In ihre Dialektik sind die Kategorien des Neuen und der Tradition einzubringen, deren Vermittlung die Ästhetische Theorie, wie am Problem des Adornoschen Antitraditionalismus bereits nachgewiesen, in der vorliegenden Gestalt nicht voll leistet.

Der Antitraditionalismus der modernen Kunst ist ein Aspekt ihrer Autonomie, zu verstehen als bestimmte Negation dessen, wodurch Hegel die Auflösungsphase der romantischen Kunstform, das Phänomen der Stilkopie vorwegnehmend, charakterisiert hatte „im bürgerlichen Geist des Disponierens über Besitz": „weil keine Tradition dem Künstler mehr substantiell, verbindlich ist, falle eine jegliche ihm kampflos als Beute zu"[172]. Konstitutiv für den Begriff der Autonomie ist der Prozeß, den das Kunstwerk mit der gesellschaftlichen Wirklichkeit austrägt. Der aber wird virtuell negiert durch die Objektivation des Kunstwerks, die Adorno der Ambibalenz des Warencharakters entsprechend als seine „Verdinglichung" bezeichnet:

„Nur philiströs verstockter Artistenglaube könnte die Komplizität des künstlerischen Dingcharakters mit dem gesellschaftlichen verkennen und damit seine Unwahrheit, die Fetischisierung dessen, was an sich Prozeß, ein Verhältnis zwischen Momenten ist. Das Kunstwerk ist Prozeß und Augenblick in eins. Seine Objektivation, Bedingung ästhetischer Autonomie, ist auch Erstarrung."[173]

Das quid pro quo, von dem die Marxsche Analyse des Fetischcharakters der Ware spricht, die Substitution der im Produkt vergegenständlichten

---

171 a. a. O., S. 335
172 Über Tradition. In: Ohne Leitbild. S. 32
173 Ästhetische Theorie, S. 154

gesellschaftlichen Beziehungen durch quasi naturgesetzliche Eigenschaften der Dinge selbst[174], reproduziert sich im Kunstwerk darin, daß auch es die gesellschaftliche Arbeit, kraft deren, und damit auch die gesellschaftlichen Verhältnisse, in denen es sich konstituiert, virtuell verbirgt hinter der Eigengesetzlichkeit seines autonomen Bereichs. Fetischisiert werden die Werke tatsächlich in der Vorstellung ihrer Organizität, des Rund-Harmonischen und Insichgeschlossenen, die die idealistische Ästhetik — und ihre Nachfolger —, ohne das darin implizierte Problem zu reflektieren, mit der der gesellschaftlichen Arbeit synthetisiert:

„Der Scheincharakter der Kunstwerke, die Illusion ihres Ansichseins weist darauf zurück, daß sie in der Totalität ihres subjektiven Vermitteltseins an dem universalen Verblendungszusammenhang von Verdinglichung teilhaben; daß sie marxisch gesprochen, ein Verhältnis lebendiger Arbeit notwendig so zurückspiegeln, als wäre es gegenständlich. Die Stimmigkeit, durch welche die Kunstwerke an Wahrheit partizipieren, involviert auch ihr Unwahres; in ihren exponierten Manifestationen hat Kunst von je dagegen revoltiert, und die Revolte ist heute in ihr eigenes Bewegungsgesetz übergegangen."[175]

Die Trennung des Produkts vom Produzenten, in der gesellschaftlichen Wirklichkeit Index herrschaftlich organisierter Produktionsverhältnisse, signalisiert, daß das Artefakt nicht auf das private Ich des Künstlers reduziert werden kann. In solcher „Verselbständigung des Kunstwerks dem Künstler gegenüber"[176] ist dieses aber zugleich mehr als Ausdruck der gesellschaftlichen Verhältnisse — und das hieße für die auf ihr abstrakt insistierende These: Herrschaftsideologie —; als Schein eines Nichtgemachten steht es als Gemachtes ein für eine Objektivität, die nicht vom Subjekt um der bloßen Verwertbarkeit zugerichtet wäre. Das Kunstwerk erhält daher bei Adorno als Produkt gesellschaftlicher Arbeit die paradoxe Struktur, daß sein Subjekt „ein Wir" ist, das in der Klassengesellschaft noch gar nicht existiert[177]. Vor der Ideologie derer,

174 Kapital I, MEW 23, S. 85
175 Ästhetische Theorie, S. 252
176 a. a. O., S. 250
177 Ästhetische Theorie, S. 251

die das „Wir" als positives Resultat der bereits vollzogenen Aufhebung der Klassenantagonismen behaupten, ist Adornos „Wir" nicht schon durch seine antizipatorische Dimension geschützt, sondern allererst durch seinen Ort innerhalb des dialektischen Prozesses, den moderne Kunst mit der Gesellschaft austrägt: Gerade in der Tendenz der modernen Kunst auf Hermetik, der eilfertig-interessierte Kritiker Subjektivismus vorzuwerfen pflegen — nicht selten unter Berufung auf Hegel —, entziffert Adorno jenes Objektive, das mehr ist als Bild der Entfremdung, gestörter Interaktion: sprachlose Sprache einer antizipierten befriedeten Gesamtgesellschaft. Daß dieses „Wir" aus dem Kunstwerk spreche, setzt dessen Objektivation voraus — mit dem entscheidenden Zusatz, daß diese Verdinglichung zugleich Medium eines Verdinglichung Transzendierenden sei. Das dialektische Gesetz, „nur als Dinge werden die Kunstwerke zur Antithesis des dinghaften Unwesens"[178], begreift ästhetisch radikalisierte Verdinglichung durch ihre Partizipation am Verblendungszusammenhang als Tasten „nach der Sprache der Dinge"[179]. Diese Theorie der Verdinglichung legitimiert sich an der avantgardistischen Kunst, deren Formgesetz sich nicht in der der Ratio draußen verwandten Logizität erschöpft, sondern nach Abschaffung des Scheins des Organischen noch die Unstimmigkeit ihrer eigenen Logizität durch Brüche und Abweichungen preisgibt, ohne deshalb auf Form zu verzichten:

„Die perennierende Revolte der Kunst gegen die Kunst hat ihr fundamentum in re. Ist es den Kunstwerken wesentlich, Dinge zu sein, so ist es ihnen nicht minder wesentlich, die eigene Dinglichkeit zu negieren, und damit wendet sich die Kunst gegen die Kunst. Das vollends objektivierte Kunstwerk fröre ein zum bloßen Ding, das seiner Objektivation sich entziehende regredierte auf die ohnmächtige subjektive Regung und versänke in der empirischen Welt."[180]

Indem in den Mittelpunkt der Ästhetik der modernen Kunst Dissonanz, Brüchigkeit, Fragmentarismus, Häßlichkeit treten, werden die traditionellen Kategorien, die seit je dem Ästhetischen sich verbanden, nicht

---

178 a. a. O., S. 250
179 a. a. O., S. 96
180 Ästhetische Theorie, S. 262

aufgegeben, sondern in Form der bestimmten Negation gerettet. Das hebt sie über das Theorem von der gesellschaftlichen Bedingtheit hinaus, als sei avantgardistische Kunst so häßlich wie die spätbürgerliche Gesellschaft, daß ihr gesellschaftskritischer Gehalt einer konkretutopischen Perspektive sich verbindet, in die das Schöne, der Reflexion aufs Ästhetische unverzichtbar, eingeht; so erst wird der postulative Charakter dessen, was dem Ästhetischen einst stellvertretend für besseres Leben in der Realität eingeräumt wurde, vor dem Verfall in die Reservat-Ideologie gerettet. Der regressive Charakter jenes Theorems zeigt sich nicht nur daran, daß er stets wohl mit Klassizismus Hand in Hand geht, sondern auch daran, daß sein, wie immer auch bestimmter, Schönheitsbegriff seit der Hegelschen Schönheitsdefinition sein Telos an der Sinngebung der gesellschaftlichen Wirklichkeit hat, mag Versöhnung in ihr als gegeben oder als zweifelsfreier Wechsel auf determinierte Zukunft aus ihr deduzibel erklärt sein. Die utopische Perspektive aber, die Schönheit und Versöhnung, das Ende von Gewalt und Unterdrückung zusammendenkt, gerät im Kunstwerk, das an ihr festhält, in Widerspruch zu dessen eigener Logizität, die selbst die Synthesis ihrer Momente nicht ohne Gewalt erreicht[181]. Dadurch erst erhält die von Hegel an den seiner Ästhetik zufolge gelungensten Kunstwerken, den klassisch-antiken Götterskulpturen, beobachtete Zug der Trauer in genauer Umkehrung des Hegelschen Gedankens seinen kritischen Sinn. Solche Umkehrung jedoch, deren Praktizierung durch Lukács und andere mangelhafter dialektischer Vermittlung wegen stets sonst bei Adorno zu Protest geht[182], ist möglich nur, weil die Hegelsche Ästhetik an dieser Stelle, wo sie ihrer eigenen Geistesmetaphysik am reinsten zu folgen scheint, gerade am weitesten über deren Rand hinausschaut. Im „Hauch und Duft der Trauer", der Hegel zufolge von den griechischen Götterplastiken ausgeht[183], ist der Gedanke einer Sprache der Kunstwerke präformiert, die ihre gesellschaftlich bedingte Intentionalität, den gelungenen Einstand von Immanenz und Transzendenz, in Frage stellt; die Kunstwerke werden zum Prozeß zwischen der Schönheit, dem

---

181 Aus der Reflexion auf die eigene Affinität zur Gewalt resultiert „das soziale Moment im formalen Radikalismus" (a. a. O., S. 79).
182 Adorno reflektiert den Sachverhalt freilich ohne direkte Bezugnahme auf Hegel.
183 Ästhetik II, 14, S. 85

Medium der Sinnaffirmation, und dem Ausdruck, der Glück und Seligkeit als bloß behauptete verklagt, vom „Entsagen" gezeichnet. Die Passage steht quer zum Hegelschen System, indem sie den durch es gesetzten Kunstbegriff, den des sinnlichen Scheinens der Idee, der doch seine Erfüllung in der klassischen Kunst finden sollte, als inadäquat erweist. Statt jedoch den Kunstbegriff dialektisch zu kritisieren, gibt Hegel lieber die Kunst preis und mit ihr die Idee der Versöhnung von Geist und Natur:

> „Die seligen Götter trauern gleichsam über ihre Seligkeit oder Leiblichkeit; man liest in ihrer Gestaltung das Schicksal, das ihnen bevorsteht und dessen Entwicklung, als wirkliches Hervortreten jenes Widerspruchs der Hoheit und Besonderheit, der Geistigkeit und des sinnlichen Daseins, die klassische Kunst selber ihrem Untergange entgegenführt."[184]

Trauer als die objektive Sprache der Kunstwerke, dem klassizistischen Penchant fürs Gelungene diametral entgegengesetzt, wird von Hegel im Namen der Historizität, die nicht umsonst den Namen des Schicksals annimmt, als innerästhetisches Problem in den klassizistischen Kanon zurückgelenkt. Hegel zediert den gegenüber dem Volksgeist kritischen Gehalt des Objektivitätsbegriffs an seinen Gegenpart, den subjektiven Geist: daß Natur zu wenig unterdrückt sei. Darüber soll Geschichte als Autorität walten. Daß der Hauch der Trauer die konstitutive Unwahrheit des Schönen signalisiert, dürfte nicht in Hegel hineingelesen sein; damit aber käme ihm dialektisch ein Moment korrektiven Rechts zu, das die Vergänglichkeit des Schönen, das Unvergänglichkeit intendiert, dem mythischen Schicksalsspruch entreißt und die Idee der Versöhnung, an der das Kunstwerk als gelungenes frevelt, entsühnend in die Anamnesis des noch nicht Seienden rettet. Erst die Analyse der Dialektik des Kunstwerks bringt das, was bei Hegel bloßer Eindruck bleibt und daher vor der Manipulation nicht sicher ist, zu sich selbst. Adorno lokalisiert die „Trauer von Kunst" in der Unwirklichkeit der Versöhnung „um den Preis der wirklichen"[185]; gilt sie demnach ihrer Autonomie in einer Gesellschaft, die Freiheit realiter verweigert, so

---

184 a. a. O., S. 86
185 Ästhetische Theorie, S. 84

auch deren struktureller Heteronomie, der Partizipation an Verdinglichung: daß Kunstwerke durch ihre „Integration" den „Tod der Momente im Ganzen" verschulden, selber an Unterjochung partizipieren, an der sie leiden[186]. Aus dieser antagonistischen Struktur begründet die Ästhetische Theorie die Absage der modernen Kunst an die Idee des Gelingens, der Homöostase, der Totalität und Harmonie, aber auch an die des Sinns. Von der Negation des Sinns in der modernen Kunst, ihrerseits immer auch Sinn setzend, fällt rückwirkend Licht auf das Phänomen der Trauer an vergangenen Kunstwerken:

> „Daß diesem (dem Sinn, W. K.), wann immer er im Kunstwerk sich manifestiert, Schein gesellt bleibt, verleiht aller Kunst ihre Trauer; sie schmerzt desto mehr, je vollkommener der geglückte Zusammenhang Sinn suggeriert; gestärkt ist die Trauer vom O wär es doch. Sie ist der Schatten des aller Form heterogenen, das jene zu bannen trachtet, des bloßen Daseins. In den glücklichen Kunstwerken antezipiert Trauer die Negation des Sinns in den zerrütteten, Reversbild von Sehnsucht."[187]

Als bestimmte Negation des Sinns aber — Adorno begreift Becketts Stücke als „Verhandlung über ihn" und konkretisiert dadurch den Begriff des „Absurden"[188] — „transzendiert Kunst zum Nichtseienden", geht sie über die „hilflose Projektion dessen, was ohnehin ist", hinaus[189], die von Engagierten etwa an Kafka als Produkt seines kleinbürgerlichen Bewußtseins gerügt wird[190]. Wie der höchst problematische Begriff der Transzendenz zu verstehen sei, klärt Adornos Wort, „alle Kunst" sei „Säkularisierung von Transzendenz"[191]. Als Verhandlung über deren Sinn gleicht sie dem Blochschen Modell von Religionskritik, um sich jedoch durch die Radikalität ihrer Fragestellung von diesem zu unterscheiden. Nicht läßt sich die Affirmation säuberlich aus

---

186 ibid.
187 a. a. O., S. 161
188 a. a. O., S. 230
189 a. a. O., S. 259
190 Zuletzt: G. Bauer: Nochmals: historisch-materialistische Literaturwissenschaft, mit Kafka als Zeugen für den Klassenkampf. — In: Alternative 84/85 (1972). S. 102–111
191 Ästhetische Theorie, S. 50

dem Sinnbegriff abscheiden; in der antagonistischen Realität haftet ihm stets noch etwas vom „Refugium der verblassenden Theologie" an[192]. Kriterium eines veränderten, nicht mehr dinghaft zu machenden Sinnbegriffs ist in der modernen Kunst im Unterschied zur theologisch-affirmativen existentialistischen Sinnlosigkeit, „ob der Negation des Sinns im Kunstwerk Sinn innewohnt oder ob sie der Gegebenheit sich anpaßt; ob die Krise des Sinns im Gebilde reflektiert ist, oder ob sie unmittelbar und darum subjektfremd bleibt"[193]. Ästhetische Transzendenz geht negativ ein ins „Comment c'est". Die Ungewißheit des Nichtseienden, Resultat der Säkularisation sowohl wie der Verhärtung des gesellschaftlichen status quo, schlägt das ans Seiende gekettete scheinhafte Transcendere mit Blindheit. Das säkularisierte Jenseits aber wäre ein verändertes Diesseits, d. h. andere gesellschaftliche Verhältnisse. Deren Kriterium heißt bei Adorno „Glück". Die Formel, „Glück wäre über der Praxis"[194], impliziert den Begriff der Transzendenz und öffnet den Blick auf seinen gesellschaftlichen Gehalt: Überwindung naturbeherrschender Ratio setzt bei der Herrschaft von Menschen über Menschen an. Daß jeder zu dem Seinen komme, ist nicht als abstrakter Individualismus abzutun, meint vielmehr die Durchbrechung des Identitätszwanges, des Tauschprinzips, das jeden ersetzbar macht. Darauf verweist die „Funktionslosigkeit", die Adorno als einzige Funktion dem Ästhetischen konzediert, daß nur das Funktionslose unersetzbar ist[195]. Um des Gehalts willen nimmt Adorno die Kategorie der ästhetischen Form schwer mit dem Akzent auf jenen Zügen, durch die sie ihr eigenes Herrschaftsprinzip durchbricht. Die Konsequenz, die von der Trauer der vergangenen Kunstwerke zur Zerrüttung der modernen führt, reflektiert die fortgeschrittene Verhärtung des gesellschaftlichen Seins. „Stendhals Diktum von der promesse du bonheur" der Kunst aufnehmend, nennt Adorno als seine einzig noch mögliche Gestalt die seiner Brechung, durch die Kunst über die das Glücksverlangen exploitierende Kulturindustrie hinausragt[196]. Es erhält sich „allenfalls" in dem „Gefühl des Standhaltens, das sie (die Kunstwerke, W. K.) vermitteln"[197]. Mit dieser Bestimmung überträgt Adorno Kants Lehre von der Erhabenheit aus der Natur- in die Kunsterfahrung. Die

---

192 a. a. O., S. 229
193 a. a. O., S. 231
194 a. a. O., S. 26

195 Ästhetische Theorie, S. 336 f.
196 a. a. O., Paralip., S. 461 und pass.

Zweifel aber, die das „allenfalls" ausspricht, gelten dem Versprechen selbst, seinem Prolongierenden. Sie ziehen zuletzt, abseits des Haupttextes, noch die Idee der Säkularisierung selbst in den Strudel:

> „Das ästhetische Prinzip der Form ist an sich, durch Synthesis des Geformten, Setzung von Sinn, noch wo Sinn inhaltlich verworfen wird. Insofern bleibt Kunst, gleichgültig was sie will und sagt, Theologie, ihr Anspruch auf Wahrheit und ihre Affinität zum Unwahren sind eines."[198]

Die unaufhebbare Affirmation, die darin sich ausspricht, ist jedoch selbst noch Bedingung der bestimmten Negation. Dialektisch ist auch Dissonanz nicht ohne Einheit[199]; deren bestimmte Negation hieße, sie als Moment zu erkennen — dadurch erst wird Form, nach der Hegelschen Ästhetik quasi automatisch vom Inhalt gesetzt, als Element des Gehalts erkennbar. Ästhetik, die „das Verhältnis des Ganzen zu den Teilen zum absolut Ganzen, zur Totalität übertreibt", degradiert, einverstanden mit der geschlossenen Gesellschaft, „Harmonie zum Triumph übers Heterogene, Hoheitszeichen illusionärer Positivität"[200]. Insofern gilt Einspruch gegen die Totalität der Idee, daß „das Ganze in Wahrheit um der Teile" willen da sei[201]. Der kritisch-emanzipatorische Gehalt des Transzendenzbegriffs, entwickelt doch wohl aus der Kritik des halb noch theologischen Hegelschen Begriffs des durch die Erscheinung sich manifestierenden vernünftigen Wesens der Wirklichkeit, ist pfäffischen Charakters unverdächtig, je schwerer er die in der religiösen Verheißung enthaltene Möglichkeit eines besseren Seins als des gegebenen nimmt. Er geht auf die Befreiung der Produktivkräfte von der destruktiven Herrschaft der Produktionsverhältnisse:

> „Was transzendent ist an der Kunst, hat die gleiche Tendenz wie die zweite Reflexion des naturbeherrschenden Geistes."[202]

Durch ihren gesellschaftskritischen Gehalt, den der Kontext verbürgt, wird die Rede von der ästhetischen Transzendenz so unverfänglich wie die Erinnerung „an das Theologumenon", die Adorno aus den

---

197 a. a. O., S. 31
198 a. a. O., Paralip., S. 403
199 a. a. O., S. 235
200 a. a. O., S. 236
201 Ästhetische Theorie, S. 279
202 a. a. O., S. 209

Kunstwerken liest: „daß im Stande der Erlösung alles sei, wie es ist und gleichwohl alles ganz anders"[203] — einem historischen Stand gemäß, der im Besitz des Potentials der Freiheit Unfreiheit perpetuiert.

Der Begriff der Transzendenz ist auf Immanenz, seinen Gegenpart, bezogen. Angesichts der ästhetischen Autonomie ist Transzendenz im emphatischen Sinne angewiesen auf die Vermittlung durch jene Bewegung, vermöge deren das Kunstwerk seine autonome Gestalt, in der es die ihm aus der Empirie zugewachsenen Elemente in einen neuen Kontext einbringt, transzendiert, d. h. auf die „immanente Bewegung gegen die Gesellschaft"[204]. Diese konkretisiert sich historisch nach dem jeweiligen Stand der Gesellschaft, der in der spätbürgerlichen Phase durch die Omnipräsenz des Tauschprinzips bestimmt ist. Nur aus dieser Fundamentalbestimmung werden die Reflexionen verständlich, die die Ästhetische Theorie zum Problem von Engagement und Praxis anstellt und die von Engagierten am vehementesten kritisiert worden sind. Das Füranderessein, auf das Hegel — durchaus schon robust angesichts mancher Produkte der Romantik, denen er nicht wohlwollte — Kunst im zwiespältigen Sinne der bürgerlichen Emanzipation verpflichten wollte, ist unter der Herrschaft des Tauschprinzips zur Domäne der Kulturindustrie geworden, ohne deshalb freilich seinen objektiven Kern, den Einspruch gegen das Bildungsprivileg, einzubüßen[205]. Legitimation des Fürsichseins der Kunstwerke ist die Überlegung, daß „für den verkümmerten Gebrauchswert das Nutzlose" allein einstehe[206]. Die Aporie der modernen Kunst:

> „Läßt sie von ihrer Autonomie nach, so verschreibt sie sich dem Betrieb der bestehenden Gesellschaft; bleibt sie strikt für sich, so läßt sie als harmlose Sparte unter anderen nicht minder gut sich integrieren."[207],

---

203 a. a. O., S. 16, cf. auch S. 208 f.
204 a. a. O., S. 336
205 Daß es auch und gerade von moderner Kunst vorausgesetzt wird, widerlegt Adornos Argument für einen radikalen Antitraditionalismus, an vergangener Kunst spreche „kaum etwas (...) mehr ohne langwierigen Beistand der Bildung" (Ästh. Theorie, S. 241).
206 Ästhetische Theorie, S. 337
207 a. a. O., S. 352 f.

kritisiert die Abstraktheit der Kategorie des Fürsichseins und besteht auf ihrer dialektischen Vermittlung mit der des Füranderesseins. Adorno versucht, Hermetik, die radikalisierte Gestalt des Fürsichseins, als mit Engagement konvergierend zu denken[208]. Ist einmal die Autonomie des Kunstwerks selbst als fait social erkannt, wird ästhetisch die Frage nach der „Immanenz der Gesellschaft im Werk" wesentlicher als die soziologistische nach der „Immanenz von Kunst in der Gesellschaft"[209]. Ist Asozialität, Kündigung der Kommunikation, Reaktion auf eine Gesellschaft, die nur noch in den Sprachfiguren der Herrschaft miteinander kommuniziert, „eine notwendige, keineswegs zureichende Bedingung ihres unideologischen Wesens", so bedarf die Kunst, um nicht abstrakt und dadurch integrierbar zu werden, der Negativität; Adornos Kategorie für sie ist „Ausdruck"[210]. An ihm hat Kunst „immanent das Moment, durch welches sie, als eines ihrer Konstituentien, gegen ihre Immanenz unterm Formgesetz sich wehrt"[211]. Der Begriff des Ausdrucks, objektivierbar nur an der die immanente Logizität des Kunstwerks suspendierenden Dissonanz, generalisiert die von Hegel registrierte Trauer der griechischen Götterskulpturen:

„Ausdrucksvoll ist Kunst, wo aus ihr, subjektiv vermittelt, ein Objektives spricht: Trauer, Energie, Sehnsucht. Ausdruck ist das klagende Gesicht der Werke."[212]

Insofern konstituiert Ausdruck, jenseits der signifikativen Sprache, jedoch erfahrbar in der Interpretation der Form, den spezifischen „Sprachcharakter" oder — in Erinnerung an Rilkes Archaischen Torso Apollos — den „Blick" der Kunstwerke[212]. Als Sprache des Leidens, ästhetische Objektivation dessen, was Hegel Adorno zufolge als Bewußtsein von Nöten der Kunst verband, reagiert Kunst, darin zugleich ihre eigene Tendenz auf Affirmation, Verdinglichung kritisierend, auf die objektive Bedürftigkeit der gesellschaftlichen Wirklichkeit. Einzige Legitimation ihrer Notwendigkeit und darin die verschlüsselte Figur ihres Füranderesseins ist der Gedanke, „daß etwas in der Realität

---

208 a. a. O., S. 368
209 a. a. O., S. 345
210 a. a. O., S. 353
211 Ästhetische Theorie, S. 169
212 a. a. O., S. 170
213 a. a. O., S. 171 f.

jenseits des Schleiers, den das Zusammenspiel von Institutionen und falschem Bedürfnis webt, objektiv nach Kunst verlangt; nach einer, die für das spricht, was der Schleier zudeckt"[214]. Der Dialektik der Aufklärung, an der sie teilhat, stellt sich Kunst, um das emanzipatorische Interesse der Aufklärung wahrzunehmen, „mit der ästhetischen Konzeption von Antikunst"[215]. Dadurch hält sie der Aufklärung die Treue, die aufgrund ihres Amalgams mit gesellschaftlicher Herrschaft ihr Freiheitsversprechen nicht einlöste. Bleibt gleichwohl noch in der selbstkritischen Reflexion alles Geistige ideologisch darin, daß es die Arbeitsteilung mitmacht, sich als „höher Geartetes" setzt[216] und angesichts des „geschehenen und drohenden Grauen(s)" nicht dem „Zynismus" und der bürgerlichen „Kälte" entgeht, so bleibt es doch durch sein Festhalten am positiven Begriff von Aufklärung unabdingbar. Begriffen als Sensorium für die Sprache des Leidens und die uneingelösten Möglichkeiten, ist die Rede von der perennierenden Notwendigkeit der Kunst — und in eins der Philosophie — über den Verdacht des Apologetischen hinaus:

> „Einzig wofern Geist, in seiner fortgeschrittensten Gestalt, überlebt und weitertreibt, ist überhaupt Widerstand gegen die Allherrschaft der gesellschaftlichen Totale möglich. (...) Kunst verkörpert noch als tolerierte in der verwalteten Welt, was nicht sich einrichten läßt und was die totale Einrichtung unterdrückt."[217]

Seine Isolation ist ihm auch gesellschaftlich aufgezwungen von den Herrschenden, die ihn als autonome Sparte in den Betrieb zu integrieren wünschen. Sind tatsächlich „die unbewußten Standards der Massen (...) die gleichen, deren die Verhältnisse zu ihrer Erhaltung bedürfen, in welche die Massen integriert sind", so findet die „elitäre Absonderung der avancierten Kunst"[218] ihren Rechtstitel im Widerstand gegen „das Vulgäre", das Adorno gegen seine repressiv-spießbürgerliche Fassung als „subjektive Identifikation mit der objektiv reproduzierten Erniedrigung" definiert:

214 a. a. O., S. 35, cf. auch S. 51
215 a. a. O., S. 50
216 a. a. O., S. 337
217 Ästhetische Theorie, S. 348
218 a. a. O., S. 377

„Kunst achtet die Massen, indem sie ihnen gegenübertritt als dem, was sie sein könnten, anstatt ihnen in ihrer entwürdigten Gestalt sich anzupassen."[219]

5. Kunst und Praxis. Zur Metakritik der linken Adorno-Kritik

Jenes geheime Einverständnis von bürgerlichem und traditionell-marxistischem Denken, das in der Hegel-Rezeption zu komplementären Formen der Aufspaltung der Hegelschen Philosophie in einen lebendigen und einen toten Teil führte, reproduziert sich in der gemeinsamen Ablehnung von Adornos Ästhetischer Theorie, die einer ähnlichen Aufspaltung unterworfen wird. Nicht umsonst ist J. Günthers Kritik:

„Der Autor ist klüger und ungreifbarer als jeder, der ihn auslegen will. Andererseits hat die pausenlose Anstrengung, ja Überanstrengung seines Begriffs auch Züge von Inhumanität. Adorno philosophiert sich in seinen späten Schriften nicht nur aus seiner Zeit hinaus und von seinen Zeitgenossen hinweg, er stand in der Gefahr, es schlechthin aus den menschlichen Denkmöglichkeiten und Erkenntnishorizonten zu tun. (...) Die Ästhetische Theorie läuft damit (mit Hegel, Kant, Heidegger, W. K.) verglichen auf einen ununterbrochenen Spitzentanz der Dialektik hinaus, bei dem es für den Autor kaum mehr von großem Interesse ist, ‚überhaupt noch verstanden zu werden'."[220]

im Ostbereich mit Wohlwollen zur Kenntnis genommen worden. Zweifellos hielte Günther dem Einwand, erst die Entfernung von dem — doch recht problematischen — Verständnishorizont der Zeitgenossen führe zum Gegenstand der Erkenntnis, seine Formel vom „Spitzentanz" entgegen. Unseligen Angedenkens aber ist der gar nicht so fernliegende Gedanke, der Kluge müsse sich hüten, zum Superklugen zu werden: Entfernung von der Truppe. Ironischerweise kehren die einschlägigen DDR-Rezensionen von Ulle und Redeker den Gedanken um; der

---

219 a. a. O., S. 356
220 Joachim Günther: Rezension der Ästhetischen Theorie. — In: Neue Deutsche Hefte 18 (1971). H. 1. S. 191—196. Zit. S. 194 f.

Superkluge ist — eine Nummer kleiner als der kluge Bürger Hegel — der total integrierte Kleinbürger, dessen „Unbehagen an der Entwicklung des modernen Kapitalismus" mangels fortschrittlichen Klassenstandpunkts und nur durch ihn garantierter Wissenschaftlichkeit nicht über die „Apologie der spätbürgerlichen Gesellschaft" hinausführe, die bei Adorno mit der „Apologie des Modernismus" identisch sei[221]. Daß sich Ulles den „Schlüsselcharakter der Ästhetik" für Adornos Denken auf den simplen Nenner bringende Kritik:

„Der Rückzug auf Positionen der Kritik und Negation ist die charakteristische kleinbürgerliche Reaktion auf die Widrigkeiten der gesellschaftlichen Praxis; die Aktion vollzieht sich von nun an in den über den Wolken befindlichen Höhen der Kultur und Kunst."[222],

gleichwohl aus gut bürgerlichen Quellen speist, verrät der Stoßseufzer, mit dem Redeker auf Adornos Kritik an der psychologistischen Projektions- und Einfühlungstheorie antwortet: „Was soll noch die Kunst, wenn das gilt, was Adorno dekretiert?"[223]

Es ist hier nicht der Ort, auf die bewußten Unrichtigkeiten und Unterstellungen der Rezensenten einzugehen. Wohl aber ist ein auch für sie zentrales Problem der Ästhetischen Theorie zu diskutieren, das ihrer Praxiskritik, das in aller engagierten Adorno-Kritik den zentralen Platz einnimmt. Der Adornoschen Reflexion auf die Dialektik von Autonomie und Heteronomie zergeht die Alternative von engagierter Kunst und l'art pour l'art, die in ihrer komplementären Einseitigkeit beide den status quo perpetuieren[224]: Engagement ist ästhetisch jenseits eingelegter Intentionen aufzusuchen. Wie die Ästhetische Theorie allgemein das Zentrum des Ästhetischen materialistisch in den Produktionsprozeß verlegt, so versucht sie die Frage nach dem spezifisch ästhetischen Engagement durch Reflexion auf das zu beantworten, was in der Kunst Praxis heißen darf. Die Dechiffrierung der Kunst als selbst „Gestalt von

---

221 H. Redeker: Rezension der Ästhetischen Theorie. — In: Dt. Zs. f. Philos. 20 (1972). H. 7. S. 928—932.
222 D. Ulle: „Kritische Theorie" und Ästhetik. — In: Dt. Zs. f. Philos. 20 (1972). H. 7. S. 907—916. Zit. S. 910
223 Redeker, a. a. O., S. 931
224 Cf. hierzu und zum folgenden den Engagement-Aufsatz

Praxis"²²⁵ rechnet „die politischen Positionen, die Kunstwerke von sich aus beziehen", den „Epiphänomenen" zu²²⁶, ohne deshalb ins bürgerlich-subalterne „Geblök gegen Tendenz und gegen Engagement"²²⁷ einzustimmen. So weit die Ästhetische Theorie über die Dichotomie von Inhalts- und Form-Ästhetik hinaus ist, impliziert ihre Insistenz darauf, daß der ästhetische Gehalt in den Formstrukturen aufzusuchen sei, keine Ignoranz den Stoffen gegenüber; sie entspringt aber der Einsicht, daß kein Stoff in die Konstellation des Kunstwerks unverwandelt eingehe, daß andererseits keiner gleichgültig gegen seine Verwandlung sei. Ästhetisch entscheidet daher über Tendenz, wieweit sie, als Metaästhetisches der Stoffschicht zugehörend, formkonstituierend wird, ein Objektives jenseits subjektiver Gesinnung: der Fall Brecht²²⁸. Die dialektische Bestimmung des Verhältnisses von Kunst und Praxis, Kunstwerke seien „weniger als Praxis und mehr": „weniger, weil sie (...) vor dem, was getan werden muß, zurückweichen, vielleicht es hintertreiben", mehr, „weil sie (die Kunst, W. K.) durch ihre Abkehr von jener zugleich die bornierte Unwahrheit am praktischen Wesen denunziert"²²⁹, ist nicht als abstrakte Kritik von Praxis zu lesen; zu konzedieren ist freilich, daß sich die Ästhetische Theorie auf ihrer obersten Spitze auf einem schmalen Grat bewegt. Das mag dazu verführen, den schopenhauerianisierenden Ton an dieser Stelle wörtlich zu nehmen:

„Die Kritik, welche Kunst a priori übt, ist die an Tätigkeit als dem Kryptogramm von Herrschaft. Praxis tendiert ihrer schieren Form nach zu dem hin, was abzuschaffen ihre Konsequenz wäre; Gewalt ist ihr immanent und erhält sich in ihren Sublimierungen, während Kunstwerke, noch die aggressivsten, für Gewaltlosigkeit stehen."²³⁰

Wörtlich genommen, liefe diese Praxis-Kritik auf eine Ontologie der Gewalt, mithin blanke Affirmation hinaus, der ein quietistischer Kunstbegriff zugeordnet wäre; beides widerspräche dem Grundgehalt der Ästhetischen Theorie, die sowohl Kunst als selbst ans Gewaltprinzip gekettet begreift wie gesellschaftliche Gewalt aus der Perspektive ihrer

---

225 Ästhetische Theorie, S. 345
226 a. a. O., S. 344
227 a. a. O., S. 367
228 a. a. O., S. 366 f.
229 Ästhetische Theorie, S. 358
230 a. a. O., S. 358 f.

historisch gewordenen Irrationalität kritisiert. Vielmehr ist auch hier die Kritik als bestimmte Negation zu verstehen; das macht sie zu einer an der bisherigen Form von Praxis, wie sie in der antagonistischen Gesellschaft geübt wird. Einspruch gegen „jenen Inbegriff des praktischen Betriebs und des praktischen Menschen, hinter dem der barbarische Appetit der Gattung sich verbirgt, die so lange noch nicht Menschheit ist, wie sie von ihm sich beherrschen läßt und mit Herrschaft sich fusioniert", „wirkt" das Kunstwerk „als Modell möglicher Praxis"[231]. Deren Gestalt bleibt bei Adorno, eingedenk ihrer Ungewißheit, so unbestimmt wie in der Kunst selbst. Kaum beim Namen genannt aus Scheu, das Positive wiederum dem positivistischen Betrieb zugänglich zu machen, ist es jedoch aus dem zu bestimmen, was es bestimmt negiert. Zu Protest geht gerade die Ontologie der Identität von Praxis und Gewalt, die bis heute die Beziehungen der Menschen untereinander und zur Natur bestimmt, in der das Objekt der Praxis stets das der Ausbeutung war und die zu ihrer Erhaltung des verdinglichten Bewußtseins bedarf, „das die Unausweichlichkeit und Unabänderlichkeit des Seienden voraussetzt und bestätigt"[232].

Als Verweis auf eine mögliche Praxis jenseits von Ausbeutung — und darin erkennt Adorno den gesellschaftlichen Gehalt des künstlerischen Formprozesses — ist Kunst selbst Praxis als Veränderung bzw. „als Bildung von Bewußtsein"[233]. Schon die „Dialektik der Aufklärung" hatte einen veränderten Praxis-Begriff vorbereitet aus der Kritik am Positivismus des sozialistischen Realismus, in dem „die revolutionäre Phantasie (...) zum fügsamen Vertrauen auf die objektive Tendenz der Geschichte entartet", das „Verhältnis der Notwendigkeit zum Reich der Freiheit bloß quantitativ, mechanisch" gedacht sei:

> „Umwälzende wahre Praxis aber hängt ab von der Unnachgiebigkeit der Theorie gegen die Bewußtlosigkeit, mit der die Gesellschaft das Denken sich verhärten läßt."[234]

Aus der zunehmenden Verdinglichung des gesellschaftlichen Bewußtseins wächst jedoch den Kunstwerken wie allem fortgeschrittenen

---

231 a. a. O., S. 359
232 Ästhetische Theorie, S. 342
233 a. a. O., S. 361 — Durch die Arbeit ihres ‚Umwälzens' wird Kunst „zum Schema gesellschaftlicher Praxis" (a. a. O., S. 339).
234 Horkheimer/Adorno: Dialektik d. Aufklärung, S. 47 f.

Bewußtsein seine Aporie zu: „daß sie, um dem allherrschenden Kommunikationssystem zu widerstehen, der kommunikativen Mittel sich entschlagen müssen"[235], daß ihre Praxis, „den, der Kunst erfährt und aus sich heraustritt, eben dadurch als ζωον πολιτικον" zu bestimmen[236], im selben Maße verhindert wird, wie sie objektiv-gesellschaftlich angesichts der Drohung der totalen Katastrophe notwendig wird. Darin reproduziert sich verschärft die Dialektik ihres Erkenntnischarakters zwischen Erkennbarkeit und Unerkennbarkeit, ihr Rätselcharakter:

> „Dem objektiven Bedürfnis nach einer Veränderung des Bewußtseins, die in Veränderung der Realität übergehen könnte, entsprechen die Kunstwerke durch den Affront der herrschenden Bedürfnisse, die Umbelichtung des Vertrauten, zu der sie von sich aus tendieren."[237]

Die Hegelsche Forderung, Kunst habe für alle verständlich zu sein, ist damit nicht aufgegeben, wohl aber der Konsumsphäre entrissen, in die sie seit Hegel durch die Fiktion der Existenz einer Gesamtgesellschaft integriert war. Die Unverständlichkeit der modernen Kunst, unmittelbar-projektiv nicht länger zugänglich, verlangt Verständnis, d. h. gedankliche Entäußerung an die Sache, die das gesellschaftlich zugerichtete partikuläre Selbst hinter sich läßt. Die verstehbare Unverständlichkeit verdankt sich gerade der festgehaltenen „Perspektive eines real, durch ihrer selbst bewußte Praxis veränderten Zustands"[238], die sie über „Kulturfetischismus und Praktizismus"[239] erhebt. Durch Zurücktreten von unmittelbarer Praxis hält Kunst an deren vom verdinglichten Bewußtsein zugehängten Telos fest:

> „Praxis wäre Inbegriff von Mitteln, die Lebensnot herabzusetzen, eines mit Genuß, Glück und der Autonomie, in welcher jene sich sublimieren. Das wird vom Praktizismus coupiert, er läßt, nach der gängigen Redewendung, zum Genuß nicht kommen, analog zum Willen einer Gesellschaft, in der das Ideal von Vollbeschäftigung das der Abschaffung von Arbeit substituiert."[240]

---

235 Ästhetische Theorie, S. 360
236 a. a. O., S. 361
237 Ästhetische Theorie, S. 361
238 a. a. O., S. 366
239 a. a. O., S. 368
240 a. a. O., Paralip., S. 473

Nicht nur um ihrer Unwirksamkeit willen ergeht das Verdikt über die auf unmittelbaren Eingriff bedachte Kunst, sondern um der Sabotage willen, die ihre Instrumentalisierung an ihrem gesellschaftlich-antithetischen „Einspruch gegen Instrumentalisierung" verübt"²⁴¹.

Die Frage des Verhältnisses von Kunst und Praxis ist der Zentralpunkt aller engagierten Kritik an Adornos Philosophie, speziell ihrer Reflexionen aufs Ästhetische. Die ständige Wiederholung ihrer Argumente macht freilich die Kritik nicht stichhaltiger, zeugt eher von einem Konformismus des Denkens, der quer steht zum revolutionären Habitus²⁴² und den kritischen Gehalt der Dialektik gefährdet. F. W. Schmidt hat das die kritische Theorie bestimmende „von Hegel übernommene Verfahren der ‚bestimmten Negation' als problematisch"

---

241 a. a. O., Paralip., S. 475

242 Wer vorab um ein besonderes abschreckendes Beispiel vermeintlicher „Kritik" verlegen ist, lese das ebenso kenntnis- wie geistlose Pamphlet von Lucio Colletti: Von Hegel zu Marcuse (Alternative 72/73. Berlin 1970. S. 129—148). Da Colletti davon ausgeht, daß Dialektik an sich idealistisch sei, weil sie die Hegelsche (: dialektische, was Colletti natürlich entgeht) Unterscheidung von gesundem Menschenverstand/Wissenschaft und dialektischer Vernunft beibehalte, bildet sich ihm eine einsträngige Linie vom Hegelschen Spiritualismus zur Marcuseschen Technokratie-These mit den Zwischenstationen des Engels der „Dialektik der Natur", partiell auch Lenins, vor allem jedoch der Lebensphilosophie und des Existentialismus; dieser ungleichen Gesellschaft stünde dann ein mit Feuerbach liierter Marx gegenüber, der sich unversehens als — Empirist wiederfindet. Zu diesen Ausführungen, die „wahre Wissenschaft" mit „moderner Erfahrungswissenschaft" identifizieren (a. a. O., S. 140), nur zwei Anmerkungen zur Auffrischung der Kenntnisse des Verfassers, über dessen Argumentationsweise (was nachgewiesen werden soll, z. B. die Identität der Position Marcuses mit der des existentialistischen Sartre, wird schlicht vorausgesetzt) besser Stillschweigen gewahrt wird: Den vermeintlichen Anti-Wissenschafts-Impuls der Dialektik widerlegt schon das Programm der Phänomenologie von der „Erhebung der Philosophie zur Wissenschaft" (Phänomenologie, 3, S. 14), in der der Verstand eine notwendige, von Hegel hochgerühmte Stufe in der dialektischen Bewegung zum Selbstbewußtsein darstellt (cf. Phän., 3, S. 36, wo die Rede ist von der „Kraft und Arbeit des *Verstandes*, der verwundersamsten und größten oder vielmehr der absoluten Macht"). Und was die vermeintliche Verwandtschaft von Lebensphilosophie und Frankfurter Schule betrifft, so genügt der Hinweis auf Adornos Unterscheidung (im Erfahrungsgehalt-Aufsatz, S. 88 f.) des Bergsonschen Irrationalismus und der an Hegel geschulten dialektischen Reflexion der Reflexion. Nun wäre Collettis Elaborat, für sich genommen, recht gleichgültig, wenn es nicht eine allgemeine Tendenz zu Identifikationsmechanismen bezeugte, die die Dialektik von links aushöhlen. Die Parallelen zu den ungleich durchdachteren Arbeiten Werckmeisters wären nicht der einzige Beleg.

bezeichnet[243] — das Wort von der Übernahme soll natürlich den Übernehmenden zum Idealisten stempeln. Daß die „Radikalisierung der Dialektik", die Schmidt Adorno und Horkheimer bescheinigt[244], die negative Dialektik konsequent in die Aporie treibt, den gegenwärtigen historischen Zustand als Alternative von „Katastrophe oder Befreiung" zu dechiffrieren, ist deshalb nicht wiederum, wie Schmidt will, einer erneut „zum abstrakten Konstruktionsprinzip für die pure Ambivalenz von Geschichte"geronnenen Dialektik anzulasten, weil etwa der Kapitalismus „gelernt" habe, „das ‚Besondere' so zu traktieren, daß diesem seine Verwertung als Karriere erscheint"[245] — eben das ist schon die Katastrophe! Das Argument, radikalisierte — und das ist doch eingelöste — Dialektik resultiere in der Sistierung von Dialektik, demaskiert seinen Autor fatal. Unterdes ist es zu einem Lieblingsargument einer an Praxis orientierten Adorno-Kritik geworden — lange vor Günthers Wort vom „Spitzentanz der Dialektik". Tomberg spricht allen Ernstes angesichts des status quo von „Ausschweifungen der Negation"[246]: Nicht zum ersten Male wird die Intelligenz der Zersetzung angeklagt. Der Verlust des Erfahrungsgehalts von Dialektik, gegen deren Anstrengung, die Bewegung ihres Gegenstandes mit der sie unvermeidlich fixierenden kommunikativen Sprache zu reflektieren, verdinglichtes Bewußtsein sich stumpf macht, restauriert einen sich als Wissenschaft ausgebenden Positivismus: Werckmeister, der in der Ästhetischen Theorie nur die „Hunderte von definitorischen Sätzen nach der Formel ‚Kunst ist..."' vernimmt[247], ohne zu begreifen, daß die Sätze durch ihre Konstellation den Definitionscharakter verlieren, propagiert am Ende traditionelle Kunstgeschichte. Angesichts der tendenziell universalen Verdinglichung des Bewußtseins, von deren Erkenntnis sie ausgeht, rekurriert radikalisierte Dialektik auf die traditionellen Kategorien dort, wo sie

---

243 F. W. Schmidt: Hegel in der kritischen Theorie der „Frankfurter Schule". — In: Aktualität und Folgen der Philosophie Hegels. Hg. von O. Negt. — Frankfurt/M 1970. S. 17—57. Zit. S. 54
244 a. a. O., S. 17
245 a. a. O., S. 57
246 F. Tomberg: Utopie und Negation. Zur Kunsttheorie Theodor W. Adornos. — In: Argument 26 (1963). S. 36—48. Zit. S. 46 — verdeutlicht in der Kritik am „zur Methode erhobenen Neinsagen" (a. a. O., S. 47)
247 O. K. Werckmeister: Von der Ästhetik zur Ideologiekritik. — In: Ende der Ästhetik. S. 57—85. Zit. S. 66

noch nicht bloße Spielmarken, sondern durch ihren systematischen Ort inhaltlich bestimmt sind. So — nicht als Aufbau eines dialektisch zu negierenden Ersatzgegners nach der Eliminierung aller traditionalen Ideologien im positivistischen, Denken selbst als Ideologie diffamierenden Geist — löst sich die scheinbare Paradoxie der Ästhetischen Theorie, angesichts einer nominalistischen Situation, die keine allgemeine Ästhetik mehr hervorbringt, den Systematiker Hegel zu kritisieren, dahingehend auf, „die verwandelte Wahrheit jener Kategorien frei(zusetzen)"[248]. Die Konfrontation der traditionellen Kategorien mit den von ihnen nicht mehr gedeckten Erfahrungen der Moderne macht das ihnen immanente Zugleich von Wahrheit und Unwahrheit offenbar. Insofern ist die Hegel-Kritik Kritik des modernen verdinglichten Bewußtseins am Ort seiner Genesis, wo es es noch anders wollte, wo die Differenz von Anspruch und Wirklichkeit noch an der Brüchigkeit und Gewaltsamkeit sich sichtbar machen läßt. Der von F. W. Schmidt kritisierte Verzicht der negativen Dialektik, die geschichtliche Aporie theoretisch-inhaltlich zu transzendieren, ist gerade ihre Insistenz auf der Absage an Positivität und Versöhnung um der Versöhnung willen: Theorie und Kunst nehmen „das Interesse der unterdrückten und beherrschten Natur in der fortschreitend rationalisierten und vergesellschafteten Gesellschaft wahr"[249]. Schweppenhäusers Charakterisierung der negativen Dialektik im Unterschied zur Hegelschen positiv-spekulativen ist zuzustimmen:

„War spekulative Dialektik die Negation des Endlichen im Absoluten, so ist negative die Negation des Absoluten um des Endlichen und seiner Rettung willen, die noch das Absolute zu bewahren vermöchte."[250]

Im Problem der Dialektik reproduziert sich das der geschichtsphilosophischen Perspektive. Tombergs reduzierter Begriff von Dialektik als „Widerspiegelung" der Dialektik der Realität[251] setzt, affirma-

---

[248] Ästhetische Theorie, Frühe Einl., S. 507
[249] a. a. O., S. 499
[250] H. Schweppenhäuser: Spekulative und negative Dialektik. — In: Aktualität und Folgen der Philosophie Hegels. Hg. von O. Negt. — Frankfurt/M 1970. S. 81—93. Zit. S. 93
[251] Tomberg, a. a. O., S. 47

tiv im Vertrauen aufs Gegebene, die objektive Prozessualität zum Besseren voraus. Auf der dem korrespondierenden Reduktion des Marxschen Denkens auf ein in Kernsätzen angebbares orthodoxes Lehrgebäude[252] gründet Tombergs Kritik der Adornoschen Geschichtsphilosophie, bezogen auf ihr Verhältnis zu Hegel. Alternativ zum Marxschen Vom-Kopf-auf-die-Füße-Stellen wird auch Adorno „eine vollständige Umkehrung Hegels" zugebilligt, jedoch mit der Intention, „das Gesicht der Hegelschen Dialektik nach rückwärts zu wenden"[253]. Gemeint ist mit der unglücklichen Formulierung, die das rückwärts gewandte Moment der Hegelschen Philosophie um falscher Plausibilität willen glatt unterschlägt, die angebliche Negativfassung des Hegelschen Fortschritts- zum Regressionsbegriff, also eine Art unheiliger Synthesis von idealistischer Hegelscher Dialektik und Rousseauismus. Die Rigorosität, mit der diese simplistische Konzeption vorgetragen wird, antwortet darauf, daß Adornos Philosophie zwei grundlegende Dogmen des Marxismus in Frage stellt, das von der Notwendigkeit des historischen Progresses als des vermeintlichen Grundgesetzes von Dialektik[254] wie das des Arbeitsethos. Tomberg unterschlägt den zentralen Impuls der Adornoschen Ratio-Kritik, daß der durch Steigerung der Produktivkräfte ermöglichte Fortschritt der Naturbeherrschung seinen Maßstab nur an dem Ziel haben könne, um dessentwillen er in Gang gesetzt sei, daß daher jeder Fortschritt, in dem die Zwecke durch die Mittel substituiert würden, regressive Züge annähme. Der Determinismus, den die Regressionsthese suggeriert, folgt dem psychologischen Schema der Projektion. Den unterstellten Idealismus, Adorno rekurriere statt auf gesellschaftliche Herrschaftsformen auf Naturbeherrschung an sich als den „tiefste(n) Grund des Übels"[255], widerlegt die Ästhetische Theorie explizit[256]. Die Reflexion auf die lebensnotwendige Naturbeherrschung, die unter veränderten Produktionsverhältnissen vom Zwang schrankenloser Ausbeutung sich befreien könnte, widersetzt sich dem Fetischismus der Produktionsraten, der Steigerung der materiellen Produktivkräfte um ihrer selbst willen. Ohne Manipulation ist der Adornoschen Philosophie kein Anti-Technik-Affekt anzudrehen. Wo es dennoch

252 a. a. O., S. 38
253 a. a. O., S. 40
254 a. a. O., S. 38
255 Tomberg, a. a. O., S. 41
256 Ästhetische Theorie, S. 76

geschieht, ist es dem verdinglichten Bewußtsein der Kritiker anzulasten. Die Aporie, die Tomberg Adornos Geschichtsphilosophie entnimmt, zwischen der perennierenden Notwendigkeit von Arbeit und Arbeit als Herrschaft nicht vermitteln zu können, reflektiert lediglich die Beschränktheit seines eigenen marxologischen Arbeitsbegriffs, zu dessen Rechtfertigung Adornos Praxis-Kritik zuvor ins Abstrakte hatte umgemodelt werden müssen. Daß „das humanum sich nur in der Arbeit und vermöge der Arbeit als der täglichen erneuerten Beherrschung der Natur vollziehen" könne[257], setzt unter der Hand wieder Arbeit als Mittel (vermöge) und Zweck (in) zugleich ein; eben jene Wendung, die als identifikatorische bei Adorno zu Protest geht, wird in rascher Umkehrung ihm selbst zugesprochen. Nur dank dieser Operation gelingt es Tomberg, Adornos Vorstellung einer „Wendung zum Besseren" die Züge des Nihilistischen, der abstrakten Negation zu imputieren — denn der Verzicht „auf die Ausbreitung eines solchen Gegenbildes"[258] ist selbst Erfordernis dialektischen, nicht fixierenden Denkens. Soweit es jedoch in der „Dialektik der Aufklärung" angedeutet ist, bescheinigt ihm Tomberg ohne Diskussion mit einem der Sprache der Realisten gegenüber unliebsamen Ausschweifungen geläufigen barschen „kurzum" abstrakt-utopischen, idealistischen Charakter[259].

Die Methode, eine Philosophie daran zu messen, wieweit sie ins Konzept eines spezifisch vorverstandenen Marx paßt, idealistisch per se, wird um so unsinniger, je mehr diese Philosophie selbst Kritik am Marxismus leistet; freilich erspart sich der Orthodoxismus die Auseinandersetzung, indem er sich mit der Feststellung der Nichtübereinstimmung bescheidet. Weil diese aber im Kampf gegen die radikalisierte Dialektik, deren bestimmte Negation auch vor dem Marxschen Denken nicht haltmacht, darauf angewiesen ist, auch Übereinstimmendes anzumerken, das später willkürlich-idealistisch verlassen werde, kommt es zu grotesken Mißverständnissen. In der Auseinandersetzung mit Adorno reproduziert sich das Schema des im Namen des sozialistischen Realismus gegen die avantgardistische Kunst geführten Kampfes: Konzediert wird der Einblick in die Fragwürdigkeit der bürgerlichen Gesellschaft, um das von den eigenen Normvorstellungen in Form

---

257 Tomberg, a. a. O., S. 41
258 ibid.
259 a. a. O., S. 42

und Gehalt Abweichende, Fremde der an revolutionärer Veränderung nicht interessierten kleinbürgerlichen Gesinnung der Autoren anzulasten. Darum kann sich Tomberg die Auseinandersetzung mit Adornos Kunsttheorie zugunsten der Kritik der sie angeblich begründenden Ontologie ersparen und jene unmittelbar den Arbeiten Werckmeisters entnehmen, dessen These von Adornos Apologie der individualistischen bürgerlichen Kunstpraxis so gut ins Ontologie-Konzept paßt. Die radikale Sinnkritik, die Adorno in Becketts oeuvre gestaltet sieht, wird von Tomberg zur Aussage umgefälscht, ohne daß er sich überhaupt die Frage stellte, wie das Gegenbild des Besseren anders als durch bestimmte Negation von Sinn im Bestehenden in die Kunst eingehen könnte; Adorno insistiert auf der Differenz zum versöhnenden Existentialismus. Nur der Manie, dialektisches Denken in ihrem Kontext entrissene, wörtlich zu nehmende Einzelsätze aufzulösen, kann es beifallen, der „Endspiel"-Interpretation die abstrakte Hoffnung auf den Tod als Wendepunkt im Sinne „verschüttete(r) Theologie" zu entnehmen[260]. Daß entgegen solchem Einverständnis mit der Katastrophe das Kunstwerk als „organisierte Sinnlosigkeit" vermöge seiner Form Anweisungen auf veränderte Praxis impliziert und damit über die Sprachlosigkeit hinausgeht, diese Dialektik unterschlägt Tomberg. Es spricht aber die Ästhetische Theorie allen Versuchen das Recht ab, negative Dialektik zur abstrakten Kulturkritik im Sinne der Regressionsthese umzufälschen:

„Rabiate Kulturkritik ist nicht radikal. Ist Affirmation tatsächlich ein Moment von Kunst, so war selbst sie so wenig je durchaus falsch wie die Kultur, weil sie mißlang, ganz falsch ist. Sie dämmt Barbarei, das Schlimmere, ein; unterdrückt Natur nicht nur, sondern bewahrt sie durch ihre Unterdrückung hindurch; in dem vom Ackerbau entlehnten Begriff der Kultur schwingt das mit. Leben hat sich, auch mit dem Prospekt eines richtigen, durch Kultur perpetuiert; in authentischen Kunstwerken hallt das Erbe davon wider. Affirmation hüllt nicht das Bestehende in Gloriolen; sie wehrt sich gegen den Tod, das Telos aller Herrschaft, in Sympathie mit dem, was ist. Nicht um weniger ist daran zu zweifeln als um den Preis, daß Tod selber Hoffnung sei."[261]

260 Tomberg, a. a. O., S. 43
261 Ästhetische Theorie, S. 374

Die en bloc bewerkstelligte Zurechnung von Kunst und Philosophie zum ideologischen Überbau folgt demselben Gesetz, das die avantgardistische Kunst um ihrer negativen Gestalt willen verwerfen heißt. Der Haß auf die moderne Kunst gilt ihrem Sinn, dem Bestehenden, gemessen an dem, was es sein könnte, Sinn abzusprechen, ohne daß die Möglichkeit des Anderen als handgreifliche Tendenz dem Bestehenden entnommen und konkretisiert werden könnte. Das affirmative Vertrauen auf sie stumpft das Sensorium für Kunst und Philosophie ab: Die absurde Wendung, es bedürfe nach der Errichtung der Universalherrschaft des Marktes zur Verwaltung von dessen Gewalt „nur noch Aller", mit der die „Dialektik der Aufklärung" eine Wendung des „Endspiels" antizipiert, wird von Tomberg als Aufscheinen des „konkrete(n) Ideal(s) der *Volksherrschaft*" im Sinne des objektivnotwendigen Progresses grotesk mißverstanden[262]. Was solcher Konkretion, dem Einverständnis mit der total verwalteten Welt, die Herrschaft als Selbstzweck praktiziert, sich versagt, trifft der projektive Vorwurf, es verwerfe „die Möglichkeit des Neuen endgültig"[263]. Komplementär wird einer Kunst, „die die eigenen Widersprüche nicht mehr schlichtet", „Versagen vor der Realität" angelastet[264]. Die Alternative von „Ideal", verstanden als objektiv-notwendiges Telos, und „Utopie': „eine neue Gesellschaft wollen, die Bedingungen zu ihrer Realisierung aber ablehnen"[265], unterschlägt die historische Frage nach der Existenz dieser Bedingungen: Ihre deterministische Beantwortung ist es, die Adorno kritisiert, um gleichzeitig in Philosophie und Kunst Möglichkeiten zu ihrer Herstellung: Veränderung des Bewußtseins zu denken.

Im Grunde läuft alles Denken, das die Kunst als bloßes Überbauphänomen qualifiziert, auf ihre Liquidation hinaus. Insofern ist Werckmeisters Ansatz sehr viel konsequenter als jene Versuche, der Kunst eine eindeutig positive Funktion im Zuge des objektiven Geschichtsprogresses zurückzuerstatten, die in der neuen Phase der Brecht-Rezeption unternommen werden. Werckmeisters Kritik, Adornos Kunstphilosophie ordne sich der bürgerlichen Ideologie ein als „Bewegungsphase einer dialektischen Rechtfertigung der Kunst, und

---

262 Tomberg, a. a. O., S. 45
263 a. a. O., S. 46
264 Tomberg, a. a. O., S. 47

zwar nicht nur ihrer Existenz, sondern ihrer dramatisch überhöhten Erlösungsbotschaft"[266], indem sie Kunst „zum Reservat der Revolution" stilisiere[267], behauptet als deren eigenes Bewegungsgesetz den dialektischen Umschlag von radikaler Negation in Affirmation und Apologetik. Der zentrale Punkt dieser Kritik ist der Vorwurf, „daß er (Adorno, W. K) die Distanzierung der modernen Kunst von der ‚Kulturindustrie' akzeptiert, statt sie dialektisch zu widerlegen"[268]. Gedacht ist an den Warencharakter der modernen Kunst, das Faktum ihrer „völligen Assimilierung durch die spätkapitalistische Kultur", die Adornos Versuch, sie „gegen eine imaginäre kulturkonservative Front" zu ‚verteidigen', „als müßte sie noch immer gesellschaftlich durchgesetzt werden"[269], zu einem Komisch-Veralteten, ja objektiv zum Teil einer globalen Ablenkungsstrategie mache. Werckmeister bestätigt den Markt in seiner Rolle als selbsternannter Kunstrichter und lastet dessen objektive Funktion, die in den Kunstwerken ursprünglich implizierten kritischen Intentionen zu neutralisieren, den Opfern selbst an. Weil er sich des Gedankens entschlägt, daß der Kunstmarkt latent die – doch wohl nicht gar so – imaginäre kulturkonservative Front fortsetzt, konstruiert er eine Intentionsidentität von Kunstproduktion, Markt und Ästhetik: Adornos Philosophie wird paradoxerweise zu einem Agenten des Marktes, dem sie seine „Waren durchsetzen" hilft. Nun ist Werckmeisters Kritik sicherlich nicht damit zu begegnen, daß die Ästhetische Theorie nicht Kunst durchsetzen, sondern deren kritische Gehalte als Medium einer Bewußtseinsveränderung begreifen wolle; sie widerlegt sich jedoch durch ihre eigene Konsequenz. Wenn die durch die Neutralisierungsfunktion des Marktes bewirkte totale Verdinglichung alle kritischen Tendenzen sich assimiliert, so erst recht die abstrakte Kulturkritik mit ihrem simplen Schema der Identifikation von Kunst, Philosophie und Ideologie: Sie nimmt Kunstwerke so wenig ernst wie der Markt, der seine Geschäftsfunktion längst nicht mehr verschleiert und, statt sich hinter der selbst lächerlich gewordenen

---

265 a. a. O., S. 46
266 O. K. Werckmeister: Das Kunstwerk als Negation. Zur geschichtlichen Bestimmung der Kunsttheorie Theodor W. Adornos. – In: Ende der Ästhetik. – S. 7–32. Zit. S. 30 f.
267 a. a. O., S. 16
268 a. a. O., S. 23
269 Werckmeister, a. a. O., S. 31

Kulturträger-Ideologie zu verschanzen, an den metaästhetisch manipulierten subjektiven Geschmack seiner Kunden appelliert. Tatsächlich scheint auch Werckmeister zu spüren, daß die von ihm propagierte rabiate Kulturkritik ohne weiteres im Betrieb mitspielt. Vereinzelt wird die Alternative von Kunst und Philosophie oder Praxis angedeutet, statt des Surrogats der ästhetischen die reale politische Revolution[270], die jedoch angesichts der Allherrschaft des Marktes bloß irrational wäre. An Werckmeisters Kritik ist so viel richtig, daß Kunst — und bei diesem Problem setzt die Ästhetische Theorie an — nicht unmittelbar gesellschaftlich eingreift und insofern das Bestehende unverändert läßt, kaum aber könnte sie emanzipative Kräfte absorbieren und neutralisieren. Daß die Kulturindustrie, wie Werckmeister an Yellow Submarine nachweist, dies objektiv intentioniert, ist nur aufgrund eines schon vorher verdinglichten Bewußtseins der Rezipienten möglich. Adornos Reflexion entzündet sich gerade an der Frage, wo es solcher Verdinglichung Widerstand leistende Kräfte gibt und wie sie dem sich entziehen können, gesellschaftlich neutralisiert zu werden. Jenen Bewußtseinsformen, die dem Verdinglichungsprozeß sich widersetzen, ist darum nicht billig die schuldhafte Partizipation an den Verhältnissen vorzurechnen, die sie vorfinden. Die unmittelbar thematisch gemachte und in Ohrenschmaus verpackte Heilsbotschaft, die der Film Yellow Submarine als Heilung durch die Kunst vorträgt, als praktische Probe aufs Exempel der Kunstphilosophie abzuziehen[271], grenzt an Infamie, weil authentische Kunst die in die Kulturindustrie abgewanderten Kategorien des bürgerlichen Kunstgeschmacks: Stoffgläubigkeit, Projektion und Ohrenschmaus, vernichtend außer Kurs setzt, Unheil zu ihrem Ausdruck hat. Ohne darüber Gewalt zu haben, gehen Kunstwerke auf Bewußtseinsveränderung als Voraussetzung realer Veränderung, die sie nicht ersetzen wollen.

Werckmeisters Kritik an Adornos Ästhetizismus, als den er die immanente Kritik versteht, „die Hegelsche Objektivierung des absoluten Geistes in der Kunst" sei die „theoretische Voraussetzung" für die Übereinstimmung von gesellschaftlichem und ästhetischem Gehalt und erspare Adorno „die Frage nach der historischen Vermittlung", die

---

270 Cf. Das gelbe Unterseeboot und der eindimensionale Mensch. — In: Ende der Ästhetik. S. 86—130, bes. S. 119
271 Werckmeister, Das gelbe Unterseeboot, S. 118

durch „kunstgeschichtliche und kunstsoziologische Reflexion auf außerkünstlerische Sachverhalte" zu erfolgen hätte[272], ignoriert das darin enthaltene materialistische Motiv, das erst die Schranken des von Hegel im Sinne des Progreßgedankens als bloße historische Gleichzeitigkeit bestimmten Verhältnisses von Kunst und Gesellschaft durchbricht: Im gebannten Blick auf Rezeption und Wirkung der Kunstwerke übersieht Werckmeister, daß Adornos Theorie vom Primat der Produktion ausgeht, von der Frage, ob das Kunstwerk sich als gesellschaftliche Produktion reflektiert. Der inkriminierte „Übergang der Idee der Revolution aus der politischen Gesellschaftstheorie (...) in die ‚progressive' Kunst"[273] ist kein quid pro quo — kaum dürfte hyperidealistisch das Ausbleiben der Revolution der Kunst und ihrer Theorie angelastet werden —, sondern die Einlösung des Begriffs des Kunstwerks als eines Gesellschaftlichen. Es dürfte jedoch kaum Zufall sein, daß Adornos Reflexion aufs Ästhetische den Begriff der Revolution strikt vermeidet: Er verwischte das affirmative Moment der Kunst, ihren Abstand zur Gesellschaft, mit der sie sich auseinandersetzt, ohne sie unmittelbar zu behelligen.

Stimmte der Einwand, die Distanzierung von moderner Kunst und Kulturindustrie verdanke sich einem „Salto vitale der kunsttheoretischen Dialektik", ja einem Bruch der Dialektik selbst[274], er wäre tödlich für eine Kunstphilosophie, die im Anspruch ungeschmälerter Dialektik ihren fundamentalen Rechtstitel besitzt. Der Widerspruch, daß Adorno erkennt, daß Integration, Einheit und Stimmigkeit, Konstituentien des Kunstbegriffs, das Kunstwerk gleich dem Produkt der Kulturindustrie zur Affirmation verhalten, und gleichwohl an Kunst als einem Kritischen festhält, wird von Werckmeister nur deshalb zur unvermittelbaren „Paradoxie" erklärt, weil er den Gedankengang entscheidend verkürzt: Bestimmte Negation der affirmativen Idee der ästhetischen Geschlossenheit heißt nicht unmittelbar „Verneinung der Kommunikation"[275], sondern Aufsprengung der Geschlossenheit durch zentrifugale Kräfte, Relativierung von Einheit und Ganzheit vom Telos zum Moment des Kunstwerks. Der für die Ästhetische Theorie

---

272 Werckmeister, Das Kunstwerk als Negation, S. 17 f.
273 Werckmeister, Das Kunstwerk als Negation, S. 16
274 a. a. O., S. 23 f.
275 a. a. O., S. 23

entscheidende Gedanke, daß das Kunstwerk als Einheit von zentripetalen und zentrifugalen Kräften den Prozeß mit naturbeherrschender Ratio austrage — das meint der Begriff der „Logik der Sache" —, wird von Werckmeister unterschlagen, da er nicht ins Apologie-Schema paßt. Daß „Adornos Begriff der Negativität, unteilbar im dialektischen Denken, disparate Inhalte teleskopiert: Ausdruck des Schlechten im Bereich des Gehalts, Protest gegen Konvention im Bereich der Form" und „zu zwei gegensätzlichen Begriffen vom modernen Kunstwerk: dem ‚integralen Werk' und dem ‚Fragment'", führe[276], widerspricht jedoch der Bewegung der Ästhetischen Theorie, Gehalt als durch Form vermittelt zu denken. Ist Konvention das ästhetische Komplement der die Produktivkräfte fesselnden Produktionsverhältnisse, so ist ihre Durchbrechung Voraussetzung dafür, daß die Negativität des Bestehenden überhaupt Ausdruck gewinnt. Das Fragment protestiert ebenso gegen Konvention, wie das integrale Werk zum Ausdruck des Schlechten wird; beide Begriffe sind nicht alternativ zu setzen. Unübersehbar jedoch, daß die Ästhetische Theorie die Gefahr vollendeter Integration registriert, „zum nichtigen Leerlauf" durch Absorption der „zentrifugalen Gegenkräfte" zu werden[277], wie umgekehrt die des Fragments, aus der Kunst herauszufallen. Nicht um „zwei gegensätzliche Begriffe vom modernen Kunstwerk" handelt es sich mehr, sondern um die beiden gesellschaftlichen Tendenzen, mit denen das Kunstwerk zu prozessieren gezwungen ist. Die totale Integration aller durch die rationale Verfügung des Marktes produziert zugleich die totale Desintegration der menschlichen Beziehungen. Das Kunstwerk widerlegt den Schein der Naturnotwendigkeit des Umschlags von Rationalität in Irrationalität; insofern ist es fortgeschrittenes Bewußtsein.

Werckmeister radikalisiert Adornos Antitraditionalismus, indem er Kunst schon am Ort ihrer Genese als Ideologie bezeichnet. Ideologie werden die Kunstwerke demnach gerade durch das, was bei Adorno ihren emphatischen Anspruch begründet, „ihre kulturelle Prätention als Reservat der Erfahrung von etwas anderem als der gegenwärtigen Realität"[278]. Die Restriktion des Erfahrungsbegriffs aufs Gegebene aber

---

276 Werckmeister, Das Kunstwerk als Negation, S. 23 f.
277 Ästhetische Theorie, S. 51
278 Werckmeister, Von der Ästhetik zur Ideologiekritik. — In: Ende der Ästhetik, S. 57—85. Zit. S. 84

destruiert nicht nur die Funktionalisierung der Kunst zum „Surrogat für eine humane Zivilisation der Gegenwart"[279], sondern in eins damit die reale Veränderung selbst, die nicht ohne das Bewußtsein anderer Möglichkeiten als des Gegebenen sein kann. Wenn auch Werckmeister nur das bürgerliche, autonom-individualistische Kunstwerk und seine Theorie kritisiert, so reißt doch seine auf den Wertrelativismus der Geschichte pochende Gleichsetzung von Kunst und Ideologie konsequent auch die unmittelbar politisch engagierte Kunst in ihren Strudel. Deren theoretische Begründung durch Brecht steht seit der Neuaufnahme der unerledigten Moskauer Expressionismus-Debatte, zumal der Brecht-Lukács-Kontroverse im Mittelpunkt der Bemühungen um eine materialistische Literatur-Theorie, die von Lukács' eingeengtem Realismus-Begriff frei käme. Die konsequente Bestimmung der Kunst zum Instrument gesellschaftlicher Veränderung verändert die traditionellmarxistische Sicht der modernen Kunst und ihrer Theorie, die Lukács noch mit dem Vokabular des Formalismus und der Dekadenz abgetan hatte. Die strenge Funktionalisierung der Form, entsprechend der Instrumentalisierung der Kunst, öffnet nun zwar den Blick auf die in der modernen Kunst entwickelten neuen Formen, steht diesen jedoch, wo ihnen die instrumentale Funktion prima vista abgeht, nicht weniger hilflos gegenüber als Lukács. Die Erklärung des Phänomens ändert sich denn auch grundsätzlich nicht; nachwievor werden verdinglichtes Bewußtsein und Klassenlage namhaft gemacht, nur daß die wachsende Undurchdringlichkeit des Schleiers, den die Herrschenden über die gesellschaftlichen Verhältnisse weben, als objektives Kriterium Lukács' subjektivistisch-klassizistischen Dekadenz-Vorwurf verdrängt — ein Schritt, den noch der späte Lukács selbst mit seiner veränderten Haltung zu Kafka vorbereitet hatte. Der Objektivismus, in dessen Zeichen der Übergang der Literatur-Theorie von Lukács zu Brecht vollzogen wird, erfordert die Auseinandersetzung mit der Theorie der nicht-instrumentalen modernen Kunst. Einen Ansatz dazu hat Brüggemann als Brecht-Adorno-Kontroverse zu leisten versucht[280].

---

279 Werckmeister, Von der Ästhetik zur Ideologiekritik, S. 85
280 H. Brüggemann: Theodor W. Adornos Kritik an der literarischen Theorie und Praxis Bertolt Brechts. Negative Dialektik des „autonomen" Werks oder kulturrevolutionäre Fundierung der Kunst auf Politik' — In: Alternative 84/85 (1972). S. 137— 149

Die im Untertitel von Brüggemanns Arbeit angesprochene Antithese von autonomer und politisch fundierter Kunst als den vorgeblichen Grundthesen Adornos bzw. Brechts gibt Auskunft darüber, in welches Schema hier Adornos Philosophie eingebracht werden soll. Wie widersetzlich sie jedoch in Wahrheit zu diesem steht, weist der von Brüggemann — allerdings mit charakteristischer Auswahl — herangezogene „Engagement"-Aufsatz aus, in dem jene Sartresche Alternative als selbst schon Produkt des von den Engagierten bekämpften verdinglichten Bewußtseins gleich zu Anfang zu Protest geht. Sofern die Dialektik von Kunst und Gesellschaft als eine für das Kunstwerk selbst konstitutive: die von Autonomie und Heteronomie, begriffen, nicht von außen nur an es herangetragen wird, zergeht die undialektische Alternative und setzt die Frage nach jenen Momenten frei, kraft deren das Kunstwerk durch seine gesellschaftlich vermittelte, immer auch affirmative Objektivation den Horizont des gesellschaftlich approbierten Bewußtseins transzendiert; ohne dies Erkenntnisinteresse ist Werckmeisters Gleichsetzung von Kunst und Ideologie unausweichlich. Die Frage impliziert den streng historischen Index jedes Werkes und überschreitet zugleich die enge Bindung der Engagement-Diskussion an die Literatur.

Die im „Engagement"-Aufsatz von Adorno entwickelte Brecht-Kritik, „politisch Schlechtes" werde „ein künstlerisch Schlechtes und umgekehrt"[281], geht nach Ausweis der Ästhetischen Theorie auf die autoritäre Intoleranz des didaktischen Gestus „gegen die Mehrdeutigkeit"[282], welche gerade die von Brüggemann als Brechts Intention ausgegebene „Möglichkeit einer kritischen, verändernden Haltung"[283] in Frage stellt. Das von Brüggemann zitierte Brechtsche Wortspiel aus dem Gespräch über den V-Effekt, die gesellschaftliche Funktionslosigkeit der Kunst unterm Kapitalismus führe dazu, „daß hier einfach auch die Kunst nicht mehr funktioniert"[284], offenbart die ganze Misere. Die Kritik, gemünzt auf den Surrealismus, der nicht wiederum seine Gegenstände aus der Verfremdung zurückkehren lasse, betrifft gerade dessen Verzicht, der Realität und ihrem unter dem Schein verborgenen

---

281 Adorno, Engagement, S. 123
282 Ästhetische Theorie, S. 360
283 Brüggemann, a. a. O., S. 139
284 Bertold Brecht: Werksausgabe edition suhrkamp. — Bd. 16. — Frankfurt/M 1967, S. 612

Unwesen Sinn zu imputieren: Gerade daß er „nicht mehr funktioniert", ist sein Wahrheitsmoment, während funktionierende Kunst von Funktionärskunst nie weit entfernt ist. Der gesellschaftliche Inhalt der von Brecht beobachteten Funktionsstörung, die Verselbständigung der Mittel, also das Tauschprinzip[285], bedingt den Einspruch gegen die Reduktion der Ratio auf Funktionalität; das reflektiert die Erkenntnis, daß die objektiv funktionslos gewordene gesellschaftliche Herrschaft reibungsloses Funktionieren als Logik der Sachzwänge zum Universalprinzip erhebt. Die kraft einer realen oder sich anbahnenden funktionierenden Gesellschaft funktionierende Kunst ist vorab auf Affirmation eingeschworen, zu deren Durchbrechung Verfremdung hatte dienen sollen.

Nicht jedoch läßt sich der Begriff der ästhetischen Autonomie, bei Adorno ein höchst Problematisches, zum Positivum verzerren, das sich dann als abstrakte Negation verwerfen ließe. Weitgehend disqualifiziert sich die Adorno-Kritik durch die Weigerung, dem Gang der Dialektik zu folgen. Der Autonomie-Begriff wird fälschlich zum „traditionalen" erklärt[286], um an dem Brechtschen „Ausweg" einer „Politisierung der Kunst"[287] einen Gegenbegriff zu gewinnen, dem allein die Kriterien gesellschaftlicher Produktion und verändernder Praxis zuerkannt werden. Die Politisierungsthese aber bedarf der Disqualifikation des kritischen Gehalts des Autonomie-Begriffs, weil sonst die Politisierung eines eo ipso Politischen, das nicht in ungewollter Ideologiefunktion aufginge, sich als krude Festlegung auf vorgesetzte Inhalte enthüllte, womit sie ihr eigenes kritisches Interesse gerade aufgäbe. Autonomie heißt bei Adorno gerade nicht Assimilation an die bürgerliche Ideologie der Liberalität, vielmehr reflektierte und ihrer Problematik bewußte Distanz, keineswegs bruchlos identisch „mit praktischer Kritik"[288], vielmehr deren Bedingung. Daß autonome Kunst sich dem Betrieb verweigert, ist nicht abstrakte Negation von Verstehbarkeit, da der Verblendungszusammenhang „die kritische Urteilskraft und das Abstraktionsvermögen" liquidiert hätte[289], vielmehr bestimmte Negation einer vorweg geregelten Kommunikation. Auch abstrakte Werke wollen

285 ibid.
286 Brüggemann, a. a. O., S. 143
287 a. a. O., S. 142
288 Brüggemann, a. a. O., S. 141
289 a. a. O., S. 141

verstanden werden und durch ihre Konfiguration Kritik erfahrbar machen. Mehr als bloß „passive Klage"[290], ihr Ausdruck, aber sind die Werke vermöge dieser Konfiguration, durch die sie selbst verändernde Praxis und Praxis-Kritik sind, über „bloße Absage, Distanz und Schauder"[291] hinausgehen. Brüggemann unterschlägt die gesellschaftliche Bestimmung von Adornos Autonomie-Begriff, um ihn paradoxerweise einer Art abstrakter Mimesis-Theorie zu beschuldigen. Das ist der alte Lukácssche Vorwurf gegen die modernen Kunstwerke, „die den für totalitär und eindimensional erklärten Charakter der Gesellschaft bloß reproduzierend hinnehmen"[292]. Daß Adorno „die Erkenntnisfunktion von Kunst allein auf deren mimetisches Vermögen und damit auf die monadologische Abgeschlossenheit der Werke (beschränkt)"[293], unterschlägt die von ihm entwickelte Dialektik von Mimesis und Konstruktion, die aus der Kritik unreflektierter Mimesis gerade auch im sozialistischen Realismus resultiert, und unterstellt ausgerechnet Adorno die gegen „Montage und offene Form" feindliche Idee formaler Geschlossenheit[294]. Ein Denken, das gezwungen ist, auf Unterstellungen zurückzugreifen, offenbart sich als plane Apologie. Brüggemann versucht, wie Brechts Theorie auf Kosten Adornos, so seine Praxis auf Kosten *der* „bürgerlichen, ‚autonomen' Kunst" zu salvieren, der er allen Ernstes generell die „Trennung von Alltag und Erhebung" und die Verklärung „der alltäglichen Lebenspraxis" „durch die Verwendung des Helden und der Identifikation mit den durch ihn vertretenen soziokulturellen Normen, durch die geschlossene Handlung und die formelle Einheit ihrer Gebilde" vorrechnet[295]. Sollte Brüggemann versehentlich die moderne Literatur mit der Theorie des sozialistischen Realismus verwechselt haben?

Adornos Bestimmung der gesellschaftlichen Funktion des Kunstwerks durch seine Funktionslosigkeit, als deren Konkretisierung die Ästhetische Theorie zu lesen ist — für sich genommen verharrte sie tatsächlich auf dem Status der abstrakten Negation —, steht in dialektischer Spannung zu der im selben Werk entwickelten Bewußtseinsveränderung als der gesellschaftlich-antithetischen Funktion des Kunstwerks, die, objektiv, nicht subjektiv intentionierter Effekt, von

---

290 a. a. O., S. 142
291 a. a. O., S. 142
292 a. a. O., S. 145

293 a. a. O., S. 144
294 a. a. O., S. 145
295 Brüggemann, a. a. O., S. 146

der Kategorie der Funktion nicht mehr adäquat gedeckt wird. Kraft dieser unaufgehobenen Spannung wird die Ästhetische Theorie einem emphatischen Begriff von immanenter Kritik gerecht, der den dialektischen Satz von der Identität von Grenzsetzen und Grenzüberschreiten achtet: Die Grenze, die das reflektierte autonome Kunstwerk zur gesellschaftlichen Realität setzt, überschreitet es durch seine eigene Konstitution. Sowohl dieser Satz aber als auch das Postulat der immanenten Kritik entstammen der Hegelschen Philosophie. Ihr hält die Ästhetische Theorie die Treue durch ungeschmälerte Dialektik, je weniger sie den „Vorlesungen zur Ästhetik" gleicht. Denn diese nimmt schwer nur, wer sie nicht als ein für allemal fixierte, fertig zur Präparation in der Anatomie, liest, sondern als etwas, was den Anspruch anmeldet, eingelöst zu werden.

VI DIE DIALEKTIK DES ÄSTHETISCHEN IM TSCHECHISCHEN STRUKTURALISMUS

Neben der quasi offiziellen traditionell-marxistischen Form der Kunstkritik, die auf Hegel als ihren eigentlichen Ahnherrn zurückgeht, gibt es seit der Oktober-Revolution und den revolutionären russischen Formalisten eine andere Tradition der Ästhetik, die, von den Traditionalisten stets unterdrückt, der von diesen befehdeten avantgardistischen Kunst nahe steht und den sich installierenden Dogmatismus auf allen Gebieten befehdet. Deren grundlegende Arbeiten aus den Zwanziger und Dreißiger Jahren gewannen im Zuge der Entstalinisierung neue Aktualität; nach und nach erscheinen sie auch bei uns in Übersetzungen. Aus der Perspektive der vorliegenden Arbeit verdienen die Schriften Teiges und Mukarovskýs besondere Beachtung, da in ihnen schon sehr früh die Dialektik des Ästhetischen zwischen Autonomie und Heteronomie reflektiert ist. Nicht umsonst berufen sich auf sie noch jene Neuansätze, die die Kunstkritik der CSSR im Laufe der Sechziger Jahre zur Lösung des Problems des Ästhetischen unternommen hat.

1. Der Neuansatz der Sechziger Jahre

Daß ästhetische Fragen allemal auch gesellschaftliche sind, zeigt sich in den Versuchen der modernen tschechischen Kunstkritik, die vom Stalinismus unterbrochene poetistische und strukturalistische Tradition aufzuarbeiten. Die theoretische Begründung für die intendierte Versöhnung von Marxismus und Avantgarde liefert Kalivodas Konvergenz-These: Strukturalismus, Psychoanalyse und avantgardistischer Libertinismus als „die neueren nichtmarxistischen Theorien, die deutlich zur Erkenntnis des Menschen und zu seinem Selbstverständnis in der Moderne beigetragen haben", konvergierten kraft ihrer immanenten Entwicklungslogik zum Marxismus, genauer: zu einer marxistischen Anthropologie, deren dynamische Kraft der „Verwandlung der metaphysischen Auffassung von der menschlichen Existenz in eine allgemeine dialektische Theorie" sie zu einer Art Zentripetale auch der nichtmarxistischen Wissenschaft werden lasse[1]. Die Insistenz auf der Dialektik verabschiedet den Dogmatismus, indem der Marxismus selbst wieder ins Entwicklungskonzept eingeholt wird; denn das Konzept einer dialektischen Anthropologie, deren problematische Begründung auf das tätige, seine Wirklichkeit durch alle Formen der Arbeit im kontinuierlichen Prozeß der Geschichte bildende Subjekt wir weiter unten an Kosiks Explikation reflektieren werden, richtet sich gegen dogmatisierte metaphysische Elemente sowohl der auf die Logik ihrer Entwicklungsdialektik untersuchten nichtmarxistischen Theorien wie des traditionellen Marxismus selbst. In der Ästhetik-Diskussion entspringt der Rekurs auf den Strukturalismus der Kritik an dem traditionellen, an Hegel orientierten marxistischen Begriff von Ästhetik — und damit immer auch an der Praxis des sozialistischen Realismus — und der Suche nach Elementen einer kritischen, nichthegelianisierenden Ästhetik. Insofern kann man mit Recht sagen, daß der tschechische Strukturalismus — worauf schon seine Ahnenreihe vom Kantianer Herbart bis zu den russischen revolutionären Formalisten verweist — eine der schärfsten Hegel-Kritiken geliefert hat, die sich in wesentlichen Punkten mit der Adornoschen deckt: Nicht zufällig beruft sich Chvatik für seine Konfrontation mit Lukács und dessen Unverständnis der Moderne auf Adorno, sein — für die gesamte Frankfurter Schule charakteristisches — „Feingefühl fürs Detail", „für das konkrete künstlerische Material", seine „ungewöhnliche Sensibilität" gegenüber der Moderne[2]. Es geht um die Entwicklung einer authentischen marxistischen Alternative zum Dogma des sozialistischen Realismus und zur hegelianisierenden Ästhetik.

Hauptpunkt der Kritik an der „Beschränktheit der Hegelschen Ästhetik", ihrer — mit Zumr — „Unfähigkeit, ‚das Problem des *Wesens* des *Ästhetischen* befriedigend zu lösen' ", ihrer von der materialistischen Interpretation übernommenen Metaphysik ist die „‚Gnoseologisierung der Ästhetik bei Hegel' und die damit verbundene Tendenz, den künstlerischen Prozeß der Wirklichkeitsdurchdringung dem wissen-

---

1 Robert Kalivoda: Der Marxismus und die moderne geistige Wirklichkeit. — Frankfurt/M 1970. Vorwort S. 7 f.
2 Kvetoslav Chvatik: Strukturalismus und Avantgarde. — München 1970. S. 113 f.

schaftlichen, philosophischen Prozeß unterzuordnen, was aus dem gemeinsamen Ziel von Wissenschaft und Kunst folgt – der Aufdeckung von Wahrheit":

„Die ‚inhaltliche' Ästhetik Hegelscher Provenienz, die die Wahrheit absolut setzt und sie zum Ursprung und Ziel des künstlerischen Schaffens erklärt, macht aus der Schönheit ein *metaphysisches Anhängsel* der ‚Wahrheit' oder der Wirklichkeit; ‚Schönheit' ist gleichsam ein ‚essentielles Akzidens' der Realität, das die Kunst in der Form eines sinnlich-anschaulichen Gebildes auffindet und spiegelt. So bildet diese ‚inhaltlich' bestimmte Ästhetik (...) notwendigerweise einen *metaphysischen Begriff der Schönheit* heraus. Das ‚Schöne' wird zu einem abgeleiteten metaphysischen Wert."[3]

Ähnlich kritisiert Chvatik die Reduktion des Ästhetischen auf ein Problem der Kunstsoziologie oder der Ideologie, die „ihren reinsten *theoretischen* Ausdruck in der sowjetischen Etappe des Werks von G. Lukács (fand), der zusammen mit M. Lifsic den Weg der materialistischen ‚Übersetzung' der Hegelschen Ästhetik beschritt" und eine „aufklärerisch-rationalisierte Betrachtung der Kunst" inaugurierte, die zugunsten der „objektiven Erkenntnis" das Ästhetische „zu einer bloß formalen Hülle" reduzierte[4]:

„Diese durch die Hegelsche Philosophie beeinflußte Konzeption erblickte die Hauptrolle der Kunst in deren Erkenntnis-Funktion. Die Kunst wurde als sinnliche Offenbarung des Zeitgeistes verstanden, als Spiegel, der getreu die Tiefentendenzen des gesellschaftlichen Lebens wiedergibt. So gelangte man zu einer ähnlichen Reduktion des ästhetischen Werts der Kunst wie beim Soziologismus: während es dort um das Auffinden des ‚soziologischen Äquivalents' ging, handelt es sich hier um ein ideologisches Äquivalent."[5]

So berechtigt diese Kritik im gegebenen Zusammenhang ist, sie gilt nicht so sehr Hegel selbst als den Hegelianern, für deren Umstülpungs-

---

3 Kalivoda, a. a. O., S. 22
4 Chvatik, a. a. O., S. 109
5 a. a. O., S. 122

versuche er nicht kann zur Rechenschaft gezogen werden; gälte die Kritik ihm selbst, hätte sie weitaus differenzierter zu verfahren. Nicht daß Hegel in der Ästhetik der Spezifität seines Gegenstandes gerecht werde, die Erkenntnis-Funktion, die er ihm zuspricht, kann ihm deswegen nicht voll abgesprochen werden. Der Hegelsche Schönheitsbegriff, der nicht ohne Schaden vom Bewußtsein von Nöten lösbar ist, impliziert dieselben Momente von Negation und Antizipation wie der der vernünftigen Wirklichkeit, der sich nur der Ignoranz in der Affirmation gegebener Verhältnisse erschöpft; er versucht überdies der Kunst jene Dignität zurückzugeben, die ihr ein Kunstbegriff zu nehmen drohte, der sie auf ein gefälliges Spiel ohne Interesse zu reduzieren schien.

Das Medium, in dem sich die Unangemessenheit des Inhaltismus seinem Gegenstand, dem Ästhetischen, gegenüber vollends erweist, ist die Erfahrung der Moderne, der künstlerischen Avantgarde. Die Entdeckung der bewußten Verfremdung oder Deformation der außerästhetischen Elemente, vor der der zur Widerspiegelungstheorie neigende Inhaltismus notwendig versagt, führt den Formalismus der Herbartschen Tradition zur Absage an die auch von ihm trotz seiner Insistenz auf der Autonomie des Ästhetischen als einer Struktur von Elementen aufrechterhaltene „Illusion des objektiv Schönen". „Die Erkenntnis, daß das Ästhetische die Weise der Organisierung außerästhetischer Bedeutungen ist, die durch die gesellschaftliche Struktur getragen und vermittelt werden"[6], führt zu dem von Kalivoda als immanente Entwicklungslogik interpretierten dialektischen Umschlag des Formalismus in den Strukturalismus mit seiner Intention, die relative Autonomie des Ästhetischen mit der Dialektik von Geschichte und Gesellschaft zu vermitteln, anders gesagt — und das entspricht dem Adornoschen Programm — die Kant-Herbartsche mit der Platonisch-Hegelschen Linie[7]. Erst damit höre die Ästhetik auf, „Metaphysik zu sein; sie wird zu einer wissenschaftlichen Theorie der ästhetischen Verfremdung der Wirklichkeit"[8]. Daß Kalivoda den so gewonnenen Begriff von Kunst als „spezifischer Formung von Wirklichkeit" als „Vorbedingung für die Entmythologisierung der Kunst und die Humanisierung der Wirklich-

---

6 Kalivoda, a. a. O., S. 27
7 a. a. O., S. 22
8 a. a. O., S. 26

keit" ausgibt⁹, bleibt freilich durch die vorschnelle Identifizierung von Formung und Humanisierung problematisch. Wir werden weiter unten zeigen, daß ihr ein zu kurz reflektierter marxistischer Arbeitsbegriff zugrunde liegt, der die Erkenntnis der spezifischen ästhetischen Dialektik von Formung und Negation der Form verhindert. Deren Verkennung jedoch impliziert die Gefahr eines Rückfalls in einen harmonisierenden Kunstbegriff: Wird Kunst wie bei Chvatik zur puren undialektischen Antithese gegen „extreme Spezialisierung, rationales Kalkül, Manipulation von Menschen, kalte Berechnung"[10] stilisiert, an denen sie doch auch teilhat, droht die Kraft ihrer Negation umzuschlagen in Affirmation, die projektive Selbstrealisation des Menschen in das unvermittelte Versöhnungsbild harmonischer Ganzheit:

> „Die Kunst eint, harmonisiert, vervollkommnet den Menschen als ein wahrhaft menschliches Wesen, hilft ihm die Fülle seines Daseins in der Zeit zu realisieren, ist ein unersetzliches Moment in der dynamischen Gesamtstruktur der anthropologischen Konstante des Menschen."[11]

Indem sie so auf die klassischen Ideen harmonisch-organischer Ganzheit und Universalität ungebrochen bezogen werden, verlieren die wesentlichen strukturalistischen Erkenntnisse über das Ästhetische als „Negation der praktischen Funktionalität"[12] mit der weiterreichenden Folgerung, „die ästhetische Funktion der Kunst sei deren fundamentale gesellschaftliche Funktion"[13], ihre kritische Funktion: Die Verklärung der Kunst zum antizipatorischen Freiraum unterwirft sie gerade der Gewalt jener Praxis, der sie in den Werken authentischer Moderne den Kampf ansagt, ohne ihr doch selbst entraten zu können.

Daß der Marxsche Arbeitsbegriff als der Selbsterzeugung des Menschen eine schwere Hypothek für die Rezeption der strukturalistischen Innovationen ist, sofern er die These von der entwicklungslogischen Konvergenz des Strukturalismus zum Marxismus begründen soll, zeigt

---

9 Kalivoda, a. a. O., S. 36
10 Chvatik, a. a. O., S. 107
11 a. a. O., S. 92 — Dies entspricht der Position Ernst Fischers.
12 a. a. O., S. 88
13 a. a. O., S. 90

Kosiks „Dialektik den Konkreten" besonders deutlich[14]. Probleme der Ästhetik werden in dieser Studie, die sich um eine dialektische Rekonstruktion des Begriffs der menschlichen Wirklichkeit bemüht, deren Explikation zugleich die Destruktion der Pseudokonkretheit in ihren vielfältigen Formen ist, nicht in extenso behandelt; an zwei Stellen jedoch dienen sie als Exempel für Aspekte eines pseudokonkreten Wirklichkeitsbegriffs, der der dialektischen Kritik unterzogen wird: Der soziologistische Reduktionismus der Plechanow-Schule wird im Zusammenhang mit der Theorie des ökonomischen Faktors kritisiert, während die Kritik des Historizismus am Beispiel der Dialektik des Kunstwerks zwischen Genesis und Geltung entfaltet wird. Beide Probleme, die vom Soziologismus ignorierte Irreduzibilität des Kunstwerks auf gesellschaftliche Verhältnisse — positiv: das Kunstwerk als konstitutives Moment der Wirklichkeit selbst — und sein vom Historizismus ignoriertes Fortleben über den historischen Ort seiner Genesis hinaus, hängen eng miteinander zusammen und bilden Aspekte des Begriffs der konkreten Totalität, als die sich der Dialektik Kosik zufolge die Struktur der Wirklichkeit darstellt. Wirklichkeit ist nach Kosík ein „strukturiertes, sich entfaltendes und bildendes Ganzes"[15], das der Mensch als „gegenständliches, gesellschaftlich-historisches Subjekt"[16] durch die Arbeit seiner Geschichte ständig totalisiert: Erst „die genetisch-dynamische Auffassung der Totalität" erlaube die Erkenntnis von deren „Bedeutungsstruktur" als „Prozeß", in dem der objektive Inhalt und die Bedeutung aller ihrer Elemente und Teile real herausgebildet wird"[17]. Die Insistenz auf der „zentralen Bedeutung der Praxis und der Arbeit in der Gestaltung der menschlichen Wirklichkeit"[18] erlaubt zwar, die Marxsche These vom Primat des Ökonomischen im Sinne der ökonomischen Struktur als der „fundamentalen Grundlage der gesellschaftlichen Beziehungen"[19] zu begreifen und die kausal-deterministische, mechanistische Faktoren-Theorie wie ihr kunstwissenschaftliches Äquivalent, den Soziologismus á la Plechanow, als pseudo-

---

14 Karel Kosík: Die Dialektik des Konkreten. Eine Studie zur Problematik des Menschen und der Welt. — Frankf./M 1967
15 a. a. O., S. 45
16 a. a. O., S. 47
17 a. a. O., S. 54 f.
18 a. a. O., S. 116
19 Kosík, a. a. O., S. 109

konkreten Reflex verdinglichter Arbeit, eines Fetischismus der Ökonomie zu analysieren, impliziert aber dort, wo der Arbeitsbegriff nicht weiter differenziert wird, eine verhängnisvolle Konfundierung von historischer Praxis und Kunst, die die relative Autonomie des Ästhetischen im selben Augenblick bedroht, da die Struktur-Theorie durch die Kritik der Faktoren-Theorie sie anzuerkennen sich anschickte. Nach Kosík sind Ökonomie und Kunst gleichermaßen „Produkte der menschlichen Praxis"[20], weisen beide deren funktionalen Doppelcharakter auf, „Reflex und Projekt zugleich"[21] zu sein, d. h. im historischen Kontext der Humanisierung und Totalisierung der Wirklichkeit durch gesellschaftliche Arbeit eine vorgefundene Wirklichkeit nicht nur zu reproduzieren und registrieren, sondern gemäß ihren subjektiven Projekten in eine neue Qualität zu verändern. In diesem Sinne bestimmt Kosík den spezifischen Doppelcharakter der Kunst als gleichzeitig „Ausdruck" und „Bildung" der Wirklichkeit:

„Jedes künstlerische Werk hat in unteilbarer Einheit einen doppelten Charakter: es ist Ausdruck der Wirklichkeit, aber es bildet auch die Wirklichkeit, die nicht neben dem Werk und vor dem Werk, sondern gerade nur im Werk existiert."[22]

Um diese Bestimmung von der Adornoschen Analyse des Doppelcharakters der Kunst als autonom und fait social abzugrenzen, ist die Frage zu beantworten, was Kosík unter künstlerischer Bildung der Wirklichkeit versteht. Schon in anderem Zusammenhang war er bei der Bestimmung der Welt der Alltäglichkeit als Welt der Entfremdung und der Pseudokonkretheit auf die Kunst als eine der Weisen der Destruktion der Pseudokonkretheit gestoßen: Die Kategorie der „Verfremdung" deckt „eines der wichtigsten Prinzipien der modernen Kunst", die Destruktion der Vertrautheit und scheinbaren Natürlichkeit der in ihrem Wesen nicht durchschauten alltäglichen Welt, für deren verschiedene Realisationsweisen bei Kosík Kafka und Brecht einstehen[23]. Das Kunstwerk, das die Wirklichkeit so bildet, daß sie überhaupt erst als

---

20 a. a. O., S. 116
21 a. a. O., S. 123
22 ibid.
23 Kosík, a. a. O., S. 82 f.

Wirklichkeit, d. h. konkrete Totalität in ihrer Dialektik von Wesen und Erscheinung, Subjekt und Objekt erfahrbar wird, ist eben aufgrund seiner Praxis zugleich ein „Bauelement"[24] der gesellschaftlichen Wirklichkeit, d. h. es ist ein konstitutives Moment jener Bedeutungsstruktur, die es transparent macht. Und dieses Transparentmachen ist zugleich ein Verändern, Umgestalten der Wirklichkeit, das dem künstlerischen Schaffen mit aller Praxis gemeinsam ist; Erkenntnis erfordert Eingriff. Mit dieser Argumentation sind wir aber zunächst wieder bei jener Gnoseologisierung der Ästhetik angelangt, die der Strukturalismus hatte überwinden wollen:

> „Zur Erkenntnis der menschlichen Wirklichkeit als *Ganzer* und zum Erschließen der Wahrheit dieser Wirklichkeit *in ihrer Wirklichkeit* stehen dem Menschen zwei ‚Mittel' zur Verfügung: die Philosophie und die Kunst. (...) Die Kunst ist im wahren Sinne des Wortes gleichzeitig entmystifizierend und revolutionär, denn sie führt den Menschen aus den Vorstellungen und Vorurteilen über die Wirklichkeit in die Wirklichkeit und ihre Wahrheit selbst. In der wirklichen Kunst und wirklichen Philosophie wird die Wahrheit der Geschichte enthüllt: die Menschheit wird vor ihre eigene Wirklichkeit gestellt."[25]

Wird die Kunst so schon als Mittel der Wirklichkeitserkenntnis — man denke zurück an Lukács' „eigene Welt" der Kunstwerke — in ihrer Autonomie als Ästhetisches in Frage gestellt, so büßt sie ihre Autonomie durch die Bindung an den Praxisbegriff vollends ein. Denn das Modell von Praxis ist für Kosîk die Naturbeherrschung mit den Polen „Kausalität" und „Zweckmäßigkeit"[26]. Da er den Einspruch gegen diese Praxis als wesentliches Moment der Kunst, die Kunst selbst als Modell einer anderen Praxis, nicht einbezieht — daß er die Problematik erkannt hat, zeigt das Kapitel „Arbeit und Ökonomie"[27], wo die Dialektik der Kunst als Arbeit und Nichtarbeit im Ansatz skizziert wird —, kann er den „Projekt"-Pol des Kunstwerks nur im Surrogat der Kunstgeschichte lokalisieren: Das Fortleben der vollkommenen Werke

---

24 a. a. O., S. 126
25 a. a. O., S. 125 f.
26 a. a. O., S. 122 f.
27 a. a. O., S. 204 ff.

wird zum Spezifikum des Ästhetischen. Der griechische Tempel, die mittelalterliche Kathedrale, der Renaissancepalast sind – abgesehen von ihrer Funktion, die jeweilige Wirklichkeit zum Ausdruck zu bringen – „nicht nur Bauelemente jeder dieser Gesellschaften, sondern sie bilden als vollkommene künstlerische Werke eine Wirklichkeit, die die Historizität der Welt der Antike, des Mittelalters, der Renaissance überdauert. In diesem Überdauern entfaltet sich das Spezifikum ihrer Wirklichkeit."[28] Die Begriffe konkrete Totalität und Struktur nehmen den genetisch-dynamischen Charakter der kraft der menschlichen Praxis im ständigen Prozeß befindlichen Wirklichkeit in die Erkenntnistheorie hinein, die insofern zugleich eine Geschichtsphilosophie ist. Wenn daher der Begriff der Wirklichkeit ihre Genesis einschließt, so ist jede historische Phase Wirklichkeit an und für sich und zugleich konstitutives Moment in der immer umfassender werdenden, sich im dialektischen Prozeß herausbildenden Totalität neuer Phasen.

Die darin angesprochene allgemeine Problematik von Genesis und Geltung entfaltet auch Kosík anhand von Marxens Fragment über die antike Kunst in den „Grundrissen". Marx unterscheidet zwischen historisch-gesellschaftlichem Verknüpftsein der griechischen Kunst und ihrer bis heute fortdauernden Geltung als Norm und Muster; in seinem methodologischen Kontext kann das Fragment nach Kosík nur als Beispiel für die allgemeine Problematik von Genesis und Geltung verstanden werden[29]. Verknüpftsein ist nicht identisch mit der mittels der Kunstsoziologie klärbaren sozialen Bedingtheit eines Werkes – die Vorstellung, bestimmte gesellschaftliche Verhältnisse bedingten das Kunstwerk, das „somit faktisch etwas Außergesellschaftliches" würde und nach dem einmaligen Anstoß „absolut autonom" wäre[30], beruht auf der falschen Identifizierung der Verhältnisse mit der Wirklichkeit und führt zur Depotenzierung des Werkes zum passiven Reflex. Kosíks Kritik ist hochbedeutsam auch deshalb, weil sie den dialektischen Umschlag von totaler Heteronomie in absolute Autonomie, von Soziologismus in Ästhetizismus genau markiert. Gegen den historizistischen Kausalmechanismus setzt Kosík den Doppelcharakter des Kunstwerks als „integraler Bestandteil", „Aufbauelement" der gesell-

---

28 Kosík, a. a. O., S. 126 f.
29 a. a. O., S. 133
30 Kosík, a. a. O., S. 136

schaftlichen Wirklichkeit und „Ausdruck der gesellschaftlich-geistigen Produktion des Menschen", d. h. innerhalb der strukturierten Totalität der Gesellschaft bildet das Kunstwerk selbst „eine komplizierte Struktur, ein strukturiertes Ganzes", eine „relativ autonome Bedeutungsstruktur" eigener Art, „deren Konkretheit in ihrer Existenz als einem Moment der gesellschaftlichen Wirklichkeit beruht", kurz: An die Stelle der „Historizität der Verhältnisse" soll der „Historismus der gesellschaftlichen Wirklichkeit" treten[31]. Das Programm heißt, allgemein formuliert, die „historischen Entwicklungsstufen der Menschheit" (Historizität) zugleich als „überhistorische Elemente der Menschheitsstruktur, d. h. der menschlichen Natürlichkeit" zu begreifen[32]. Indem er die mit Recht gegen den Soziologismus verteidigte relative Autonomie des Kunstwerks an die klassizistische Idee von dessen Überzeitlichkeit bindet, gibt Kosík die Dialektik, in deren Namen er die Auseinandersetzung führt, preis und gelangt einerseits zu einer Ästhetisierung der Geschichte als fragloser, ungebrochen-sinnhafter Kontinuität, andererseits zu einer dem Soziologismus komplementären Depotenzierung des Ästhetischen zum omnipräsenten, verfügbaren Bildungselement. Nicht zufällig beruft er sich für sein geschichtsphilosophisches Modell, das mit der Dialektik des sich durch das Relative bildenden Absoluten zugleich den „Sinn" des Zeitlichen klären soll, auf Hegels Begriff der Explikation des Geistes in der Zeit[33]. Seine Beispiele skizzieren eine Art materialistischer „Phänomenologie", in der der durch seine historischen Entäußerungsformen in sich zurückkehrende Geist durch die „menschliche Natürlichkeit" ersetzt ist, die identisch ist mit der gesellschaftlichen Wirklichkeit, wie sie sich in ihrer historischen Kontinuität totalisiert. Und dieser historische Totalisierungsprozeß, der in eins Neuproduktion und „(kritische und dialektische) Reproduktion des Vergangenen" ist[34], soll das Problem der fortdauernden Geltung künstlerischer und philosophischer Werte klären, die selbst konstitutive und sinngebende Elemente des Prozesses bilden:

„Verschiedene Gestaltungen des menschlichen Bewußtseins, in denen sich einzelne Individuen, Klassen, Epochen oder die ganze Mensch-

---

31 a. a. O., S. 135 ff.
32 a. a. O., S. 144
33 a. a. O., S. 144, Anm. 58
34 Kosík, a. a. O., S. 148

heit *ihre* praktisch-geschichtlichen Probleme erkämpft und vergegenwärtigt haben, werden, sobald sie geformt und formuliert sind, ein Bestandteil des menschlichen Bewußtseins und damit fertige Formen, in denen *jedes* Individuum die Probleme der ganzen Menschheit durchleben, realisieren und sich ihrer bewußt werden kann. Das unglückliche Bewußtsein, das tragische Bewußtsein, das romantische Bewußtsein, Platonismus, Macchiavellismus, Hamlet und Faust, Don Quijote, Josef Schwejk und Gregor Samsa sind historisch entstandene Formen des Bewußtseins oder Arten der menschlichen Existenz, die in ihrer klassischen Form in einer *bestimmten*, einzigartigen und unwiederholbaren Epoche geschaffen wurden; sobald sie aber geschaffen waren, fanden sie ihre Vorgänger in zerstreuten Fragmenten der Vergangenheit, die in bezug auf sie nur unvollkommene Versuche darstellen. Sobald sie geformt und ‚da' sind, reihen sie sich in die Geschichte ein, weil sie selbst Geschichte bilden und eine Gültigkeit gewinnen, die von den ursprünglichen historischen Verhältnissen ihrer Entstehung unabhängig ist."[35]

Der Historismus, gegründet auf den Begriff der Geschichte als der Selbsterzeugung des Menschen, seiner menschlichen Wirklichkeit bzw. Natürlichkeit, behauptet also gegen den Historizismus und dessen Insistenz auf Einmaligkeit und Unwiederholbarkeit historischen Seins die „Einheit von Genesis und Wiederholbarkeit"[36] auf der Basis der sinnvollen Kontinuität der Formen und Verhältnisse, in denen sich die gegenständliche Praxis des Menschen jeweils realisiert. Dieser geschichtsphilosophische Ansatz ist jedoch aufgrund seiner optimistischen Prämisse höchst fragwürdig, die aposteriorische Begründung des Totalisierungseffekts auf die gegenständliche menschliche Praxis reflektiert die die These von der Sinnhaftigkeit der Geschichte in Frage stellende Dialektik der Aufklärung nicht mit und verklärt überdies das widersinnige Leiden und die Nöte der Geschichte. Das Modell bleibt – nicht zufällig wie bei Hegel – das Ästhetische oder, genauer, ein bestimmter Begriff des Ästhetischen, in dem die Teile Sinn und Dignität erst als Elemente eines sich durch sie hindurch bildenden, sie als Teile aufhebenden Ganzen erhalten. Die Fragwürdigkeit dieser am Marxschen

35 a. a. O., S. 144 f.
36 a. a. O., S. 137

Arbeitsbegriff orientierten Geschichtsphilosophie, von der in den Lukács- und Bloch-Analysen bereits ausführlich die Rede war, wird dadurch deutlich sichtbar, daß Kosík seine Prämisse, Entwicklungskontinuität, Überzeitlichkeit der Werke etc., als Fakten ausgibt, die nicht weiter hinterfragt werden, und daß er zuletzt gezwungen ist, auf die Vorstellungen der Inhalts-Ästhetik zu rekurrieren: Unter der Hand erstarren ihm die Kunstwerke mit dem Versinken der bei ihrer Genesis herrschenden Verhältnisse zur klassizistischen Galerie „fertiger Formen" des „Unvergänglichen" und „Allgemein-Menschlichen"[37], die, ihrer antithetischen „Projekt"-Funktion vollends beraubt, zur Bewußtmachung bestimmter Menschheitsprobleme jedem auf Abruf zur Verfügung stehen.

Die Möglichkeit der Aufnahme und Neubewertung künstlerischer und philosophischer Werke der Vergangenheit – ihr „Leben" – gründet nach Kosík darin, daß diese selbst Strukturelemente unserer eigenen Wirklichkeit, Natürlichkeit sind; sie ist als „Polyvalenz", Fähigkeit, grundsätzlich alle kulturellen Formen von Schönheit und Wahrheit zu absorbieren und totalisieren, selbst Produkt der Moderne: Das ist erneut der bürgerliche Hegelsche Geist, der hier als Bewußtsein alle historischen Epochen als integrale Aufbauelemente seiner Selbstwerdung begreift. Dieses Modell aber ist im Kern eine Reduktion des Ästhetischen auf seinen affirmativen Charakter, der ihm im Laufe der Geschichte allein verbleibt, und damit zugleich eine Reduktion auf die Erkenntnisfunktion. Charakteristisch in Kosíks hegelianisierender Beispielreihe ist das Auftauchen des „tragischen Bewußtseins", dessen affirmative Verklärung sinnlosen Leids die Insistenz auf seiner Omnipotenz als selbst affirmativ erscheinen läßt – man vergleiche dagegen die Ironisierung des Absoluten und Ewigen durch den Poetismus und Teiges hellsichtiges Wort über die moderne „Poesie": „Es schwindet das Tragische, dieser ästhetische Sadismus."[38] –; zugleich ignoriert die Formel vom tragischen Bewußtsein die Tragödie als Kunstform und bezeugt im Grunde damit selbst, daß die Tragödie als ästhetische Form abgestorben ist.

Kalivodas These von der entwicklungslogischen Konvergenz des Strukturalismus zum Marxismus, die den Ausgangspunkt unserer

---

37 Kosík, a. a. O., S. 143
38 Karel Teige: Liquidierung der „Kunst. Analysen, Manifeste. Frankfurt/M 1968. Zit. S. 110

bisherigen Überlegung bildete, kann die Schwierigkeiten nicht verdecken, die sich dem Marxismus wegen seiner geschichtsphilosophischen Grundvorstellungen bei der Aufarbeitung des Strukturalismus in den Weg stellen. Die intendierte Versöhnung von Marxismus und Avantgarde kann nur dann statthaben, wenn die Kritik am dogmatischen Marxismus diese Grundvorstellungen einbezieht. Bis dahin scheint es wünschenswert und notwendig, die Analysen von Teige und Mukarovský als Ansätze zu einer Alternative zur dogmatischen, hegelianisierenden Ästhetik noch einmal zu diskutieren. Dabei sind Teiges Schriften für uns nicht so sehr um der in ihnen entwickelten Theoriebildung bedeutsam — diese wird von Mukarovský weit differenzierter geleistet — als deshalb, weil sie, Produkt der Reflexion auf Anspruch und Erfordernisse der Kunstpraxis selbst, aus marxistischer Sicht die spezifischen Erfahrungen der Moderne zu begreifen und aus ihnen eine marxistische Alternative zum parteioffiziellen Proletkult-Programm und zu dem es später ablösenden Programm des sozialistischen Realismus zu entwickeln versuchen, d. h. sie stecken nicht nur den Erfahrungshorizont für den tschechischen Strukturalismus ab, sondern vertreten gleichzeitig — bei aller Differenz — Positionen, wie sie in Deutschland bei den Auseinandersetzungen im BPRS bei Brecht, Eisler, Benjamin ua. anklangen, ehe die offizielle Parteilinie unter dem Einfluß von Lukács und Wittvogel sich durchsetzte und sie aus der offiziellen Diskussion verbannte[39].

2. Teige und Mukarovský

Überblickt man die von P. Kruntorad besorgte schmale Auswahl von Teiges Schriften, die Arbeiten zwischen 1922 — „Neue proletarische Kunst" — und 1930 — „Gedicht, Welt, Mensch" — umfaßt, scheint sich ein Bruch abzuzeichnen zwischen der im erstgenannten Aufsatz aufgestellten Forderung nach einer proletarischen Kunst und der späteren Theorie des Poetismus, ein Bruch, den Teige selbst im „Manifest des Poetismus" von 1928 scharf akzentuiert hat:

---

39 Cf. dazu jetzt detailliert: Helga Gallas: Marxistische Literaturtheorie. Kontroversen im Bund proletarisch-revolutionärer Schriftsteller. — Neuwied-Berlin 1971

„Immer klarer zeigte es sich, daß das Programm der proletarischen Kunst eine absolut falsche und unzureichende Lösung ist, eine unrichtige Antwort auf die Tatsachen der revolutionären Epoche. Die proletarische Kunst, wie sie Lunacarskij verkündet hatte, das erkannten wir, war eine unmarxistische Irrlehre und ein ästhetischer Unsinn."[40]

Der Poetismus versteht sich selbst als marxistische Kritik an dem Programm der proletarischen Kunst, und zwar an beiden Gliedern dieses Begriffs: an der unmittelbar-gesellschaftlichen agitatorischen Mission, „die nicht zu den Funktionen des Gedichts gehört" und weit effektiver von Zeitungsartikel, Plakat etc. erfüllt werden kann, wie an der mangelhaften ästhetischen Qualität der „naiven Lagerrhetorik", der „erzmiserablen Agitation", die „weder Fisch noch Fleisch" war[41]. Hinter der Kritik an den Produkten des Proletkult steht bereits der Gedanke — der Aspekt der marxistischen Kritik —, daß die gesellschaftliche Funktion dem Ästhetischen nicht von außen oktroyiert, sondern nur aus der Analyse des spezifisch Ästhetischen selbst entwickelt werden könne. Der scharfe Trennungsstrich, den Teige zwischen Proletkultur und Poetismus zieht, darf also nicht über die Gemeinsamkeit des Ausgangspunktes, die Problematik der gesellschaftlichen Funktion des Ästhetischen im Kampf um die Emanzipation, hinwegtäuschen; die fundamentale Differenz ergibt sich aus der Antwort auf diese Frage, aus der Anwendung der Dialektik auch auf den Bereich des Ästhetischen. Die Entdeckung des Poetismus — der darin ein Vorläufer des tschechischen Strukturalismus und hierzulande Adornos ist — ist die Dialektik der Kunst als autonom und soziales Faktum: Nur als autonome, von jeder unmittelbaren gesellschaftlichen Funktion befreite kann die Kunst, eo ipso soziales Faktum, ihre spezifische gesellschaftliche Funktion erfüllen. Die Theorie von der Funktionalität durch Dysfunktionalität setzt die Lösung der Kunst vom subjektbezogenen, teleologischen Arbeitsbegriff voraus, wie ihn die Hegelsche Tradition — Kunst als Form geistiger Arbeit — einseitig konservierte, und knüpft an die Kantsche Theorie der Interesselosigkeit der Kunst an — deren Gefährdung, das Abgleiten ins Affirmative, freilich auch Teiges Sprung

---

40 Teige, a. a. O., S. 72
41 ibid.

ins eudämonistische Konzept der Lebenskunst nicht ganz verleugnen kann, da er übersieht, daß Kunst zum gegebenen historischen Zeitpunkt eben auch Arbeit sein muß, um die Kraft ihrer Negation in sich entfalten zu können[42].

Die Entdeckung dieser Dialektik durch den Poetismus ist identisch mit der Destruktion des traditionellen, isolationistischen und professionalisierten Kunstbegriffs, der durch das neutrale, die griechische Wortbedeutung aufnehmende „Poesie" ersetzt wird. Damit verschiebt sich die Polemik gegen die voraufgegangene Kunst: Der Aufsatz über „Neue proletarische Kunst" hatte sie im Geiste Lunacarskijs wegen ihres bourgeoisen Klassencharakters angegriffen, wie er sich in der Esoterik und Sterilität des l'art pour l'art manifestierte, und dagegen — getreu der These von der Kunst als Teil des ideologischen Überbaus — die proletarische Kunst wiederum mit Lunacarskij als Zwischenphase zwischen bourgeoiser und sozialistischer Kunst charakterisiert, deren Spezifika durch ihre Rolle in der bestimmten Phase des Klassenkampfes bedingt seien: Proletarische Kunst begreift sich als „gegensätzlicher Pol

---

[42] Nur am Rande sei darauf hingewiesen, daß diese Problematik auch für die Wandlung des Hegelschen Kunstbegriffs zentral gewesen sein dürfte. Die Korrektur der bürgerlichen Legende vom irrationalistischen jungen Hegel, wie sie in unserem Zusammenhang am reinsten von Glockner vertreten wurde, hätte hier anzusetzen, um den Umschlag des mit dem Erotisch-Kreativen zusammengedachten Kunstbegriffs, wie ihn Hegel in der Frankfurter Zeit scharf gegen die Autorität des Positiven in Kirche und Gesellschaft und gegen alle Formen der Naturbeherrschung vertritt, in den am Arbeitsmodell orientierten der „Vorlesungen" zu begreifen. Zum Vergleich bietet sich die Theorie der „Selbstverdoppelung" an, die in Frankfurt an der Erfahrung der Liebe, in den Vorlesungen an der der naturbeherrschenden Praxis gewonnen ist. Das Erfahrungsmodell herrschaftsfreier, Moralität begründender Subjekt-Objekt-Beziehung macht sich, als personales übertragen auf Gesellschaftliches, jener Abstraktion des aus der Pistole Geschossenen schuldig, die Hegel später an seinen Kontrahenten karikierte. Die Beschäftigung mit konkreten gesellschaftlichen Fragen und ihrer historischen Prozessualität führte zur Erfahrung des Arbeitsbegriffs. Die Einsicht in die geschichtsbildende Kraft der Arbeit aber führte, zum allein grundlegenden Erfahrungsmodell gesteigert, zur Destruktion jener Ansätze seiner Jugend, die Bedeutung herrschaftsfreier Interaktion bewußt zu machen. Daher wird die Natur zum Objekt und zur Form der Entfremdung. Daher auch entziehen sich ihm wesentliche Momente des Ästhetischen, indem die seit der Phänomenologie bestimmende Forderung, die Substanz als Subjekt zu denken (sie ist hier vorgedacht), Subjektcharakter dem denkenden Bewußtsein vorbehält. Daher schließlich verliert das Ästhetische seinen progressiven Rang für das Bewußtsein der Gegenwart, und die Liebe, die einst untrennbar mit ihm verbunden gewesen, wird zum Thema der der Selbstauflösung entgegentreibenden romantischen Kunst.

(zur bourgeoisen Ära, W. K.), der auf derselben Ebene liegt"[43]. Dem Ersatz des bourgeoisen Psychologismus durch den Soziologismus in der Ästhetik entsprechen in der proletarischen Kunst als „Negation"[44] der bourgeoisen auf der Basis einer wenigstens in Ansätzen greifbaren „Wirklichkeit einer neu organisierten Gesellschaft"[45] die Eigenschaften „Tendenziosität und Kollektivität" und Pessimismus gegenüber der vom Futurismus naiv glorifizierten "Zivilisationswelt"[46] — dies sind die logischen Antithesen zu den notwendigen Charakteristika kapitalistischer Kunst, Individualismus, Formalismus („eine ästhetische Notwendigkeit") und l'art pour l'art („eine zeitbedingte Notwendigkeit")[47]. Dabei ist jedoch die Forderung nach Tendenz, aktivem Eingriff in den Klassenkampf durch Plakat, Flugschriftenkarikatur etc. schon hier identisch mit dem Kampf gegen „den Mißbrauch der Tendenz in der Kunst"[48], soweit sie rhetorisch bleibt, nur „äußerlich zugefügt", nicht „mit dem Organismus des Werks verwachsen" ist[49]. Der Begriff der Tendenz verschiebt sich bei Teige von der Bedeutung der Propaganda, die als „der eigentliche Revolutionsstil" oft nicht ohne „qualitativen Verfall" abgeht, dieser „Tendenz im engeren Sinn des Wortes", die „nicht das *wesentliche Kennzeichen des Ganzen der proletarischen Kunst* ist, sondern nur ein *charakteristischer Zug eines einzigen Zweiges davon*", auf eine „Tendenz im breiteren Sinn", wie sie die Kollektivität impliziert: Wesensmerkmal der proletarischen Kunst ist nach Teige, daß sie zur Schule wird für *„die kollektive Gesinnung und das kollektive Fühlen"*, für „proletarische *Begriffsweise und Anschauung"*[50]. Quelle dieses tendenziösen Kollektivismus sind die Anschauungs-, Gefühls- und Denkweisen des Proletariats, auf die sich die Kunst einzustellen hat, um ihren Addressaten zu erreichen: daher die Forderung nach „Volkstümlichkeit , die ihrerseits Verständlichkeit und Unterhaltsamkeit fordert" und Eingehen auf den Geschmack des Proletariats verlangt, ohne den Charakter der bisher von ihm rezipierten Produkte: den der Derivate und Abfallprodukte bourgeoiser Kunst, zu perpetuieren[51]. Diese von der offiziellen Parteilinie bis heute

---

43 Teige, a. a. O., S. 12
44 a. a. O., S. 20
45 a. a. O., S. 22
46 a. a. O., S. 26 f.
47 a. a. O., S. 28
48 a. a. O., S. 32
49 a. a. O., S. 33
50 a. a. O., S. 34
51 a. a. O., S. 36 f.

aufrechterhaltene Position krankt an dem inneren Widerspruch, daß sie den kollektiv fühlenden und kämpfenden Proletarier, zu dem sie ihre Leser erziehen will, als bereits existent voraussetzt, und führt schließlich zu jenem sattsam bekannten Zerrbild des sozialistischen Helden, zu steigender Verdinglichung des Bewußtseins und zur Erstarrung der Kunstform zum stereotypen Klischee.

Der Poetismus, der sich als „neue Ästhetik und Philosophie" in scharfer Antithese zum Proletkult begreift, kann in gewisser Hinsicht als konsequente Fortführung von Teiges eigener Proletkult-Programmatik verstanden werden: Die Forderung nach Aufhebung der Isolation der Kunst und ihrer Reintegration ins gesellschaftliche Leben, die bereits die Abkehr von den „ästhetischen Vorurteilen"[52] proklamierte und ihre Quellen in der sogenannten niederen Kunst und im außerästhetischen Bereich von Varieté, Zirkus, Volksfest, Fußball aufgesucht hatte[53], und die Bestimmung der Tendenz als Form thematisch nicht gebundenen, kollektiven Bewußtseins werden radikalisiert durch die Perspektive einer Ästhetisierung aller Lebensbereiche, die jedoch zugleich politisch-gesellschaftlich intentioniert ist. Die wesentlichen historischen Erfahrungen, die zu dieser Perspektive führen, sind:

— das praktische und theoretische Scheitern des Proletkult: die Ohnmacht der Kunst als Waffe im Klassenkampf und die ästhetische Disqualifikation durch die Subordination des Ästhetischen unter rhetorisch-didaktische Funktionen wie andererseits durch das Festhalten am traditionalistischen Kunstbegriff, d. h. die Proletkult-Theorie leistet gerade nicht die dialektische Vermittlung von Kunst und Gesellschaft, da sie die Kunst eo ipso als nicht-autonomen, kausal determinierten Teil des Überbaus definierte.

— die Aufarbeitung der supranationalen Entwicklungsgesetze der Avantgarde seit Baudelaire, die nun nicht mehr nach dem Schema des Soziologismus als ästhetisches Äquivalent des individualistischen Kapitalismus, sondern als dessen Negation, als Element des Emanzipationskampfes begriffen wird

— die Rezeption der Freudschen Psychoanalyse und ihrer Aufdeckung des Zusammenhangs von Triebunterdrückung und gesellschaftlicher Repression

---

52 Teige, a. a. O., S. 39
53 a. a. O., S. 37

— die Rezeption neuer technischer Mittel und ihres Einflusses auf die Veränderung der Wahrnehmungs-, Gefühls- und Denkweisen.

Die theoretische Begründung gibt das zweite „Manifest des Poetismus" von 1928, das zugleich einige Unklarheiten des ersten von 1924 beseitigt. Dort war vor allem die gesellschaftliche Dimension des Epikureismus noch nicht erfaßt: Der Poetismus als „die Kunst, zu leben und zu genießen", verstand sich selbst in Analogie zum siebenten Schöpfungstag, als krönender Abschluß der nach den rationalen Gesetzen der Ökonomie geschaffenen Wissenschaft, Technik und Politik, als „ein Geschenk oder ein Spiel ohne Verpflichtungen und Folgen", als Rettung des irrationalen Elements des Lebens[54]. Marxismus als konstruktive „Weltanschauung" und Poetismus als „Atmosphäre des Lebens" stehen hier noch im Verhältnis gegenseitiger „Ergänzung", doch legt die Analogie zum Schöpfungsmythos den Poetismus als Telos des von Marxismus und Konstruktivismus in Bewegung gesetzten Prozesses nahe, das Telos eines Lebens in „Glück, Liebe und Poesie", also ohne Repression und Arbeitszwang, fern von instrumenteller Vernunft: Poesie als „der einzige Zweck eines selbstbezweckten Lebens"[55]. Der Poetismus begreift sich also als Richtungsgeber und Korrektiv des Sozialismus, als dessen Herrschaftsmethode er den Konstruktivismus („ökonomisch, zielbewußt, nützlich") bezeichnet[56]. Die Schwierigkeit, das Verhältnis von Poetismus und Konstruktivismus zu klären, zeigt sich auch in der 1925 entstandenen Arbeit „Der Konstruktivismus und die Liquidierung der ‚Kunst'", die mit dem Begriff des „Funktionalismus", der den „Formalismus" aller traditionalen, als auratisch bestimmten Kunst ablösen und insofern die Liquidierung der „Kunst" leisten soll, das Ästhetische im Zeitalter der „Maschinenzivilisation", der „Wissenschaft und Technik" unmittelbar mit der ökonomischen Funktionalität der Maschine — „Minimum an Bemühung bei einem Maximum an Effekt" — identifiziert: Das Schöne ist nun nicht mehr Korrektiv, sondern das unbeabsichtigte, „automatisch" entstehende Nebenprodukt der „Zweckmäßigkeit der Form", der „allseitigen, zweckmäßigen Vollkommenheit"[57]. Diese Identifikation,

---

54 Teige, a. a. O., S. 44 ff.
55 a. a. O., S. 46 ff.
56 a. a. O., S. 51
57 Teige, a. a. O., S. 62 ff.

nicht denkbar ohne die Verbindungen zum Bauhaus, die in ihrem Kern Kritik an sogenannten ewigen Werten, die „längst tote Werte" sind, an Dogmatismus und ewigen Ordnungen ist und zugleich die traditionellen ästhetischen Kategorien wie Form, Inhalt, Tendenz aufhebt, setzt freilich die Bestimmung des Konstruktivismus durch den Menschen als „das Maß aller Dinge"[58] als ethische Vorentscheidung voraus. Mit dieser Argumentation, die die komplementären Gefahren des Anti-Technik-Affekts wie der Glorifizierung der Technik vermeidet, ist der im zweiten Manifest entwickelte Kunstbegriff vorgezeichnet: Daß die Technik, ihrem Prinzip nach auf Rationalität, Funktionalität und Herrschaft gestützt, Mittel werde, das menschliche Leben von eben diesen, es unterdrückenden Prinzipien zu befreien und in den zweck- und herrschaftsfreien Raum von Glück und Liebe zu entlassen, dafür kämpft die Kunst auf ihre Weise: Indem in ihr die Mittel ihre Zweckmäßigkeit einbüßen, antizipiert Kunst die Aufhebung der repressiven Zweck-Mittel-Rationalität.

Dieser Kunstbegriff ist an der Analyse der nunmehr positiv eingeschätzten avantgardistischen Kunst und ihrer Entwicklungsgesetze gewonnen. Der Poetismus, seinem Selbstverständnis nach kein neuer, bloß ästhetischer Ismus, versteht sich als Telos der ihm vorausgegangenen zahlreichen Ismen seit Baudelaire und Poe. Die Analyse der wesentlichen immanenten Entwicklungstendenzen der Avantgarde:
— „absolute Reinheit der Poesie": Freiheit von außerästhetischen Zwecken und Orientierung allein an „maximaler Emotionalität"
— Emanzipation von der „Welt der Kategorien und Begriffe" zugunsten der „ursprünglicheren psychischen Quellen" (Psychoanalyse)
— „Revision des Wortmaterials": Verzicht auf kommunikative Inhalte und Rekurs auf „direkte Emotionsinduktoren"
— Schaffung einer „Poesie für die fünf Sinne, für alle Sinne" aufgrund der Analogien zwischen den verschiedenen Sinnesdaten
läßt nach Teige als Grundtendenz den „Emanzipierungskampf" der Künste erkennen[59], der zugleich ein Kampf um die Emanzipation der allseitigen Sensibilität des Menschen ist. So erscheint die Geschichte der Malerei bei Teige als Kampf um die Befreiung der außerästhetisch — im Mittelalter von der Kirche — postulierten utilitären Abbildungs-

---

58 a. a. O., S. 60 und pass.
59 Teige, a. a. O., S. 87 f.

funktion, bis das Sujet nur noch Vorwand ist für Farbkompositionen — im Impressionismus — , um im Kubismus ganz zur abbildlosen „Farbensymphonie", zum „Farbengedicht" zu werden[60]. Der Poetismus proklamiert das Absterben der traditionellen Kunstformen und die „Erfindung neuer Gebilde", die den neuen Erfahrungen (Psychoanalyse) durch Interferenz der Kunstformen und Aktivierung aller Sinne entsprechen gemäß der „Idee der Korrespondenz und Einheitlichkeit der künstlerischen Emotion"[61]. Die „Tatsache der Äquivalenz der einzelnen Künste" und der Interdependenz der fünf Sinne konstituiert nach Teige die Tendenz zu einer alle traditionellen Künste synthetisierenden „ars maior" oder „ars una", die sich der neuesten technisch-wissenschaftlichen Errungenschaften zur Schaffung neuer, alle Sinne evozierender Ausdrucksmöglichkeiten bedient[62]: „mit Farbe, Form, Licht, Bewegung, Klang, Geruch, Energie zu dichten"[63], verweist auf neue synthetische Kunstformen. Bildgedichte, photogene Poesie, Kinographie, radiogene Poesie, optophonetische Kunst, Poesie fürs Sehen, Hören, Riechen, für Geschmacks- und Tastsinn, eine „Poesie der intersensoriellen Äquivalenzen", der „körperlichen und räumlichen Sinne" — Sport, Tanz etc. —, des „Sinns fürs Komische".

Die Problematik dieses Manifestes ist nicht zu übersehen: Nur um den Preis der Harmlosigkeit vermag die Kunst die Brücken zu ihrer gesellschaftlichen Umwelt abzubrechen; denn das Neuland, das sie unvermittelt antizipieren will, ist das alte Land der Träume, die das Glück realisieren wollen, das die Wirklichkeit versagt, und deren Wundmale zeigen, daß auch ihnen die Flucht nie ganz gelingt. Dennoch ist Kunst ohne diese utopische Perspektive nicht denkbar, nur muß das eudämonistische Harmonie- und Glückskonzept in die Dialektik des Negativen einbezogen werden. Insofern liegt der Akzent aktualiter gerade um dieses Konzepts willen auf den Widersprüchen der ästhetischen Struktur. Teige selbst ist dieser Erkenntnis durch die Rezeption und Kritik des Freudschen Kunstbegriffs recht nahe gekommen. Er begründet die Idee der Einheitlichkeit der Kunst, Poiesis mit einer anthropologisch-biologischen Konstante, die zugleich hypothetisch den

---

60 a. a. O., S. 91
61 a. a. O., S. 92 f.
62 a. a. O., S. 98 ff.
63 a. a. O., S. 102

Sinn der Kunst klären soll, mit einem „einheitlichen produktiven Instinkt des Menschen", einem „Schöpfungstrieb", der seinerseits — unter Berufung auf Freud — im Sexualtrieb gründen und als psychosomatische Kraft die qualitative Identität des schöpferischen Selbstausdrucks mit quantitativ verschiedenen Mitteln erneut belegen soll: Ziel der „Poesie" ist die Realisierung von „Glück", wie es „aus der Harmonie aller Sinne unter der Herrschaft des übergeordneten Sinns für Leben und Liebe" resultiert[64]. Diese scheinbar ahistorische Triebkonstante wird jedoch in den historischen Kontext eingebracht durch die Historisierung des Freudschen Begriffs der Kunst als Sublimierung von Libido, wie sie die Arbeit „Gedicht, Welt, Mensch" von 1930 leistet. „Fluchtpunkt" der die traditionelle „Kunst" destruierenden „Poesie" ist das Marxsche „Reich der Freiheit", das erst völlig „die Kunst als Sublimierung der Libido überflüssig" macht und die Schönheit zum „Epiphänomen aller Lebenserscheinungen" werden läßt[65]. Hier zuerst ist die Perspektive des Absterbens der Kunst im Adornoschen Sinne erfaßt als bedingt durch das Ende von Not und Unterdrückung, durch die Versöhnung von Natur und Gesellschaft. Die Liquidation der Kunst, in den Manifesten als vollzogen verkündet, wird zur utopischen Perspektive, an der Kunst mit ihren spezifischen Mitteln mitarbeitet. Dies bedeutet jedoch zugleich die, wenn auch implizite, wechselseitige Kritik des Freudschen und des marxistischen Kunstbegriffs. Einerseits wird die Freudsche Kulturkritik, die den Zusammenhang von Kultur und Triebunterdrückung als schicksalhafte Notwendigkeit ausgibt und der Kunst angesichts der Herrschaft des Realitätsprinzips nurmehr die Rolle einer Ersatzfunktion illusionärer Wunscherfüllung zuweist, durch ihre Historisierung zur Gesellschaftskritik. Indem andererseits die Erfahrungsinhalte der Freudschen Theorie als Analyse eines gegebenen historischen Zustands anerkannt werden, dienen sie zugleich als Korrektiv traditioneller marxistischer Vorstellungen, für das sich Teige auf Marx selbst beruft. Für dessen Perspektive eines „Reichs der Freiheit" jenseits von Arbeitszwang und -teilung ist die Umwandlung der Produktionsverhältnisse die notwendige Voraussetzung, die unfruchtbar bleibt, wo sie nicht zugleich den Kampf gegen das Prinzip der Herrschaft und die Reduktion des Menschen aufs Kalkül der Zweck-

---

64 Teige, a. a. O., S. 109 f.
65 a. a. O., S. 126 f.

Mittel-Rationalität einschließt. Die Insistenz auf der Rolle des Bewußtseins im Kampf um die Emanzipation des Menschen, eo ipso Absage an die Degradation des Ästhetischen zum Teil des ideologischen Überbaus, führt zur Neubesinnung auf die gesellschaftliche Funktion des Ästhetischen, das weder — wie die traditionelle Kunst — der Sublimierung noch — wie der Proletkult — unmittelbar außerästhetischen Zwecken sich verschreiben will. Diese Neubesinnung mit ihrem Antitraditionalismus und ihrer Auflösung der traditionellen marxistischen Kategorien wie Tendenz und Volkstümlichkeit schließt sich an die künstlerische Avantgarde an. Sie begreift die Ismen nicht nur als „Ausdruck der Opposition des Künstlers gegen die herrschende Klasse", die Bedingungen der Arbeitsteilung etc., sondern auch als „die ersten Schritte zur Überwindung des Antagonismus von Kunst und Gesellschaft, der ‚Schönheitsideale' und der konkreten Realitäten"[66]: Die Emanzipation der Kunst von der Gesellschaft ist gerade der dialektische Umschlagspunkt für die „neu gewonnene Verbindung und Verschmelzung mit der Welt und der Gesellschaft auf einer *höheren Evolutionsstufe des Gedichts und der Gesellschaft*"[67]. Die These von der Identität des ästhetischen und gesellschaftlichen Emanzipationskampfes schließt ein, daß das Ästhetische nur durch Insistenz auf seiner Autonomie gesellschaftliche Relevanz erhält. Die Funktion der reinen „Poesie", „durch die systematische Kultur der Sinne und Durchleuchtung der Sensibilität die vitalen menschlichen Potenzen zu kultivieren, harmonisieren und sozialisieren", ist eo ipso Einspruch gegen die Triebrepression durch die „alten Gesellschaften, ihre Moral, Religion und Wirtschaft"[68]. Für die „Formierung des Bewußtseins eines neuen sozialistischen Menschen"[69] figuriert „*die neue Poesie als hohe Schule des neuen Menschen*": „Gedichte für alle Sinne: keineswegs l'art-pour-l'art, sondern eine bedeutsame gesellschaftliche Funktion beim Aufbau der sozialistischen Welt"[70]

Teiges wichtigste Entdeckung, die sich dem engen Bezug zur aktuellen Kunstpraxis verdankt, ist die Dialektik, daß die Kunst nur, indem sie sich ganz auf sich selbst bezieht und nur um ihrer selbst

---

66 Teige, a. a. O., S. 114
67 a. a. O., S. 115
68 a. a. O., S. 117
69 a. a. O., S. 123
70 a. a. O., S. 125

willen da ist, Sein für Anderes, eine gesellschaftliche Kraft sein kann, daß folgerichtig das Ästhetische seine es historisch konstituierende Isolation zur Gesellschaft radikalisieren muß gerade um der Perspektive der Auflösung dieser Isolation willen, wie sie aus Leid und Not der Geschichte, aus Unterdrückung und Herrschaft resultierte – mit der Konsequenz, daß angesichts einer Kunst, die durch die Perspektive ihrer Selbstauflösung charakterisiert ist, alle traditionale Kunst, die diesen Zwiespalt nicht oder nicht mehr auszudrücken vermag, veraltet und kraftlos geworden ist. Die Gefahr dieser Kunstauffassung liegt darin, daß die sie konstituierende Dialektik nicht radikal genug durchgeführt wird. Sie äußert sich bei Teige darin, daß die Kunst den sie zerreißenden Selbstwiderspruch, Kunst – und damit Leid und Not – aufheben zu wollen und doch Kunst – und damit deren Affirmation zugleich – bleiben zu müssen, durch ihre Selbstliquidation auflösen zu können glaubt, aber eben dadurch ins Affirmative des Surrogats abzugleiten droht; denn die Veränderung der gesellschaftlich-menschlichen Wirklichkeit kann Kunst von sich aus nicht leisten, nur äußerst gebrochen durch das Negative der aktuellen Wirklichkeit hindurch antizipieren: Um mehr als „Kunst" zu sein, muß Kunst Kunst bleiben oder, genauer, die Tendenz der Moderne auf Hermetik zu bezeichnen: Kunst werden.

Die Radikalität der Teigeschen Fragestellung fehlt bei Mukarovský. Dessen Schriften entfalten jedoch die Dialektik von Autonomie und Heteronomie des Ästhetischen im Kontext der gesellschaftlichen Gesamtstruktur und ihrer historischen Genesis mit dem Ziel einer die spezifischen Erfahrungen der Moderne aufnehmenden, sie aber zugleich in den Gesamtprozeß der Kunstgeschichte einfügenden allgemeinen Theorie des Ästhetischen. Der Relativierung der Kunstgeschichte durch die Moderne bei Teige entspricht bei Mukarovský tendenziell die der Moderne durch die Kunstgeschichte, in der sich strukturell ähnliche Prozesse zwischen künstlerischer und gesellschaftlicher Entwicklung ständig wiederholen. Die strukturalistische Theorie droht – und das zeigt sich deutlich auch bei Jauß, der neuerdings diesen Ansatz aufgenommen hat –, auf der Suche nach einer immanenten Entwicklungslogik zur Theorie einer zuletzt aufs Kreislaufschema reduzierten Kunstgeschichte zu verflachen, in der allgemeine Entwicklungsgesetze in spezifischen Inhalten wiederkehren, ohne daß der Kunstbegriff selbst problematisiert würde. Andererseits führt die Analyse des Ästhetischen bei Mukarovský zur Erkenntnis der Bedeutung der formal-kompositorischen Struktur des Kunstwerks und bereitet Adornos Begriff der gesellschaftlichen Antithese zur Gesellschaft vor, den Teiges Programm der Selbstliquidation des Kunstwerks zu überspringen drohte. Insofern wäre programmatisch — und durchaus als Aspekt genuiner Hegel-Kritik — die Vermittlung des poetistischen und strukturalistischen Ansatzes zu fordern, die deren wechselseitige Gefahren des Abgleitens ins Affimative vermiede. Diese Vermittlung hat — nach der Perspektive unserer Arbeit — Adorno geleistet.

Unter Mukarovskýs Arbeiten[71] ist die entscheidende für uns die Abhandlung „Ästhetische Funktion, Norm und ästhetischer Wert als soziale Fakten"[72], die, 1936 in Buchform erschienen, das Ästhetische unter den drei eng mit einander verknüpften Aspekten aus der Dialektik der Autonomie der Entwicklung der künstlerischen Struktur — die Position des russischen Formalismus — und der Interdependenz mit der gesellschaftlichen Struktur entfaltet, ohne dabei den „Standpunkt der Entwicklungsimmanenz" aufzugeben[73]. Die Bedeutung dieser Studie liegt darin, daß sie den Dualismus von Kunst und Gesellschaft, das additive Nebeneinander von immanent-ästhetischer und soziologischer Fragestellung in ihrem Fortschreiten dialektisch aufhebt, ohne doch deren Spuren völlig verwischen zu können. Die Schwierigkeiten ergeben sich aus der Methode: Mukarovský beginnt mit begriffslogischen Definitionen, die im Exklusionsverfahren gewonnen und erst a posteriori dialektisch dynamisiert werden; die beiden dadurch entstehenden Ebenen können nicht vollkommen vermittelt werden, so daß neben die Variable der der historisch-gesellschaftlichen Entwicklung verknüpften Kunstgeschichte die Konstante eines anthropologisch fundierten Kunstbegriffs tritt, dessen Faktizität als nicht weiter hinterfragbar erscheint.

Von dem Faktum der Ubiquität des Schönen ausgehend, versucht Mukarovský zunächst einen allgemeinen Begriff des Ästhetischen zu entwickeln, der sodann für die Kunst spezifiziert werden soll. Den ersten Schritt vollzieht am eindrücklichsten der 1942 gehaltene Vortrag

---

71 Jan Mukarovský: Kapitel aus der Ästhetik. — Frankfurt/M 1970 — zitiert als „Ästhetik"
Jan Mukarovský: Kapitel aus der Poetik. — Frankfurt/M 1967 — zitiert als „Poetik"
72 In: Mukarovský: Ästhetik. S. 7—112
73 a. a. O., Vorwort, S. 7 f.

„Der Standort der ästhetischen Funktion unter den übrigen Funktionen"[74] mittels der ‚phänomenologischen Deduktion'[75] des Funktionsbegriffs. Die Definition der Funktion als „Art und Weise des Sich-geltend-Machens des Subjekts gegenüber der Außenwelt"[76] setzt — unter Abkehr von den verschiedenen Formen traditioneller, das Ästhetische isolierender Ästhetik — einen Vorbegriff des Ästhetischen „als Element menschlichen Handelns und Gestaltens"[77] voraus, der durch die Differenzierung der Formen der Subjekt-Objekt-Beziehungen näher bestimmt wird. Mittels zweier Differentiatoren, der Modalität der Beziehung, die unmittelbar oder zeichenhaft-vermittelt sein kann, und der Dominanz ihres Subjekt- oder Objekt-Pols, gelangt Mukarovský zu einer Typologie von vier Funktionen: a) unmittelbare praktische Funktionen mit Dominanz der vom Subjekt umzugestaltenden Wirklichkeit, b) die unmittelbare theoretische Funktion mit Dominanz des die objektive Wirklichkeit mittels Projektion ins Bewußtsein aufnehmenden Subjekts, c) zeichenhafte symbolische Funktion mit Dominanz des im Zeichen anvisierten und beeinflußten Objekts und d) die zeichenhafte ästhetische Funktion mit Dominanz des auf die Wirklichkeit nicht einwirkenden Subjekts. Die Problematik dieser Typologie, die, ständige Wechselbeziehungen und Umschichtungen vorausgesetzt, „zeitlose Gültigkeit" für sich beansprucht[78], ist offenkundig. Nicht nur ist sie gezwungen, auf undialektische Antithesen zu rekurrieren, sie trifft auch durch ihre Fundamentaldefinition der Funktion als „Art und Weise des Sich-geltend-Machens des Subjekts gegenüber der Außenwelt" eine Vorentscheidung zugunsten eines Praxis-Begriffs, der die naturale und historisch-gesellschaftliche Wirklichkeit nur in der Rolle des Objekts kennt. Aus dessen Enthistorisierung resultieren einerseits die merkwürdige Umstellung der dominierenden Faktoren (Dominanz des Objekts in der Naturbeherrschung?!) und die Transposition des Dominanzbegriffs auch auf die Kunst sowie die Tatsache, daß das Typenraster keinen Ort für die Philosophie aufweist, andererseits die auf den ersten Blick überraschende Dialektik, daß gerade sie es

74 In: Mukarovský: Ästhetik. S. 113—137
75 a. a. O., S. 125
76 ibid.
77 a. a. O., S. 118
78 a. a. O., S. 135

Mukarovský ermöglicht, wesentliche Züge des Ästhetischen zu begreifen; denn in der Geschichte partizipiert Kunst sowohl an der die Herrschaft des Subjekts begründenden Praxis, wie sie ihr gegenläufige Tendenzen entwickelt. Hier wird bereits die Bestimmung der ästhetischen Funktion als der „dialektische(n) Verneinung jeder praktischen Funktion"[79] vorbereitet, die zugleich die formal-kompositorische Struktur des Ästhetischen von der ihr von der Inhalts-Ästhetik auferlegten Reduktion aufs instrumentelle Medium der Vermittlung von Erkenntnisinhalten befreit und als eigentliche Realisationsebene des Ästhetischen begreift[80].

Ihre volle negative Kraft kann diese von Mukarovský festgestellte Dialektik jedoch erst dann entfalten, wenn die ihr zugrundeliegende Typologie der Subjekt-Objekt-Beziehungen rehistorisiert wird. Mukarovský selbst hat durch den Hinweis auf die Genese der Monofunktionalismen aus einem „Urzustand" der „Homogenität" der Funktionen einen Ansatzpunkt dazu geliefert, um ihn freilich sogleich durch die scharfe Trennung von „rein phänomenologisch(en)" und genetischen Fragen zu verwerfen. Philosophischer Analyse enthüllt sich der unleugbare Zusammenhang der Dominanz des Subjekts mit der Tendenz auf Monofunktionalismus, d. h. auf arbeitsteilige Spezialisierung auch als Schuldzusammenhang, der alle Elemente der gesellschaftlichen Struktur durchfurcht. Den Schein der Irreduzibilität, der ihm bei Mukarovský anhaftet — als Schuldzusammenhang bleibt er bei ihm ohnehin unerkannt; deshalb fehlt auch die Perspektive des Absterbens der Kunst —, versucht Kunst gerade dadurch zu durchbrechen, daß sie sich ihres affirmativen Wesens bewußt wird und ihm immanent den Kampf ansagt. Ohne dieses Bewußtsein droht Kunst ihre kritische Potenz einzubüßen und zum versöhnenden Vorreiter geschichtlicher Tendenzen zu erstarren, die im Gewande des Neuen das schlechte Alte perpetuieren. Wir werden dieser Gefahr in Mukarovskýs Kunstauffassung öfter begegnen. Hier wird sie daran sichtbar, daß er gezwungen ist, zur inhaltlichen Abgrenzung der ästhetischen von den übrigen Funktionen auf die traditionelle Kategorie des Typischen zurückzugreifen, um die Leerstelle auszufüllen, die der Verzicht auf die grundsätzliche dialekti-

---

79 Die poetische Benennung und die ästhetische Funktion der Sprache (1938). — In: Poetik. S. 44—54. Zit. S. 49
80 Ästhetik. S. 129 f.

sche Differenz von Arbeits- und Kunstpraxis hatte entstehen lassen; das Typische hypostasiert als das im ästhetischen Zeichen dominierende Subjekt „die menschliche Gattung" und meint die ‚Widerspiegelung' der „Wirklichkeit als Ganzes" im Unikat, die „Vereinheitlichung der Wirklichkeit" „nach dem Bild der Einheit des Subjekts" mit dem Ziel der Schaffung einer „einheitlichen Verhaltensweise" dieser Wirklichkeit gegenüber[81].

Kehren wir jetzt wieder zu der von uns ins Zentrum gestellten Arbeit Mukarovskýs zurück, so finden wir auch hier die unvermittelte Antinomie von überhistorisch-konstanten und historisch-variablen Elementen. Die fließende Grenze zwischen den verschiedenen Funktionen menschlicher Beziehung zur Außenwelt läßt zunächst nur die definitionslogische Bestimmung des Kunstwerks durch die Dominanz der ästhetischen Funktion zu, die im außerkünstlerischen Bereich sekundär und potentiell bleibt[82]. Die Dominanz des Ästhetischen als Funktion sui generis konstituiert dessen Autonomie: Kunst ist „Ausdruck um seiner selbst willen"[83]. Die Unmöglichkeit, eindeutige Kriterien für das, was Kunst ist, anzugeben, sowie der historisch, klassen- und altersspezifisch fließende Übergang zum Außerkünstlerischen verweisen nach Mukarovský auf die für Kunst konstitutive Dialektik von Autonomie, die durch die Dominanz der ästhetischen Funktion und die Isolierung von der Wirklichkeit konstituiert wird, und gesellschaftlicher Faktizität, insofern die Entwicklungsimmanenz der Kunst vom gesellschaftlichen Bewußtsein des jeweiligen Kollektivs bzw. seiner herrschenden Klasse die normative Stabilisierung der ästhetischen Funktion, die Grenzziehung zum Außerkünstlerischen erfährt[84]. Von der Dominanz der ästhetischen Funktion definitorisch abgeleitet, bleibt der Autonomie-Begriff rein affirmativ und ästhetisch. Nicht wird reflektiert, daß die Kunst an ihrer Verweisung in einen konzessionierten isolierten Bereich leiden könnte. Wirklich autonom ist sie nur dort, wo ihre konstitutiven Prinzipien sich gegen die in der Gesellschaft herrschenden Herrschafts- und Spezialisationsprinzipien artikulieren, wo sie sich als gesellschaftliche Gegenkraft weiß und eben deshalb auf ihrem Selbstsein beharrt,

---

81 Mukarovský: Ästhetik. S. 128 f.
82 a. a. O., S. 18
83 a. a. O., S. 20, Anm. 5 und pass.
84 Mukarovský: Ästhetik. S. 29 ff.

kein Einverständnis mit der Gesellschaft duldet, von der sie doch ein Teil ist. Daß dagegen der unproblematisierte Autonomie-Begriff in gefährliche Nähe zur Ideologie gerät, wird weiter unten deutlich werden.

Daß Mukarovský sein Ziel, den „Konflikt zwischen dem Anspruch der Norm auf allgemeine Verbindlichkeit, ohne die es keine Norm gäbe, und ihrer faktischen Begrenztheit und Wandelbarkeit (...) als dialektische Antinomie, die die Entwicklung im ganzen ästhetischen Bereich unterhält", zu begreifen[85], nur bedingt erreicht hat, liegt wiederum an einer unzulässigen Ästhetisierung des Problems — dessen eigentliche gesellschaftliche Relevanz wird erst in der Diskussion des ästhetischen Werts eingeholt — aufgrund einer in den Argumentationszusammenhang autoritativ eingeführten Vorentscheidung:

„Das Ziel der ästhetischen Funktion ist es, ästhetisches Wohlgefallen zu erzeugen."[86]

An den dem Kollektivbewußtsein angehörenden Normen, die im konkreten Fall spontan darüber entscheiden, wie weit der Wert als „Maß des ästhetischen Wohlgefallens"[87] erreicht ist, unterscheidet Mukarovský eine anthropologisch orientierte und eine historisch-gesellschaftliche Seite. Die intendierte Dialektik scheint in den Dualismus von Geltung — als einem Problem der Anthropologie — und Wandelbarkeit der Normen — als einem Problem der Soziologie — zurückzufallen, in dem sich der Dualismus des Kunstwerks als ästhetisch-autonom und als „historisches Faktum"[88] reproduziert. Die Bedeutung der Studie Mukarovskýs liegt aber gerade darin, daß sie in ihrem Fortschreiten die aus der Tradition der Ästhetik übernommenen Dualismen dialektisch aufzuheben strebt und die traditionellen Kategorien — wie die des zunächst nur als Kant-Reminiszenz zu verstehenden ästhetischen Wohlgefallens — gleichsam im Zuge ihrer Selbstkorrektur entästhetisiert; eben weil die Studie das Ringen um eine neue Ästhetik als Prozeß selbst darstellt und im Grunde die Lektüre von ihrem Ende

---

85 a. a. O., S. 36
86 a. a. O., S. 40
87 Mukarovský: Ästhetik. S. 37
88 a. a. O., S. 43

her verlangt, ist auf den Schwächen und Widersprüchen der Anfangskapitel zu bestehen. Die Anthropologie erhält bei Mukarovský nie jene Relevanz, die ihr die experimentelle, nach den Bedingungen eines objektiv Schönen fragende Ästhetik eingeräumt hatte, im Gegenteil, sie wird reduziert auf die Funktion, den Ausschließlichkeitsanspruch, den die ästhetische Norm trotz ihrer ständigen Wandlungen immer wieder erhebt, erkenntnistheoretisch zu begründen. Die „grundlegenden anthropologischen Bedingungen" der Möglichkeit des ästhetischen Wohlgefallens, zu denen Mukarovský Rhythmus, Symmetrie, Komplementär- und Kontrastfarben, Schwerpunktstabilität ua. zählt, sollen als konstitutive Prinzipien, die die „psychophysische Verfassung der menschlichen Gattung" produziert, den „Nenner", „den spontan wirkenden Maßstab für die Übereinstimmung und den Konflikt der konkreten Normen mit dieser Verfassung bilden", „eine feste Grundlage (...), auf die bezogen die Wandelbarkeit nur als Verstoß gegen die Ordnung empfunden werden kann"[89]. Die Trennung von Prinzipien und Normen läßt das Befolgen der Prinzipien als an sich ästhetisch „indifferent" bezeichnen und betont die Bedeutung der Brüche[90]. Unter Hinweis auf den Unterschied zwischen „Bruch der konstitutiven Prinzipien durch die konkrete Norm" und „Bruch einer alten Norm durch eine neue" beschreibt Mukarovský den Prozeß der Kunstgeschichte als fortwährenden Kampf des Kunstwerks gegen die jeweils herrschende Norm mit dem Ziel, sie durch eine eigene neue zu ersetzen, als Geschichte von Normbrüchen:

„Das Kunstwerk ist immer eine inadäquate Anwendung der ästhetischen Norm, und zwar so, daß ihr jeweiliger Stand keineswegs aus einer unbeabsichtigten Notwendigkeit heraus, sondern absichtlich und deshalb meist sehr fühlbar gestört wird. Die Norm wird hier unaufhörlich durchbrochen. (...) Die Geschichte der Kunst ist, wenn wir sie aus der Sicht der ästhetischen Norm betrachten, eine Geschichte der Auflehnung gegen die herrschenden Normen. Hieraus ergibt sich der eigentümliche Charakter der lebenden Kunst, daß nämlich in dem Eindruck, den sie vermittelt, das ästhetische Wohlgefallen mit Mißhagen gemischt ist."[91]

89 a. a. O., S. 40 ff.
90 Mukarovský: Ästhetik. S. 42
91 a. a. O., S. 45 f.

Solange die Kunstgeschichte auf der Basis des unvermittelten Autonomie-Begriffs als immanent-ästhetischer, selbstgenügsamer Prozeß aufgefaßt wird, werden freilich die Widersprüche und Innovationen vorschnell harmonisiert zum in seiner Struktur ewig gleichen Prozeß, in dem authentische Kunst der normativen aktuellen Geschmacksbildung voraneilt, um früher oder später vom gewandelten kollektiven Geschmack eingeholt zu werden. Im Zusammenhang der Geschmacksbildung bleibt die Kategorie des Wohlgefallens rein kulinarisch, zumal sie zugleich in einen Kreislauf der Normen eingebracht wird. Dennoch bahnt sich gerade an dieser Stelle die entscheidende Differenzierung an, die den dialektischen Umschlag der immanent-ästhetischen in die gesellschaftsbezogene Fragestellung initiiert: Es gilt, den Widerspruch dialektisch aufzuheben, daß authentische Kunst, der definitorisch die Funktion zugeteilt war, Wohlgefallen zu erzeugen, gerade deren Einlösung immer verweigert, daß eine Kunst, die tatsächlich nur noch Wohlgefallen erzeugt, hoffnungslos veraltet und erstarrt ist. Mukarovskýs Verdienst ist die Erkenntnis, daß dieses Problem nicht innerästhetisch, sondern nur im Kontext der historisch-gesellschaftlichen Gesamtstruktur lösbar ist und eine Umwertung der Kategorien, zumal der der Autonomie und des Wohlgefallens erfordert. Daß er es im vorliegenden Zusammenhang dennoch isoliert behandelt und in diesen Grenzen verkennt, kennzeichnet dieses Kapitel, das früher als das folgende, die Wertproblematik entwickelnde entstanden ist, als eine Übergangsetappe in seinem Denken.

Mukarovský entwickelt die Dialektik von Wohlgefallen und Mißfallen aus der von Einhaltung und Bruch der konventionellen ästhetischen Norm im Kunstwerk, die kunsthistorisch die von Kontinuität (Tradition) und Diskontinuität ist. Da er jedoch die ästhetische Funktion a priori als Erzeugung von Wohlgefallen definiert hatte, kann er vom Standpunkt der Immanenz der Kunstgeschichte das Mißfallen — und dieser Topos findet sich nicht erst bei Hegel, sondern schon bei Aristoteles — nur als „dialektische Antithese" begreifen, die ihrerseits das Wohlgefallen, dessen Inhalte sonst zum konventionellen Klischée erstarrten, „zu maximaler Intensität" führen soll[92]. Diese Perspektive, die am Surrealismus und seiner Verbindung des Häßlichen mit programmatischem Hedonismus gewonnen ist, hat die Vorstellung vom

---

92 Mukarovský: Ästhetik. S. 48

Kunstwerk als einer Ganzheit zur Voraussetzung, die ihre Funktion, Erzeugung und Vermittlung von Wohlgefallen, gerade auch mittels negativer Elemente erreicht, die „im Ganzen des Werks zu positiven Elementen" werden[93]. Der Gedanke einer Umwertung der außerästhetischen Werte im Kunstwerk, wichtiges Element seiner Autonomie, wird damit harmonistisch depotenziert, da der gesellschaftliche Aspekt des Umstrukturierungs- und Umwertungsprozesses aus dem vorab definierten Funktionszusammenhang des Ästhetischen noch ausgespart bleibt. Gegenüberzustellen wäre der Bestimmung der Kunst, Eindrücke zu erwecken, die der Forderung nach Einlösung des Implizierten durch Reflexion, der der harmonistischen Autonomie die des gesellschaftlich bedingten Bruchs mit den gesellschaftlich approbierten Normen. Über Mukarovskýs These vom ‚Pendeln' des „lebendigen" Kunstwerks „zwischen dem vergangenen und dem zukünftigen Stand der ästhetischen Norm"[94], und das Additive ihrer späteren Verknüpfung mit der Soziologie hinauszugehen, heißt also 1. die Erfahrung radikaler Moderne zu begreifen, auf die der Terminus des ästhetischen Wohlgefallens überhaupt nicht mehr anwendbar scheint, und 2. die Dialektik von Autonomie und Heteronomie beim Wort zu nehmen, da bei Mukarovský die hedonistisch interpretierte Autonomie des Kunstwerks in ihr genaues Gegenteil, in eine Soziologie der ästhetischen Geschmacksbildung, umzuschlagen droht.

Die Betrachtung von Affirmation und Negation bestehender Normen als der Pole der Entwicklungsimmanenz der Kunst, die letztlich doch immer nur an „positiven" Werten orientiert ist, führt über die Unterscheidung von „epigonalen" und „originären" Kunstwerken[95] zu einer Theorie vom „Kreislauf der ästhetischen Normen"[96]. Die Kreislauftheorie deckt einerseits die Selbstbewegung der „hohen" Kunst — Werke, die ursprünglich bestehende Normen verletzten und die Widersprüche zwischen alten und neuen Elementen nur gewaltsam in ihrer Struktur ausglichen, werden „im Lauf der Zeit (...) tatsächlich zu einer Einheit und ‚schön' im Sinne des durch nichts gestörten ästhetischen

---

93 ibid.
94 Mukarovský: Ästhetik. S. 49
95 a. a. O., S. 50
96 a. a. O., S. 64
97 a. a. O., S. 50

Wohlgefallens"[97], d. h. sie wirken in ihrer erworbenen Klassizität selbst normbildend und werden prospektiv von anderen abgelöst, ein Vorgang, der durch die Kunstgeschichte prinzipiell identisch bleibt, wenn auch stets ein schichten- und klassenspezifisch bestimmtes „Nebeneinander und eine Konkurrenz sehr vieler paralleler ästhetischer Normen"[98] besteht —; sie deckt andererseits die soziologisch erklärbare Verschiebung der „Reihe von ästhetischen Normsystemen"[99] in den verschiedenen Gesellschaftsklassen: Das allgemeine, freilich empirische Differenzierung verlangende Modell ist der Parallelismus „der Hierarchie der ästhetischen Normsysteme zur Hierarchie der gesellschaftlichen Schichten"[100]. Hier rächt sich wiederum die Dichotomie von Kunstautonomie und Bindung an den sozial determinierten Geschmack (Wohlgefallen); die hohe Kunst droht bei Mukarovský zur Ideologie zu werden, gerade weil er von ihrer Entwicklungsimmanenz ausgeht. Die frühere Unterscheidung von originär und epigonal heißt hier: Den „Gipfel" innerhalb der Hierarchie der ästhetischen Normsysteme bildet „der jüngste, am wenigsten mechanisierte und am wenigsten mit anderen Gattungen von Normen verknüpfte Kanon", während „die älteren, mechanisierteren und unter die übrigen Gattungen von Normen verflochtenen Normsysteme" die unterste Ebene bilden[101]. So provozierend die Identifizierung von gesellschaftlicher Herrschaft und fortgeschrittenstem ästhetischen Bewußtsein wirken mag, sie deckt wesentliche Zusammenhänge in den Beziehungen von Kunst und bürgerlicher Gesellschaft auf, nicht nur die in der überwiegenden Zahl bürgerliche Herkunft der Produzenten und Rezipienten von Kunst und die schier unerschöpfliche Fähigkeit der bürgerlichen Gesellschaft, sie in Frage stellende Kunstformen sich zu assimilieren, sondern vor allem den unaufhebbar affirmativen Charakter noch der sie negierenden Kunst als Kunst. Was Mukarovský jedoch verkennt, ist, daß gerade dieser innere Selbstwiderspruch zum Motor der Entwicklung der avantgardistischen Kunst wird, die auf ihrer negativen Kraft beharrt, jedes Einverständnis zu vermeiden sucht und bewußt nicht gefallen will. Wie er in den Generationsunterschieden „die Herde der meisten ästhetischen Revolutionen"[102]

98 a. a. O., S. 55
99 a. a. O., S. 57
100 Mukarovský: Ästhetik, S. 59
101 a. a. O., S. 58
102 a. a. O., S. 59

sieht gemäß dem Stand der unvermittelten ästhetischen Autonomie, so mißdeutet Mukarovský die „Richtungen des l'art-pour-l'art" als konsequenten und konformen Ausdruck der „kulturell tonangebenden Umwelt"[103] und kommt durch diesen Umschlag der totalen Autonomie in Heteronomie nicht zufällig der marxistischen Deutung des Phänomens nahe. Erst wenn das von ihm richtig erkannte Moment der bewußten Tendenz auf Mißfallen in seiner gesellschaftlichen Dimension erfaßt ist — wir verweisen wiederum auf Adornos Kunstbegriff als der gesellschaftlichen Antithesis zur Gesellschaft —, läßt sich das von ihm als „Basis für die Feststellung von Entwicklungsvarianten" benutzte „Schema des Absinkens der ästhetischen Norm auf den Stufen der ästhetischen und gesellschaftlichen Hierarchie"[104] als unheilvolles Syndrom durchschauen. Erst dann auch läßt sich der Prozeß, der an der Moderne erfahren ist: daß abgesunkene Normen auf hoher Ebene modifiziert reaktiviert werden, nicht nur als innerästhetischer Kreislauf phänomenologisch beschreiben, sondern als Moment der das petrifizierte Bewußtsein und seine Eingewöhnung in die Hierarchie der Normen aufsprengenden Innovationen begreifen.

Die Frage nach dem ästhetischen Wert setzt die Analyse der bei Funktion und Norm festgestellten Dialektik der — nur im ästhetischen Bereich — dem Wert untergeordneten Norm und deren Durchbrechung, von ästhetischem Wohlgefallen, das aus der Erfüllung der Norm resultiert, und Mißfallen voraus; der Versuch ihrer Beantwortung führt jedoch zur Korrektur der bisher entwickelten Kunstvorstellung. Aus der Perspektive des Werts stellt sich die Dialektik zunächst als die der „Wandelbarkeit des konkreten Wertungsvorgangs" und der — auf ihre „noetischen Voraussetzungen" zu befragenden — „objektiven (d. h. vom Wahrnehmenden unabhängigen) Gültigkeit des asthetischen Urteils" dar[105]. Dementsprechend unterscheidet Mukarovský zwei Realisations- und Wertungsebenen am Kunstwerk: Aus „dem materiellen Artefakt, der Schöpfung des Künstlers"[106], in der sich, wenn überhaupt, der fragliche, dem Kunstwerk „ohne Rücksicht auf die historischen Aspekte"[107] anhaftende objektive ästhetische Wert aufsuchen lassen kann, wird das „ästhetische Objekt"[108], als das das Kunstwerk vom

103 a. a. O., S. 69
104 Mukarovský: Ästhetik. S. 64
105 a. a. O., S. 74

106 ibid.
107 a. a. O., S. 82
108 a. a. O., S. 74

kollektiven Bewußtsein der historisch-gesellschaftlich verschiedenen Gruppen je verschieden rezipiert wird und als dessen Wandlungsmotivationen die Kunstsoziologie „die immanente Entwicklung der Struktur selbst" und „die Bewegung und die Verschiebungen der Struktur des gesellschaftlichen Zusammenlebens" aufweist[109]. Statt auf den metaphysischen Notbehelf der Anthropologie oder auf die Soziologie zu rekurrieren, greift Mukarovský auf die allgemeinste Bestimmung des Kunstwerks als „Zeichen", als „etwas, das für etwas anderes steht und auf dieses andere hinweist", zurück, um den Begriff des objektiven ästhetischen Werts zu klären. Aus der allgemeinen Definition des Zeichens ergibt sich die differentia specifica der Kunst durch die Abgrenzung von anderen, der Mitteilung dienenden Zeichensystemen. Das Ergebnis:

> „daß sich die Kunst eng an den Bereich der mitteilenden Zeichen anlehnt, doch auf die Weise, daß sie die dialektische Verneinung einer wirklichen Mitteilung bildet"[110],

das am Vergleich der thematischen Künste Malerei und Dichtung mit primär nicht ästhetisch intentionierten Mitteilungen gewonnen ist, umschreibt aus anderer Perspektive noch einmal die Definition der Kunst durch die Dominanz der ästhetischen Funktion, geht aber durch die Frage nach der Wirklichkeitsbeziehung zugleich darüber hinaus; der „Abschwächung" der Funktion, auf die unmittelbar im Werk dargestellte Wirklichkeit hinzuweisen, respondiert die „Stärkung" der Fähigkeit, „als Zeichen eine unmittelbare (bildliche, abbildhafte) Beziehung zu den Wirklichkeiten" herzustellen, „die dem Leser und mittelbar seinem ganzen Universum als Gesamtheit von Werten zugänglich sind"[111]. Der Vergleich mit den athematischen Künsten Musik und Architektur zeigt darüberhinaus, daß die Träger der Bedeutung, die in der Rezeption eines Kunstwerks je verschieden realisiert wird, nicht die inhaltlichen, sondern nur „die formalen Elemente" sein können und daß es der Kunst, auch der thematischen, eher um die „Erzeugung einer bestimmten Grundeinstellung zur Wirklichkeit" geht als um „Beleuchtung

---

109 Mukarovský: Ästhetik. S. 81
110 a. a. O., S. 96
111 a. a. O., S. 89 f.

irgendeiner speziellen Wirklichkeit"¹¹². Die Analyse des Zeichencharakters des Kunstwerks, die all seine Elemente, die Unterscheidung in inhaltliche und formale obsolet machend, als „semantische Faktoren" und damit „Träger außerästhetischer Werte" erweist¹¹³, führt Mukarovský zum Kerngedanken seiner Theorie, die das Kunstwerk als Medium außerästhetischer Werte, „als eine tatsächliche Ansammlung von außerästhetischen Werten (...) und als nichts anderes als gerade diese Ansammlung"¹¹⁴ begreift:

> „Fragen wir in diesem Augenblick, wo der ästhetische Wert geblieben ist, dann zeigt es sich, daß er sich in die einzelnen außerästhetischen Werte aufgelöst hat und eigentlich nichts anderes ist als eine summarische Bezeichnung für die dynamische Ganzheit ihrer gegenseitigen Beziehungen."¹¹⁵

Die Insistenz auf der Autonomie, auf dem „Selbstzweck des Kunstwerks" bedeutet jedoch keine Adaption eines unreflektierten l'art pour l'art oder Kantscher Interesselosigkeit, sondern erlaubt erst, die Kunst als „existentiellen Faktor von größter Bedeutung" zu sehen, da sie es vermag, die die Lebenspraxis eines Kollektivs leitenden Werte anders als in ihrem gegebenen Zusammenhang zu organisieren und durch die so entstehende Spannung auf andere Lebensmöglichkeiten hinzuweisen; durch den Widerspruch zwischen der Struktur des Kunstwerks und der der Gesellschaft „entsteht eine wechselseitige Spannung, und hierin liegt der eigentliche Sinn der Wirkung der Kunst"¹¹⁶:

> „In dieser Sicht erscheint die Autonomie des Kunstwerks und die Vorherrschaft des ästhetischen Werts und der ästhetischen Funktion in ihm keineswegs als Tilgerin der Beziehung zwischen dem Kunstwerk und der Wirklichkeit von Natur und Gesellschaft, sondern umgekehrt als deren belebende Kraft."¹¹⁷

Der methodische Ansatz, das Kunstwerk von seiner Rezeptionsgeschichte zu isolieren und seinen spezifischen Wert in seinem Sein als

---

112 a. a. O., S. 91 f.
113 Mukarovský: Ästhetik. S. 98
114 a. a. O., S. 103

115 ibid.
116 a. a. O., S. 103 ff.
117 a. a. O., S. 105

materielles Artefakt zu objektivieren, ist, wenn auch nicht denkbar ohne seine Voraussetzungen im Formalismus und Poetismus, in der Ästhetik bahnbrechend:
1. Er kennzeichnet die Unterscheidung von inhaltlichen und formalen Elementen als gegenstandslos; der Aufsatz „Der Strukturalismus in der Ästhetik und in der Literaturwissenschaft" von 1940[118] ersetzt sie durch „das Begriffspaar Material — künstlerischer Akt (d. h. Art und Weise der künstlerischen Verwertung der Eigenschaften des Materials)"[119]. Konsequent wird dieser Gedanke bei Adorno eingelöst, der auf der dialektischen Einheit von Differenz und Indifferenz dessen besteht, was traditionell als Inhalt und Form am Kunstwerk unterschieden wird, und für sie die Kategorie des Materials wählt: „Am ehesten wird, nach der inhaltlichen Seite hin, der vermittelten Unterscheidung der Begriff des Materials gerecht. Nach einer nachgerade in den Kunstgattungen fast allgemein durchgesetzten Terminologie heißt so, was geformt wird. Es ist nicht dasselbe wie Inhalt; Hegel hat beides verhängnisvoll konfundiert."[120]
2. Er lenkt die Aufmerksamkeit statt auf den Inhalt im traditionellen Sinne und seinen Bezug zur konkreten Wirklichkeit auf die formalkompositorische Faktur des Werkes, auf die Art, wie die der Wirklichkeit entnommenen Materialien in eine neue Struktur eingebracht werden.
3. Er kennzeichnet die Umstrukturierung der Wirklichkeitselemente im Kunstwerk als dessen fundamentale gesellschaftliche Funktion und klärt damit zuerst seine Dialektik von Autonomie und sozialer Faktizität. Der konsequent reflektierte Formalismus ermöglicht den Übergang von der Kunstsoziologie zur Kunstphilosophie.

Die Bestimmung des Kunstwerks als Negation der gegebenen Wirklichkeit, die in ihre Elemente zerlegt wird, und als projektiver Entwurf eines anderen gesellschaftlichen Seins allein durch die formale Neustrukturierung der Elemente impliziert die Folgerung, daß der künstlerische Formprozeß selbst Züge aufweist, die der geläufigen Form gesellschaftlicher Praxis fremd sind. Daß Mukarovský *vor* diesem Grundgedanken der Ästhetischen Theorie Adornos abbricht, weil er,

---

118 Mukarovský: Poetik. S. 7—33
119 a. a. O., S. 15
120 Adorno: Ästhetische Theorie, S. 222

wie gezeigt, alle Subjekt-Objekt-Beziehungen auf das Praxis-Modell zurückführt, hat schwerwiegende Folgen für die Weiterentwicklung seiner Theorie, in der sich gegen ihren Willen die affirmativen Züge doch noch durchsetzen. Nicht nur wird die von der Kunst evozierte „Umwertung der Werte"[121] als Surrogat für in der Praxis nur unter „schweren Erschütterungen" mögliche gesellschaftliche Veränderungen ausgegeben, mehr noch, es erscheint als ihre den Projektcharakter domestizierende Funktion, „sich der Entwicklung der gesellschaftlichen Situation und neuen Gebilden der jeweiligen Wirklichkeit anzupassen oder wenigstens die Möglichkeit einer solchen Anpassung zu suchen"[122].
Derselbe Zug zum Konformismus äußert sich in der Harmonisierung des Strukturbegriffs zur sich durch die Widersprüche zwischen ihren partikularen Elementen hindurch entwickelnden ausgewogenen Ganzheit — nicht zufällig beruft sich die Schrift „Der Strukturalismus in der Ästhetik und in der Literaturwissenschaft" für „die dialektische Auffassung von den inneren Widersprüchen in der Struktur und ihrer Entwicklung" auf „die Philosophie Hegels"[123]. Zwar schließt Mukarovskýs Antwort auf die Frage nach der Höhe des unabhängigen Wertes des Kunstwerks:

„je zahlreicher das Bündel von außerästhetischen Werten ist, die das Gebilde an sich binden kann, und je mehr es ihm gelingt, ihr wechselseitiges Verhältnis zu dynamisieren"[124],

ein, daß das Hauptgewicht auf den den Motor der Bewegung bildenden Widersprüchen liegt, gleichzeitig aber wird ein ausgewogenes Verhältnis von Affirmation und Negation als Höchstwert ausgegeben: Während ein Mangel an Widersprüchen zur Verflachung, zum automatisch rezipierten Kitsch, führt, deren Überwiegen dagegen die ästhetische Rezeption erst in späterer Zeit ermöglicht, nennt Mukarovský als dritte und „optimale" Möglichkeit, „daß sowohl Übereinstimmungen als auch Widersprüche, die durch den Aufbau des materiellen Kunstgebildes bedingt sind, mächtig sind, einander aber die Waage halten"[125]. Radikaler

---

121 Mukarovský: Ästhetik. S. 104
122 a. a. O., S. 105
123 Mukarovský: Poetik. S. 27
124 Mukarovský: Ästhetik. S. 106
125 Mukarovský: Ästhetik. S. 107

Moderne hält die Konzeption einer überwölbenden Ganzheit — wie die Kreislauftheorie Relikt eines auf ungebrochener Kontinuität und Einheitlichkeit aufgebauten Geschichtsbegriffs — nicht mehr stand, da ihr noch ein Moment von Versöhnung anhaftet. Dieser Rest aber entfällt, sobald man den Dualismus von strukturaler einheitlicher Ganzheit und künstlerischem Widerspruch zur Realität in Mukarovskýs Denken dialektisch aufhebt, wie er sich in dem Überleitungssatz ausspricht, „Wir dürfen allerdings nicht vergessen, daß es neben dem inneren Aufbau eines Werks und in enger Beziehung zu ihm noch das Verhältnis zwischen dem Werk als einem Komplex von Werten und den für das Kollektiv praktisch gültigen Werten gibt, das das Werk rezipiert"[126]. In Wirklichkeit handelt es sich dabei nicht um zwei getrennte Seiten des Ästhetischen. Die innerästhetischen strukturalen Widersprüche und Dissonanzen reflektieren die gesellschaftlichen; die Herstellung ihrer Einheit aber, nach Mukarovský Aufgabe der Rezeption, ist selbst nur im außerästhetischen Bereich als Telos denkbar, das das Kunstwerk gerade in seiner untilgbaren Widersprüchlichkeit als gewaltloses verheißt. Insofern kann die von Mukarovský festgestellte dominierende Rolle der Widersprüche — auch und gerade als Moment der innerästhetischen Struktur selbst — nicht genug betont werden:

„Erst eine Spannung zwischen den außerästhetischen Werten eines Werks und den existentiellen Werten des Kollektivs gibt dem Werk die Möglichkeit, auf das Verhältnis zwischen Individuum und Wirklichkeit einzuwirken; und dies ist die wesentlichste Aufgabe der Kunst. Man kann also sagen, daß der unabhängige ästhetische Wert eines Kunstgebildes um so höher und dauerhafter ist, je schwerer sich das Werk einer wörtlichen Interpretation aus der Sicht des allgemein angenommenen Wertsystems einer bestimmten Zeit und eines bestimmten Milieus unterwirft. (. . .) Der unabhängige ästhetische Wert des künsterlichen Gebildes beruht allseitig auf einer Spannung, die zu lösen Aufgabe des Rezipierenden ist; dies ist aber etwas ganz anderes als das Harmonische, das vielfach als die höchste Form der Vollkommenheit und als die höchste Vollkommenheit der Form in der Kunst angesehen wird."[127]

126 a. a. O., S. 107 f.
127 Mukarovský: Ästhetik. S. 108 f.

Diese bemerkenswerten Sätze stellen, konsequent weitergedacht, zwei Kernpunkte von Mukarovskýs Theorie in Frage: die Dauer des „ohne Rücksicht auf die Veränderungen von Epoche zu Epoche"[128] bestehenden unabhängigen ästhetischen Werts und die Funktion des Wohlgefallens. Wenn die Spannung zu den gegebenen, die Lebenspraxis eines Kollektivs — und das heißt, zumindest bei der „hohen" Kunst, der herrschenden Klasse — bestimmenden Werten für das ästhetische Sein eines Kunstwerks konstitutiv ist, so veraltet es, wird klassisch, d. h. kulinarisch konsumierbar[129], sobald im historischen Kontext die Einheit der in ihm enthaltenen Widersprüche von der gesellschaftlichen Entwicklung eingeholt ist. Wenn man daher nicht, wozu Mukarovský tendiert, den Geschichtsprozeß als bloße Verschiebung innerhalb der Hierarchie an sich konstanter Werte begreifen will, sondern als fortwährende Entstehung qualitativ neuer im Kampf gegen alte Werte, so gelangt man zum genauen Gegensatz zu Mukarovskýs Konfundierung von Objektivität und Überhistorizität, zu seiner These, das Kunstwerk bleibe aufgrund seines objektiven ästhetischen Werts ‚ewig' „ein Prozeß"[130]. Objektivität, d. h. Gegenstandsadäquatheit, kann das ästhetische Urteil nur an jenen Werken erlangen, die ihre konstitutive Bedeutung, gesellschaftliche Gegenkraft zur Gesellschaft zu sein, noch nicht eingebüßt haben, d. h. Objektivität setzt hier nicht, wie der Historizismus will, die historische Distanz, sondern die Nähe zum Objekt voraus, sie ist selbst historisch. Damit ist weder die unterschiedliche Spannungspotenz der einzelnen Werke geleugnet noch die Notwendigkeit angezeigt, die authentischen Werke der versunkenen Vergangenheit dem Schicksal des Abgleitens ins Kulinarische zu überlassen: Der Kampf gegen ihr Kulinarischwerden ist trotz der Unmöglichkeit, sie zu reaktivieren, ein Kampf um die emanzipatorische Funktion der Kunst, die an ihrem affirmativen Charakter selbst genug leidet und die doch immer auch einsteht für das ganz Andere, für Herrschaftsfreiheit, für Glück.

Die Einsicht in die Dialektik von Affirmation und Negation problematisiert auch die Kategorie des Wohlgefallens. In der vorliegenden Studie selbst wird die Ausgangsbestimmung der Kunstfunktion als

---

128 a. a. O., S. 106 f.
129 eine Möglichkeit, die Mukarovský selbst gesehen hat, cf. a. a. O., S. 75
130 a. a. O., S. 75

Erzeugung von Wohlgefallen progressiv verdrängt von der Kategorie der Spannung, des Widerspruchs, die von nun an die eigentliche Sinnebene des Kunstwerks abgibt. Nach dem Vorgang des 1934 entstandenen Vortrags „Die Kunst als semiologisches Faktum"[131], der scharf jede „hedonistische ästhetische Theorie" abgelehnt hatte[132], verweist auch unsere Studie die hedonistische Funktion am Ende in den Bereich des Partikularen und Akzidentiellen[133]. Dennoch wird die Kategorie des Wohlgefallens damit nicht irrelevant, da sie einen Sinn impliziert, der über ihre oberflächlich-affirmative Bedeutung hinausgeht. Mukarovskýs Denunziation der ästhetischen Spannungslosigkeit als Kitsch und Klischée band zugleich die Aufhebung der fürs Kunstwerk konstitutiven Widersprüche in die ästhetische Einheit an eine durch die Rezeption des Werkes veränderte Einstellung des Individuums zur Wirklichkeit, ohne die die Erfahrung seiner strukturalen Einheit versperrt sei, die antithetisch zur gesellschaftlichen Hierarchie ins Offene einer versöhnten Welt vorstößt. Durch die Entästhetisierung der Kategorie, wie sie nur durch ein Beharren auf der Autonomie des Ästhetischen dialektisch ermöglicht wird, steigt verhüllt hier die von Mukarovský sonst nirgends eingeholte Perspektive des Absterbens der Kunst auf: Erst einer Zeit, die ihrer nicht mehr bedarf, fällt die Kunst als Sphäre des Wohlgefallens vielleicht zu, die die Spuren des Kampfes deutlich der Erinnerung bewahrt — aber im gleichen Augenblick hat sie aufgehört, Kunst zu sein. Als Moment des Utopischen, der in Brüchen und Widersprüchen verborgenen, doch nur in ihnen bewahrten Glücksperspektive ist die Kategorie des Wohlgefallens haltbar.

---

131 Mukarovský: Ästhetik. S. 138—147
132 a. a. O., S. 140
133 Mukarovský: Ästhetik. S. 112

LITERATURVERZEICHNIS

I. Benutzte Ausgaben und Bibliographie

Georg Wilhelm Friedrich Hegel: Werke in zwanzig Bänden. Auf der Grundlage der Werke von 1832–1845 neu edierte Ausgabe. Redaktion Eva Moldenhauer und Karl Markus Michel. – Frankfurt/M 1969 ff. (= Theorie-Werkausgabe.)
Georg Wilhelm Friedrich Hegel: Einleitung in die Ästhetik. Mit den beiden Vorreden von Heinrich Gustav Hotho. Mit einem Nachwort und Anmerkungen herausgegeben von Wolfhart Henckmann. – München 1967. (= Fink-Studientexte 2.)
Briefe von und an Hegel. Hg. von Johannes Hoffmeister. Vier Bände. – Hamburg 1952–1960. (= Sämtliche Werke. Neue kritische Ausgabe. Bd 27–30.)
HENCKMANN, Wolfhart: Bibliographie zur Ästhetik Hegels. Ein Versuch. – In: Hegel-Studien. Bd. 5. – Bonn 1969. S. 379–427

II. Literatur zur Hegelschen Philosophie, speziell zur Ästhetik

(Adornos und Lukács' Schriften, soweit sie benutzt wurden, sind in Abschnitt III zusammenhängend aufgeführt.)
ANTONI, Carlo: L'Estetica di Hegel. – In: Giornale Critico della Filosofia Italiana 39. Firenze 1960. S. 1–22
BAEUMLER, Alfred: Einleitung zu: Hegels Ästhetik. Unter einheitlichem Gesichtspunkte ausgewählt, eingeleitet und mit verbindendem Texte versehen von Dr. Alfred Baeumler. – München 1922. S. 1–34
BASSENGE, Friedrich: Hegels Ästhetik und das Allgemeinmenschliche. – In: Dt. Zs. f. Philos. 4 (1956). H. 5. S. 540–558.
BLOCH, Ernst: Subjekt Objekt. Erläuterungen zu Hegel. Erweiterte Ausgabe. – Frankfurt/M 1971. (zuerst: Berlin (DDR) 1951)
ders.: Über Methode und System bei Hegel. Ausgewählt von Burghart Schmidt. – Frankfurt/M 1970. (= es 413.)
BRELET, Gisèle: Hegel und die moderne Musik. – In: Hegel-Jahrbuch 1965. S. 10–26
BRÖCKER, Walter: Hegels Philosophie der Kunstgeschichte. – In: W. Bröcker: Auseinandersetzungen mit Hegel. – Frankfurt/M 1965. S. 33–57
COLLETTI, Lucio: Von Hegel zu Marcuse. – In: Alternative 72/73. – Berlin 1970. S. 129–148.
CROCE, Benedetto: Lebendiges und Totes in Hegels Philosophie. Übersetzt von K. Bühler. – Heidelberg 1909.
ders. La „fine dell' arte" nel sistema hegeliano. – In: Croce: Ultimi Saggi. Seconda Edizione Riveduta. – Bari 1948 (= Saggi Filosofici VII.) S. 147–160

DULCKEIT-VON ARNIM, Christa: Hegels Kunstphilosophie. — In: Philosophisches Jahrbuch der Görres-Gesellschaft 67 (1959). S. 285—304.
FISCHER, Ernst: Die Zukunft der Kunst. — In: Hegel-Jahrbuch 1965. S. 154—164
FORMIGARI, Lia: Hegel el' Estetica dell' Illuminismo. — In: De Homine 5—6. — Roma 1963. S. 473—481.
GIRNUS, Wilhelm: Kunst als Geschichte. — In: Hegel-Jahrbuch 1968/69. S. 452—465
GLOCKNER, Hermann: Beiträge zum Verständnis und zur Kritik Hegels. — Bonn 1965 (= Hegel-Studien. Beiheft 2.)
HARTMANN, Nicolai: Die Philosophie des deutschen Idealismus. II. Teil: Hegel. — Berlin und Leipzig 1929.
HEISE, Wolfgang: Gedanken zu Hegels Konzeption des Komischen und der Tragödie. — In: Hegel-Jahrbuch 1966. S. 8—31
HELLER, Erich: Die Reise der Kunst ins Innere — Variationen auf das Hauptthema von Hegels Ästhetik. — In: Heller: Die Reise der Kunst ins Innere und andere Essays. — Frankfurt/M 1966. S. 121—197.
HENRICH , Dieter: Hegel im Kontext. — Frankfurt/M 1971 (= es 510.)
ders. Kunst und Kunstphilosophie der Gegenwart. (Überlegungen mit Rücksicht auf Hegel). — In: Poetik und Hermeneutik II. — München 1966. S. 11—32
d'HONDT, Jaques: Problemes de la religion esthétique. — In: Hegel-Jahrbuch 1964. S. 34—48.
HORN, András: Kunst und Freiheit. Eine kritische Interpretation der Hegelschen Ästhetik. — Den Haag 1969.
KAMINSKY, Jack: Hegel on Art. An Interpretation of Hegel's Aesthetics. — New York 1962.
KIMMERLE, Heinz: Das Problem der Abgeschlossenheit des Denkens. — Bonn 1970 (= Hegel-Studien. Beiheft 8.)
KRONER, Richard: Von Kant bis Hegel. Zweiter Band. — Tübingen 1924.
KUHN, Helmut: Die Vollendung der klassischen deutschen Ästhetik durch Hegel. — In: Kuhn: Schriften zur Ästhetik. Im Auftrag des Verfassers hg. und mit einem Nachwort versehen von Wolfhart Henckmann. — München 1966. S. 15—144 (zuerst: Kuhn: Die Kulturfunktion der Kunst. Bd. 1. — Berlin 1931.)
LANGE, Erhard (Hg.): Hegel und wir. — Berlin (DDR) 1970.
LISSA, Zofia: Die Prozessualität der Musik. — In: Hegel-Jahrbuch 1965. S. 27—38
MITCHELLS, Kurt: Zukunftsfragen der Kunst im Lichte von Hegels Ästhetik. — In: Hegel-Jahrbuch 1965. S. 142—153.
MORAWSKI, Stefan: Hegels Ästhetik und das „Ende der Kunstperiode." — In: Hegel-Jahrbuch 1964. S. 60—71.
MORPURGO-TAGLIABUE, Guido: L'Estetica di Hegel, oggi. — In: De Homine 5—6. Roma 1963. S. 463—472.
MUELLER, Gustav Emil: Origins and Dimensions of Philosophy. Some Correlations. Part. IV. Aesthetics. — New York 1965. Zu Hegel bes. S. 421—603.
NEGT, Oskar (Hg.): Aktualität und Folgen der Philosophie Hegels. — Frankfurt/M 1970 (= es 441.)

PATOCKA, Jan: Die Lehre von der Vergangenheit der Kunst. — In: Beispiele. Festschrift für Eugen Fink zum 60. Geburtstag. Hg. von H. Landgrebe. — Den Haag 1965. S. 46—61.
ders. Zur Entwicklung der ästhetischen Auffassung Hegels. — In: Hegel-Jahrbuch 1964. S. 49—59.
SABATINI, Angelo: La „morte dell' arte" in Hegel e la critica come momento costitutivo della poesia contemporanea. — In: De Homine 5—6. Roma 1963. S. 482—500.
SEEBERGER, Wilhelm: Hegel oder die Entwicklung des Geistes zur Freiheit. — Stuttgart 1961.
VAROSS, Marian: Das Problem der Vergegenständlichung und die moderne Kunst. — In: Hegel-Jahrbuch 1966. S. 32—39.
VECCHI, Giovanni: L'Estetica di Hegel. Saggio di interpretazione filosofica. — Milano 1956.
WELLEK, René: Geschichte der Literaturkritik 1750—1830. Übersetzt von Edgar und Marlene Lohner. — Darmstadt, Berlin, Neuwied 1959. Kap. „Hegel" S. 563—577. (Amerikanisches Original: A History of Modern Criticism. — New Haven 1955.)

III. Allgemeine Schriften zur Ästhetik

HORKHEIMER, Max und ADORNO, Theodor W.: Dialektik der Aufklärung. Philosophische Fragmente. — Frankfurt/M 1969. (zuerst Amsterdam 1947.)
ADORNO, Theodor W.: Minima Moralia. Reflexionen aus dem beschädigten Leben. — 3. Aufl. Frankfurt/M 1965 (= BS 236.) (zuerst Berlin und Frankfurt 1951.)
ders. Noten zur Literatur I—III. — Frankfurt/M 1958/1961/1965 (= BS 47/71/146.)
ders. Drei Studien zu Hegel. — 3. Aufl. Frankfurt/M 1969 (= es 38.) (zuerst Frankfurt/M 1963.)
ders. Ohne Leitbild. Parva Aesthetica. — Frankfurt/M 1967 (= es 201.)
ders. Ästhetische Theorie. Hg. von Gretel Adorno und Rolf Tiedemann. — Frankfurt/M 1970 (= Gesammelte Schriften 7.)
   Rezensionen: Joachim Günther in: Neue deutsche Hefte. 18. Jahrgang. Berlin 1971. H. 1. S. 191—196. Horst Redeker in: Dt. Zs. f. Philos. 20 (1972) H. 7. S. 928—932.
BRÜGGEMANN, Heinz: Theodor W. Adornos Kritik an der literarischen Theorie und Praxis Bertolt Brechts. Negative Dialektik des „autonomen" Werks oder kulturrevolutionäre Fundierung der Kunst auf Politik? — In: Alternative 84/85 (1972) S. 137—149.
CHVATIK, Kvetoslav: Strukturalismus und Avantgarde. Aus dem Tschechischen von Hans Gaertner. — München 1970 (= Reihe Hanser 48.)
FARNER, Konrad: Der Aufstand der Abstrakt-Konkreten oder die „Heilung durch den Geist". Zur Ideologie der spätbürgerlichen Zeit. — Neuwied und Berlin 1970 (= SL 13.)

GOLDMANN, Lucien: Dialektische Untersuchungen. – Neuwied und Berlin 1966 (= Soziologische Texte 29.) (Französisches Original: Paris 1959.)
ders. Genets Bühnenstücke. – In: Alternative 49/50 (1966). S. 123–139.
JAUSS, Hans Robert: Literaturgeschichte als Provokation. – Frankfurt/M 1970 (= es 418.)
KALIVODA, Robert: Der Marxismus und die moderne geistige Wirklichkeit. – Frankfurt/M 1970 (= es 373.)
KOSIK, Karel: Die Dialektik des Konkreten. Eine Studie zur Problematik des Menschen und der Welt. – Frankfurt/M 1967 (= Theorie 2.)
LUKÁCS, Georg: Schriften zur Literatursoziologie. Hg. von Peter Ludz. – Neuwied und Berlin 1961.
ders. Faust und Faustus. Ausgewählte Schriften II. – Reinbek 1967 (= rde 285–287.)
ders. Hegels Ästhetik. – In: Probleme der Ästhetik. Werke Bd. X. – Berlin und Neuwied 1969. S. 107–146.
ders. Die Eigenart des Ästhetischen. 1. und 2. Halbband (= Ästhetik Teil I). – Neuwied und Berlin 1963 (= Werke. Bd. XI und XII.)
Marxismus und Literatur. Eine Dokumentation in drei Bänden. Hg. von Fritz J. Raddatz. – Reinbek 1969.
MITTENZWEI, Werner: Marxismus und Realismus. Die Brecht-Lukács-Debatte. – In: Das Argument 46 (1968). S. 12–45.
GALLAS, Helga: Marxistische Literaturtheorie. Kontroversen im Bund proletarisch-revolutionärer Schriftsteller. – Neuwied und Berlin 1971 (= SL 19. = collection alternative, hg. von Hildegard Brenner, Bd. 1.)
dies. Ausarbeitung einer marxistischen Literaturtheorie im BPRS und die Rolle von Georg Lukács. – In: Alternative 67/58 (1969). S. 148–173.
MUKAROVSKÝ, Jan: Kapitel aus der Poetik. – Frankfurt/M 1967 (= es 230.)
ders. Kapitel aus der Ästhetik. – Frankfurt/M 1970 (= es 428.)
sowjetisches Autorenkollektiv: Grundlagen der marxistisch-leninistischen Ästhetik. – Berlin (DDR) 1962. (Sowj. Original: Moskau 1961.)
SZONDI, Peter: Hölderlin-Studien. Mit einem Traktat über philologische Erkenntnis. – Frankfurt/M 1970 (= es 379.)
TEIGE, Karel: Liquidierung der „Kunst". Analysen, Manifeste. Mit einem Nachwort von Paul Kruntorad. – Frankfurt/M 1968 (= es 278.)
TOMBERG, Friedrich: Utopie und Negation. Zum ontologischen Hintergrund der Kunsttheorie Theodor W. Adornos. – In: Das Argument 26 (1963). S. 36–48.
ULLE, Dieter: „Kritische Theorie" und Ästhetik. – In: Dt. Zs. f. Philos. 20 (1972). H. 7. S. 907–916.
WERCKMEISTER, O. K.: Ende der Ästhetik. Essays über Adorno, Bloch, das gelbe Unterseeboot und der eindimensionale Mensch. – Frankfurt/M 1971 (= F 20.)

IV. Varia

HABERMAS, Jürgen: Technik und Wissenschaft als „Ideologie". — Frankfurt/M 1968 (= es 287.)
KORSCH, Karl: Marxismus und Philosophie. Hg. und eingeleitet von Erich Gerlach. — Frankfurt/M 1966.
MARX, Karl: Texte zu Methode und Praxis II. Pariser Manuskripte 1844. Mit einem Essay „Zum Verständnis der Texte", Erläuterungen und Bibliographie hg. von Günther Hillmann. — Reinbek 1966 (= RK 209/210.)
ders. Einleitung zur Kritik der politischen Ökonomie. — In: MEW 13. — Berlin (DDR) 1964. S. 615—642.
ders. Das Kapital. Erster Band. — Berlin (DDR) 1962 (= MEW 23.)
WELLMER, Albrecht: Kritische Gesellschaftstheorie und Positivismus. — Frankfurt/M 1969 (= es 335.)

Addenda ad II:

OELMÜLLER, Willi: Hegels Satz vom Ende der Kunst und das Problem der Philosophie der Kunst nach Hegel. — In: Philosophisches Jahrbuch 73 (1966). S. 75—94.

Aus unserem übrigen Verlagsprogramm

Katharina Comoth
DIE „VERWIRKLICHUNG DER PHILOSOPHIE"
Subjektivität und Verobjektivierung im Denken des jungen Marx
55 S., kart. DM 7,80; ISBN 3 416 01024 8
Akademische Vorträge und Abhandlungen, Heft 41

Bernhard Dinkel
DER JUNGE HEGEL UND DIE AUFHEBUNG DES SUBJEKTIVEN IDEALISMUS
528 S., kart. DM 85,—; ISBN 3 416 00954 1
Münchener philosophische Forschungen, Band 9

Hermann Glockner
EINFÜHRUNG IN DAS PHILOSOPHIEREN
131 S., kart. DM 16,50; ISBN 3 416 01000 0

Hegel-Studien Beiheft 11
STUTTGARTER HEGEL-TAGE 1970
Vorträge
Hrsg. von Hans-Georg Gadamer
XVI, 679 S. kart. DM 98,—/z. Forts. DM 92,—; ISBN 3 416 00938 X

Johannes Heinrichs
DIE LOGIK DER „PHÄNOMENOLOGIE DES GEISTES"
XIV, 559 S., kart. DM 65,—; ISBN 3 416 00972 X
Abhandlungen zur Philosophie, Psychologie und Pädagogik, Band 89

Günther Maluschke
KRITIK UND ABSOLUTE METHODE IN HEGELS DIALEKTIK
219 S., kart. DM 48,—; z. Forts. DM 42,—; ISBN 3 416 00972 X
Hegel-Studien, Beiheft 13

Walther Christoph Zimmerli
DIE FRAGE NACH DER PHILOSOPHIE
Interpretationen zu Hegels „Differenzschrift"
ca. 250 S., kart. ca. DM 45,—; ISBN 3 416 00959 2
Hegel-Studien, Beiheft 12

BOUVIER VERLAG HERBERT GRUNDMANN · BONN